韓國 古代·中世 戶等制 硏究

韓國 古代·中世 戶等制 研究

金 琪 燮

혜안

序文

　필자가 '역사'라는 학문을 전공으로 공부를 한 지도 이제 30년이 넘어섰다. 그 당시 '역사'라는 학문이 주는 단순한 재미에 매료되어, 미래에 대한 불확실한 전망을 뒤로 한 채 맹목적으로 시작한 공부가 이제 어쩔 수 없이 나의 삶의 전부가 되어 내 앞에 우뚝 서 있다. 넘어서야 할 산인 줄 알면서도 어디로 넘어가야 할지를 아직도 모른 채, 여전히 헤메고 있다.

　지난 시간을 되새겨 보면, 나의 학부 4학년 시절 『高麗史』食貨志를 함께 읽으면서 1차 사료의 생동감에 매료되었고, 그것이 지금까지 내가 헤어나지 못하고 있는 연구의 핵심주제가 될 줄은 몰랐다. 나는 그 당시 학부 졸업논문으로 「고려시대의 '丁'에 관하여」라는 어설픈 글을 쓰고, 논문을 쓴다는 것이 이런 것이구나 하는 막연한 감동에 젖었던 시절이 있었다. 그 이후 '丁'의 문제는 내가 풀어야 할 화두처럼 생각되었고, 그것을 생각하며 1993년에 이르러서 『高麗前期 田丁制研究』라는 박사학위논문을 미흡하나마 세상에 내놓을 수 있었다. 그러나 박사학위논문을 내기까지의 과정이 내게는 쉬운 일이 아니었다.

　대학원에 진학한 80년대 초에 공부를 한다는 것은 참으로 많은 인내를 필요로 하였다. 당시 사회민주화를 향한 열화와 같은 민중의 힘의 분출은 언제나 가슴을 들뜨게 만들었고, 뜨거운 가슴만 가진 채 아무

것도 할 수 없었던 무력감이란 허무한 것이었다. 그런 가운데 당시를 풍미하던 사회경제사의 열기는 역사에 관한 원론적 이해와 역사의 합목적적 지향에 관한 나의 무지를 일깨워 주었다. 이를 계기로 원래 가지고 있었던 나의 관심 분야에 대한 이해는 폭과 깊이를 더하게 되었고, 사회변동에 관하여 좀더 체계적인 나름의 정리를 하게 되었다.

그런 가운데 1987년도에 제출한 석사학위논문(「高麗前期 農民의 土地所有와 田柴科의 性格」, 『韓國史論』 17, 1987)은 나말여초의 사회변동을 겪으면서 새로운 국가적 토지분급제로 성립된 전시과의 운영원리를 규명해보고자 하는 것이었다. 여기서 단순한 제도사적인 접근보다는 나말여초의 사회변동 속에서 성장해가던 당시 농민층의 존재에 관한 이해를 바탕으로 수조권 분급제로서의 전시과의 특질을 파악해보고자 하였다. 이를 통해 당시의 생산력 수준으로 백정농민층을 전객 농민으로 하는 전면적인 수조권 분급제는 시행하기 곤란하며 과전 지급대상자의 소유토지에 대한 면조권 분급방식이 지배적인 토지분급방식일 것임을 제시하였다. 이를 통해 고려시기 농민층의 존재양태에 관해 주목하고, 실질적인 수조권 분급제는 과전법 단계에 가서야 이루어질 수 있을 것이라고 판단하였다.

이후 필자는 궁극적으로 전시과의 운영원리에 대한 기본 인식은 고려말 사전 혁파 문제를 둘러싸고 나타났던 사전혁파론자와 사전개선론자의 인식 차이에서 비롯되었을 가능성을 발견하고 그 차이를 규명해보고자 하였다(「高麗末 私田捄弊論者의 田柴科 인식과 그 한계」, 『歷史學報』 127, 1990). 이를 통해 당시 전시과의 운영원리에 대한 양자 간의 차이는 서로 다른 정치적 목적과 현실에 대한 인식의 차이에 있음을 찾아내고 그들 모두 전시과의 실질적인 운영방식을 제대로 파악하지 못하였음을 지적하였다. 즉 사전혁파론자들은 고려전기 私田의 존재를 부정하고 國田制가 그 기능을 상실함으로써 사전이 나타난 것으로 보았다. 또한 과전법을 제도화하려는 정치적 의도에서 그 이념을 井田制와 전시과제도에서 찾고 전시과의 과전을 과전법의 과전과 동일시하였다. 반면에 사전개선론자들은 사전의 존재를 인정하되 '1田1主'의 원칙이 무너짐으로써 전시과제도가 무너진 것으로 보았다. 그러나 사전개선론자에게는 고려전기 '1전1주'의 원칙이 실질적으로 실시될 수 있었던 본질적 운영원리는 중요한 것이 아니었다. 필자는 여기서도 전시과의 운영원리는 기본적으로 면조권 분급방식이었음을 재확인한 바 있다.

그러나 그 이후 학계의 일반적인 연구동향은 전시과의 토지분급방식에 관해서 김용섭 선생님의 논리를 대체로 수용하는 방식에서 수조권 분급방식이 지배적이었다는 쪽으로 정리되어 갔다. 또한 권리의 측면에서 면조권 분급방식은 수조권 분급방식의 또 다른 형태였다는 점이 지적되면서 면조권 분급은 수조권 분급제 속에서 부분적으로 시행될 수 있을 가능성도 제시되었다. 그러나 외형적 권리의 측면에서 양자는 동일한 권리의 형태를 갖는다 하더라도 그 내용에서는 보다 본질적 차이가 존재하고 있다. 가장 큰 차이는 당시 자영농의 존재에 관한 부분이다.

필자는 지금도 여전히 당시 백정농민의 토지소유규모와 생산성으로서는 수조권 분급제를 전면적으로 실시하는 데 한계가 있었다고 생각하고 있다. 또한 전시과의 토지경영은 토지사유제에 기초한 소작제적 방식의 1/2 지대를 수취하는 형태였다. 여기에는 토지사유제의 지속적인 발전과 왕토사상에 입각한 국가의 농민과 토지에 대한 지배원리가 착종되면서 지배층의 토지와 농민에 대한 사적 지배와 국가의 공익적 측면의 자영농의 창출 유지 노력이 중층적으로 기능하면서 전시과의 운영원리는 매우 복합적인 모습을 띠게 되었다고 생각한다. 따라서 과전법의 운영원리를 그대로 전시과에 적용하는 것은 논리의 비약이라고 생각하며, 이를 해명하기 위해서는 역시 고려시기의 '丁'의 의미와 본질을 보다 심층적으로 규명할 필요가 있음을 느끼게 되었다. 이러한 인식을 바탕으로 『高麗前期 田丁制硏究』라는 제목의 박사학위논문을 작성하였다.

박사학위논문에서는 '田丁制'를 고려 사회를 운영하는 중요한 틀의 하나로 인식하고, 전정제는 토지제도·수취제도·군현제도를 관통하는 기본 바탕임을 밝히고자 하였다. 그리고 전정제를 가능하게 한 기본 전제로서 양전과 호구조사를 기초로 한 호등제의 확립이 필요함을 제시하였다. 호등제는 토지와 인정의 결합을 기초로 한 농민층의 농업경영규모의 차이를 반영하고 있으며, 이를 통해 국가운영을 위한 직역 및 요역 체계를 확립할 수 있었다고 보았다. 전정제의 성립을 위한 전제로서 제시한 호등제적 원리는 전정제를 이해하기 위한 바탕이 되는 것이라고 할 수 있다. 여기서 고려의 호등제는 신라의 9등호제를 계승하면서 고려의 호별편제원리에 맞추어 足丁戶·半丁戶·白丁戶의 3등호로 구분되어 운영되었으며, 각 개별호를 '丁'으로 파악하여 '丁'='戶'의 개념으로 군현제와 수취제에 활용되었음을 제시하였다. 그러나 여기서도 여전히 田丁 문제를 제대로 해명했다고 보기는 어려우며, 아마도 이 문제는 필자가 연구 활동을 하는 동안에는 계속해서 고뇌해야 할 문제로 생각한다. 이에 필자는 박사학위논문에서 전면적으로 다루었던 전정제는 앞으로도 더욱 체계적으로 규명해야 할 과제로 인식하고, 그에 앞서 전정제의 전제가 되고 있던 호등제의 전개에 관한 전면적 검토가 필요하다고 생각하여 그 이후의 작업은 호등제의 체계적 해명에 초점을 맞추어 진행되었다.

이제 『韓國 古代·中世 戶等制硏究』라는 제목으로 하나의 책을 세상에 내놓는 것은, 앞에서 언급했듯이 '丁'의 문제를 해명하기 위한 시작의 몸짓으로 생각하고 있다. 필자는 앞에서 쓴 박사학위논문을 아직

미완성으로 여기고 있으며, 田丁制 연구의 완성을 위한 前 단계로서 한국 고대·중세 호등제 문제는 반드시 해명되어야 할 과제라고 생각한다. 호등제는 전정제와 불가분의 관계를 가지고 있으면서도, 그 체계적인 연구가 이루어지지 않았다. 따라서 이에 관한 연구가 보다 시급하다고 생각하면서 고대, 중세 호등제의 흐름과 변화에 초점을 맞추었다.

여기에 들어 있는 글은 그동안 여러 학술지에 게재했던 글과 새로 보완한 글을 전체 주제에 맞추어 재구성한 것이다. 전체적으로 새로 재구성하였기 때문에 그 전개 과정에서 수정되거나 글의 순서가 바뀌기도 했지만, 기본적인 논리는 동일하다고 생각된다. 필자는 지금까지 한국 고대·중세의 호등제를 검토하면서 일관되게 가지고 있었던 기본 입장은 호를 구성하는 원리는 인위적인 편호가 아니라 혈연을 바탕으로 한 자연가호라는 점이었다. 이 자연호는 당해 사회의 농업생산력을 기반으로 하여 국가체제를 유지하기 위한 방편으로 만들어진 군역제, 수취제 등과 밀접한 관련을 가지고 있으며, 국가는 양전제와 호적제를 바탕으로 한 호등제를 매개로 하여 자영농의 창출을 저해하지 않는 방향에서 정책을 수행해가고자 했다고 보았다. 따라서 국가는 호등제를 통해 민을 규정하였고, 민은 자신의 농업경영규모에 상응한 호등제에 편입되어 국가에 대응 관계를 가지면서, 국가와 민은 상호 규정적 관계를 형성하였다.

이 책의 전체적 구성은 크게 서론과 결론을 제외하면 크게 5장으로 구성되어 있다. 먼저 서론에서는 지금까지의 호등제 연구 동향을 비판적으로 검토하였다. Ⅱ장에서는 『隋書』高麗傳 속의 고구려 호등제와 '蔚珍鳳坪新羅碑' 속의 신라의 호등제를 통해 고대의 호등제를 검토하였다. Ⅲ장에서는 '新羅村落文書' 속의 9등호제를 중심으로 통일신라 호등제의 구체적 모습을 살펴보았다. Ⅳ장에서는 나말여초 계층분화를 통해 보이는 민의 동향과 향촌조직과 향역의 변화를 통해서 호등제의 정비 과정을 검토하였다. Ⅴ장에서는 '丁'의 의미와 태조대 '丁'수에 기초한 군현개편과정을 검토하고 농업경영규모의 차이를 고려한 3등호제가 성종대를 거쳐 현종대에는 성립되었을 것으로 파악하였다. 또한 고려의 호등제는 호별편제원리에 입각하여 직역호와 요역호의 차정에 활용되었음을 살펴 보았다. Ⅵ장에서는 고려후기 사회경제적 변화를 반영하면서 충숙왕대 갑인양전을 계기로 토지의 다과에 기초한 호등제로 변화되었으나, 필요에 따라 인정이나 재산의 정도에 따른 임시변통적인 호등제도 시행되었다. 이를 통해 고려후기 호등제의 변화 추이와 그 양상 및 성격에 관해 살펴보았다.

여기서 필자는 고대로부터 중세로의 전환에서 국가가 민을 파악하는 기본적 입장은 人丁 중심으로부터 토지 중심으로 변화하는 것이라고 보고, 신라 통일 이전에는 인정 중심의 3등호제가 시행되다가, 신라 통일기에 와서 토지 중심의 파악으로 전환하였다고 보았다. 여기서 바로 토지만을 파악하는 방식이 아니라 인정과 토지의 결합으로서 '戶'를 중시하는 방향의 9등호제로 전환하였으며, 고려에 와서 그것을 보다 더 확대 재편하여 토지와 인정의 결합으로서 족정호·반정호·백정호가 규정되고 그것을 기반으로 직역제도, 수취제도가 확립되었다고 보았다. 그러나 이러한 고려의 독특한 3등호제는 12·13세기의 사회경제적 변화 속에서 토지와 인정의 분리와 아울러 농장제의 확대 전개 속에서 새로운 전환의 계기를 맞게 된다. 고려후기의 불안정한 정세 속에서 전기의 3등호제는 유명무실해지고 충숙왕대 갑인양전 이후 토지에 기초한 호등제가 시행되었으나, 필요에 따라 인정이나 재산을 기준으로 한 3등호제가 임시변통적으로 시행되기도 하였다. 그러나 이제 그 대세는 토지가 수취의 중심이 되면서 호등제 역시 토지를 기초로 한 구분으로 변화해 가는 것이었다.

이제 학문을 시작한 지 30년이 넘어서야 겨우 '한 권의 책'으로 세상에 내는 필자의 심정은 매우 부끄럽다. 늦어서 부끄럽다기보다는 과연 학문적 성과라고 할 수 있을까하는 두려움 때문에 그러하며, 좀더 다듬지 못한 소홀함이 있지 않을까 해서 더욱 그러하다. 그러나 이제 하나의 마무리가 필요하며, 새로운 변화를 도모하고 앞으로의 전망을 실현하기 위해서도 정리할 단계라고 여겨, 감히 부족한 책을 내기에 이르렀다.
　학문을 시작하면서 내게 준 주변의 도움은 감당하기 어려울 정도로 크다. 이미 타계하신 권달천 교수님과 박용숙 교수님께는 감사의 말씀을 드리며 명복을 빈다. 지금은 정년을 하고 노후를 보내시는 학부 스승이신 이재호, 김석희, 민성기 선생님께서는 학문의 방향과 학자로서의 자세를 가르쳐 주셨다. 이재호 선생님으로부터 배운 한문은 부족하나마 지금까지 학문을 할 수 있게 만든 힘이 되었고, 민성기 선생님의 동양사 수업은 동양사에 대한 눈을 뜨게 만든 계기가 되었다. 김석희 선생님으로부터는 호적 공부를 통해 자료의 중요성을 깨우칠 수 있는 기회를 얻었다. 당시 채상식 선생님과 함께 한 『고려사』 식화지 강독모임은 내가 이후 학문의 길을 결정하는 중요한 기회였으며, 지금도 고맙게 여기고 있다. 동양사 전공의 오상훈 선생은 남이 가지지 못한 삶의 진실을 보여주는 분이며, 지금도 그로부터 인생을 배우고 있다. 이제는 사학과, 역사교육과 선후배 동료로 같이 근무하고 있는 여러 교수님께도 이 자리를 빌어 감사의 말씀을 전한다.
　대학원에 진학하여 새로 시작한 학문의 길은 이전의 경험과는 다른 새로운 경험이었고, 거기서 만난 학문적 인연은 지금까지도 귀중하게 생각하고 있다. 대학원 과정에서 배운 김철준, 변태섭, 한영우, 최승희, 이태진, 최병헌, 노태돈 선생님께서는 필자의 학문적 편협성을 보다 폭넓게 확대해주셨고, 제한된 역사적 시야를 한 단계 높여 주셨다. 당시 함께 했던 『고려사』 식화지 세미나팀이었던 박종기, 안병우, 채웅석, 박종진, 권영국, 이병희, 박국상, 이익주, 구산우 선생님은 내가 학문적으로 성숙할 수 있도록 도와주었으며, 아울러 지금까지 내가 연구를 계속할 수 있는 문제의식을 가질 수 있도록 해준 훌륭한 분이었다.

아울러 부산에서 연구활동의 기반이 되었던 부경역사연구소의 중세1연구부의 활동은 끊임없는 문제의식의 공유와 함께 상호 토론과 사료 읽기 등을 통한 연구 활동의 촉매역할을 한 귀중한 경험이었다. 이 모임을 함께 한 전기웅, 이정희, 위은숙, 이종봉, 정용범, 조명제, 김현라 선생님은 나에게는 귀중한 동료이자 학문적 동반자로서 지금도 함께 하는 분으로 고마움을 전한다.

부산과 대구에서 중세사 연구의 활성화를 위해서 만들었던 한국중세사연구회는 이제 한국중세사학회로서 거듭나고 있으며, 이 학회는 상호 발표를 통해 중세사 연구의 학문적 입장과 방향을 서로 나눌 수 있는 자리였다. 또한 나의 부족함을 메울 수 있는 중요한 기회였다. 이 모임을 함께 한 김윤곤, 최정환, 장동익, 김광철, 김호동, 남인국, 한기문, 최영호 선생님 등은 사회경제사에 경도된 나의 학문적 편협성을 되돌아보게 해주었다.

여기서 일일이 들지는 못했지만 역사라는 학문을 화두로 삼아 지금까지 살아오면서 학문적으로나 인간적으로 인연을 맺어온 많은 분들에게 이 책을 통해 고마움을 전하면서 부족한 부분을 더욱 보완해 나갈 것을 다짐해본다. 또한 이 책을 만드는 과정에서 교정과 윤문 등을 도와준 정은정 선생, 한정훈 선생, 정영현, 문상철 군에게도 고마움을 전한다. 아울러 부족한 나에게 언제나 버팀목이 되어주는 나의 가족들에게도 이 책을 조그만 선물로 보낸다. 이 책을 민족문화학술총서로 내게 해준 부산대 한국민족문화연구소에도 감사드리며, 끝으로 이 책을 출판할 수 있도록 도와주신 도서출판 혜안의 오일주 사장님을 비롯한 편집부 여러분께 감사의 말씀을 드린다.

2007년 8월
금정산의 한 자락에서
金 琪 燮

목 차

序文 5

I. 서론 19
   1. 고대의 호등제 21
   2. 신라 통일기의 호등제 26
   3. 고려의 호등제 59

II. 고대의 호등제 77
   1. 『隋書』高麗傳 속의 고구려 호등제 77
   2. '蔚珍鳳坪新羅碑'를 통해 본 신라의 호등제 83
      1) 비문의 검토 85
      2) '共值 五'의 의미와 3등호제 93
      3) 노인촌과 '共值 五'의 관계 104

III. 신라 통일기의 호등제 115
   1. 結負制의 실시와 토지분급제의 전개 115
   2. '新羅村落文書'에 보이는 9등호제 131
      1) 문서의 작성시기와 追記 131
      2) 공연의 실체 135
      3) 9등호제의 시행과 내용 144

Ⅳ. 나말여초 계층구조의 변화와 호등제의 정비 165
   1. 田莊의 확대와 농민층의 傭作農化 166
   2. 戶籍의 작성과 量田 177
      1) 신라 중대 이후 향촌조직과 촌주의 위상 177
      2) 향촌조직의 변화와 '戶部' 184
      3) 戶口 조사와 量田 194

Ⅴ. 고려전기 3등호제의 시행과 운영 211
   1. '丁'의 의미와 3등호제의 이행 212
      1) '丁'과 '戶'의 관계 212
      2) 태조대 '丁'수에 기초한 군현개편 221
      3) 3등호제로의 이행 232
   2. 3등호제의 운영 240
      1) 3등호와 농업경영규모의 차이 240
      2) 호별편제의 원리와 3등호제의 운영 255

Ⅵ. 고려후기 호등제의 변화와 추이 273
   1. 호등제의 변화 274
      1) 호등제 변화의 사회경제적 배경 274
      2) 수취제의 변화와 '丁'='단위토지'로서의 의미 284
   2. 호등제 변화의 추이 305
   3. 호등제의 양상과 성격 312

Ⅶ. 결론 323

   참고문헌 349
   Abstract 363
   찾아보기 367

표 목 차

<표 1> 각 촌락별 計烟數 93
<표 2> 호등별 호의 예상 규모 98
<표 3> 호등별 예상 구수 및 역역부담 100
<표 4> 각 촌락의 인구수 107
<표 5> 각 촌락의 호등별 공연수 138
<표 6> 촌락별 烟當예상구수 149
<표 7> 촌락별 戶等別 평균구수 150
<표 8> 각 촌락의 호등별 丁·丁女의 수 152
<표 9> 각 촌락의 호등별 性比 153
<표 10> 호등별 예상 丁:丁女의 수 154
<표 11> 호등별 예상 丁數 154
<표 12> 호등별 예상 丁女數 155
<표 13> 하하연의 丁·丁女數 155
<표 14> 각 촌락의 예상 丁·丁女數 156
<표 15> 각 호등별 평균 재산규모 157
<표 16> A촌 호등별 예상 田畓소유규모 158
<표 17> B촌 호등별 예상 田畓소유규모 159
<표 18> C촌 호등별 예상 田畓소유규모 160
<표 19> 촌락별 牛馬數와 증감률 161
<표 20> D촌 호등별 예상 田畓소유규모 162
<표 21> 호등별 예상 토지와 人丁數 163
<표 22> 白丁戶와 丁戶의 예상 토지소유규모 251
<표 23> 향리직의 승진과 복색 260

I. 서 론

 호등제 연구는 크게 두 가지 측면으로 분류해 볼 수 있다. 하나는 국가정책적 측면에서 戶에 대한 파악과 편제 방식을 구명하고자 한 연구이며, 또 하나는 해당 사회의 호의 실체에 대한 실질적 해석을 시도한 연구이다. 그러나 이 두 계통의 연구는 경향적으로 차이가 있기는 하나, 사실상 분리된 것이 아니라 호의 실체에 대한 해석을 바탕으로 국가의 호에 대한 파악과 편제 방식을 구명하는 방식으로 이루어졌다.
 지금까지 고대·중세의 호등제를 구명하고자 한 논고는 그렇게 많지 않다. 우선 호등제 연구의 출발점은 몇 가지 사료를 중심으로 이에 대한 해석을 어떻게 할 것인가를 놓고 다양하게 전개되었다고 볼 수 있다.
 첫째, 『隋書』 고려전에 보이는 고구려 수세 규정을 둘러싼 3등호제에 관한 해석의 차이이다. 여기서 "① 人稅布五匹 穀五石 ② 遊人則三年一稅 十人共細布一匹 ③ 租戶一石 次七斗 下五斗"의 내용을 두고 租는 戶稅이며, 3등호로 나누어 차등화되었다고 보는 점에서는 크게 이견이 없는 것 같다. 그러나 호세의 대상, 즉 3등호제의 대상이 '人'과 '遊人' 중 누구인지에 대해서는 견해가 나누어져 있다.[1] 한편 호

---

1) 戶租는 '유인'만 낸다고 보는 견해(姜晋哲, 「韓國土地制度史」上 『한국문화사대계』 II, 1965 ; 이지린·강언숙, 『고구려사연구』, 사회과학출판사, 1976)가 있는 반면, '人'이 낸다고 보는 견해(『조선전사』 3, 사회과학원 역사연구소,

등 구분의 기준에 대해서는 대체로 재산의 차이를 반영하는 것으로 보고 있다. 그러나 호등의 기준과 관련하여 호의 구분 기준은 人丁의 다과에 있다고 보면서 인정의 다과가 당해 사회에서 경제적 차별성을 반영하는 것이라고 보기도 한다.[2]

둘째, 신라촌락문서에 보이는 9등호제에 관한 견해의 차이이다. 신라 9등호제 구분 기준에 관해서는 기본적으로 인정의 다과에 의해 구분되었다고 보는 것이 일반적이었다.[3] 그러나 근자에 신라의 9등호제는 토지소유규모의 차이를 반영하고 있다고 보는 견해가 제기되면서,[4] 이와 입장을 같이하는 견해들이 나오게 되었다.[5] 한편 신라 통일기에 이르러 토지의 중요도가 높아지면서 9등호제는 기본적으로 토지와 인정의 결합에 의한 경영규모의 차이를 반영한다고 보면서 그외 노비, 우마 등을 반영한 재산의 차이를 반영한 호등제라고 보기도 한다.[6]

셋째, 『高麗史』 권84, 刑法志1, 戶婚, "編戶 以人丁多寡 分爲九等 定其賦役"의 기사에 기초하여, 고려는 9등호제이며 호등 구분의 기준은 인정의 다과에 의한 것이라고 보는 견해가 있는 반면,[7] 고려 9등호제의 시행에 회의적인 견해도 있다.[8] 또한 이 기사는 요역부과를 위한

1979)가 있으며, '인'과 '유인' 모두 낸다고 보는 견해(손영종,『고구려사』, 과학백과사전 종합출판사, 1997)도 있다. 따라서 호등제도 戶租 수취와 관련하여 이해할 수 있을 것이다.
2) 金琪燮,「蔚珍鳳坪新羅碑에 보이는 '共値五'의 의미와 計烟의 기원」『韓國史硏究』103, 1998. 손영종은 戶內 노력자의 수에 의해 규정되었을지도 모른다고 추정하기도 한다(위의 책, 43쪽).
3) 旗田巍,「新羅の村落－正倉院における新羅村落文書について－」『朝鮮中世社會史の硏究』, 法政大出版局, 1972.
4) 李仁哲,「新羅 統一期의 村落支配와 計烟」『韓國史硏究』54, 1986.
5) 김기흥,『삼국 및 통일신라 세제의 연구』, 역사비평사, 1991.
6) 金琪燮,「新羅 統一期의 戶等制와 計烟」『釜大史學』17, 1993.
7) 姜晉哲,『高麗土地制度史硏究』, 고려대 출판부, 1980 ; 이정희,『고려시대 세제의 연구』, 국학자료원, 2000.

규정이며, 고려의 호등제는 토지소유의 다과에 따른 3등호제라고 보는 견해로 나누어 볼 수 있다.9)

이상을 좀더 구체적으로 살피면서 호등제에 관한 기존 논의의 연구 경향과 문제점에 관하여 살펴보고자 한다.

1. 고대의 호등제

고대의 호등제에 관한 논의는 조세수취와 관련하여 『隋書』 고려전의 내용을 바탕으로 전개되었다. 먼저 백남운은 그의 저서 『朝鮮社會經濟史』를 통하여 『隋書』 고려전의 내용을 다음과 같이 해석하고 있다.

1-1) ① 人稅布五匹 穀五石 ② 遊人則三年一稅 十人共細布一匹 ③ 租戶一石 次七斗 下五斗

백남운은 이 원문을 조용조의 세목으로 파악하고 ①에서 포 5필은 庸이며, 곡 5석은 租라고 본다. ②에서 유인에 대한 부분은 庸으로 인두세이며, ③은 調, 즉 戶稅로 보고 호에 부과되는 調는 가옥의 크기에 따라 내는 것으로 빈부의 차이를 반영하고 있으며, 빈부의 차이는 겉으로 가옥의 크기에 의해 나타나 일찍부터 '調制'가 시작되었을 것으로 보고 있다.10)

---

8) 金基興, 앞의 책, 1991 ; 李榮薰, 「朝鮮時代의 社會經濟史 硏究에 있어서 몇 가지 기초적 難題들—小經營의 歷史的 發展過程과 관련해서」, 『國史館論叢』 37, 1992.
9) 金琪燮, 「高麗前期 戶等制와 농업경영규모」, 『釜大史學』 18, 1994.
10) 白南雲, 『朝鮮社會經濟史』, 1933, 190~193쪽.

그러나 『수서』 고려전의 내용에 의하면 고구려의 세목은 크게 '稅'와 '租'로 구성되어 있으며, '稅'는 인두세이며, '租'는 戶租로서 호등의 차이를 반영하고 있다.11) 따라서 고구려의 조세가 租庸調稅法에 비견된다고 하더라도 위의 자료를 그대로 조용조에 대비하는 것은 곤란할 것이다. 또한 ③은 명백히 租임에도 불구하고 이를 調로 보는 것은 오류라고 판단된다. 이는 고구려의 조세제를 무리하게 조용조세법에 비견하려는 시도에서 비롯된 것이라고 하겠다. 호등제와 관련하여 토지에 대한 수취를 결부제와 관련없이 호의 등급에 따라 일괄적으로 부과하고 있다는 점은 전반적으로 인두세적 수취가 중심임을 의미하는 것으로 볼 수 있다.

김기홍은 위의 조항을 크게 '人'과 '遊人'에 대한 조세 규정으로 보고 人=고구려인, 遊人=附庸民(말갈, 거란 등)이라고 파악한다. ①의 '人'은 농업을 생업으로 하던 자영소농민층으로서, 자영소농민인 丁男이 수취의 대상이 되었고 이들이 곡 5석과 포 5필을 낸 것으로 본다. ②의 '遊人'에 대한 수취도 성년남자를 대상으로 한 것으로 보고, 성년여자의 경우는 그 포함여부에 대해 의문을 표하고 있다. ③에서 호조는 '人'을 대상으로 하고 있으며, 고구려에서도 중국처럼 재산의 정도에 따라 호등제가 시행되었고, 인두세에 대해 보조적인 것으로 생겼다고 본다. 아울러 경제주체로서 개별호의 의미가 사회적으로 비중을 갖게 된 것으로 보면서도, 戶租에서 호등별 차이가 없었던 조세제는 권력층이나 부자들에게 크게 유리한 고대적 수취제임을 보여주는 것이라고 평가한다.12)

김기홍의 이러한 고구려 조세제도에 대한 연구는 최근 고대사 연구에 많은 영향을 끼치면서 고대 조세제 연구에서 중요한 시사를 하고

---

11) 金基興, 「6·7세기 高句麗의 租稅制度」 『韓國史論』 17, 1987, 30~31쪽.
12) 金基興, 위의 논문, 30~41쪽.

있다. 그러나 위의 ③의 해석과 관련하여 戶租의 부과를 인에 대한 부과로 해석하는 것은 전체적인 문맥에서 볼 때, 재해석을 요한다고 본다. 이 조항은 전체적으로 人과 遊人에 대한 조세규정이며, 人에 대해서는 布 5匹과 穀 5石을 부과하고, 아울러 유인에 대해서도 人에는 훨씬 못 미치지만 호당 포와 곡을 호별로 부과하자는 취지에서 나온 것이라고 보아야 할 것이다. 만약 호조가 人에 대한 수취규정이라고 본다면 문장의 구성상 유인에 대한 규정 앞으로 오는 것이 바람직할 것으로 판단된다.

또한 人에 대한 포와 곡의 수취는 다음 장에서 다룰 것이지만, 『周書』 권49, 高麗傳의 내용, 즉 "賦稅則絹布及粟 隨其所有 量貧富差等 輸之"와 관련시켜 이해해야 할 것이다. 고구려의 부세는 絹·布와 粟으로서, 이는 『수서』의 포와 곡에 해당하며, 빈부의 차이에 따라 이를 차등으로 수취한다는 것은 人에 대한 수세로서 포와 곡을 빈부의 차이를 감안하여 수취한다는 의미로 보아야 할 것이다.[13] 여기서 빈부의 차이를 반영한 수취라는 의미는 당시의 역사 발전과정 상에서 '노동력의 소유' 정도가 생산력의 차이, 즉 빈부의 차이로 이어진다는 점과 관련이 있으며, 그 결과 『수서』의 人에 대한 수취 규정은 사실상 『주서』의 규정과 밀접한 상관성을 가지고 있음을 알 수 있다.

호등제와 관련하여 戶租의 징수는 穀을 수취하지 않는 遊人에 대한 수취이지만, 人에 대해서도 포와 곡 외에 인정의 다과에 따른 호등의 구분이 있었을 것으로 여겨진다. 『수서』와 『주서』의 수취 규정에서는 보이지 않지만, 役制의 운영과 관련하여 이에 관한 규정이 율령에 존재했을 것으로 보는 것이 바람직할 것으로 본다.

최근 전덕재는 신라 중고기 결부제를 규명하는 논고에서 위의 자료

---

13) 金琪燮, 「蔚珍鳳坪新羅碑에 보이는 '共値五'의 의미와 計烟의 기원」, 11~14쪽.

에 대한 해석을 시도하면서 위의 기록을 『주서』 고려전의 기록과 연관하여 이해하고자 하였다.[14] 여기서 人稅는 家戶 단위로 부과하였으며, 가호는 丁男과 그 가족으로 구성되는 가호라고 보았다. 아울러 부가세의 성격이 강한 租는 호등에 따라 차등을 두어, 결과적으로 가호마다 부세량에 차이를 둔 셈이며, 유인에게는 조가 부과되었을 가능성이 적은 것으로 파악하였다.[15] 따라서 전덕재 역시 호등제는 '人'에 적용되는 것으로 본다고 여겨진다.

전덕재 역시 戶租를 '人'에 부과되는 稅로 본다는 점에서 김기흥의 입장과 동일하다고 볼 수 있다. 따라서 『隋書』의 규정에서 보이는 호조의 실체에 대해서 좀더 주의 깊은 검토가 필요하며, 또한 遊人의 실체에 관한 보다 정확한 해석이 필요하다고 생각된다. 그러나 단순 논리로 본다면 앞서 언급했듯이 '人'에 대해서 포나 곡을 인두세의 수취방식으로 수취한 것처럼, '遊人'에 대해서도 그에 해당하는 포와 곡을 細布와 戶租로서 공동 수취했다고 보는 것이 타당하리라 여겨진다.

한편 호등제 연구의 전제가 되는 호의 실체를 규명해 보고자 시도한 논고는 이영훈의 시론적 이해에서 살필 수 있다. 여기서 '人'은 '男丁 10인 이상으로 구성된 세대공동체의 長'이라고 이해하고, '遊人'은 신분적·인종적 측면에서 하층민으로 보면서 3등호로 구분되어 있더라도 그 경제력은 '人'의 호, 즉 세대공동체에 비해 매우 열악한 것으로 본다. 따라서 6세기말~7세기초 고구려사회에서 세대공동체의 형성이전 계층적으로 보편적이지 않음을 지적하고 있다.[16]

---

14) 全德在, 「신라 中古期 結負制의 시행과 그 기능」, 『韓國古代史硏究』 21, 2001. 3, 262~265쪽.
15) 全德在, 위의 논문, 263~264쪽.
16) 李榮薰, 「韓國經濟史 時代區分試論 -戶의 歷史的 發展過程의 觀點에서-」 『韓國史의 時代區分에 관한 硏究』, 精神文化硏究院(硏究叢書 95-16), 1995, 385~386쪽.

여기서 이영훈은 한국사에서 소농의 존재를 확인하고 소농의 성립과정을 戶의 발전과정을 통해 살펴보고자 하였다. 이러한 이해방식은 기본적으로 타당하다고 여겨진다. 그러나 고중세 사회에서 호에 대한 이해는 국가지배의 기초 단위로서의 호에 대한 이해와 아울러 직접생산자로서 자연호에 대한 이해 및 그 구성과 양자의 상관성에 대한 이해가 전제가 되어야 한다. 그런 측면에서 고대국가의 발전과 함께 시행된 율령제는 주목해 볼만한 조치이다. 율령제의 시행으로 국가지배의 기초단위에 대한 조사와 함께 조세징수체계가 확립되었을 것이다.
　『수서』고려전에서 '人'과 '遊人'에 대한 인두세적 세제가 시행되었다는 사실은 주목해 볼 필요가 있다. '人'에 대한 세액의 과도함을 이유로 인두세를 '戶'에 대한 수취로 해석하는 것은 재고해야 할 것이다. 앞에서도 언급했듯이 노동력의 보유정도는 개별가호의 경제적 차별성을 반영하는 것인 만큼 인두세적 수취를 하더라도 丁男 중심의 수취였음으로 별 무리가 없었을 것으로 여겨진다.
　또한 '人'을 세대공동체의 장으로 본다면 '유인'에게 부과되는 '十人共細布一匹'의 '人'도 그에 상응하는 인물로 보아야 할 것인데, 여기서 租가 戶당 부과되는 것과 비교하면 '人'은 '戶'를 구성하는 인물임이 틀림없다고 판단된다. 따라서 人과 戶는 구별되어야 하며, 이이 戶를 대표하는 세대공동체의 長이라든가 戶로 파악하는 것은 논리적으로 적절하지 않다고 여겨진다.
　한편 이영훈은 호등제와 관련하여 별다른 언급을 하고 있지 않다. 그러나 김기홍의 견해와는 달리 호조는 유인에게 부과되는 것으로 보면서 유인이 3등호로 구분되고 있지만, 그 호의 경제력은 '人'의 호, 즉 세대공동체에 비해 매우 열악한 것으로 파악하고 있다.[17]

---

17) 李榮薰, 앞의 논문, 386쪽.

2. 신라 통일기의 호등제

신라 통일기의 호등제에 관해서는 신라촌락문서에 보이는 9등호제를 둘러싸고 호등의 기준에 관해 다양한 견해들이 제기되어 있다. 신라촌락문서의 9등호제에 관하여 크게 人丁설과 재산설(토지설 포함)로 나누어 살펴볼 수 있다. 이와 관련하여 최근 김수태의「신라촌락문서 연구의 쟁점」이라는 연구사적 검토가 참고된다.[18]

인정설과 관련해서는 먼저 旗田巍의 선행연구가 있다. 旗田巍의 연구에서는 9등호제의 기준은『高麗史』권84, 刑法志1, 戶婚, "編戶以人丁多寡 分爲九等 定其賦役"의 사료를 원용하여 신라 9등호제도 人丁의 많고 적음에 따라 나누어진다고 보고, 구체적으로는 丁數 또는 丁數와 丁女數를 합친 수가 호의 등급을 나누는 기준이었다고 보았다.[19]

旗田巍는 신라 9등호제는 賦役 징수를 목적으로 한 것으로 人丁의 다소로 戶의 등급이 결정되는 것은 인간 노동력의 다소에 따라 호의 등급이 결정되는 것이라고 하였다. 또한 賦役의 징수를 위해서 인정을 기준으로 하는 호등제가 만들어진 것은 부역의 중심이 노동력의 직접적 징수 즉, 力役에 있었음을 보여준다고 하였다.

旗田巍는 호등제 시행의 목적을 역역의 징수에 있으며, 인정의 많고 적음에 따라 호등을 구분한다고 보고 있으나, 이는 신라촌락문서의 전체적인 작성 의도와 관련하여 재검토되어야 할 것으로 여겨진다. 신라촌락문서는 문서의 첫머리에 촌락의 입지, 村域, 孔烟, 計烟에 관하여 기재하고 있다. 이어서 각 호등의 수, 연령별 인구수, 우마수, 각 전답의 결수, 나무의 수와 함께 각각의 변화상을 촌락별로 기재하고 있다.

이미 기존의 연구에서 밝혀지고 있듯이 각 호등은 기본수를 가지고

---

18) 김수태,「신라 村落帳籍 연구의 쟁점」『韓國古代史硏究』21, 2001.
19) 旗田巍,「新羅の村落」『朝鮮中世社會史の硏究』, 1972, 429~430쪽.

있으며, 그 기본수를 바탕으로 계연수를 산정하고 있다. 이처럼 호등의 기본수를 가지고 계연을 산출한다는 사실은 계연을 산출하기 위해 호등을 파악한다는 사실과 상통하는 것이다. 계연이 각 개별촌락의 村勢를 반영하는 것이자 수취를 위한 기준수라고 본다면, 이는 각 호등이 단순히 인정수만을 기준으로 정해진다고 보기는 어려울 것이다. 특히 통일신라에 이르면 토지에 대한 소유권이 일반민에 이르기까지 확대되고 있으며, 그것은 신라촌락문서상에서도 烟受有田畓이라는 토지 지목으로 나타나고 있다. 따라서 호등의 산정에 토지가 제외되어 있다는 것은 생각하기 어려울 것이다.

旗田巍의 연구를 일정하게 계승하면서 明石一紀는 계연과 기본수의 해석에서 좀더 사실에 접근하는 연구 결과를 내놓고 있다. 明石一紀는 각 호등의 구분 기준은 기본적으로 丁數의 차이에 있으며, 丁에는 男丁과 女丁이 모두 포함되어 있다고 한다. 촌락문서상에 보이는 중하연의 경우 8丁으로, 이하 1丁씩 줄어서 하상연 7정, 하중연 6정, 하하연 5정으로 파악한다. 이럴 경우 A, C, D 촌은 계산상의 수치와 실제 수치가 근접하나, B촌의 경우는 다소 차이가 난다. 明石一紀는 이를 B촌에 보이는 余子나 法私를 제외하여 계산함으로써 그 차이를 해소하고 있다.[20] 또한 5인 이하를 대상으로 하는 하하연은 역역부과를 고려해서 인위적으로 編烟하였다고 보았다. 이 점에서 明石一紀의 해석은 旗田巍의 해석을 계승하면서 호등제가 인정에 기초하여 구분되었을 가능성을 제시하는데 상당한 성공을 거두었다고 볼 수 있다.

그러나 기준수를 소수점 자리까지 확대하고 그것을 바탕으로 계연의 기본수 9정을 분모로 하며 등급연의 丁數를 분자로 하는 수치를 제시하였다. 이어서 계연은 租調 외 부역 총량을 어떤 목적을 위해서 파

---

20) 明石一紀, 「統一新羅の村制について」 『日本歷史』 322, 1975, 73~76쪽.

악한 것이며, 군현 수준에서 계연 11.1(부역부담자 100인)마다 여러 촌을 편성해서 일괄 기재한 것으로 보는 등 그 이후의 추론이 상당히 자의적으로 진행됨으로써 전체적으로 무리를 범하였다.[21]

한편 明石一紀는 토지와 관련하여 烟受有田畓은 균전제와 무관하며 官謨田畓과 麻田이 각각 4결, 1결 정도로 균등하게 설치되어 있는 것으로 보아 국가가 각 촌에 일률적으로 설치하여 租 및 마포를 부과시켰다고 파악하면서 연수유전답에는 조를 징수하지 않았을 것으로 추정하고 있다.[22]

旗田巍의 이해방식은 이후 일본 연구자들에게 많은 영향을 끼치면서 浜中昇에 이르러 보다 구체화되었다.[23] 旗田巍는 문서상에 나타나는 촌락을 '혈연자가 거주하는 소공동체'라고 규정하고 있지만, 浜中昇은 이에 대해 몇 가지 문제점을 제시하고 있다.[24] 이러한 문제점을 인식하고 浜中昇은 첫째, 당시의 가족은 일반적으로 부부와 그 자녀만이 아니라 직계친·방계친을 포함하고 있으며, 국가는 이러한 가족을 그대로 戶로 파악하고 있다. 둘째, 촌락이 강고한 공동체를 형성하고 있으며, 촌락은 일정 지역을 村域으로 가지고 토지소유의 주체이자 토지개발도 촌락단위로 이루어져 있다. 셋째, 촌주는 고유의 지배지가 있었던 것이 아니라, 촌주층은 지방군단을 통솔하는 군사층과 함께 각 촌락의 주민을 공동으로 지배했다. 넷째, 통상적인 호구의 전출입은 직계

---

21) 明石一紀, 앞의 논문, 81~83쪽.
22) 明石一紀, 앞의 논문, 79~80쪽.
23) 浜中昇, 『朝鮮古代の經濟と社會』, 法政大出版局, 1986
24) 浜中昇, 위의 책, 4쪽. 첫째, 촌락은 혈연집단이었는가. 둘째, 촌락은 어떤 의미에서 공동체였는가. 셋째, 복수의 촌락으로 구성된 보다 대규모적인 공동체가 존재했다고 하면, 그것은 어떠한 것이었을까, 그럴 경우 촌주는 어떻게 위치 지워야 할까. 넷째, 현저하게 보이는 호의 이동은 촌락의 변모를 의미하는 것일까, 아닐까.

친·방계친을 포함하여 2조 이상 부부를 포함하는 가족의 존재방식, 즉 그 내부에 항상 분열적 계기를 포함하고 있는 가족의 구조에 기인한다고 보았다.25)

이러한 인식을 바탕으로 浜中昇은 통일신라의 연령구분을 검토하는 가운데, 계연 산출의 목적은 역역중심의 부역을 촌 단위로 과징하기 위한 것으로 호등의 기준은 인정의 다과, 특히 남녀의 丁數에 있었다고 보는 견해를 따르면서도, 거기에 助子, 助女子도 역역의 부담자였기 때문에 9등호제의 기준이 재검토되어야 한다고 파악하고 있다.26)

이와 관련하여 浜中昇은 신라의 9등호제에서 호등 구분은 戶의 人數에서 구하는 것이 보통이라고 보고, 이와 관련된 논자들의 입장을 검토하고 있다.27) 여기서 浜中昇은 明石一紀의 설에 동의하면서 9등호제의 기준은 정남수와 정녀수의 합계에서 구하는 것이 타당하다고 본다. 하하연이 5, 하중연이 6으로 丁이 하나씩 증가함에 따라 등급이 하나씩 올라간다고 보고 기본수는 하하연이 1/6, 하중연 2/6, 하상연 3/6으로 1/6씩 증가하여 중상연이 기본수 1이 된다고 본다.28)

이어서 浜中昇은 계연에 관한 부담은 통일신라의 세제 가운데 가장 큰 비중을 차지하고 있었다고 보이는 力役, 그 중에서도 일반적 역역이 아니라 특수한 역역, 즉 중앙정부에 의해 직접 징발되는 중앙군역이나 왕경 또는 그에 준하는 장소에 일정 기간 체재하며 관아의 잡역

---

25) 浜中昇, 앞의 책, 34~35쪽.
26) 浜中昇, 앞의 책, 56~58쪽.
27) 浜中昇,「新羅村落文書にみえる計烟について」『古代文化』35-2, 1983 ; 앞의 책, 71~74쪽. 兼若逸之는 호등의 기준을 丁男數에서 구하고(「新羅 '均田成冊'의 硏究」『韓國史硏究』23, 1979), 明石一紀는 丁男과 丁女수로 하며(「統一新羅の村制について」『日本歷史』322, 1975), 이태진은 丁男·丁女·助子·助女子의 합계를 주요 기준으로 보고 있다(「新羅統一期의 村落支配와 孔烟」『韓國史硏究』25, 1979).
28) 浜中昇, 앞의 책, 74쪽.

에 종사하는 것과 같은 역일 것이라고 파악하고 있다. 그와 관련하여 계연 수치로 나타나는 4余分3 등의 수치에 여분 이하의 나머지는 버리거나 반올림하여 각 촌락에서 특정역을 부담하는 人數를 나타내는 것이라고 파악한다.29) 또한 이 문서 작성의 목적은 촌락의 개황을 조사·보고하는 것으로 국가는 이러한 문서를 전국적으로 모아서 정책 입안의 기초 자료로 삼았다고 보았다.

또한 浜中昇은 촌락문서에 나타나는 토지에 대한 기록을 통일신라 토지제도사 연구에 매우 중요한 사료로 본다. 이를 『三國史記』권8, 聖德王 21년(722)의 "始給百姓丁田"의 기사와 관련하여 검토하고, 아울러 兼若逸之의 균전제론에 대해 살피고 있다.

신라촌락문서에서 토지의 증감이 기록되지 않은 것은 토지의 기록에 휴한지·陳田 등이 포함되며 농민에 의한 소규모적인 新田 개발은 없었기 때문에, 각 촌락의 결부수의 총액에 변화가 없었다고 보았다.30) 촌락내에서 연수유전답이 대부분을 차지하는 것은 당시 귀족이나 토호에 의한 토지겸병이 진전되지 않았다는 사실과 당시의 촌락이 강고한 공동체를 형성하고 있었다는 사실과 관련이 있으며, 촌주위답이나 연수유전답은 모두 조상으로부터 물려받은 촌민 개인의 보유지라고 보았다.31)

아울러 균전제의 존재 유무와 관련하여 균전제의 存否는 문서의 토지기재 전체로부터 판단하지 않으면 안된다고 보고, 균전제가 시행되었다면 몇 가지 전제가 필요하다고 보았다. 첫째, 균전제에 의한 토지 지급에 고유의 명칭과 촌락마다의 총액이 전답조에 기재되어야 한다. 둘째, 균전제에 의한 지급지와 촌주위답이라고 하는 성격이 다른 두

---

29) 浜中昇, 앞의 책, 75~81쪽.
30) 浜中昇, 앞의 책, 89~92쪽.
31) 浜中昇, 앞의 책, 96~98쪽.

종류의 토지가 '烟受有'라고 하는 명칭으로 일괄된 것은 의문이다. 셋째, 균전제가 시행되었다면 剩田이 생겨야 하는데, 剩田이 전혀 생기지 않았다는 것은 이해할 수 없다. 浜中昇은 이러한 전제가 충족되지 않은 상황에서 균전제는 실시되지 않았을 가능성이 높다고 보았다.[32]

浜中昇의 인식은 旗田巍의 시각을 기본적으로 계승하면서도, 그것을 더욱 논리적으로 보강하고 있다고 할 수 있다. 먼저 戶의 구성을 보다 구체화함으로써 촌락문서 내의 孔烟의 실체에 보다 접근하고 있다고 여겨진다. 공연의 구성을 기본적으로 혈연을 바탕으로 한 직계친·방계친으로 본 견해는 기본적으로 타당하다고 본다. 그러나 그것을 기초로 신라의 촌락을 혈연공동체로 규정하는 것은 확대 해석의 여지가 있다.

인구구성에서도 보듯이 A촌의 경우 奴婢는 丁1, 丁女5, 助子1, 助女子1, 三年間中産小女子1로 나타나고 있다. 이들 노비들은 이미 오래 전부터 촌락 내에 존재해 있었을 것으로 판단되며, 이들은 혈연 구성과는 무관하다. 특히 三年間中産小女子가 1명이 있다는 사실은 노비도 하나의 호를 구성하고 있는 노비호의 존재 가능성을 상정하는 것이며, 그것은 A촌의 가장 유력자일 것으로 짐작되는 촌주의 공연 구성에 포함되어 있었을 가능성을 예상해 볼 수 있다. 또한 각 촌락에서 보이는 收坐內烟, 列加人, 列廻去人 등은 촌락간의 인구이동에 의한 다양한 존재를 상정하는 것으로서 각 촌락이 혈연공동체라는 浜中昇의 주장은 재고를 요한다.

浜中昇의 경우 호등은 明石一紀의 설을 일정하게 수용하면서도 그 구분은 丁·丁女數만이 아니라 助子, 助女子도 역역의 부담자였기 때문에 9등호제의 기준으로 포함되어야 함을 시사하고 있다. 이는 호등

---

32) 浜中昇, 앞의 책, 98~104쪽.

의 구분이 인정수의 다과에 기초하고 있다는 전통적인 학설을 계승하는 것으로서, 통일신라사회 내에서 토지의 중요성을 간과한 견해라고 여겨진다. 이미 촌민의 토지로서 연수유전답이라는 토지 지목이 엄연히 존재하고, 촌주의 경우 그 구체적인 지목으로서 촌주위답이 있다는 사실은 각 烟마다 토지를 소유하고 있음을 보여주는 것이다. 또한 토지에 관한 증감의 기록이 없었다는 사실이 토지의 중요성을 반감시키는 것이 아니며, 그것은 그의 주장대로 토지 내에 휴한전 등 陳田이 포함되어 있었다는 것과 관련이 있으며, 더욱이 촌락문서가 양전대장이 아니라는 점에서 문서의 성격과 관련이 있을 수 있다고 본다. 따라서 호등의 구분에 토지를 배제한다는 것은 통일신라사회에서 토지의 중요성을 간과한 것이라고 보이며, 계연이 조용조 수취를 위한 촌락의 부담 총액이라고 본다면,33) 계연 산정에서 토지를 배제하는 것은 곤란하다.

이태진은 기본적으로 공연편호설을 제시함으로써 각 촌락별로 존재하던 공연수의 과소성을 해소하고 호당 전답의 과다함도 어느 정도 설명이 가능하게 되었다. 한편 공연의 등급은 丁男, 丁女, 助子, 助女子를 일차적 기준으로 하되 경지의 양, 그 중 畓의 비중이 참작된 것으로 보았다. 계연은 조용조 전반에 통용되는 것으로 보고, 그 원인으로 휴한법 아래에서는 생산력이 인력에 좌우되기 마련이어서 결수에 기준한 별도의 조 징수체계가 필요 없었던 것이 아닐까라고 추정하고 있다.34)

이태진이 주장하는 공연편호설의 주 논거는 촌락내의 戶數가 적다는 점과 호당 口數가 많다는 점, 특히 전답의 호당 평균치가 후내(조신

---

33) 李泰鎭,「新羅統一期의 村落支配와 孔烟-정창원 소장의 촌락문서 재검토」
  『韓國史硏究』 25, 1979.
34) 李泰鎭, 앞의 논문.

초기)의 기준으로 지나치게 높다는 점이 지적되었다.35) 이태진의 이러한 주장은 신라촌락문서의 내용 기재에서 볼 때 충분히 재검토되어야할 점이며, 이후의 연구자들에게도 많은 영향을 끼치게 되었다. 따라서 이와 관련하여 기본적으로 자연호와 편호의 개념에 관한 정확한 규정을 바탕으로 이에 접근할 필요가 있다고 본다.

먼저 편호란 국가의 필요에 따라 몇 개의 자연호를 인위적으로 편제한 호이며, 편호 내의 자연호 사이에 혈연적 유대관계를 바탕으로 의제적 결합관계를 가진 것은 아니다. 반면에 자연호란 기본적으로 부부를 중심으로 한 직계가족 5명 내외의 단혼소가족으로 파악하는 것이 보편적이다. 그러나 자연호의 범주를 단순하게 단혼소가족에 한정시킬 필요는 없다고 본다. 호등이 높을수록 호주 중심의 대가족으로 구성되었을 가능성을 상정해 볼 수 있다. 마찬가지로 하하연 같은 경우는 1~2명의 가족으로 이루어진 빈한한 가족 구성도 상정할 수 있다. 따라서 하중연 이상의 호는 가족 규모의 크기에 따라 혈연적 관계를 바탕으로 2~3호가 의제적으로 결합해 있었을 것이다. 그러나 이를 편호라고 보기는 곤란하다. 호주를 중심으로 직계친・방계친이 결합된 호로 본다면, 어떤 의미에서 편호적 성격을 가질 수는 있으나, 혈연을 바탕으로 구성되어 있는 만큼 이를 대가족 구성의 자연호로 파악해야 할 것이다.36) 따라서 일반적으로 가족 중심의 농업경영단위를 형성하면서 부유한 호의 경우 노비호를 포함할 수도 있다고 본다.37)

---

35) 李泰鎭, 앞의 논문, 25쪽.
36) 浜中昇도 孔烟의 내부 구성을 기본적으로 직계친과 방계친으로 구성된 혈연적 관계로 파악하고 있다(앞의 책, 34~35쪽). 그러나 모든 공연이 다 그런 것은 아니며, 기본적으로 토지소유를 기반으로 한 가족 구성이기 때문에 토지를 바탕으로 한 재생산 기반이 없을 경우는 분열하여 흩어져 버린다. 따라서 공연의 구성은 토지소유와 가족 구성이 결합한 방식으로 존재하였다고 보아야 할 것이다.

또한 호등의 의미를 고려해 본다면 편호를 통해 호등을 구분하기 보다는 부유한 호와 빈한한 호를 하나의 호로 편호하여 편호간의 차별성을 균등화하는 방향으로 가는 것이 국가의 효율적 수취를 위해 타당하지 않을까 여겨진다.38) 국가가 호등제를 필요로 하는 것은 호등을 통해 호의 경제적 차이를 파악하고 그것을 바탕으로 촌락의 규모를 상정하여 수취를 원활하게 하고자 하는 데에 있다. 따라서 호등제는 호의 경제적 차이를 반영하여 기본수를 정하고, 계연 산출을 위한 기초로 활용되었다. 따라서 자연호의 경제적 차이를 고려하지 않고 인위적으로 편호할 경우, 편호의 기준을 정하기 곤란하며 편호내에 편제되어 있는 개별 자연호의 경제적 차이를 고려하기가 매우 어렵다.

이인철은, 이태진의 '계연은 조용조 수취 전반에 걸쳐 적용된 것'이라는 견해를 수용하면서, 호등 구분의 기준을 처음으로 토지소유의 다과에서 구하는 성과를 거두었다.39) 그에 따르면 각 등급연에 따른 평균 토지 전결수를 상정하고 그것을 등급연 수와 곱하여 실제 결수와 비교하면 매우 근소한 차이를 보이고 있으며, 호등 구분의 기준은 토지소유의 다과에 있음을 주장하였다. 각 등급연별 소유토지는 중상연 24결, 중중연 21결, 중하연 18결 씩으로 하여 3결씩 감소되는 것으로 보았다. 계연 산정의 대상이 된 실제 경작지는 각 등급연의 경작지에서 휴한전으로 상정되는 6결을 제외한 토지로서, 중상연의 토지 18결을 계연 1로 하여 등급연의 기본수가 5/6, 4/6, 3/6, 2/6, 1/6이 되었다고 본다.40) 또한 공연 1호당 소유토지가 많은 것은 공연이 자연호를 묶은

---

37) 필자는 이런 관점에서 신라 통일기의 孔烟과 計烟의 문제를 다루어 본 바 있다(金琪燮,「新羅統一期의 戶等制와 孔烟」,『부대사학』17, 1993).
38) 李喜寬은 이와 비슷한 견지에서 공연편호설에 관한 의문을 제기한 바 있다(「統一新羅時代의 孔烟의 構造에 대한 새로운 理解」,『韓國史研究』89, 1995, 197~198쪽).
39) 李仁哲,「新羅 統一期의 村落支配와 計烟」,『韓國史研究』54, 1986.

편호로 이루어졌기 때문이며, 각 공연당 전결수와 인정수가 대응관계를 이루는 것은 국가가 공연을 편호로 구성하고 편호로 구성된 공연의 토지결수에 따라 과역의 대상이 되는 인정수를 파악하였기 때문이라고 하였다. 따라서 신라의 9등호제는 人丁의 다과가 아니라 田畓의 다과에 의해 구분되었다고 보았다.41)

이인철의 연구는 몇 가지 면에서 중요한 결과를 얻어내었다. 먼저 지금까지 지배적인 입장이었던 인정의 다과에 의해 9등호가 구분된다는 학설을 비판하고, 토지의 다과에 의해 호등이 구분되었음을 제시하였다. 이는 시대구분적 의미에서 통일신라기를 새롭게 볼 수 있는 가능성과 막연하던 계연의 의미가 조용조 수취의 기준이었음을 보여주었다.

그러나 이인철의 이러한 성과에도 불구하고 몇 가지 풀어야 할 문제점이 있다. 첫째, 토지의 다과에 따른 호등 구분의 기준을 합리화하기 위하여 촌락 내의 공연수를 자의적으로 조정하였다. C촌의 경우 하상연은 존재하지 않음에도 불구하고 하상연을 3호로 가정하여 공연수를 조정하고 있다. 그러나 C촌은 다른 각도에서 접근하는 것이 필요하다. 그것은 C촌이 여러 면에서 다른 촌과는 차이점을 보이는 촌락이라는 사실과 관련이 있다. 특히 C촌은 丁의 비율이 丁女에 비해 훨씬 높고, 우마의 변동 폭도 매우 크며, 다른 촌에 비해 소의 비율이 높다. 이는 C촌의 특수성을 반영하는 것으로서 토지의 계산상 수치가 실제 토지결수와 차이를 보일 수밖에 없는 중요한 이유이다. 하나의 가정을 해본다면 C촌의 연수유전답 가운데에는 C촌의 공연이 소유하지 않는 연수유전답이 있을 수도 있다.42) C촌은 하하연의 비중이 높은 데 비해

---

40) 李仁哲, 앞의 논문, 3~10쪽.
41) 李仁哲, 앞의 논문, 11~19쪽.
42) 金琪燮, 앞의 논문, 1993, 118~119쪽.

토지의 소유비율이 높다. 또한 B촌에 버금갈 정도로 소의 비율이 높다. 이는 C촌의 열악한 촌세에 비추어 볼 때 특이한 현상이라고 할 수 있다. 따라서 C촌의 하하연이 소를 빌려 다른 사람의 토지를 경작해주는 방식으로 경영되었을 가능성도 고려해 볼 수 있다.[43]

둘째, 계연이 조용조 수취의 전반에 걸친 부과의 기준이었다고 보는 것은 중요한 지적이라고 하겠으나, 그럴 경우 토지만을 호등 구분의 기준으로 보는 것은 곤란하다. 이인철은 호등별 課役대상 정남수를 하하연 1, 하중연 2, 하상연 3, 중하연 4로 보고 각 호등은 이에 상응하는 역역을 부담했을 것으로 보았다. 또한 호등별 課調대상 인정수를 하하연 2, 하중연 4, 하상연 6, 중하연 8로 보면서 課調대상에는 丁男, 丁女 외 助子, 助女子를 포함시키고 있다. 이렇게 본다면 각 호등은 이에 상응하는 인정수를 포함하고 있어야 할 터인데, 국가가 토지와 인정수를 감안하여 인위적으로 편호를 구성한다고 할 때, 그것이 가능할지는 의문이다.

이인철의 이러한 문제제기는 그 이후의 연구에서 신라촌락문서를 둘러싼 새로운 토론의 가능성을 열었다. 이와 관련하여 김기흥, 이희관, 이인재, 김기섭, 윤선태 등의 연구가 있다.

김기흥의 연구는 신라촌락문서를 새로운 각도에서 연구하면서 기본적으로는 이인철의 견해에 바탕을 두고 있다.[44] 김기흥은 9등호제의 구분 기준이 재산에 있다고 보고 토지 외에 牛馬, 奴婢 등을 포함하는 재산의 크기에 따라 구분되었을 것이라고 보았다. 이 입장에서 고려초

---

43) C촌은 다른 촌락의 경우처럼 縣 소속이기니 서인경 소속이라는 확실한 영속관계를 알 수 없으므로 C촌의 연수유전답 소유주가 다른 지역에 살고 있다고 가정했을 때, 그 실체를 유추하기가 매우 어렵다. 그러나 다른 촌락에 토지를 가지고 있을 정도라면 해당 사회에서 일정한 위치에 있는 지배계급에 해당하는 계층일 것이다.
44) 金基興,「新羅村落文書에 대한 新考察」『韓國史研究』 64, 1989.

인정 기준의 9등호제는 신라 하대의 혼란기를 지나면서 전 국토에 대한 철저한 양전이 사실상 이루어질 수 없었고, 합리적인 호등 산정이 불가능한 상태에서 손쉬운 인정 기준의 9등호제가 과도적으로 시행되었다고 보았다. 따라서 고려의 9등호제는 임시적·과도적 성격을 가지고 있다고 본다.45) 또한 9등호제는 계연 산정의 기초가 되었고, 그외 역역징발, 調의 수취 기준, 각종 임시세의 징수 등에 활용되었으며, 9등호제가 실시되었다는 사실로 인해 浜中昇이 제기한 공동체적 토지소유론은 수정을 필요로 한다고 하였다.46)

김기흥의 이러한 연구는 기본적으로 이태진과 이인철의 연구 결과에 바탕을 두고 있으며, 두 연구의 한계를 보완하면서 자신의 논지를 전개하고 있다. 따라서 그의 논리 역시 두 연구에 대한 비판의 연장선에 있다고 볼 수 있을 것이다. 특히 중국의 예에 비추어 신라의 제도와 대비하는 방식은 일견 타당하면서도, 중국과는 다른 사회경제적 환경에 있었다고 보이는 신라에 직접 대비하는 것은 논리의 비약을 가져올 수 있다는 점에서 주의를 필요한다고 하겠다.

특히 그는 고구려의 3등호제를 자연호의 재산상의 차이에 따라 호등이 분화되었다고 보는 만큼, 신라의 9등호제에서 다시 인정의 다과에 의한 호등제가 나오는 것은 의문이라고 전제하고 재산의 차이에 의한 9등호제임을 확인하고 있다. 그러나『隋書』고려전에 보이는 戶租를 재산에 의한 3등호제로 보는 것은 의문이다. 그의 경우 고구려의 戶租는 호별분화에 따른 인두세에 부가적인 것으로 보고, 호조는 고대의 획일적인 인두세가 안고 있는 문제를 보완하는 의미를 담고 있다고 파악한다.47) 그러나 이미 앞에서도 제시했지만, 호조가 人에게 부과된 것

---

45) 金基興, 위의 논문, 8~10쪽.
46) 金基興, 위의 논문, 12~13쪽.
47) 金基興,「6·7세기 高句麗의 租稅制度」『韓國史論』17, 1987, 38~40쪽.

인가, 아니면 遊人에게 부과된 것인가는 여전히 논란이 되고 있으며, 호조는 유인에게 부과되었을 가능성이 더욱 커 보인다. '遊人'에게 3등호의 구분이 있듯이 일반민이었던 '人'에게도 호등의 구분이 있었을 것이며, 이때 호등의 구분은 호별 재산의 차이에 의한 것이라기 보다는 인두세적 조세제도 하에서 인정의 다과에 따라 구분되었을 가능성이 크다고 생각된다.[48]

이희관은 공연자연호설과 공연편호설의 문제점을 비판하면서 기본적으로 공연자연호설을 보강하는 입장의 논지를 전개하였다.[49] 공연자연호설은 편호설에서 제기하듯이 자연호의 규모가 매우 크다는 점과 촌락문서상에서 보이는 자연호가 대부분 6인 이내의 구성이라는 점을 비추어 볼 때 이에 대한 적절한 해명이 필요하다고 비판한다. 또한 공연편호설에서 제기하듯이 국가가 호를 인위적으로 편호하였다고 할 때, 왜 자연호나 개인을 균일한 크기로 묶지 않고 굳이 공연을 하하연에서 상상연까지의 9등급으로 복잡하게 나누었을까 하는 기본적인 의문에서 시작하여, 국가가 촌민들로부터 수취를 위해 그렇게 인위적으로 편호할 필요가 있었을까라고 묻고 있다.[50]

이에 대한 해결방식으로 이희관은 孔烟·孔·烟을 각각 서로 성격이 다른 용어로 보고, 孔烟은 곧 등급연의 '烟'이며 '孔'은 공연의 한 구성요소로 파악한다. B촌에 보이는 "上烟亡廻去孔一 以合人三(以丁一丁女2)"은 하나의 가족이며, 이는 부부와 미혼의 자녀로 이루어진 부부가족이었을 것이라고 본다. 또한 D촌에 보이는 '孔'은 각각 6명과 11명으로 구성되어 있는데, 이는 부부가족보다는 규모가 큰 직계가족이

---

48) 본서 Ⅰ장 1절, Ⅱ장 1절 참조.
49) 李喜寬, 「統一新羅時代의 孔烟의 構造에 대한 새로운 理解」 『韓國史硏究』 89, 1995.
50) 李喜寬, 위의 논문, 1995, 195~198쪽.

거나, 2개의 부부가족으로 이루어졌을 것으로 본다. 결국 '孔'은 각각의 구성원들이 혈연적으로 결합된 운명공동체적 성격을 띠는 '가족'들이었을 것이며, 그 외 노비나 타 지역에서 이주해 와서 개별적으로 공연에 편입된 사람으로 구성되었을 것으로 파악한다. 따라서 공연의 구성은 '孔(가족)', 노비, 개별적 편입인으로 이루어졌을 것이며, 이때 개별적 편입인들은 노비는 아니더라도 다소 종속적이었을 것으로 보고 있다. 여기서 혈연관계가 아닌 가족이 공연의 구성원이 되었을 경우에도 그들은 의탁한 원래의 공연 가족에 대해서 종속적이었을 것이며, 이들을 각각 '從屬家族' '主家族'으로 부르고 있다.[51]

이러한 그의 논리는 기본적으로 공연자연호설이나 공연편호설이 가지고 있는 논리적 한계를 지적하고 신라촌락문서의 재검토를 통해서 새로운 입장을 제시하였다는 점에서 의미가 있다. 특히 신라촌락문서의 내용을 분석하여 '孔'의 의미를 제시한 것은 단순하게 '孔'이 공연을 의미한다고 보거나, 막연하게 공연이 자연소가족 외에 직계친·방계친 등까지 포함되었을 것이라고 보는 견해를 적극적으로 비판·극복하려 하였다는 점에서 의의가 있다. 그러나 그 역시 그의 논리를 방증하기 위하여 무리한 추정을 하고 있다는 점을 지적하지 않을 수 없다.

그는 孔烟=孔이 아님을 증명하기 위하여 신라촌락문서의 追記를 통해 이를 논증하고자 하였다. 먼저 공연편호설에서 제시한 대로 A촌에서 공연 하나가 감소한 것으로 보는 A촌의 孔烟 추기는 當式年 이후에 列廻去한 4인(丁女1, 追子1, 小子1, 丁婢1)으로 인한 것이었다고 본다. 그러나 이는 列廻去한 4인이 어떻게 하나의 공연이 될 수 있는지에 대한 본인의 적절한 설명이 없이는 이해하기 어렵다. 특히 '列廻

---

51) 李喜寬, 앞의 논문, 1995, 205~215쪽.

去'는 '개별적으로 돌아간'이라는 의미를 가지고 있기 때문에 이를 이용하여 자신의 논지를 증명하는 것은 곤란하다. 마찬가지로 孔烟=孔이 아닌 이유는 孔烟과 孔의 용례가 다르다는 점과 D촌의 경우 孔이 하나 없어졌음에도 불구하고 공연에는 변화가 없었다는 사실을 들고 있다. 이 두 가지 사실은 결국 孔이 공연의 구성요소였다는 점을 증명할 수 있을 때 타당성을 가질 수 있다. 그러나 D촌에서 孔이 하나 감소하였음에도 불구하고 공연이 감소하지 않은 것은 그것이 을미년 이전에 일어난 사실이기 때문이다. 즉 공연의 변화에 의해 추기된 것이 아니라 을미년에 공연을 조사할 때 이미 그러한 변화가 일어나 있었기 때문이다. 따라서 孔烟=孔이 아니라는 논리는 이루어지기 어렵게 된다. 또한 D촌의 경우, 을미년의 '亡廻去孔'과 '孔亡廻一'의 孔이 동일한 것이라면 그에 관한 적절한 해석이 있어야 할 것이다.

D촌의 '乙未年烟見賜以彼上烟亡廻去孔一'의 '孔'의 경우 을미년 조사 당시 도망을 확인한 호라는 점은 武田幸男의 지적과 같다고 볼 수 있지만,52) '孔亡廻一'을 追記라고 보는 것은 이해할 수 없다. 이는 이희관이 공연=공이 아니라는 입장에 서 있기 때문에 나타난 결과이다. 오히려 孔烟=孔이지만, 孔烟≠烟이라고 하는 점에서 다시 검토해 볼 여지가 있다고 본다.

전자의 해석은 이희관의 해석보다는 공연편호설에서 제시하였듯이 '을미년에 烟을 볼 때 그 上烟이 도망해 가버린 孔이 하나'라고 하는 것이 타당하다고 여겨지며, 그렇다고 하여 이 해석이 반드시 공연이 편호라고 하는 근거가 되지는 않는다. 烟은 孔烟을 구성하는 요소이며, 孔은 孔烟의 略語라고 보는 것이 합리적이다. 따라서 선사는 '을미년 공연의 변화를 조사할 때 원래 공연을 구성하고 있던 연이 하나 도

---

52) 武田幸男,「新羅の村落支配-正倉院所藏文書の追記をめぐって」『朝鮮學報』 81, 1977, 95~100쪽.

망갔음을 발견하고, 그 도망간 공연이 하나임'을 의미하는 내용이다. 후자는 추기가 아니라 정상적 기재로서 공연 전체가 도망갔으며, 그것은 이미 을미년 당시에 공연에 반영되었기 때문에 공연에는 추기 형태의 변화 내용이 기재될 필요도 없었다고 할 수 있다.[53] 다만 이 경우에도 공연을 구성하는 것이 혈연적 관계가 없는 자연호라고 보는 것은 곤란하다.

　기본적으로 공연편호설보다는 공연자연호설이 실체에 가깝다고 보며, 이희관의 주장대로 공연은 하나의 가족뿐 아니라, 가족과 노비로 구성된 경우, 주가족과 종속가족으로 구성된 경우, 그리고 주가족과 개별적 편입인으로 구성된 경우 등 다양하다. 국가가 그것을 그대로 공연으로 편제하였다고 보는 이희관의 지적은 중요하다. 필자는 그것이 여러 구성을 가진 개별 자연호의 농업경영규모의 차이를 반영하는 것이며, 이를 바탕으로 국가는 호등제적 편제를 하였다고 본다.[54] 그러나

---

53) 武田幸男, 앞의 논문, 95~98쪽. 武田幸男은 특별한 언급없이 D촌의 '孔亡廻一'은 추기라고 지적하고 있다. 그러나 뒤에서는 D촌의 '列死合人'의 추기 小女子 1인과 '孔亡廻一'의 11인의 合人 12명이 古有·增의 合人 12명과 일치한다는 점에서 '孔亡廻一'은 서식 외의 추기라고 추정하고 있다(앞의 논문, 110~111쪽). 그러나 숫자만 일치한다고 하여 그것을 그대로 추기라고 추정하는 것은 무리이다. 양자의 구체적인 내용의 일치여부가 확인될 때 인정할 수 있을 것이다. 그러나 재미있는 것은 후자에서 보이는 追子 2명의 감소가 전자에는 보이지 않는 것을 제외하면 나머지는 양자가 일치하고 있다. 그런데 추자 2명을 제외하더라도 신라촌락문서의 사진판에 의하면 合人의 수를 비롯하여 丁수, 助女子의 수는 판독되지 않는다(李基白, 『韓國上代古文書資料集成』, 一志社, 1987, 318~319쪽). 그렇다면 武田幸男은 追子를 제외한 추기의 변화를 통해 '孔亡廻一'의 내용을 유추해 내었음을 짐작할 수 있다. 따라서 이러한 武田幸男의 추정은 그 사실여부를 떠나 추기라는 점을 도출해내기 위한 무리한 추정이라고 볼 수 있다.

54) 金琪燮, 앞의 논문, 1993. 이러한 점에서 필자는 기본적으로 공연자연호설의 입장에 서 있으며, 이희관이 분류한 것처럼 공연편호설은 아니다(이희관, 앞의 논문, 197쪽, 주5). 다만 하하연의 경우 편호의 가능성을 시사한 바 있다.

이희관은 공연의 구조와 특성에 관하여 언급하면서도 호등제의 구분 기준에 관하여는 별 다른 언급이 없다.

이인재는 공연과 관련하여 기본적으로 공연편호설의 입장에서 이태진의 견해를 긍정적으로 보면서 孔은 孔烟의 약어이고 上烟은 자연호로서 '윗집'을 뜻한다고 보았다.[55] 그런 점에서 그의 논리는 공연편호설의 논리를 계승하고 있다고 본다. 따라서 그에 대한 비판은 앞에서 살펴본 바와 대동소이하다. 그러나 인구수 항목의 收坐內烟은 문서상으로 다른 촌에서 전입해왔지만 아직 해당촌에 살지 않는 가족이었을 것이라고 보고, 수좌내연은 '收內'라고도 썼는데 이는 빌려준다는 뜻으로 파악하고 있다.[56] 그러나 이에 대한 설명이 미흡하다. 문서상으로 전입해오고 해당촌에는 살지 않는 가족이란 어떤 형태인지 그 실체가 불분명하며 그러한 烟을 각 촌락에서 어떤 이유로 용인하고 있는지를 알 수 없다.

한편 '收內'라는 표현은 신라촌락문서상에서 몇 군데 보이고 있다. '收坐內烟'을 제외하면 B촌에 "三年間中加收內合人七 以列加人三 以丁一 追女子一 小女子一 收坐內烟合人四 以助子一 老公一 丁女二"와 C촌에 "三年間中新收內合人七 以列收內小女子一 收坐內烟合人六 以丁一 追子一 小子一 丁女二 追女子一" 등이다. 이인재의 견해대로라면 이들은 모두 문서상으로만 전입해온 것인데, 그렇게 보기에는 그 내용이 매우 구체적이고 실제적으로 파악되고 있다. B촌에서 3년 사이에 '加收內'한 사람이 모두 7명인데, 그 중에 '列加人'이 3명이고 '收坐內烟'이 4명으로, 이를 합하여 7명이다. 그렇다면 '加收內'에는 '列加人'과 '收坐內烟'이 포함되어 있으며, 이들은 분서의 하하연 다음에 '三年間中收坐內烟一'이라고 기록되어 있다. 한편 C촌에서는

---

55) 李仁在,『新羅統一期 土地制度硏究』, 연세대 박사학위논문, 1995, 138쪽.
56) 李仁在, 위의 박사학위논문, 139~140쪽.

삼년 사이에 '新收內'한 사람이 7명인데, 그 중에 '列收內'가 1명, 收坐內烟이 6명으로, 모두 7명이 된다. 따라서 '新收內'에는 '列收內'와 收坐內烟이 포함되어 있으며, 이들은 문서의 하하연 다음에 '三年間中新收坐內烟一'이라고 기록되어 있다. 이처럼 사안에 따라서 상세하게 기재되어 있는 사실을 단순하게 문서상의 기록으로 보는 것은 의문이다.

또한 B촌과 C촌의 각 촌락에 들어온 시점에 따라 '三年間中收坐內烟一'과 '三年間中新收坐內烟一'로 구분되어 있음을 알 수 있다. 이는 추기가 아니기 때문에 乙未年을 기점으로 하여 3년 전 조사 당시로부터 을미년까지의 시기에 일어난 사실이라고 볼 수 있다. 그러나 '新'의 의미가 무엇인지 유추하기는 매우 어렵다. 좀더 살펴본다면 여기에는 몇 가지 유추가 가능할 것이다. 먼저 하나는 이러한 조사가 그렇게 간단히 쉽게 이루어지기 어렵다는 점을 고려하면 式年마다의 조사에서 적어도 1년전 쯤에는 조사가 시작되었을 것이고, 조사할 당시까지의 '收坐內烟'과 그 이후의 '收坐內烟'을 구별하기 위한 것으로 보아야 하지 않을까 한다. 또 하나는 호등 산정과 관련하여 收坐內烟은 을미년을 기점으로 그 다음 식년에는 호등제 속에 포함되는 烟이며, 新收坐內烟은 새로 들어온 烟으로서 아직 호등 산정이 이루어지지 않은 烟으로 볼 수 있지 않을까 추측해 본다. 이와 관련하여 실마리를 제공하는 표현은 전자는 '三年間中加收內合人七'이라고 되어 있고, 후자는 '三年間中新收內合人七'이라고 하여 '加'와 '新'이라는 표현상의 차이가 있음을 살필 수 있다.

여기서 '加'와 '新'이라는 표현상의 차이에 그 의미가 내포되어 있을 것이라는 점을 검토해 볼 필요가 있다. B촌의 '三年間中收坐內烟一'과 '三年間中加收內合人七', 그리고 C촌의 '三年間中新收坐內烟一'과 '三年間中新收內合人七'이 서로 상관관계를 가지고 있다고 여겨진다. B촌에서는 원래 수좌내연이 호등이 정해지지 않은 상태에서 이미 을미년 당시에 존재했으며, '加收內' 7인은 새롭게 원래의 수좌내연에 더해진 것으로 여겨진다. 이들이 원래의 수좌내연과 어떠한 관계에 있었는지는 알 수 없으나, 호등이 정해지지 않은 상태에서 일단 수좌내연에 포함시켜 그들을 하나의 烟으로 파악하려는 의도였을지도 모른다. C촌에서는 을미년 조사 당시에 새로운 하나의 수좌내연이 생겼음을 의미한다. 따라서 '新收內' 7인 속에 '列收內 小女子一'을 새로 들어온 수좌내연에 포함시켜 하나의 수좌내연을 다시 구성하고 있다.

이러한 사실은 촌락사회 내에서 수좌내연의 기능과 관련하여 새롭게 이해되어야 할 것으로 여겨진다. 당시의 각 촌락에는 어떤 이유에 의해서건 인구의 이동이 빈번하게 일어나고 있으며, 烟단위로 이루어진 경우와 함께 개인별로 이동하는 경우도 있었다. 이때 각 촌락은 일단 이들을 수좌내연에 포함시킨 다음에 호등이 정해질 때까지 수좌내연별로 파악하고 있었다. 호등이 정해질 시점에 수좌내연 속에 들어 있는 개별연은 그들의 경제적 여건에 따라서 호등을 부여받고, 개별인들은 촌락 내부의 개별호에 용작농이거나 또 다른 형태로 포함되었을 것이다.

이인재는 호등은 丁數와 토지량을 고려하여 편성되었으며 하하연은 9.9결의 토지를 소유하고 1丁을 낼 수 있는 편호였다고 본다.[57] 하중연 이상의 등급연은 각각 3결의 토지와 1丁씩 늘어나도록 편성되었다. 이인재의 경우 공연편호설의 입장에서 호등을 인정과 토지의 결합으로 보는 점은 타당하다고 볼 수 있으나, 공연편호설을 바탕으로 인정과 토지의 결합으로서의 호등제를 설명하고 있다는 점은 다소 의문이다.

앞에서 언급하였듯이 왜 공연을 편호하는가에 대한 정당한 이유와 목적이 제시되지 않으면 앞의 설명은 설득력을 가지기 힘들 것이다.

---

57) 李仁在, 앞의 박사학위논문, 142~144쪽.

I. 서론 45

사실상 편호의 가장 큰 목적은 수세의 편의를 도모하는 것이라고 할 수 있을 것인데, 수세의 편의성을 위해서라면 호의 경제력을 감안하여 일정한 크기의 호를 균등하게 만드는 것이 보다 효율적이라고 할 수 있다. 그렇다면 사실상 공연의 규모에 따른 호등의 구분은 별로 필요성이 없어진다. 호등제는 개별 자연호의 경제력의 차이를 국가가 필요로 하는 제도적 틀 속에 적용시켜 보다 효율적으로 이용하기 위한 방편이며, 인위적인 편제보다는 훨씬 쉬운 방법이라고 할 수 있을 것이다. 따라서 공연편호설이 성립하기 위해서는 이러한 의문에 대한 적절한 해답을 찾아야 할 것이다.

근래 전덕재는 신라 통일기 호등제와 관련하여 호등의 산정 기준과 호등제의 성격 및 기능에 관하여 관심을 기울이고 있다.[58] 그는 신라촌락문서는 국가가 촌단위의 가호나 인구의 동태, 그리고 제반 경제여건 등을 파악하기 위한 목적으로 만든 村 集計帳의 성격에 가까운 문서라고 보면서, 문서 내 개개의 여러 사항들은 서로 상관관계가 없었을 개연성이 크다고 보았다.[59] 아울러 호등의 산정 기준을 인정의 다과로 보거나 토지의 다과로 보는 견해에 대해서 비판하면서, 통일신라기 호등은 자산 기준에 의한 구분이었음을 논증한다. 그에 의하면 통일신라기는 인정이나 가호 단위로 균등하게 租·調를 징수하던 단계에서 토지의 면적이나 가호의 경제적 형편을 고려하여 租·調를 징수하던 단계로 나가던 과도기적 시기라고 보고, 호등 구분의 기준은 토지 자체가 아니라 토지의 생산성을 직접 반영하는 곡물의 양이라고 보았다.[60]

---

58) 전덕재,「통일신라기 호등 산정 기준」『역사와 현실』23, 1997(a) ;「統一新羅時期 戶等制의 性格과 機能에 관한 硏究」『震檀學報』84, 1997(b). 최근 전덕재는 이들 논문을 포함하여『한국고대사회경제사』, 태학사, 2006을 저술하였다.
59) 전덕재, 위의 논문, 1997(a), 19~27쪽.

이와 관련하여 그는 통일신라시기 결부제가 시행되었다고 해서 租가 결부제에 의해 징수되었다고 보는 것은 곤란하다고 보았다. 아울러 호적에 토지와 호구가 함께 기재되었다고 추정되는 신라의 경우, 田租 수취를 위한 기초 자료로서 量案과 같은 토지대장은 존재하지 않았다고 추정하고 있다.[61] 이러한 그의 논리는 신라시대에 전결수에 기초하여 전조가 징수되지 않았음을 논증하기 위한 것인데, 이는 결부제의 시행 의의를 크게 중요시하지 않고 있음을 보여주는 것이다.[62]

사실상 신라촌락문서에 연수유전답의 변화 내용이 기재되지 않고 또한 그 소유자의 실체를 정확하게 보여주지 못하고 있는 점이 여러가지 해석의 가능성을 낳고 있지만, 그것은 촌락문서의 성격 내지 이용방식과 관련하여 검토되어야 할 문제이며 그것으로 인해 토지의 중요성이 감소되는 것은 아니다. 이는 신라의 丁田 지급, 관료전제의 실시, 연수유전답·촌주위답·내시령답·마전 등의 존재와 관련하여 결부제의 실시에 따른 토지파악방식의 새로운 변화는 이전 시기와 달라진 신라사회의 사회경제적 발전을 반영하는 것이다. 그것은 경무법으로부터 결부제로의 변화와 맥을 같이 한다고 여겨진다. 당시의 頃畝와 結負는 절대면적이라는 점에서는 동일하지만, 결부제가 시행되면서 경무법의 절대면적과 달리 결의 절대면적이 축소되어 토지를 매개로 한 수취의 조건이 갖추어졌다.[63]

---

60) 전덕재, 앞의 논문, 1997(a), 35~45쪽.
61) 全德在, 앞의 논문, 1997(b), 46~52쪽.
62) 그의 주장처럼 호적에 호구와 토지상황이 기재되었을지 현재로서는 유추에 불과하지만, 호적에 토지상황이 기록되었다고 할 때, 그것은 결부제에 의한 토지조사일 것으로 생각되며, 그 속에는 토지소유주, 소유면적, 위치 등 양전대장에 버금가는 기록이 있었을 것으로 생각된다.
63) 金琪燮,「統一新羅 土地分給制의 전개와 中世의 起點」『釜大史學』23, 1999, 496~499쪽. 金容燮은 頃=結로 보고 1결의 면적은 17,500평 정도로 파악한 반면(「高麗時期의 量田制」『東方學志』16, 1975), 呂恩暎은 結의 절대면적은

결부제를 기초로 하여 토지의 소유면적이 파악되고, 국가에 의한 토지 분급이 이루어진다는 사실은 결부제를 바탕으로 한 양전의 가능성을 더욱 높이고 있다. 무엇보다도 연수유전답이 결부제를 바탕으로 파악된다는 사실은 양전을 배제하고 설명하기 어렵다. 「所夫里郡田丁柱貼」을 통해 통일신라 양전대장의 존재를 유추하는 것이 무리인지는 모르겠지만, 그것이 결부제를 바탕으로 한 양전의 가능성과 관료전 지급 사실을 부정할 수는 없다.

또한 통일신라에서 균전제를 실시하였을 가능성은 희박하므로 가호나 인정을 대상으로 균액의 租를 부과하였을 가능성이 적으며, 중국의 예에 비추어 보아 자산의 다과에 의해 호등제를 실시하였던 통일신라에서는 호등에 입각하여 租를 부과하였다고 보았다.[64] 결국 전덕재는 통일신라기에 租와 調는 호등에 입각하여 수취되었고, 요역은 인정수에 의거하여 징수되었다고 파악한다. 그러나 그는 중국이나 일본의 자료를 활용하여 각국의 사례를 살피면서, 정작 신라 호등제의 구분 기준에 관해서 자산의 평가에는 토지 자체보다도 토지의 생산성을 직접

頃의 1/22임을 설명하고 1,500평 정도로 파악하였다(「高麗時代의 量田制」 『嶠南史學』 2, 1986, 5~20쪽). 兼若逸之의 경우 방 33보=1결에서 보는 포백척 6척이고 每 150보=1결의 보는 양전척 6척으로서 1결의 면적을 3,550평 정도로 보았다(「『高麗史』 方 33步 및 『高麗圖經』 每一百五十步의 面積에 대하여」 『孫寶基博士停年紀念 韓國史學論叢』, 지식산업사, 1988). 이우태는 신라나 고려전기의 1결의 면적은 『慶尙道地理志』가 편찬되던 조선초기 1결의 면적과 비슷한 1,200평 정도이거나 이 범위를 크게 벗어나지 않는다고 보았다(「新羅의 量田制」 『國史館論叢』 37, 1992). 李宗峯은 당의 관료전 지급면적과 고려 전시과의 지급면적을 비교하여 양자의 절대면적은 동일하지 않음을 증명하고, 중국 경무법 1경의 면적(15,800평)과 고려 1결(1,200평)의 절대면적을 고려하면 관료에게 지급한 토지의 총량이 비슷하다고 보고 1결의 면적을 1,200평 정도로 보고 있다(『高麗時代 度量衡制研究』, 부산대박사학위논문, 1999, 178~190쪽 ; 『韓國中世度量衡制研究』, 혜안, 2001, 233~248쪽).
64) 全德在, 앞의 논문, 1997(b), 52~61쪽.

적으로 반영한 곡물의 양이 중요시되었을 가능성이 높다는 정도로 유추하고 있다. 그와 함께 호등에 근거하여 조세를 징수하면 전품이나 비척도, 작물에 따라 세율을 조정할 필요도 없게 된다고 한다.

그런데 호등제의 구분 기준을 자산으로 보고 생산성에 따른 곡물의 양에 따라 호등을 구분한다면, 그것은 토지나 인정을 조사하여 호등을 정하는 것보다 더 어렵고 힘든 과정이 아닐까. 또한 생산성이란 전품 및 비척도에 따라 차이가 나는 것이며, 곡물의 생산량이란 매우 유동적이기 때문에 호등의 기준으로 파악하기는 곤란하지 않을까.

尹善泰는 신라촌락문서에 관해 활발한 연구 활동을 전개하고 있으며, 최근 이를 박사학위논문으로 정리하였다.65) 특히 신라촌락문서의 작성연대는 촌락문서를 재활용하여 화엄경 경질의 포심에 붙인 점에 주목하였다. 여기서 화엄경 경질이 일본으로 유입된 시기를 추적한 다음 審詳이 화엄경 경질을 일본으로 가져간 시기는 심상이 죽은 751년 이전인 695년으로 추정하였다. 이에 관해서는 앞으로 좀더 세심한 연구가 필요하다고 본다.

그는 계연과 공연에 관해서도 중국, 일본의 計帳 기재양식을 참고하여 그 의미에 관해 언급하고 있다. 그에 의하면 계연은 西魏 문서의 計布, 計麻, 計租처럼 '計'某의 형식으로 기록되어 있고, 서위의 그것처럼 실제하는 烟에 대한 기록이 아니라 계산치에 불과하다는 점에서 서위의 計布, 計麻, 計租와 상통한다고 본다. 또한 신라의 계연은 서위의 計布, 計麻, 計租처럼 국가가 수취할 公課의 액수를 미리 계산해 놓은 것이라고 보았다.66) 계연은 중국의 호조제와 밀접한 관련을 가지고 있는 것으로 보고, 北魏의 '率戶'에 주목하였다. 이에 의하면 북위에서는 '率戶' 즉 '中中戶'를 기준으로 9등호마다 2丈씩 동일하게 증감되는 비

---

65) 尹善泰, 『新羅統一期 王室의 村落支配』, 서울대 박사학위논문, 2000.
66) 尹善泰, 위의 박사학위논문, 139~141쪽.

율로 9품 差調가 이루어짐으로써 호등마다 1/6 비율로 증감이 이루어진 방식이 신라의 계연 산출방식과 같은 방식이라는 것이다. 따라서 신라의 계연은 북위의 '率戶'를 제도적 연원으로 하여 성립하였다고 보았다.[67]

계연에 관한 그의 이해는 전체적인 틀에서는 일정한 타당성을 가지고 있다고 본다. 계연은 공연을 바탕으로 만들어진 계산된 수치로서, 호등을 반영한 공연이 가지고 있는 기본수를 촌락별로 집계한 수치인 것이다. 따라서 각 공연별로 규정된 기본수를 통해서 계연을 산출해내고 그를 통하여 촌락 전체의 수취를 가늠할 수 있다.[68] 따라서 그의 표현대로 계연은 국가가 수취할 公課의 액수를 미리 정해놓은 것이라는 점에서 타당하다고 볼 수 있다. 그러나 기본수에 관한 그의 견해는 다소 자의적이라고 보지 않을 수 없다. 우선 北魏의 率戶(中中戶)에 대한 수취가 絹 3필(12丈)이라는 것을 기준으로 하여 '9品 差調'에 의해 호등마다 2丈씩 증감이 되며, 솔호를 기준으로 할 때 '1/6의 비율'로 증가 또는 감소된다고 하여 그것이 신라의 9등호제의 기본수 1/6과 동일하다고 본 것이다.

그러나 우선 북위의 '9品 差調'는 絹의 수취액이 하하호 1匹(4丈)에서 2丈씩 증가하는 수취액에 근거하고 있음에 비해, 신라는 하하연의 기본수 자체가 1/6이라는 추상적 숫자로 표시된다는 사실은 기본적인 차이점이다. 또한 북위의 솔호(중중호)를 기준으로 하여 2丈/12丈=1/6의 비율이라는 사실을 통해 신라의 기본수 1/6과 같다고 하지만, 中下戶를 기준으로 하면 2丈/10丈=1/5이 되고, 하상호를 기준으로 하면 1/4, 하중호를 기준으로 하면 1/3의 비율이 되어, 어디에 기준을 두느냐에 따라 그 감소 비율은 달라진다. 따라서 신라의 경우에 각 공연이 본

---

67) 尹善泰, 앞의 박사학위논문, 141~144쪽.
68) 金琪燮,『高麗前期 田丁制硏究』, 부산대 박사학위논문, 1993, 120~122쪽.

래 가지고 있는 기본수의 개념, 즉 중상연 1, 중중연 5/6, 중하연 4/6 등은 북위의 감소비율과 근본적으로 다르다. 따라서 단순하게 솔호를 기준으로 1/6에 해당하는 수취액이 호마다 차이를 보인다는 사실을 통해 신라 계연의 기본수와 동일시하는 것은 곤란하다.

신라에서 보이는 기본수는 각 등급연의 경작능력을 감안하여 6丁만큼의 경작능력을 가진 호인 중상연을 기준호로 하여 기본수를 6丁/6丁=1로 삼고, 각 호등별로 1丁씩 증감을 하는 방식으로 각 등급연의 기본수를 상정한 것으로 여겨진다. 그와 아울러 이론적으로는 각 등급연의 경작능력과 각 등급연의 경작토지와의 관계를 노동생산성 '3'에 맞추는 방식으로 양자를 규정하여, 각 등급연의 농업경영규모에 따라 수세하기 위한 수치가 計烟이라고 여겨진다.[69]

윤선태는 공연의 구성과 관련하여 공연편호설의 입장에서 최근 이영훈의 견해를 비판하고 있다. 이와 관련하여 몇 가지 문제가 되는 부분은 다음과 같다.

첫째, A촌에 보이는 추기의 부분이 공연편호설에서 제기하듯이 공연 하나를 감소시킨 그 공연의 구성원인가.

둘째, B, D촌에 보이는 '上烟'이 편호된 공연 내부에 편제된 호인가.

셋째, D촌에 보이는 '孔亡廻一'의 구성을 하나의 공연으로 볼 수 있는가, 아울러 그것을 추기로 파악할 수 있는가 등이다. 이와 관련한 윤선태의 비판은 경청해야 할 부분도 있으나, 공연편호설과 같은 차원에서 비판받아야 할 부분도 있다.

먼저 첫 번째, 원래 A촌의 '列廻去合人'은 3명이던 것이 당식년 이후에 4명으로 늘어나서 추기에 반영되었다. 여기서 그 추기의 구성은 '追子一 小子一 丁女一 丁婢一'의 4명으로 이루어져 있다. 여기서 ①

---

69) 金琪燮, 앞의 박사학위논문, 1993, 120~122쪽.

4명의 구성이 '孔烟一'에 해당하는가 하는 점과 ② 만약 해당한다면 왜 등급호에서 감소를 보여주는 추기가 없는가 하는 점이다. ①에 관해서는 원래 '列廻去合人'이 3명으로, 나머지로서 공연이 유지되다가 4명의 열거인의 증가로 더 이상 공연으로 지탱할 수 없게 된 결과라고 해석한다. 그런데 '列廻去人'은 대체로 '개별적으로 돌아간 사람'이라는 의미로 이해하고 있으며, 그 해석이 타당하다면 여기에 보이는 '列廻去人'이 한 孔烟의 구성원이라고 보는 것은 너무 자의적이라고 여겨진다. 그 중에 일부는 한 孔烟의 구성원이라고 하더라도 모두를 한 孔烟의 구성원으로 이해하는 것은 타당하지 않다. 그렇다면 '列廻去人'은 A촌에 있는 여러 공연 가운데에서 무언가의 이유로 개별적으로 돌아간 사람으로 보는 것이 타당하지 않을까. 그렇다면 개별적으로 이동한 이들에 의해 공연 하나가 감소한다는 것은 이해하기 어렵다.

  이에 대한 의문을 윤선태는 ①의 공연은 개별인의 전출로도 공연이 소멸하였다는 점에서 혈연적으로 결합된 공연도 있었겠지만, 국가가 의도적으로 烟과 人들을 결합시켜 공연의 조건을 구비하여 창출한 편호도 존재하였을 가능성이 매우 높다고 해석하고 있다.[70] 그러나 이에 대한 그의 해석은 이미 공연자연호설의 입장에서 논리를 전개한 이희관의 입장과 일맥상통한 점을 가지고 있다. 이희관은 공연의 구성에서 기본적으로 주가족과 종속가족이라는 관계 속에 다양한 결합을 상정한 바 있다. 이러한 다양한 결합은 국가의 강제력이 아니더라도 이미 사회경제적 구조 속에서 자연스럽게 형성될 수 있는 부분이다. 따라서 A촌에 보이는 '列廻去人'은 하나의 가족구성으로 보는 것이 자연스러울 것으로 여겨지며, 그것이 공연 구성원 전체를 가리키는 것이 아니기 때문에 '列廻去人'이라고 표기했을 것이다. 그렇다면 추기 이전에

---

70) 尹善泰, 앞의 박사학위논문, 153쪽.

돌아간 '列廻去人'과 추기된 '列廻去人'이 합쳐서 하나의 공연을 형성하고 있었으며, 그 양자는 별개의 가족이었을 가능성이 높다고 본다.

한편 앞의 해석을 인정한다고 하더라도 ②에 대한 부분은 의문이 아닐 수 없다. 공연의 감소는 분명히 등급연의 감소를 전제로 한 것임에도 불구하고 등급연에 대한 추기가 없다는 점은 여전히 의문이다. 혹시 '合孔烟十一'에 표시된 'O'가 추기가 아니라, 추기를 표시하려다가 그만 둔 형태의 잘못된 표시는 아닐까. 그렇지 않다면 이에 대한 적절한 답을 찾아야 할 것이다.

두 번째에서 지적한 B, D촌의 '上烟'이 공연 내부에 편제된 편호일까 하는 의문이다. 이에 대해 윤선태는 당시 공연내 상연의 도망 사례는 그러한 사례가 빈번했음을 의미한다고 보고, 상연은 공연의 중심연에 흡수된 불안정한 일반적인 烟을 가리키는 용어일 가능성이 높다고 보면서 '(공연에) 올린 烟' 정도로 해석할 수 있다고 하였다. 이러한 해석 하에 A촌에 보이는 '他郡에 있는 처를 따라 옮겨 간 烟'도 상연이었다고 보고 이들은 혈연적 가족일 것으로 파악한다. 또한 이들은 '收坐內烟'으로 파악되었다가 다음 조사 때 처가 소속된 공연의 상연이 되거나 독립적인 하나의 공연이 되거나 했을 것으로 본다. 또한 이러한 공연의 中心烟과 上烟의 결합체는 혈연적인 결합에 기초하여 생산수단을 공유한 세대공동체라고 볼 수 없으며, 이들 사이에는 착취와 피착취의 관계가 설정되어 있다고 보면서 이영훈의 견해를 비판하고 있다.[71] 또한 이러한 관계는 방계친이나 결혼을 통해 중심연과 상연이 결합하였다고 하더라도 그것은 생산수단을 소유한 공연의 主家와 隸戶로 이해된다고 하였다. 그런데 이 정도에 이르게 되면 그의 견해는 공연자연호설이라고 해도 큰 무리가 없을 정도로 자연호설에 가깝게

---

71) 尹善泰, 앞의 박사학위논문, 154~155쪽.

접근해 있다.

 이미 필자는 신라의 9등호제는 농업경영규모의 차이를 반영한 자연호의 등급이라고 보고 공연은 하나의 농업경영단위로서 일정한 면적의 연수유전답과 그에 상응하는 노동력을 보유하고 있다고 파악하였다.[72] 그것은 농업경영규모에 따라서 다양한 노동구성을 내포하고 있으며, 거기에는 호주를 중심으로 한 중심연과 방계친 내지는 노비로 구성된 종속연을 상정할 수 있다. 그러나 이러한 관계는 당시 생산수단의 소유규모에 상응하여 자연적으로 형성된 것이며, 국가의 인위적인 개입에 의해 이루어진 것은 아니라고 여겨진다. 이러한 관계는 앞에서 지적한대로 '上烟'은 공연을 구성하는 다른 자연호와 달리 자연호 내부의 다양한 구성 가운데 하나라고 볼 수도 있다. 예컨대 이희관이 주장하듯이 주가족과 종속가족이라는 방식의 구성도 하나의 설명방식일 수 있다. 이렇게 본다면 윤선태의 주장은 필자나 이희관의 주장에 대단히 근접해 있음을 느끼게 된다.

 여기서 중요하게 지적되어야 할 점은 윤선태의 주장에서 보듯이 중심연과 隸戶의 결합이 어떠한 원리나 방식으로 이루어졌는가 하는 것과 관련하여 '收坐內烟'의 존재형태와 그 烟이 다음에 어떻게 호등제에 편제될 것인가 하는 점이다.

 먼저 중심연과 예호의 결합은 기본적으로 중심연의 농업경영규모를 중심으로 하여 중심연의 부족한 노동력을 보완하는 형태로 결합될 가능성이 가장 높다. 이때 중심연은 기본적으로 자연호이며, 이를 보강하는 예속농의 형태로 예호가 결합될 것이다. 그러나 이때 양자의 결합은 윤선태가 주장하듯이 국가의 개입, 즉 지방관의 개입 등에 의한 것이라기보다는 촌락 내부의 자치적 조직에 의해 자연스럽게 흡수되었

---

72) 金琪燮, 앞의 박사학위논문, 1993, 108~120쪽.

을 것이다.73) 여기서 가족적 결합에 의해 하나의 烟을 이루고 있는 '收坐內烟'과 같은 경우는 이미 그 상태에서 공연으로 파악되고 있는 만큼, 다음의 호구조사 시에는 등급연으로 편제되었을 것이다. 이때 이들은 대부분 하하연으로 편제되었을 것으로 여겨진다. 이들은 대체로 열악한 경제상태에 있다고 보여지는 만큼, 촌락 내부의 부유한 연에 종속될 가능성이 높다고 여겨진다. 또한 개별적으로 이동한 사람의 경우에도 그들의 경제적 상태는 열악하였다고 여겨지며, 이들 역시 부유한 연에 종속된 방식으로 존재했을 것이다.

그런데 이어서 윤선태는 공연의 모델을 중심연과 가호 단위의 용작농인 상연의 결합으로 보고, 공연의 중심연이 국가가 수취단위로 설정하고 있는 공연 그 자체라고 하며, 이러한 공연은 국가가 상연을 의도적으로 결합시켜 창출한 호가 아니라고 한다.74) 이는 앞에서와 달리 공연의 구성에 국가의 개입을 부정하고 있다. 여기서 윤선태가 말하는 중심연은 기본적으로 혈연적 구성을 바탕으로 한 자연호라고 여겨지고, 이 자연호가 공연 그 자체라고 본다면 중심연의 경제적 규모에 따라 호등이 정해지게 될 것이다. 그렇다면 윤선태의 견해는 공연자연호설에서 언급하고 있는 내용과 별반 차이가 없는 단계에 이르게 된다.

따라서 여기서 공연편호설의 논리를 다시 한번 음미해 볼 필요가 있다. 공연편호설에서 가장 중요시하는 것은 국가의 필요에 의해 호를 인위적으로 편제하는 것이다. 자연적 상태의 호를 그 경제규모에 따라

---

73) 윤선태는 A촌의 경우, 개별인의 전출로도 공연이 소멸하였다는 점에서 혈연적으로 결합된 공연도 있었겠지만, 국가기 의도적으로 연관 인들을 결합시켜 창출한 편호도 존재하였을 가능성이 매우 높다고 보고, 이 과정에서 지방관이 개입하였을 것으로 파악하였다. 또한 공연의 최하층은 매우 불안정한 상태로 존립하고 있었으며, 그러한 공연의 성립 이면에는 국가의 강제력이 작용하고 있었다고 보고 있다(앞의 박사학위논문, 153쪽).
74) 尹善泰, 앞의 박사학위논문, 156쪽.

편제하여 호등을 나눈다면, 그것은 원래 의미의 편호라고 볼 수 없을 것이다. 그렇다면 윤선태의 주장은 공연편호설의 가장 중요한 점을 필요에 따라 적절하게 부정하고 있는 셈이 된다.

윤선태는 호등의 산정 기준과 관련하여 신라촌락문서의 연령등급제에 관하여 주목하고 있다. 중국의 경우 연령등급제는 唐 후기 兩稅法 이후에 사라지면서 과세의 근거가 丁中의 구별을 통한 호구의 파악에서 각 호 소유의 전토로 변하고 있다고 보고, 연령등급제가 강고하게 유지되던 시기는 대체로 인신을 기준으로 한 수취가 중심을 이루던 때라고 보았다. 또한 일본의 경우에도 10세기 이후 연령등급제가 파괴되면서 호구에 관한 기록이 형해화되었고, 이것이 인두세에서 토지를 중심으로 한 세제로 변하고 있었던 점과 밀접하게 관계된다고 보았다. 이러한 입장에서 신라에서 고려로 넘어가면서 호적기재양식이 변모하고, 특히 연령등급제가 사라져가는 사실에 주목하였다. 윤선태는 이를 증명하기 위해 신라 하대 개선사석등기의 전권 기재양식에 주목하면서 전답의 위치, 면적, 四至 등의 기록은 당대 양세법하의 호구자료와 비교하여 대동소이함을 증명하였다.[75]

이러한 윤선태의 주장은 여러 면에서 정치하게 논리를 전개하고 있음을 발견할 수 있다. 특히 연령등급제에 주목하면서 연령등급제와 인신적 수취와의 상관관계를 검토한 것은 타당성을 가진다고 본다. 그러나 중국과 일본의 문서기재양식을 그대로 신라와 비교하는 것은 당대 신라의 자료가 부족한 상황에서 긍정적 측면과 부정적 측면을 동시에 가지고 있음을 직시해야 할 것이다. 먼저 중국과의 직접적이면서 빈번한 교류를 가지고 있는 신라와 일본을 동일한 시점에서 논의하는 것이 타당한가하는 점에 관하여 먼저 생각해보아야 할 것 같다. 일본에서

---

75) 尹善泰, 앞의 박사학위논문, 166~173쪽.

10세기 이후 호적기재양식의 변화에 주목하는 것은 필요하다고 볼 수 있으나, 그 변화의 시기를 그대로 대비할 필요는 없다고 본다.

윤선태가 주장하듯이 개선사석등기의 田券은 충분히 주목해 볼 가치를 가진 자료이다. 개선사 석등은 868년(경문왕 8년, 咸通 9년)에 건립하였고, 891년(진성여왕 5년)에 석등의 유지비를 충당하기 위한 것으로 추정되는 토지를 매입하면서 토지의 종류와 면적, 위치 등에 관하여 기재하고 있다.76) 특히 후반부의 토지 매입 자료는 당시 양안의 존재를 상정하지 않고는 생각하기 어렵다. 그렇다면 891년이 신라 하대이기는 하지만 이미 양전대장이 존재하고 있었고, 그에 근거하여 토지의 매매가 이루어지고 있었음에 주목하지 않을 수 없다.

윤선태는 이 자료를 신라에서 고려로 넘어가면서 호적기재양식의 변화와 관련하여 호적에서 토지에 대한 기록 및 호구에 대한 연령등급별 파악이 사라지면서 토지를 기준으로 한 수취제가 발달한 것으로 보는 노명호의 견해를 수용하고 있다.77) 그러나 이러한 입장은 좀더 신중한 추정이 필요하다고 본다. 이미 토지에 대한 매매는 훨씬 이전부터 기록되고 있으며, 이러한 측면에서 崇福寺碑가 주목된다.

숭복사비문에는 토지 구입과 관련한 자료가 포함되어 있어서 일찍부터 주목되어 왔다. 숭복사비문은 眞聖王 10년(896)에 지은 것이다. 그러나 그 비문의 내용에 의하면 숭복사의 원래 이름은 鵠寺였는데, 원성왕의 왕릉을 조영하면서 吉地였던 이 절터를 왕릉터로 삼음으로써 절터를 옮기게 되었다. 그러나 70여 년간 절은 큰 형세를 이루지 못하다가, 경문왕이 즉위하여 중수하기 시작하여 헌강왕 11년(885)에 절이름을 숭복사로 바꾸었다고 한다.78)

---

76) 韓國古代社會硏究所 편,『譯註 韓國古代金石文』3권, 1992, 288~292쪽.
77) 盧明鎬,「高麗時代 戶籍記載樣式의 성립과 그 사회적 의미」『震檀學報』79, 1995, 44~49쪽.

특히 토지 매입과 관련하여 원성왕의 왕릉 조영시에 鵠寺가 있던 곳을 왕릉터로 삼고, 부근의 땅을 좋은 값으로 구하여 丘壟地 100여 결을 사서 보탰는데, 값으로 치른 벼가 모두 2,000苫이었다는 사실은 주목된다.79) 여기서 토지 매입은 원성왕의 왕릉 조영과 관련되며, 원성왕이 798년에 죽었으니 왕릉 조영은 그 직후인 800년을 넘지 않았을 것으로 여겨진다. 따라서 9세기말 왕릉 조영을 위해 丘壟地 100결을 샀음을 알 수 있다. 따라서 여기에 구체적으로 표시되지는 않았지만 매입 대상지는 물론 주인이 있었을 것이며, 토지의 입지를 가리키는 丘壟地라는 용어로 보아 이 토지는 언덕을 포함한 그 주변의 토지임을 알 수 있다. 이 토지가 어떠한 용도로 쓰였는지는 알 수 없으나 단순하게 丘壟地라고 쓰인 것으로 보아 당시에는 경작과는 무관한 토지로 보인다. 이러한 토지를 결당 稻穀 300斗 정도의 값을 치르고 매입하는 것으로 보아 이들 토지에 대한 양전이 이루어지지 않고는 이처럼 구체적인 매입 과정이 기록되기는 곤란할 것이다. 따라서 토지소유주를 비롯한 면적, 위치 등 토지와 관련된 구체적인 기록이 양안상에 있었을 것으로 판단된다. 그렇다면 이를 어떻게 평가하여야 할까.

필자는 토지 매입과 관련하여 개선사석등기, 숭복사비에 보이는 이 사실들을 볼 때, 9세기 대에는 신라에서 양전이 이미 이루어졌다고 보는 것이 순리라고 생각된다. 9세기말에 이르러 토지 매입에 관한 사실이 갑자기 생긴 것이 아니라 훨씬 이전부터 전개되었으며, 그것은 결부제의 전개나 양전제의 시행과 불가분의 관계를 가지고 있다고 본다. 이와 관련하여 필자는 이미 「所夫里郡田丁柱貼」을 통해 8세기 중엽 양전의 가능성을 제기한 바 있다.80)

---

78) 韓國古代社會硏究所 편, 『譯註 韓國古代金石文』3권, 1992, 248~249쪽.
79) 『譯註 韓國古代金石文』3권, 253쪽, "其成九原 則雖云王土 且非公田 於是 括邇封 求之善價 益丘壟壹百結 酬稻穀合二千苫".

이에 관해서는 이미 비판적 견해가 제기된 바 있다.[81] 그러나 「소부리군전정주첩」의 존재 자체가 8세기 중엽의 것이라고 확언하는 것이 의문이 들 수도 있으나, 그것이 당시의 양전 가능성을 전적으로 부인하는 증거가 될 수는 없다. 사실상 경문왕 12년(872) 「寂忍禪師照輪淸淨塔碑」에 보이는 대안사의 전답을 비롯한 다양한 토지 종류나 결부수는 단순한 기재라기 보다는 양전대장을 바탕으로 기록된 것이라고 여겨진다.[82] 負數까지 파악되고 있는 結負制에 입각한 토지파악방식은 이미 신라촌락문서에서 확인되고 있으며, 그 방식이 이어지고 있음을 보여준다. 그리고 신라촌락문서의 '掘加利何木杖谷地'의 경우에서 보듯이 신라 촌락의 토지 개간 가능성이 확대되면서 토지의 활용도가 높아졌다.[83] 앞의 대안사 적인선사탑비에서 보이는 대안사의 다양한 토지 구성은 이미 성덕왕 4년(705) 眞如院 전장의 설치에서도 비슷하게 확인되고 있다.[84] 이로 보아 개간과 양전은 불가분의 관계가 있다고 여겨진다.[85] 이는 신라사회의 발전과 토지에 대한 사적소유의 발전

---

80) 金琪燮, 「高麗前期 農民의 土地所有와 田柴科의 性格」, 『韓國史論』 17, 서울대 국사학과, 1987, 133쪽.
81) 全德在, 「統一新羅時期 戶等制의 性格과 機能에 관한 硏究」, 『震檀學報』 84, 1997. 12(b) ; 『한국고대사회경제사』, 태학사, 2006, 263~265쪽.
82) 谷城 大安寺의 토지는 '田畓 494결 39부, 坐地 3결, 下院代田 4결 72부, 柴地 143결, 荳原地 鹽盆 43결'이라고 기록하고 있다(韓國古代社會硏究所 편, 『譯註韓國古代金石文』 3권, 大安寺 寂忍禪師塔碑).
83) 金琪燮, 「신라촌락문서에 보이는 '村'의 立地와 개간」, 『역사와 경계』 42, 부산경남사학회, 2002, 58~59쪽.
84) 성덕왕 4년 화엄결사의 비용을 대기 위해 근처의 倉租와 淨油를 제공하고, 그 외 서쪽으로 6,000보쯤의 거리에 있는 牟尼岾과 古伊峴 밖에 시지, 밤나무밭, 좌위전으로 구성된 田莊을 두었다(『三國遺事』 권3, 탑상4, 臺山五萬眞身).
85) 이우태와 이종봉은 8세기 전반에는 양전이 이루어진 것으로 파악한다(이우태, 「신라의 양전제」, 『國史館論叢』 37, 1992 32쪽 ; 李宗峯, 『韓國中世度量衡制研究』, 혜안, 2002, 217~223쪽).

정도를 반영하는 것이다.

이상에서 보았듯이 통일신라의 호등제와 관련한 논의는 신라촌락문서의 분석을 중심으로 전개되었음을 알 수 있다. 통일신라의 호등제는 신라촌락문서상에 보이는 공연의 존재형태를 둘러싸고 공연자연호설과 공연편호설로 나뉘어져 각자의 입장에서 논리가 전개되어 왔으며, 최근에는 양자의 입장 차이에도 불구하고 내용적으로는 매우 근접한 이해를 보이고 있음도 살필 수 있었다.

따라서 앞으로의 논의는 공연의 내부구조에 대한 치밀한 천착과 함께 호등의 구분 기준으로 상정되는 인신지배로부터 토지지배로의 이행이라는 변화가 가지고 있는 의미에 대하여 검토되어야 할 것이다. 특히 하하연에 속한 농민층의 자립도의 문제는 한국사회에서 소농의 문제와 관련하여 더욱 검토되어야 할 것이다.

3. 고려의 호등제

고려전기 호등제에 관한 논의는 크게 9등호제론과 3등호제론으로 나누어 볼 수 있다. 그러나 이러한 호등제 논의의 이면에는 호등제의 기능과 호등의 구분 기준에 대한 보다 심층적인 논의가 전제되어 있다. 즉 호등제는 기본적으로 개별호의 등급을 구분하는 것이지만, 단순한 호등의 구분으로 이해하는 것은 호등제의 기본 원리를 간과하는 것이라고 여겨진다. 고려 호등제는 고려사회의 기본 운영원리 중의 하나인 田丁制를 이해하는 바탕이 되는 원리로서 이해해야 할 것이다.

그러나 지금까지의 연구는 『高麗史』권84, 刑法志1, 戶婚, "編戶 以人丁多寡 分爲九等 定其賦役"의 기사를 기초로 하여 별 다른 의심없이 인정수의 많고 적음을 기준으로 하여 9등호로 나누어 부역을 부과한 것이라고 파악해왔다. 따라서 애초에 고려의 호등제가 고려사회를 이해하는 중요한 지표로 등장한 것은 아니었다. 이에 관한 논의가 구체화되기 시작한 것은 신라촌락문서에 보이는 9등호제와의 상호 연결 가능성에 대한 논의가 일기 시작한 1990년대부터라고 할 수 있을 것이다. 또한 같은 9등호제라고 해도 논자에 따라 편호의 의미, 부역의 내용에 관해서는 차이를 보이고 있다.

먼저 강진철의 견해를 살펴 보자. 그의 경우 賦役은 '貢賦와 徭役을 아울러 의미하는 것'이라고 보고 '인정 구성에 입각하는 9등호제가 고려 역제의 기초가 된 것은 의심의 여지가 없다'라고 파악하고 있다.[86] 여기서 강진철은 민호에 대한 貢賦의 부담은 '민호가 공동체의 구성원이라는 조건 아래 人丁의 다과를 기준으로 공부를 부담한 것'으로 보면서 '농가에 대한 공부의 징수도 공동체적 유대의 제약'을 받았을 것으로 파악하고 있다.[87] 요역의 부과와 관련하여 각 호가 부담하는 出丁의 기준이라든가, 出役의 일수 등은 잘 알 수 없다고 본다.

강진철의 견해는 고려의 9등호제가 공부와 요역의 징수에 직접적으로 관련이 있는 제도로서 전반적으로 공동체적 유대의 제약 속에 있는 것이라고 이해할 수 있다. 그의 견해는 백남운 이래 고려시기 사회경제사의 연구성과를 일정하게 반영하면서, 조선시대부터 호별편성의 기준은 인정으로부터 토지로 전환하는 방향으로 나아가고 있다고 본다. 이러한 변화는 한국사의 전반적인 발전, 구조 변화와 관련이 있는 것으로 보는 그의 시각을 반영하는 것이라고 할 수 있다.

그의 연구는 1960·70년대의 연구를 집대성한 것으로서 연구사적 의의를 가지고 있다. 그러나 이미 그의 연구는 1980·90년대의 연구성과를 통해서 거의 극복되고 있다. 특히 호별편제의 기준이 인정으로부

---

86) 姜晋哲,『高麗土地制度史研究』, 고려대출판부, 1980, 293쪽.
87) 姜晋哲, 위의 책, 275~276쪽.

터 토지로 이행하는 시점을 통일신라기인 것으로 보는 시각을 고려하면, 그는 일본학계의 시대구분론의 영향을 일정하게 받은 연구로서 일정한 한계를 안고 있음을 알 수 있다.

　이정희는 기본적으로 강진철의 견해를 수용하면서도 최근 그의 저서를 통해 그의 논리를 수정 보완하였다.[88] 그의 견해를 살펴 보면 다음과 같다. 신라에서 호를 편제하는 기준은 인정과 토지의 결합으로 보고, 역역이나 군역은 각 공연에 균등하게 부과된 것으로 파악한다. 또한 공물의 수취 역시 호등제에 기반하여 수취된다고 본다. 신라의 호등제는 고려에 들어와서 인정만을 기준으로 하는 9등호제로 바뀌게 되었다. 토지와 인정의 결합으로서의 호별편제는 정호층에서 찾을 수 있으며, 고려전기 호등제의 기능은 역역징발의 기능만을 가진 것으로 본다. 여기에는 농업생산력의 발전이 매개되어 있으며, 그 결과 고려전기 호등제의 기능에서 조세수취의 기능은 분리되어 토지가 따로 과세의 대상이 되고, 역역수취의 기능만이 남게 되었다고 파악한다. 신라시기 調는 공동경작의 수취라는 특성이 있는 반면 고려에서는 개별 민호에 부과된다고 하며, 부역은 노동력 징발에 의해 수취되는 세목으로서 호등제에 의해 수취된다고 본다. 또한 고려 9등호제에 편제된 호는 백정호를 대상으로 했을 것이라고 본다.

　신라의 9등호제는 조세, 역역, 군역 등 세제 전반에 적용된 것으로 보고, 고려의 9등호제는 역역 징발만의 기능으로 변화했다고 파악한다.[89] 그러나 통일신라의 9등호제 운영에 관한 검토가 선행되지 않고 단순하게 신라 9등호제가 포괄적으로 세제 전반에 적용된 것으로 보는 견해는 다소 의문이다. 통일신라에서는 이미 결부제가 시행되고 있었으며, 이 시기의 결부제는 토지분급, 조세수취 등에 활용되었다고 여겨

---

88) 이정희, 『고려시대 세제의 연구』, 국학자료원, 2000.
89) 이정희, 위의 책, 131~132쪽.

진다.

　이정희의 견해는 기본적으로 호등제의 의미를 세제문제에 국한하여 생각함으로써 나오게 된 필연적 결과라고 보여진다. 호등제의 시행은 기본적으로 인정과 토지에 대한 파악이 전제되어 있다. 이들의 결합으로 나타나는 孔烟은 그 호등에 의거하여 촌락 내의 계서적 질서가 구현되고, 계연을 산정하는 기준이 된다. 계연은 각 촌락의 수취부담능력 및 村格을 통해 촌락간의 계서적 질서를 나타냄으로써 국가가 촌락을 파악하는 기준이 된다. 이처럼 호등제가 국가운영의 기본틀로 기능하고 있다는 점을 고려하면, 9등호제가 막연하게 세제 전반에 적용되었다는 논리는 구체성이 부족할 뿐 아니라, 요역제 자체의 운영을 밝힐 수도 없을 것이다.

　이정희는 "고려전기 직역을 담당하는 정호층의 호별편제가 토지와 인정이 결합된 丁을 기준으로 실현된 기반은 신라 통일기 호등제의 질적 변화에 기인한다"라고 언급하고 있다.[90] 여기서 '질적 변화'의 의미는 무엇인가. 이는 "신라의 9등호제가 고려시기를 거쳐 조선조 8결출1부제가 성립할 때까지 어떻게 질적 변화를 겪는지 거시적 시각에서 파악해야 할 것이다"라는 언급과 관련시켜 보아야 할 것이다.[91] 필자의 생각으로는 이러한 인식의 근저에 시대구분적 의미를 고려하고 있는 듯한데, 그렇다면 이에 관한 본인의 생각을 구체적으로 제시해야 할 것이다.

　이정희는 고려후기 호등제의 변화와 관련하여 요역징발의 기준은 고려전기 人丁을 기준으로 하던 9등호제에서 고려후기에 토지과세로 변화한다고 보고, 인정을 내는 토지의 기준은 노동력 징발의 규모에 따라 운영되면서 9등호제에서 3등호제로 변화하였다고 한다. 인정의

---

90) 이정희, 앞의 책, 131쪽.
91) 이정희, 앞의 책, 142쪽.

다과에 의한 호등제는 여전히 京中이나 지방에서 동일한 기준을 적용하나, 자산과세의 輕重은 가옥의 間數를 기준으로 적용하기도 하였다. 토목공사의 부역실태에서도 고려후기 민간수공업 내지 유통경제의 발전에 기반하여 전기의 직접 징발 대신에 물납제와 고용노동이 전개되었다고 본다.[92]

이정희는 요역제 변화의 원인과 관련하여 요역 부과의 기준이 변화되었음을 호등제의 변화와 관련시켜 이해하고 있다. 즉 9등호제로부터 3등호제로 변하면서 인정 기준의 9등호제가 그 기능을 상실하고, 재산 기준의 호등제로 변화하였다고 보았다. 그와 아울러 요역 부과의 기준은 토지로 이행하면서, 요역 부과의 단위는 5결을 기준으로 作丁되지 않았을까라고 추정한다. 이정희는 전반적으로 고려 호등제의 변화를 요역 부과 원칙의 변화에 한정시키고 고려후기 호등제의 변화를 인정 기준의 변화로부터 자산 내지 토지 기준의 변화로 이해하였다.

그러나 어찌 보면 이러한 일면이 없는 것도 아니겠지만, 좀더 길게 보면 호등제의 변화는 田制와 役制의 결합으로부터 분리라는 관점에서 보는 것이 보다 더 실체에 가깝게 접근하는 것이 아닐까한다. 전제와 역제의 결합이 가지고 있는 의미는 토지와 인정이 결합된 개별가호의 부의 차별화를 통해 국가가 필요로 하는 직역호와 요역호를 구분하고, 이를 기반으로 고려사회의 국역체계를 세우고자 한 데 있다. 토지와 인정의 결합을 매개로 한 호등제적 수취는 이미 통일신라 단계에서부터 결부제에 의한 조의 수취와 인정의 다과에 의한 요역 수취로 나뉘어져 있었다. 고려후기에 들어 호별편제의 원리가 무너지면서 국역의 편제 원리가 붕괴되었다. 따라서 고려후기 3등호제의 출현은 새로운 변화라기보다는 전제와 역제의 분리 속에 필연적으로 나타날 수 있

---

92) 이정희, 앞의 책, 217~255쪽.

는 현상이라고 할 수 있다.

　요역제는 전제와 역제의 분리라는 큰 틀 속에서 일어나는 한 부분이기 때문에 요역제만을 떼어놓고 생각하는 것은 자칫 전체적 흐름을 놓칠 수 있다고 본다. 설령 요역제의 변화만을 생각한다고 하더라도 자산과 토지를 기준으로 한 요역의 부과가 가지는 역사적 의미는 전제와 역제의 분리 속에 나타나는 현상의 일면이며, 計丁制에서 計田制로 넘어가는 과도기적 현상임을 직시해야 할 것이다. 이러한 관점에서 본다면 고려후기 3등호제의 등장은 요역 부과만을 위한 호등제인가라는 점을 검토해 볼 필요가 있다. 사실상 3등호제가 활용되는 경우는 요역 부과만이 아니라, 無端米의 징수, 군역의 징발, 요역 징발 등 다양하다.

　또한 이정희는 호등제 변화의 원인으로 '민의 유망'을 제시하였다.93) 이는 인정 기준의 요역 부과를 곤란하게 만든 원인이 되었겠지만, 그것은 토지를 기준으로 한 요역 부과라 하더라도 마찬가지이다. '민의 유망' 상태 하에서 인정과 토지라는 부과 대상은 동일하게 피폐해지기 때문이다. 오히려 고려의 役制가 田制로부터 분리되어가는 과정 속에 호등제의 본래 기능이 붕괴되어 가는 것과 관련이 있을 것이다.

　박종진은 고려시기 재정운영과 조세제도를 검토하는 가운데 요역의 징발 기준으로 9등호제가 운영된 것으로 파악한다.94) 그의 경우 요역은 인정의 노동력을 징발하는 것이기 때문에 역을 인정수의 많고 적음에 따라 징발하는 것은 자연스러운 일이었다고 본다.95) 박종진의 견해는 이정희의 견해와 같은 맥락에 있다고 볼 수 있다. 그러나 이정희의 견해가 신라 호등제와의 관련 속에 그 변화의 의미를 고려하고 있다는 점에서 보다 근본적인 접근이라고 한다면 박종진은 요역수취의 방식

---

93) 이정희, 앞의 책, 220쪽.
94) 박종진, 『고려시기 재정운영과 조세제도』, 서울대 출판부, 2000.
95) 박종진, 위의 책, 135쪽.

에 국한하여 접근하는 제한적 접근방식을 보이고 있다. 따라서 박종진은 고려시기 세제의 운영이라는 측면에서 삼세를 분리하여 파악하면서 9등호제의 의미를 축소하여 파악한다. 따라서 이러한 접근은 9등호제만 국한하여 본다면 타당성을 가지고 있다.

그러나 박종진의 견해도 이정희의 견해에 대한 비판의 연장선상에서 검토해 볼 부분이 있다. 박종진은 고려시대의 '丁'의 의미를 고려전기부터 '단위면적의 토지'를 의미한다는 김용섭의 견해를 수용하여 '丁'속에 내포되어 있는 '戶'의 의미를 배제하고 있다. 따라서 고려시기 '丁數'에 따른 향리수의 배정, 사심관의 배정, 주현의 규모 등에서 사회운영의 주요 원리로서 기능하는 田丁制의 의미를 간과한 측면이 있다고 본다. 고려시기 호별편제의 운영원리는 토지만을 중심으로 편제되었다고 보기는 어렵다. 족정호, 반정호, 백정호라는 3등호제에 기초한 호별편제의 원리는 토지와 인정을 동시에 반영한 방식의 '戶의 규모' 즉 농업경영규모의 차이에 기초하고 있다고 본다.

고려시기 요역의 부과는 인정의 많고 적음에 의한 9등호의 구분에 의해 운영되었다고 보는 것이 타당하지만, 호등제 자체의 의미와 운영원리를 요역 부과에 국한하여 이해하는 것은 너무 제한적인 이해방식이라고 하지 않을 수 없다. 따라서 『高麗史』권84, 刑法志1, 戶婚조의 기사는 그 자체 무편년의 기사로서 요역 부과를 위한 원론적 기준을 제시한 것이라고 여겨지며, 그 기사를 전체 호등제의 의미와 관련시켜 이해하는 것은 곤란하다고 생각된다.

김재명은 그의 학위논문에서 고려전기 요역 징발의 원리를 전정제와 관련시켜 검토하면서『高麗史』권84, 刑法志1, 戶婚, "編戶 以人丁多寡 分爲九等 定其賦役"의 기사를 새롭게 재해석하고 있다. 그는 고려초의 호등제가 인정의 다과에 따라 자연가호를 9등급으로 구분하는 9등호제라고 보면서도 실제로 역역을 수취하는 단위는 田丁이라고 파악한다.96) 그는 戶婚條의 기사에서 확인되는 9등호제는 각 田丁에서 징발할 인정의 총수를 산정하는 기준일 뿐이며, 호등으로 구분된 자연가호 자체가 力役 징발의 실제 단위였음을 뜻하는 것은 아니라고 본다.97) 이와 관련한 부연 설명에서 전정의 한 단위인 족정을 구성하는 각 호등의 자연가호에서 국가가 직접 인정을 징발하는 것이 아니라 수령과 향리는 족정에 대해서 일정수의 역역을 징발할 뿐이라고 하였다.

이러한 그의 논리는 田丁을 일정 면적의 토지로 구성된 양전의 단위 또는 수취단위 등이라고 보는 김용섭, 이성무의 논리를 일정하게 계승하면서 전정제의 운영원리는 수취의 효율성을 제고하기 위해 만들어진 제도라고 이해한다. 그러나 고려전기 전정의 개념을 어떻게 이해할 것인가 하는 문제는 이미 필자의 글을 통해 제기한 바 있지만,98) 필자의 기본적인 입장은 고려전기와 후기의 전정은 '丁'의 개념 변화를 기초로 이해해야 한다고 보는 것이다. 이미 많은 논자들이 동의하고 있듯이, 전제와 역제의 분리라고 하는 고려사회 전환의 큰 의미는 고려전기 인정과 토지의 결합에 의한 자연가호의 호별편제 원리가 깨어지면서, 토지와 인정의 분리에 의한 전정제의 변화에서 찾을 수 있다. 즉 이는 농업경영규모의 차이에 의한 자연가호의 호등 구분을 기초로 직역을 차정하던 방식으로부터 '計結爲丁'이라는 作丁制 방식으로 변화함으로써 토지를 매개로 한 수취·양전 및 직역을 차정하는 방식으로의 변화를 의미한다. 이러한 점에서 김재명의 견해는 필자와 일정한 차이를 보이고 있다.

또한 김재명은 호등제와 관련하여 고려시기 '編戶'의 의미는 단순히

---

96) 金載名, 『高麗稅役制度史研究』, 한국정신문화연구원 박사학위논문, 1994, 179~180쪽.
97) 金載名, 위의 박사학위논문, 180~181쪽.
98) 金琪燮, 『高麗前期 田丁制研究』, 부산대 박사학위논문, 1993.

'호적에 편제된 호'라는 의미의 '편적된 戶口'라는 필자의 의견에 동의하면서도, 필자가 앞의 호혼조의 기사에 보이는 '編戶'를 '호등의 구분' 즉 호등제로 설명한 것은 이해가 되지 않는다고 지적하고 있다.99) 그러나 오히려 그의 견해는 필자의 견해를 잘못 이해하고 있다는 느낌이 든다.100) 필자는 여기서의 '편호'는 '호주로 대표되는 자연호'이며, 자연호는 인정과 토지의 결합으로 이루어진 농업경영규모의 차이를 반영하여 기본적으로 족정호·반정호·백정호의 3등호제로 나누어지지만, 역의 부과를 위해 3등호 속에서 다시 인정의 다과에 따라 9등호로 나누어 요역의 수취가 이루어졌음을 주장하였다. 따라서 필자는 규모가 큰 자연호인 족정호의 경우는 호내의 구성원이 17~19인에 이르고 있음을 주장한 바 있다.101) 그렇다면 그가 주장하고 있는 '편적호를 단위로 한 9등호제의 실시'라든가, 편적호의 가족규모가 9~27명이나 되는 가족 집단이 적지 않았음을 지적한 것이라든가 하는 점은 이미 필자가 지적한 바 있다.

한편 "여초에는 편적호를 단위로 한 9등호제에 의거하여 역의 수취가 이루어졌다"102)고 하여 개별가호가 직접적인 역 수취의 대상이라고

---

99) 金載名, 앞의 박사학위논문, 180쪽;「高麗時代 役의 收取와 戶等制」『淸溪史學』 12, 1996, 29쪽.
100) 여기에는 자연호에 관한 개념 이해의 차이가 내재해 있다고 여겨진다. 김재명은 자연호를 '독립된 하나하나의 가옥 내지 거기에 거주하는 단위 가족'(위의 논문, 1996, 31쪽, 주 125 참고)이라고 이해하고 있는데 반하여, 필자는 '호주로 대표되는 혈연가족군'을 포괄적으로 자연호의 범주에 넣어서 이해하였다. 물론 필자는 '혈연가족군' 속에 노비호 등 혈연가족이 아닌 경우도 포함되었을 것이라고 보았다(金琪燮,「高麗前期 戶等制와 농업경영규모」『釜大史學』 18, 1994, 16쪽). 그러나 김재명은 필자가 이해하는 '혈연가족군'을 '편적호'라는 개념으로 설정하고, 자연호와 구별하여 이해함으로써 상호 이해상의 차이를 보인 것으로 여겨진다.
101) 金琪燮,「高麗前期 戶等制와 농업경영규모」『釜大史學』 18, 1994.
102) 金載名, 앞의 논문, 1996, 32쪽.

파악한 것으로 보았다. 하지만 그 이전의 박사학위논문에서는 "9등호제는 각 田丁에서 징발할 인정의 총수를 산정하는 산술적 기준일 뿐이며, 호등으로 구분된 자연가호 자체가 역역 징발의 실제 단위였음을 뜻하는 것은 아니라고 본다"[103]고 하여, 두 논문 사이의 이해에서 일정한 차이를 보이고 있다. 이는 호등제를 무리하게 전정제와 결합시키려 한 데에서 오는 오류라고 생각된다.

고려전기의 전정제는 기본적으로 국가의 직역체계를 안정적으로 유지하기 위해서 만들어진 제도로서 수취제도와는 일정하게 거리가 있다고 여겨진다. 고려전기의 실질적인 호등제는 족정호·반정호·백정호의 3등호제이며, 호혼조의 9등호의 구분은 역역 수취를 위한 3등호제 내부의 구분일 뿐이다. 즉 고려전기 租의 수취는 결부제에 의해, 역역의 수취는 9등호제에 의해 이루어졌으며, 전정제는 3등호제에 기초하여 국가운영의 기본틀인 호별편제를 실현해가는 제도로서 양전과 호구조사에 의해 작성된 田丁柱貼을 바탕으로 운영되었다. 따라서 전정제와 인정의 다과에 따른 9등호제는 차원을 달리 해서 논해야 할 것이다. 이후 전정제의 변화는 전제와 역제의 분리에 의해 3등호제에 의한 호별편제의 원리가 무너지면서 일정 면적의 토지를 단위로 하여 족정·반정이 만들어짐으로써 역역수취는 재산의 차이를 반영한 또 다른 3등호제에 의하여 이루어지게 되었다고 생각된다.[104]

권두규는 근래 그의 학위논문에서 고려시기 가족형태와 호의 구조를 검토하면서 別籍異財禁止 규정을 통해 고려의 가족형태가 대가족 구성임을 제시하였다.[105] 또한 이 제도의 시행 동기와 목적은 먼저 사회적으로 효의 실천을 통해 가족 질서를 유지하도록 하려는 점과 경제

---

103) 金載名, 앞의 박사학위논문, 1994, 180~181쪽.
104) 金琪燮,「고려후기 호등제 변화의 배경과 그 추이」『釜大史學』 19, 1995.
105) 權斗奎,『高麗時代의 家族 形態와 戶의 構造』, 경북대 박사학위논문, 1995.

                                                                    Ⅰ. 서 론 69

적으로 군인, 향리, 驛站人이 직역을 계승·유지하게 하기 위한 점, 그
리고 일반농민층으로 하여금 1호의 규모를 일정하게 유지하도록 하여
세역의 감소를 방지하고자 하였다고 파악한다.106) 특히 별적이재금지
법을 고려시기 직역을 부담하는 군인·기인·향리호의 직역계승과 결
합시켜 이해한 그의 지적은 매우 중요한 문제제기라고 여겨진다.
　그러나 별적이재금지 규정을 무리하게 고려시기 요역 징수를 위한 9
등호제와 연결시킴으로써 그 규정을 확대 적용한 그의 견해는 재고해
야 할 것이다. 만약 그의 지적대로 9등호제가 공평하게 요역을 수취하
기 위한 제도라고 한다면 말 그대로 인정의 다소에 따라서 호등을 나
누고 요역을 부과하기 어려운 單丁戶와 雙丁戶는 면역을 하면 될 것
이다. 정작 중요한 것은 그도 지적하듯이 별적이재금지 규정이 고려시
기 직역의 계승과 밀접한 관련을 가진 전정연립제와 관련을 가지고 있
다는 점이라고 생각된다. 고려시기 전정연립제는 직역의 계승과 토지
의 상속을 결합한 제도로서 전정의 계승을 통해 직역의 지속적 유지를
도모한 제도이다. 따라서 고려시기 직역 계승을 위한 호등제는 호의
경제적 차별성을 반영한 족정호·반정호·백정호의 3등호제이며, 3등
호제를 통해서 요역 수취를 위한 9등호제는 자연스레 이루어진다. 따
라서 별적이재금지 규정을 9등호제와 연결시켜 세역의 감소 방지를 위
한 제도라고 본 것은 별적이재금지 규정의 의미를 다소 제한적으로 보
는 것이라고 여겨진다.
　따라서 그의 견해는 별적이재금지 규정을 통해 고려시기 가족형태
와 호의 구조를 도출해내었음에도 불구하고, 국가의 제도적 틀과 사회
변동 속에 나타나는 호의 차별성을 상호 계기적으로 연결시키지 못하
였으며, 9등호제를 매개로 한 제도사적 접근에 머물러 버림으로써 고

---
106) 權斗奎, 앞의 박사학위논문, 53~65쪽.

려의 가족형태와 호의 구조가 별개로 구분되어 버리는 결과를 초래하였다고 생각된다.

오일순은 고려의 신분 구성과 역제를 관련시켜 검토하면서 직역과 신역을 구분하고 관원·서리·잡류·향리·군인 등 국가로부터 토지를 받으면서 담당하는 직무·역할에 한정하여 직역이라 하고, 직역 외에 백정들이 특정한 역을 담당하거나 향·소·부곡 등 특수행정구역의 민들이 특정 역을 담당할 때 이를 신역이라고 부를 수 있을 것이라고 하였다.107) 또한 고려전기 백정호는 직역이 없는 민호로서 貢役과 3세 중의 역을 부담하며, 촌류 2·3품군에 편제되었다고 보고 있다.108) 그러나 오일순은 이를 호등제와 연결시켜 이해하지는 않고 있다. 따라서 여기서 정호와 백정호를 나누는 구분 기준이 무엇인지 알 수 없다. 단순히 직역의 유무로서 정호와 백정호를 나눈다면 양자의 기능과 역할은 이해할 수 있지만, 양자의 차이와 그 차이를 파생시킨 고려사회의 특징을 이해하기에는 한계가 있다.

그러나 오일순은 고려전기 족정의 성격을 논하면서 고려전기의 사료에서 '役口之分田'과 '足丁之丁田'을 구분하는 이유는 전자가 후자와는 달리 作丁되어 운영되지 않았기 때문이라고 하였다. 또한 '足丁之丁田'에는 軍人戶丁田, 其人戶丁田, 鄕吏田 등이 있었는데, 이들 토지는 지방사회의 유력자들을 직역자로 확보하면서 이들에게 분급해 준 토지라고 보았다.109) 또한 고려전기의 足丁之丁은 직역자 본인이나 그 내외족친이 소유지 위에 면조권을 부여받은 토지라고 보고, 소유지가 분할·상속되는 것과는 달리 족정·반정은 분할되지 않고 직역을

---

107) 오일순,『高麗時代 役制와 身分制變動』, 혜안, 2000, 27~28쪽.
108) 오일순, 위의 책, 34~41쪽.
109) 오일순,「高麗前期 足丁의 성격과 그 변화」『韓國 古代·中世 支配體制와 農民』, 지식산업사, 1997, 224~228쪽.

담당한 자손의 이름을 丁號로 하여 상속되었다고 하였다.[110]

　이러한 오일순의 글은 앞의 논문과는 달리 족정의 문제를 직접적으로 다루고 있기 때문에 그의 논리를 보다 구체적으로 살필 수 있다. 우선 그는 '足半之丁田'의 지급대상은 전시과 지급대상에서 제외된 군인·기인·향리 등이었다고 보고 전시과 계열의 토지와 구분해서 파악한다. 이렇게 볼 경우 논리의 전개가 명쾌해질 수는 있으나, 이와 관련하여 해결해야 할 문제들이 적지 않다. 특히 고려의 田丁制는 직역의 계승과 관련이 깊으며, 전정연립제라는 방식으로 전정을 계승한다. 여기에는 직역을 매개로 토지를 지급받는 직역자가 모두 포함된다. 즉 전시과 지급대상자는 물론이며, 군인·기인·향리도 모두 포함된다. 따라서 전시과 계열의 토지와 '足半之丁田'의 구분은 형식상 가능하나 내용적으로는 田丁이라는 동질적 대상을 계승하고 있는 것이다. 즉 전정제라는 틀 속에서 직역 계승과 관련하여 운영되는 것이다. 이를 어떻게 이해해야 할까.

　또한 '足半之丁田'은 자신 소유의 토지 위에 면조권을 부여받은 토지라는 사실은 필자도 동의하는 바이다. 그러면서도 이를 고려의 호등제와 연결하여 생각하지 않고 이를 단순히 분산된 토지의 묶음으로만 생각하는 것은 고려해보아야 할 부분이다. 오일순은 족정을 개별자연가호의 소유지임을 인정하면서 소유지가 자녀에게 균분상속되는 상황에서 족정은 직역과 함께 연립되면 족친의 토지가 족정에 포함된다고 보고 있다.[111] 이러한 견해는 일면 타당성을 가지고 있다고 본다. 그러나 고려사회는 다양한 계층을 포괄하고 있으며, 호등제에 의한 호별편제의 원리를 가지고 운영되고 있다. 따라서 족정호가 부족할 경우, 반정호·백정호를 통해서도 직역부담자를 보충하였다. 따라서 족정호의

---

110) 오일순, 앞의 논문, 230쪽.
111) 오일순, 앞의 논문, 229쪽.

족정내에 족친의 토지가 포함되었다고 보는 것은 수긍하기 어렵다. 만약 그럴 경우 족정내의 분할된 소유지가 전정연립에 의해 계승된다는 것인데, 그러면 직역부담자를 누구로 할 것이며, 직역부담자에게 전정연립을 통해 면조권을 줄 경우, '족정'의 토지에 포함된 족친 가운데 직역의 부담도 하지 않고 면조권을 받는 결과가 생길 것이다. 또한 직역이 전정연립에 의해 계승된다고 할 때 직역과 전정의 동시 계승은 전정의 분할을 막기 위해 취해진 조처로 보아야 할 것이다. 따라서 전정은 직역을 부담하는 嫡子에게 계승되는 것으로, 次子 이하는 전정으로 묶여진 이외의 토지에 대해 분할 상속을 한다고 생각된다.

그는 군인의 경우, 군인 가운데에서도 주현군의 精勇·保勝軍이 족정의 지급대상일 것이라고 이해하고 있다. 주현군의 정용·보승군이 번상 시위하여 경군의 6위로 편제된다고 하면,[112] 이를 경군과 어떻게 구분할 수 있을까하는 문제는 여전히 해결되어야 할 과제가 될 것이다.

근래 연세대학교 국학연구원에서는 『고려-조선전기 중인연구』(신서원, 2001)라는 책을 통해 고려시기의 중간계층의 역할과 성격에 주목하고 이에 관해 종합적으로 검토하고 있다. 여기서 채웅석은 고려시기 중간계층의 존재양태에 관하여 중요한 문제제기를 하고 있다.[113] 중간계층론이 가지고 있는 유용성과 관련하여 중간계층을 계층적 고정성과 유동성을 동시에 가지고 있는 개념으로 보고, 중간계층은 신라사회의 골품제적 폐쇄성을 극복하고 폐쇄성과 개방성이 공존하는 고려사회의 신분제 설명에 유용한 것으로 본 점과 중간계층은 직역을 담당하면서 지배층과 일반민 사이의 완충 역할을 하여 체제 유지에 기여하면

---

112) 洪元基, 『高麗前期 軍制硏究』, 혜안, 2001, 118~131쪽.
113) 채웅석, 「고려 '중간계층'의 존재양태」『高麗-朝鮮前期 中人硏究』, 신서원, 2001.

서도, 한편으로 권력의 주변부에서 끊임없이 신분상승을 꾀한 계층으로 본 점은 이 시기 계층론의 이해에 중요한 시사점을 주는 시각으로 여겨진다.114)

채웅석의 이러한 문제제기가 주는 시사점에도 불구하고 고려시기 계층론과 밀접한 관련이 있다고 여겨지는 호등제를 논의의 대상에서 배제시킴으로써 계층론에 대한 이해를 사회사적 관심사로 국한시키는 한계를 보여주었다고 생각된다. 중간계층을 논함에 있어서 국가와의 관계 속에 정치적·법제적 관계만을 고려한 채 토지소유를 기반으로 한 경제적 위상을 염두에 두지 않는 것은 중간계층을 이해하는 데 한계가 있다. 따라서 채웅석의 논리가 보다 설득력을 갖기 위해서는 중간계층의 정치적·사회적·법제적 측면의 위상과 함께 당해 사회 내에서 그들의 경제적 계층성을 추출해냄으로써 명실상부한 중간계층의 의미를 종합적으로 그려낼 수 있다고 본다.

이러한 입장과 관련하여 그는 직역을 부담하는 정호층을 중간계층으로 보고, 중간계층이 다양한 위상을 가진 계층을 포함한다는 한계에도 불구하고, 오히려 그것이 고려시대 신분구조의 특성을 반영한다고 보는 이해는 타당하다고 여겨진다.115) 그럼에도 불구하고 정호와 백정의 용어 구분과 관련하여 정호는 직역의 연립을 전제로 하여 나온 용어이기 때문에 정호에 대응하는 백정호라는 용어는 나올 수 없다고 한 그의 이해는 수긍하기 어렵다.116) 사실 정호와 백정의 구분은 직역의 계승 여부에 따라 나누어진다고 할 수 있다. 정호라는 용어는 직역을 계승하는 '戶'의 의미를 가지고 있기 때문에 '丁戶'라고 표기했으며, 요역을 부담하는 호는 '徭役戶' '常戶' 등으로 표현하였다. '白丁'과 '白丁

---

114) 채웅석, 앞의 논문, 170~171쪽.
115) 채웅석, 앞의 논문, 180~185쪽.
116) 채웅석, 앞의 논문, 181쪽, 주 61).

戶'는 그런 의미에서 구분되는 개념이라고 볼 수 있다. '백정'은 요역 등 삼세를 부담하는 일반 양인농민을 지칭하는 개념이라고 한다면 '백정호'는 요역호·상호와 같은 의미의 호등을 반영한 개념이라고 볼 수 있다. '足丁' '半丁' '白丁'은 동일한 범주의 개념으로 '丁'의 '충족 여부'를 반영한 계층의 구분이라고 한다면, 족정호·반정호·백정호는 당시에 사용한 용어는 아니지만 앞의 개념을 좀더 구체적으로 풀어쓴 호등제적 표현이라고 할 수 있다.

'足丁=17결'로 표현된 토지의 면적 단위인 '丁'은 직역의 계승을 매개로 '破丁을 허락하지 않은 토지'였다. 足丁의 부족 때문에 半丁이 필요하였고, 부득이한 경우 백정조차도 토지를 지급하여 족정·반정의 역할을 할 수 있도록 한 것이 고려의 직역호를 차정하는 방법이었다. 직역을 부담하는 호가 정호로서 족정호·반정호였고, 요역을 부담하는 호가 백정호였다고 보는 것은 일정한 의미가 있을 것이다.

金琪燮은 고려의 전정제에 대한 검토를 통해서 고려의 호등제는 신라의 9등호제를 계승한 3등호제로서 족정호·반정호·백정호가 바로 그 3등호이며, 이들 호등 구분의 기준은 농업경영규모의 차이를 반영한 토지소유규모와 인정수에 의하여 결정된다고 보았다.[117]

고려전기 호등제는 농민층의 존재양태의 한 측면을 유추해 볼 수 있는 부분이라고 할 수 있다. 호등제는 호의 경제적 차이를 고려한 등급이기 때문에 이 시기 호의 분화 정도를 가늠할 수 있는 중요한 지표이다. 고려전기의 경우 '丁'은 '戶'의 개념을 내포하고 있고 동시에 호등을 반영한 용어로서 족정(호)·반정(호)·백정(호)로 나누어 볼 수 있다. 이들 용어는 복합적 의미를 내포하고 있는데 직역과 요역의 부담층으로서의 구분, 토지소유규모의 차별성을 반영한 용어로서의 구분, 개별

---

117) 金琪燮, 『高麗前期 田丁制研究』, 부산대 박사학위논문, 1993 ; 「高麗前期 戶等制와 농업경영규모」 『부대사학』 18, 1994.

호의 농업노동을 포함한 농업경영규모의 차이를 반영한 용어로서의 구분 그리고 수세의 차별성을 반영한 용어로서의 구분 등이다.

국가는 양전과 호구조사를 통하여 개별가호의 토지소유규모와 노동력의 규모를 파악함으로써 개별호의 농업경영규모를 가늠하고, 이를 바탕으로 호등을 구분하였을 것이다. 고려전기 국가의 민에 대한 통제력이 어느 정도인지는 예측하기 곤란하나 속현에 이르기까지 양전이 행해지고 있었던 사실에서도 호족이 지방사회를 압도하고 있었다고 보는 것은 다소 곤란하리라고 생각된다. 따라서 나말여초에 호족 중심적 경향이 다소 있었다고 하더라도 국가보다 우위일 수 없으며 지속적인 양전과 호구조사를 통하여 개별호에 대한 파악이 이루어지면서 호등제는 족정호·반정호·백정호의 3등호제로 귀결되었을 것으로 생각된다. 3등호제의 성립은 양전과 호구조사가 진행되면서 이루어졌을 것인데, '丁'에 따른 읍격의 구분이 이루어지면서 대체로 지방제도가 일단락되는 현종 무렵이 아닐까 추측된다.

족정호는 중등전 17결의 토지소유를 하한으로 하고 手勞動만으로 경영할 경우에 16~18인 정도의 노동력을 소유하고 있는 호라고 할 수 있다. 그러나 이 정도의 농가라고 하면 農牛의 소유를 예상할 수 있으며, 2牛 3人 1조의 농업경영으로 본다면 훨씬 적은 노동력으로도 농업경영이 가능하리라고 생각된다. 반정호의 경우는 중등전 8결 이상~17결 미만의 토지를 소유하고 있으며 수노동만으로 경영할 경우에 8~16인 정도의 노동력으로 농업경영이 이루어질 수 있다. 백정호는 중등전 8결 미만의 토지를 소유한다고 보지만 실질적으로는 1결 내외의 토지를 소유하면서 개별적인 농업경영으로는 자립적 조건을 가지기가 어려운 농민층으로 생각된다. 따라서 이들 농민층은 자신의 토지 외에 소작 등 다른 형태로 자신의 농업경영을 보완하는 방식이 필요했을 것이다.

고려의 호등제가 9등호제였다고 보는 것은 지나치게 『高麗史』권84, 刑法志1, 戶婚條의 기사를 신뢰하였기 때문이며 고려의 사회적 발전을 과소평가한 결과라고 할 수 있다. 고려전기 3등호제의 등장은 역사발전의 필연적인 결과이며, 고려후기 3등호제도 전기 3등호제의 연장선상에서 파악할 수 있다. 호등제는 12세기 이후부터 농업생산력 발전에 따른 개별호의 분화현상과 함께 종래의 役制가 제 기능을 상실함으로써 그 기반이 흔들리게 되었고, 결국 '丁'의 의미도 3등호를 포괄하던 '戶'의 의미를 상실하고 단순한 단위토지, 수세단위로서의 기능으로 변화했다고 보았다.

그러나 이러한 김기섭의 문제제기도 아직까지는 해명해야 할 과제를 여전히 남겨놓고 있다. 먼저 고려 3등호제의 시행문제는 문제제기의 유효성 이전에 실증적 해명이 보다 더 보강되어야 할 것이다. 둘째, 호등제에 기초한 전정제의 운영원리로서 제시된 각 제도와의 관련성, 특히 수취제의 운영에서 호등제가 어떻게 기능했는가에 대한 검토는 더 많은 실증적 검토를 필요로 한다. 셋째, 전정제의 붕괴와 관련하여 '丁'의 의미 변화가 담고 있는 역사성에 대한 세심한 검토가 수반되어야 할 것이다.

Ⅱ. 고대의 호등제

1. 『隋書』 高麗傳 속의 고구려 호등제

고구려의 호등제에 관하여 그 편린을 알 수 있는 기록은 『隋書』 권 81, 東夷 고려전이 유일하다. 이에 의하면 고구려의 조세에 관하여 다음과 같이 기술하고 있다.

    2-1) ① 人稅布五匹 穀五石 ② 遊人則三年一稅 十人共細布一匹 租戶
        一石 次七斗 下五斗

『隋書』가 수나라의 역사(589~618)를 기술한 것이라고 한다면 위의 기록은 6세기대 고구려의 수취방식을 보여주는 기록이라고 볼 수 있다. 이 규정의 해석을 둘러싸고 많은 논란이 있었다. 특히 遊人의 해석을 둘러싸고 크게 遊人=빈민설[1]과 遊人=이종족민설[2]로 나뉘어져 있다.[3] 또한 조의 징수와 관련하여 戶租 수취의 대상을 유인만으로 보거나, 人이 부담한다고 보거나, 둘 다 부담한다고 보는 견해로 나뉘어져

---

    1) 白南雲, 『朝鮮社會經濟史』, 1933. 백남운의 견해 이래 대체로 유인=빈민설의 입장이 주류를 이루고 있다.
    2) 金基興, 『삼국 및 통일신라 세제의 연구』, 역사비평사, 1991.
    3) 金基興, 위의 책, 28~50쪽 참고.

있다.4)

 이와 관련하여 위의 규정을 좀 더 구분하여 살펴보면, ① ② 두 부분으로 나누어 볼 수 있다. ①은 人을 대상으로 ②는 遊人을 대상으로 하고 있으며, 人의 稅布 5필과 穀 5석은 유인의 세포와 戶租에 대응한다고 볼 수 있다. 즉 당시의 부세는 人이든 유인이든 布와 穀을 부담하는 것으로 규정되어 있었음을 제시하는 것이라고 생각된다. 그런데 인에 대한 부세는 유인에 비해서 특별한 규정이 되어 있지 않은 것으로 보아 매년 丁男을 중심으로 부과되는 것으로 판단되며, 유인은 3년에 한번 세를 내되 10인이 함께 細布 1필을 내도록 하고, 人의 穀에 해당하는 租는 호등에 따라 차등을 두어 1석, 7두, 5두를 내도록 하였다.

 고구려의 조세규정에서 호등제와 관련되는 부분은 租의 수취규정에서 보이는 부분이다. 여기서 호등의 차이를 반영하는 것은 호당 부과되는 租의 차이인데, 각각 1석, 7두, 5두로서 그 차이는 실로 적다.5) 지금까지의 연구성과를 참고한다면 이 시기 1되의 크기는 200㎖ 정도로 파악하고 있다.6) 따라서 1석의 크기는 20리터 정도가 되며, 각 호등간 租의 차이는 극히 적다. 이는 토지소유규모의 차이를 반영한 결부제에 입각한 收稅가 아니라, 호등의 차별성을 반영한 상징적 戶租라고 여겨

---

4) 金基興, 앞의 책, 28쪽 참고. 김용섭 교수의 경우, 戶租는 人·遊人 모두에게 부과되는 중국의 雜調에 해당하는 부가세로 보고, 이를 고구려 부세의 특징으로 파악한다(「結負制의 展開過程」『韓國中世農業史硏究』, 지식산업사, 2000, 171~177쪽).

5) 고구려의 1石은 대체로 10斗로 파악하는 편이다(李宇泰, 「韓國 古代의 量制」『泰東古典硏究』 10, 1993).

6) 朴興秀, 「新羅 및 高麗 때의 量制度와 量尺에 대하여」『科學技術硏究』 5, 1977/『度量衡과 國樂論叢』, 1980 재수록 ; 呂恩暎, 「高麗時代의 量制-結負制 이해의 기초로서」『慶尙史學』 3, 1987 ; 李宇泰, 「韓國 古代의 量制」『泰東古典硏究』 10, 1993 ; 李宗峯,『韓國中世度量衡制硏究』, 혜안, 2001 ; 尹善泰, 「新羅下代의 量制에 관한 一試論」『新羅文化』 17·18, 2000.

진다. 이는 일반민으로 보이는 人과는 달리, 遊人은 다른 특수한 여건에 있는 존재임을 반영한 조처라고 생각된다. 따라서 인의 경우는 개별 인신에 대한 부과 방식을 가지고 있음에 비해서, 유인에 대해서는 공동 책임을 지우며 租는 호별로 호등에 따라 부과하는 방식을 택하고 있었다고 볼 수 있다.

이렇게 본다면 당시 고구려의 수세는 토지보다 인신에 대한 수세의 중요성이 훨씬 높았음을 알 수 있다. 따라서 고구려의 수취는 인두세적 경향이 강함을 엿볼 수 있다.[7] 이 기록을 통해 수취의 대상을 정확하게 알 수 없지만, 일반적으로 丁男에 대한 것이라고 본다면 정남 1인에 대해 포 5필과 곡 5석이라는 수취는 매우 과도한 것이라고 하지 않을 수 없다.[8] 더욱이 일반 농민층에게 일률적으로 이러한 방식으로 부과되었다면 감당하기 어려웠을 것이라고 생각된다.

당시 旱田의 생산력 수준을 정확하게 알 수는 없지만, 『高麗史』 권 78, 食貨志1, 租稅, 성종 11년(992) 判에 의하면 한전의 경우 1결당 생산량은 상등전 9석, 중등전 7석, 하등전 5석으로 나타나고 있다. 당시 고구려인들의 평균적인 토지소유규모를 알 수는 없지만, 고려의 예에 비추어 일반농민층이 1결 정도의 토지를 소유하고 있다고 본다면 상등전 1결을 소유하고 있다고 하더라도 한 해의 수조액을 부담하기 힘들었을 것이다. 따라서 고구려의 수취액이 과연 그럴까하는 의구심이 들 정도로 과도함을 알 수 있다.

---

7) 金基興, 『삼국 및 통일신라 세제의 연구』, 역사비평사, 1991, 67~70쪽 ; 「三國時代 稅制의 성격」『國史館論叢』 35, 1992.
8) 수취의 과도성이라는 이유로 포 5필과 곡 5석을 나누어 둘 중의 하나를 납부하는 것으로 보는 견해도 있다(洪承基, 「1~3世紀 民의 存在形態에 관한 一考察」『歷史學報』 63, 1974, 42~43쪽). 한편 이러한 견해와는 달리 당시 고구려의 대내외적 정치 상황으로 인하여 수취가 과도하게 이루어졌다고 보기도 한다(盧重國, 「高句麗 律令에 關한 一試論」『東方學志』 21, 1979, 159쪽).

만약 고구려의 일반 자영소농의 가족 구성을 평균 5인 내외로 본다면,9) 1戶에 정남이 2인이 된다고 해도 그 부담은 2배가 된다. 이런 이유로 위의 수취 내용을 1戶의 부담이라고 보는 견해도 있다.10)
이와 관련하여 『周書』권49, 고려전의 내용은 참고가 될 수 있다.

2-2) 賦稅則絹布及粟 隨其所有 量貧富差等輸之

『周書』는 北周 5世(557~581) 25년간의 역사를 기술한 史書로서 앞의 『隋書』보다 다소 이른 시기의 역사적 사실을 전하고 있다. 이 사료를 해석하는 방식은 크게 두 가지로 나타난다. 하나는 '隨其所有'를 재산의 소유정도로 보고 '量貧富差等輸之'와 연결하여 해석하는 방식과 또 하나는 '隨其所有'를 담세자가 살고 있는 지역에서 생산되는지의 여부로 보고 이를 '量貧富差等輸之'와 연결시켜 빈부의 차등에 따라 내되 견, 포, 속 중에서 그 지역에서 많이 생산되는 것을 내는 것으로 보는 방식이 있다.11)
여기서 『周書』와 『隋書』의 내용을 종합적으로 고려해 본다면 『隋書』의 내용이 보다 구체적인 내용을 담고 있다고 하더라도 부세 수취의 합리성 측면에서는 『周書』가 보다 더 합리적이라고 할 수 있다. 그러나 이 두 사서의 내용은 상호 보완적 측면을 가지고 있다고 생각되며, 양자의 관계에 대한 설명이 필요하다고 할 것이다. 두 사서의 내용이 시기적 차이를 둔다든가 아니면 특수한 경우를 설명하는 것이 아니라면 두 사서의 내용을 동시에 만족시켜 줄 수 있는 합리적 설명이 필

---

9) 金琪燮, 「高麗前期 農民의 土地所有와 田柴科의 性格」 『韓國史論』 17, 1987, 122~123쪽.
10) 金基興, 앞의 책, 67~70쪽.
11) 金基興, 앞의 책, 53~54쪽.

요할 것이다. 『수서』는 『주서』를 보다 구체적으로 표현한 것이라는 점에서 검토해 볼 필요가 있다.

부세에 관한 포괄적 설명은 『周書』를 통해 살필 수 있다. 즉 부세의 종류는 絹·布·粟인데 그 소유(내용)에 따라 빈부의 차이를 헤아려서 낸다고 하는 부분이다. 여기서 부세의 종류는 견·포와 속의 두 종류로 이루어져 있는데, 이는 앞서 『隋書』에서 布와 穀으로 나타나는 것과 동일한 종류이다. 또한 특히 여기서 주목할 부분은 후반부에서 빈부의 차이를 고려한다는 내용인데, 이는 당시 수취방식의 특징을 보여주는 부분으로 『수서』에서도 이러한 방식이 포함되어 있었을 것이다.

그렇다면 『隋書』의 내용은 과연 어떤 의미를 가지고 있는 것일까. 『隋書』는 구체적인 세액을 표시하고 있기 때문에 그 속에 빈부의 차이를 고려한 내용이라는 의미는 찾아보기 어렵다. 좀 더 부연한다면 租의 부분에서 戶당 1석을 내되 次는 7두, 下는 5두라는 부분에서 빈부의 차이를 고려한 흔적을 찾을 수 있을 뿐인데 그것만으로는 그 차액이 너무 적으며, 이는 遊人에게 부과되는 호조로 여겨지기 때문에 人과는 무관하다. 사실상 賦稅의 의미는 1戶의 총괄적 세인 租庸調를 포괄하고 있다고 보는 것이 일반적이다.[12] 따라서 『隋書』는 『周書』와는 그 의미를 매우 달리하고 있다.

그러나 『隋書』의 내용을 조금 다른 각도에서 검토해 본다면 人에 대한 구체적인 세액을 표시하고 있다고 하더라도 그 자체가 이미 빈부의 차이를 반영하고 있는 것은 아닐까하는 점이다. 즉 1호의 가족 구성상 정남의 수가 많다면 1호의 세액은 자연히 많아질 수밖에 없고 그 자체가 당시 빈부의 차이를 감안하는 방안일 수 있다는 점을 상기해 볼 수 있다.[13] 이를 해결할 수 있는 관건은 '隨其所有'의 해석에 있다

---

12) 朴鍾進, 「高麗時期 稅目의 用例檢討」 『國史館論叢』 21, 1991.
13) 필자는 통일신라기와 고려시기 전정제 및 호등제를 검토하면서 당시 호등의

고 생각된다. '隨其所有'의 '其'의 의미는 앞의 絹・布・粟을 의미하며 '그것의 소유에 따라서'라는 의미는 '그것을 생산할 수 있는 노동력의 소유'를 동시에 의미하고 있다. 즉 본래는 '생산물 소유의 양에 따라서'라는 의미이지만, 그것은 '생산물을 생산하는 노동력의 소유에 따라서'라는 의미를 내포하고 있다고 여겨진다. 따라서『주서』의 전체적인 의미는 "생산물을 생산하는 노동력의 소유규모에 따라 빈부를 헤아려서 차이를 두어 거둔다"라고 할 수 있다. 이는 노동력의 소유 정도에 따라서 개별가호의 경제력의 규모가 정해짐을 의미한다.

이러한 점을 상기한다면『隋書』에서 人에 대한 구체적 수취 내용이 나타난다고 해서『周書』에 나타나는 '量貧富差等輸之'의 의미를 포함하지 않는 것은 아닐 것이다.14) 다만『隋書』의 내용은 신라 통일기 이

차이를 나타내는 가장 기본적인 기준은 人丁과 土地가 결합된 농업경영규모의 차이라는 점을 지적한 바가 있다. 일정 정도의 토지를 소유하고 있다면 이를 경작할 수 있는 경작노동력이 필요하다는 점에서 농업경영규모라는 것은 호등 구분의 중요한 기준이 될 수 있다. 따라서 농업경영규모라는 점을 고려한다면 토지소유규모가 많으면 자연히 경작노동력도 많아지게 되고 자연히 상위 호등으로 정해질 것이다. 그러나 경작노동력의 질적 문제를 고려한다면 반드시 그렇지는 않다. 여기서 신라 중고기와 신라 통일기의 차별성이 존재하지 않을까 생각된다. 신라 통일기의 수취는 그 중심이 토지 쪽으로 기울어져 가면서 상위 호등으로 갈수록 다양한 형태의 경작노동력을 필요로 했다. 반면에 신라 중고기는 상대적으로 토지보다는 인정에 대한 수취의 강도가 높음으로써 인두세적 경향을 강하게 가지고 있었다. 아울러 토지 경작의 상대적 불안정성으로 말미암아 토지를 수취의 기준으로 삼기에는 한계가 있었을 것이다. 반면에 토지개간의 가능성이 높음으로써 인정이 많은 호일수록 상대적으로 유리했을 것이며, 인정 중심의 수취를 하더라도 빈부의 차이를 일정히게 반영할 수 있었던 것이 아닐까 생각된다.

14)『周書』와『北史』의 百濟傳에 의하면 "賦稅以布絹絲麻及米等 量歲豊儉 差等輸之"라고 하여 부세는 풍흉에 따라 차등있게 내도록 하였다. 한편 이와 동시에『舊唐書』百濟傳에는 "凡賦稅及風土所産 多與高麗同"이라고 하여 백제와 고구려의 세제가 비슷함을 말하고 있다. 이 의미는 백제의 세제가 풍흉에 따른 차등수세라고 하는 점과 고구려처럼 인두세적인 성격을 가지고 있

후의 수취 기준과는 달리 수취의 기준이 人丁이었음을 반영하는 것이라고 보는 것이 타당할 것이다.15) 또한 『周書』가 표현하고 있는 '量貧富差等輸之'의 의미에는 賦稅를 운반해서 납부하는 의미까지를 내포하고 있다고 생각된다. 그렇다면 조세의 운반을 위해서는 일정한 노동력이 필요하며 부유한 호일수록 생산물을 생산해서 조세를 납부하기까지에 많은 노동력을 확보해야 한다는 점에서도 인정수의 다과는 호의 빈부를 가늠하는 잣대가 될 수 있다.16)

2. '蔚珍鳳坪新羅碑'를 통해 본 신라의 호등제

1988년에 발견된 '울진봉평신라비'(이하 봉평비라고 약칭)는 6세기 초반 신라사회를 밝혀주는 귀중한 비문으로서 이미 이와 관련된 많은 논문이 발표되었다. 이 비문을 통해서 당시 율령의 존재 및 신라 6부, 관등제, 지방통치체제 등의 문제에 관한 많은 새로운 사실이 밝혀진

다는 점을 동시에 말하는 것으로 앞의 고구려의 경우처럼 『隋書』와 『周書』의 내용을 동시에 포함하고 있는 것과 같다.
15) 이인재는 통일 전후 수취제를 크게 인호지배로부터 토지지배로 변화하는 것으로 보고, 통일 이전을 두 단계로 나누어 인호의 노동력에 대한 총체적 지배로부터 4~6세기 생산력 발전을 거치면서, 재산 기준의 수취제로 전환하는 것으로 본다(「신라통일 전후기 조세제도의 변동」, 『역사와 현실』 4, 1990, 93~98쪽). 전체적 틀은 공감하지만 통일 이전 2단계의 재산 기준의 수취도 인신지배의 또 다른 표현이라는 점을 지적하고 싶다.
16) 호등 구분의 기준은 중국이나 한국의 경우에도 기본적으로 재산의 소유 정도에 따른 것이며, 재산에서 중요한 것은 역시 토지일 것이다. 하지만 토지에 대한 항상적 관리가 어려운 단계에서는 토지가 중요한 요소가 된다고 하더라도 노동생산성이 우선되기 때문에 토지만으로 호등 구분의 기준을 삼기에는 한계가 있었다. 따라서 이에 대한 차선책으로 재산이라는 포괄적인 요소를 표시한 것이지만 사실상 중요한 것은 人丁이었을 것이다.

바 있다. 그럼에도 불구하고 당시 사회의 조세수취방식과 밀접하게 관련이 있다고 여겨지는 '共値 五'[17]의 문제는 지금까지 별 다른 주목을 받지 못하였다. 거기에는 여러 가지 이유가 있겠지만 지금까지 고대사 연구자의 주된 관심이 정치체제의 해명에 초점이 맞추어져 이 부분의 중요성을 심각하게 고려하지 않았다는 점과 판독상의 어려움 및 관련 자료의 부족으로 인한 접근의 한계 때문이었다고 생각된다.

봉평비의 성격을 어떻게 보더라도 이 비는 신라 율령의 존재를 확인시켜 주고, 신라의 국가 팽창과정 속에서 새로운 촌락의 편입은 신라 수취체제 속으로의 편입과정과 맥을 같이 한다는 사실을 보여주고 있다.[18] 그것을 상징적으로 보여주는 것이 奴人村으로의 편제와 그에 대

---

[17] 본 비문의 판독에는 다양한 견해들이 제기되어 있어서 선뜻 어느 것을 따를 지 망설여진다. 특히 '大奴村負共値五 其餘事種種奴人法' 부분에서 '共値 五'의 '五' 부분은 대체로 판독이 곤란한 부분으로 보고 있다. 이 부분은 본 고의 논지 전개와도 밀접히 관련되는 부분으로 판독에 주의를 요하는 부분이다. 그러나 이 부분은 비문 자체에 흠집이 있어서 판독하기가 매우 어렵다. 아울러 본 비에 대한 금석학적 고찰을 했던 임세권 교수의 판독에도 '□'로 남겨두고 있다(「蔚珍鳳坪新羅碑의 金石學的 考察」, 『韓國古代史硏究』 2, 1989). 그러나 필자의 생각으로는 이 부분을 '五'로 본 최광식의 견해가 타당한 것으로 여겨진다(崔光植, 「蔚珍鳳坪新羅碑의 釋文과 內容」, 『韓國古代史硏究』 2, 1989, 93쪽 ; 『고대 한국의 국가와 제사』, 한길사, 1995, 251쪽). 필자는 사진 및 탁본을 확인하면서 '五'일 가능성이 크다고 보았다. 또한 필자가 1998년 7월 30일, 8월 23일 두 차례의 답사를 통해 봉평비를 직접 확인해 본 결과, 실제적으로 비문의 글자는 'X'로 기록되어 있으며, 이를 『金石異體字典』을 통해 비교해보면 이는 분명히 '五'의 古字 'X'라고 생각된다(北川博邦 閱・佐野光一編, 『金石異體字典』, 雄山閣出版刊). 보다 결정적인 것으로 여겨지는 부분은 비문 첫째 줄의 일곱 번째 글자인 'X'와 형태상 매우 유사히다. 다만 이 부분이 橫으로 줄을 그어 놓은 것처럼 흠집이 나 있어 'X'字 중간부분이 희미하게 나타나 있기 때문에 판독상 오해가 일어날 수 있다고 생각된다. 또한 1998년 8월 24일 울진에서 한국고대사학회가 주관한 '韓國古代社會와 蔚珍地方'이라는 학술대회에서도 향토사가 尹賢洙 선생이 치밀하게 고증한 바 있다.

한 수취라고 생각된다. 즉 봉평비에 보이는 '共値'는 새롭게 편입된 촌락이 부담해야 할 공납적 부담이라고 볼 수 있다. 이와 관련하여 신라 촌락문서에 보이는 計烟이 각 촌락에 부과된 조세수취와 밀접한 관련이 있다는 점은 이미 지적된 바 있다. 그렇다면 노인촌에 부과된 '共値五'와 신라촌락문서상에 나타나는 '計烟~余分~'은 상호 밀접한 상관관계를 가지고 있으며, 그 기저에는 신라의 호등제가 자리하고 있음을 유추해 볼 수 있다.

따라서 여기서는 봉평비에 보이는 '共値'와 신라촌락문서의 '計烟'의 상관성 및 차이점을 검토해 봄으로써 6세기초 신라사회의 수취체제의 한 단면과 호등제의 내용을 파악해 보고자 한다.

1) 비문의 검토

본 비의 성격을 둘러싸고 다양한 견해들이 제기되었다. 이 비의 성격을 어떻게 보더라도 본고의 전개와 관련이 되는 '奴人村', '共値'의 부분은 비문 판독에서 크게 이견은 없는 것 같다. 그러면 이와 관련된 부분을 적출해서 살펴보자.

2-3) ① 別敎令 ② 居伐牟羅 南彌只 本是奴人 雖是奴人 前時王大敎法 ③ 道俠阼隘 尒△△△(耶界城)失 △(大)遶城△(村) 大軍起 若有者一行△之 △△△△王 ④ 大奴村△(負)共値△(五) 其△(餘事)種種奴人法 (△부분은 다소 이견이 있는 부분 : 괄호 속은 필자의 판

---

18) 이 비는 율령의 한 편목을 시행하기 위해 세운 율령비라는 입장에서 파악한 주보돈의 논고 이래 많은 분들이 이 견해를 수긍하는 편이다(朱甫暾, 「蔚珍鳳坪新羅碑와 法興王代 律令」『韓國古代史硏究』 2, 1989, 117~131쪽). 아울러 신라의 율령은 조세법을 포함한 율령이라고 볼 수 없다는 견해는 재고되어야 하리라 생각된다(石上英一, 「古代における日本の稅制と新羅の稅制」『朝鮮史硏究會論文集』 13, 1974).

독)

  2-3)의 앞 부분은 갑진년 정월 15일 啄部의 牟卽智 寐錦王 이하 신하 13명이 敎를 받는 내용이다. 2-3) 부분은 법흥왕이 거벌모라·남미지에 별교령을 내린 내용으로서 본 비문의 가장 중요한 부분 중의 하나이다. 여기서 판독하기 어려운 글자가 많아 전체의 뜻을 파악하기 어렵지만 ②부분에서 거벌모라(촌)과 남미지(촌)는 본래 노인이라는 사실, ③의 부분은 연구자들의 견해가 다양하여 무엇이라고 말하기 어려우나 ④의 부분에 대한 원인 제공을 하고 있다는 사실은 분명하다고 할 수 있다. ④에서는 앞의 이유로 인하여 대노촌에 모두 共値五에 해당하는 부담을 시키고 나머지는 노인법에 따르게 하였다는 사실을 짐작할 수 있다.19) 여기서 대노촌은 대체로 거벌모라촌과 남미지촌을 가리키는 것으로 파악하고 있다.

  이 단락을 좀더 구체적으로 해석해 본다면 다음과 같다. 특히 ③과 관련해서는 견해들이 다양하다. 최광식은 이 부분의 해석을 "길이 좁고 험함(을 믿었으므로) 尒耶恩城 失犬遼城村의 대군을 일으키고 右者(법흥왕 이하 신하 13명) 같은 자들 일행이 여기에 순행하였다. 그리고 (실지군)주를 얕보고 (법흥)왕을 깎아내리고 헐뜯었으므로 대노촌은 모두 값어치 다섯을 부담하고 그 나머지의 노인촌은 여러(種種) 노인

---

19) '大奴村負共値五 其餘事種種奴人法'에서 '負'를 '貧' 또는 '貪'으로 보기도 한다. 이때 '負'를 '貧'으로 볼 경우(任世權, 「蔚珍鳳坪新羅碑의 金石學的 考察」, 『韓國古代史研究』 2, 1989, 75쪽), 사료의 의미가 달라질 가능성도 있다. 그러니 필지기 직접 봉평비를 실펴보면서 이 글자는 '負'사임이 서의 확실하다는 결론에 도달하였다. 우선 '貧'이나 '貪'이 되기 위해서는 위쪽 부수 '八'의 오른쪽 획이 확인되어야 하지만, 필자가 본 견지에서는 오른쪽 획이 확인되지 않았으며, 왼쪽의 삐침이 다소 길게 느껴졌고 '負'의 위쪽 부수의 오른쪽 부분을 확인할 수 있었다. 따라서 이는 '負'로 보는 것이 타당하다고 생각되며, 대노촌에 '共値五'를 부담시킨다는 의미로 보는 것이 맞다고 생각된다.

법을 따르게 하였다"라고 보았다.[20]

　이문기는 이 부분을 "길이 좁고 험하여 尒耶界城을 잃었다. 火遶城에 이르러 대군을 일으키고 순함이 있는 자(若有者 : 순종하는 자)를 소집하여 영토를 정복하여(艾履) 왕에게 올렸다(上△王). 큰 노인촌은 더불어 값어치 △를 부담하고 그 나머지는 여러 종류의 노인법에 의해 하라"고 해석하였다.[21]

　또한 노태돈은 위의 문장을 "雖是奴人 前時王大敎法道 俠阼 陯尒耶恩(?)城 失火遶城 到(村?)大軍起 若右子一行爲(?)之 艾備土△(尊, 專?)王 大奴村負共値△ 其餘事種種奴人法"이라고 끊어 읽고 "비록 이들이 노인이었지만, 前時에 왕이 크게 法道를 내려 俠作케 하여 이 야은성을 지키게 하였다. (그런데) 실화로 성을 태워 대군을 발동케 됨에 이르렀다. 만약 이들이 그 일을 성실히 수행하였다면 안전히 국토를 지키고 왕을 받들 수 있었을 것이다. 대노촌 사람들은 △를 부담케 하고 그 나머지 사람들은 여러가지 노인법에 따라 조처하라"고 해석하였다.[22]

　필자가 확인해 본 바에 의하면 이 부분의 판독은 '③道俠阼陯 尒耶界城失 大遶城村 大軍起 若有者一行△之 △△主△王'로 판단되고,[23]

---

20) 崔光植, 앞의 책, 260쪽.
21) 李文基,「蔚珍新羅鳳坪碑와 中古期의 六部問題」『韓國古代史硏究』2, 1989, 147~148쪽.
22) 盧泰敦,「蔚珍鳳坪新羅碑와 新羅의 官等制」『韓國古代史硏究』2, 1989, 178~179쪽.
23) '尒耶界城失 大遶城村 大軍起 若有者一行△之'의 자료에서 판독상의 문제를 부언 설명하면 다음과 같다. 여기서 尒耶界城의 '城' 부분이 분명하므로 그 앞 부분은 판독상의 문제로 다소 논란이 있지만 이는 城 이름을 가리킨다는 점에서 큰 문제는 없을 것 같다. 이 부분에서 '耶'를 '所'로 보는 견해도 있으나 오른쪽의 부수가 '斤'이라기보다는 'ß'가 분명한 것 같으며, 비문의 앞 부분에 나오는 세 번째줄 40번째의 '所'와 비교해보아도 같은 글자는 아니

그 해석은 "길이 좁고 험하여 이야계성을 잃어 버렸고 주변의 성촌들이 크게 군사를 일으키니, 이에 有者 일행이 △하였다"라고 될 것이다. 즉 이 자료의 의미는 이 지역에 거벌모라도사 및 실지도사 등 지방관이 파견되어 있었음에도 불구하고 변방지역인 관계로 거벌모라에 속한 이야계성을 뺏겨 버렸고, 주변의 다른 성촌, 즉 거벌모라를 비롯한 아대혜촌, 갈시조촌, 남미지촌 등 여러 성촌들의 유력층이 중심이 되어 반신라적 봉기를 일으킨 데 대해 응징하는 내용을 담고 있는 것이라고 생각된다.

사실 5세기말~6세기초 동해안 지역을 둘러싸고 고구려와 신라는 각축을 벌이고 있었다. 5세기말에는 고구려가 興海 방면에까지 내려오지만, 지증왕대에 이르면 북진을 계속하여 지증왕 6년(505)에 북변의 전략거점으로 悉直에 최초의 州를 두고 異斯夫를 軍主로 임명하였다.[24] 이러한 과정에서 울진 지역은 신라에 복속되기는 하였지만 반신라적 경향을 가질 가능성은 충분히 내재해 있었고, 율령 반포 이후 노인법의 적용을 받았을 것이기 때문에 이에 대한 반발심이 컸을 가능성

다. 다음 '界'도 '思' 또는 '恩'으로 보는 견해가 있으나 윗 부분의 '田'부수 밑의 양쪽으로 삐친 부분이 분명하게 나타나는 점으로 보아 '界'로 보는 것이 타당할 듯하다. '大遶城村'의 '大'를 '火'로 보는 견해들이 있으나 '人'부분의 위쪽은 'ㅡ'의 형상을 가지고 있는 것이 분명하므로 '大'로 보아야 할 것 같다. '遶城'에 대해서는 큰 이견이 없는 것 같다. 다음의 '村'에 대해서는 다소 이견이 있는데, 오른쪽 '寸'의 부수가 다소 어색하기는 하나 직접 조사하는 과정에서 빛의 각도가 적당할 때 '寸'으로 판단할 수 있었다. '大軍起'에 대해서는 별 다른 이견이 없다. '若有者一行△之' 가운데 '有'와 △가 논란이 되고 있다. 필자의 조사 과정에서 '有'의 '月'부수의 윗 부분이 다른 선보다 굵은 느낌을 주고, 오른쪽 아래 부분의 삐침을 확인할 수 있어서 '有'로 보는 것이 타당할 것 같다. 다음 '△'에 대해서는 매우 이견이 많아서 무어라 말하기는 곤란하며, 전체적 의미 속에서 파악해야 할 것이다.
24) 金瑛河, 「삼국과 남북국시대의 동해안지방」, 『한국고대사회와 울진지방』, 1998, 울진봉평신라비 발견 10주년 기념 학술대회 발표요지, 31~37쪽.

이 있다. 여기서 일어난 사건은 이러한 정황 속에서 이 지역에서 일어난 반신라적 봉기라고 볼 수 있을 것이다.²⁵⁾ 여기서 이야계성을 비롯한 다른 성촌들은 거벌모라와 실지에 소속된 촌락이라 생각되며, 이 사건에는 외위를 가진 거벌모라 및 남미지촌 등의 유력층이 관련되었다.

거벌모라촌으로 여겨지는 대노촌에 대하여 어떠한 대가를 요구하고 있다는 사실은 앞의 사건과 관련이 있으며, 이유는 다양하지만 대노촌에 대가를 요구한다는 점에는 큰 이견이 없는 것 같다.²⁶⁾ 그 대가란 다름 아닌 '共值五'의 부분이다. 여기서 대부분의 연구자들은 '五'를 판독하기 곤란한 글자로 보고 있으나 최광식은 이것을 '五'의 古字로 보고

---

25) 朱甫暾은 당시를 신라가 이 지역에 대해 안정적 지배에 들어간 시기로 파악하고 고구려와 관련지운 설명은 곤란하다는 견해를 제기하였다(『新羅 中古期의 地方統治와 村落』, 계명대 박사학위논문, 1995, 124~125쪽). 그러나 정확한 상황을 모르지만 신라가 대군을 일으킬 정도의 일이라면 심상찮은 일이 었음에는 분명하며, 그 일이 바로 반신라적 봉기와 같은 일이 아니었을까하는 것이다. 주보돈 교수가 언급하였듯이 조세와 관련한 저항일지도 모를 일이다.

26) 이러한 일반적인 견해와는 달리 李成市는 이를 다음과 같이 판독한다(「蔚珍鳳坪新羅碑の基礎的硏究」『古代東アジアの民族と國家』, 1998, 147~156쪽). "雖是奴人 前時王大敎 法道俠阼隘尒 所界城 失兵遠城滅 大軍起 若有子一 依爲之 人備土寧 王大奴村貪其値一 二 其餘尹種種奴人法". 여기서 '法道'는 '신라의 국법이 미치는 신라 영역 내의 지배를 위한 길'이며, '所界城'은 신라 영역내의 성으로서 悉支君主가 관할하는 성일 것이라고 파악한다. 이를 전체적으로 해석하면 "법도가 좁고 막히면, (실지군주)관내의 성, 병사를 잃은 (何瑟羅와 같은) 멀리 있는 성은 없어져 버릴 것이다. 크게 대군을 일으켜서 만약 그러한 곳이 있으면 한결같이 이렇게 행하여 사람을 갖추고 땅을 안정시켜라."라고 하였다. 그러나 그 뒤의 부분은 "왕이 크게 노촌의 人備土寧이라는 왕명에 따를 것인가, 말 것인가를 왕 자신이 친히 찾는다"라고 하는 식으로 다소 애매하게 해석하고 있다. 이 해석은 자구 판독의 차이와 더불어 봉평비를 파악하는 이해방식의 차이로 인하여 대노촌 이하의 해석은 수긍하기 어렵다.

해석하였으며,27) 필자도 앞서 언급하였듯이 비문을 직접 보고, 사진 및 탁본을 확인한 결과 '五'일 가능성이 크다고 생각한다. 어쨌든 대노촌과 '共値五'는 밀접한 상관성을 가지고 있으며, '共値五'는 촌락 규모와 관련을 가지고 있을 것이라고 유추해 볼 수 있다.

이하의 비문을 통하여 형벌의 구체적 내용과 거벌모라와 남미지촌에 대한 법의 제재를 살펴보자.

> 2-4) 新羅六部 煞斑牛 △△△ 使大人喙部內沙智奈痲 沙喙部一登智奈痲 △次邪足智 喙部比須婁邪足智 居伐牟羅道使卒次小舍帝智 悉支道使烏婁次小舍帝智 居伐牟羅尼牟利一伐 你宜智波旦 △只斯村△△只 阿△兮村使人奈尒利 杖六十 葛尸條村使人奈△利△尺 南彌只村使人△△ △百 於卽斤利 △百

2-4) 부분에 대한 해석도 논자에 따라 다양하다.

먼저 최광식은 "신라 6부 대표가 얼룩소를 죽여 제사를 지내고 초하루에 드디어 형을 집행하였다. 대인 탁부 내사지 나마, 사탁부 일등지 나마, 막차 사족지, 탁부 비수루 사족지가 거벌모라도사 졸차 소사제지, 실지도사 오루차 소사제지, 거벌모라 이모리 일벌, 이의지 파단, 탄지사촌 일전지 아척, 혜촌사인 나이리에게 장육십을, 갈시조촌사인 나등리 아척, 남미지촌사인 익측, 즉근리에게 장백을 집행하였다."라고 해석하여 일을 처리한 大人을 喙部 比須婁 邪足智까지로 보고, 居伐矛羅道使 卒次 小舍帝智로부터 兮村使人奈尒利에게 杖 六十을 내린 것으로 본다.

한편 이문기는 이 문단을 분석하여 의식의 주관자로 6부에서 파견된 大人이란 직명의 왕경인 4인, 노인촌을 관할하던 지방관으로 거벌

---

27) 崔光植, 『고대한국의 국가와 제사』, 1994, 259~260쪽.

모라도사와 실지도사, 노인촌 출신 지방민 거벌모라의 니모리 외 3인으로 보고, 아대혜촌사인 1인·갈시조촌사인 1인·남미지촌사인 2인에게 각각 장형을 가한 것으로 본다.

주보돈도 거벌모라 출신자는 아무도 형을 받지 않았으며 아대혜촌사인 이하가 장형을 받은 것으로 파악하면서 남미지촌을 중심으로 하여 몇 개의 촌락이 여기에 연관되어 있다고 보았다.[28]

또한 노태돈은 거벌모라도사와 실지도사는 경위를 가진 6부 출신으로서 처벌의 대상이 아니라 그 지역의 지방관으로 현지인을 처벌하는 데 있어서 구체적인 의견을 제시하였던 인물로 본다. 아울러 그 이하 거벌모라 니모리로부터 남미지촌 어즉근리까지를 처벌의 대상으로 설정하고 있다.[29]

앞서 別敎슈의 내용에서 살펴보았듯이 사건에 연루된 촌락에 대한 처벌을 하면서, 대노촌은 '共値 五'를 부담시키고, 나머지 촌에 대해서 여러 노인법을 지키도록 명령하였다. 이와 함께 각 촌락에는 이 사건에 대해 책임을 져야 할 사람들에게 일정한 처벌을 하였는데, 이에 관한 견해는 위에서 보듯이 매우 다양하다. 여기서 의식의 주관자가 어디까지이며, 처벌 대상자가 누구인지 구별하기가 매우 어렵다. 그러나 별교령의 내용에서 '거벌모라와 남미지는 본래 노인이다'라고 하는 규정에서 보아 거벌모라와 남미지는 이 사건과 밀접한 관련을 가지고 있음을 전제하고 있는 것으로 생각된다. 그러나 거벌모라도사와 실지도사는 직접적으로 이 사건과 관계가 없으며 이 사건에 관한 조사 및 의식에 참여한 것으로 생각된다. 따라서 처벌대상은 거벌모라 니모리 일벌 이하, 남미지촌 출신 2인, 아대혜촌 출신 1인, 갈시조촌 출신 1인으로 판단된다.[30] 특히 갈시조촌사인과 남미지촌사인에게 다른 사람과

---

28) 朱甫暾, 앞의 논문, 126~129쪽.
29) 盧泰敦, 앞의 논문, 181~182쪽.

달리 杖 100을 내린 것은 이 사건과 관련하여 보다 주도적이며 적극적인 일을 하였다고 볼 수 있을 것이다.

여기서 실지도사가 참여하고 있는 이유가 무엇이었는가 하는 점이 의문이다. 연구자의 대체적인 견해는 거벌모라는 이 비가 발견된 봉평지역일 것으로 파악하고 있다.31) 그러나 실지도사가 여기에 나오는 것은 거벌모라 인근에 있는 지방관으로서 이 사건을 판단하고 의식을 주관하는 주관자의 한 사람으로서 역할을 하였기 때문일 것이다.

신라의 道使는 지방의 행정성촌에 파견된 지방관으로서 그 의미가 시대에 따라 다소 변하기는 하지만 6세기 초반의 도사는 거점지역을 중심으로 주변의 城村을 관할하고 있었다고 보는 것이 타당할 듯하다.32) 남미지촌과 아대혜촌, 갈시조촌 등은 거벌모라도사가 관할하는 촌락으로 생각되지만, 실지도사의 관할 하에 있는 촌이 있을 수도 있다. 이 사건은 그 전말이 불확실하기는 하지만 거벌모라 및 남미지촌 출신을 중심으로 하여 몇 개의 촌락민들이 일으킨 것이다. 따라서 신라 6부는 사건의 주모자들에 대해서 장형을 내렸던 것이다. 따라서 장형의 대상은 居伐牟羅 尼牟利一伐 이하 阿大兮村使人 奈尒利, 葛尸條村使人 奈△利△尺 南彌只村使人 △△, 於卽斤利가 해당된다고 하겠다.

---

30) 李成市,「蔚珍鳳坪新羅碑の基礎的硏究」『古代東アジアの民族と國家』, 岩波書店, 1998, 142~143쪽. 여기서도 장형의 대상으로 居伐牟羅 尼牟利로부터 於卽斤利까지로 보고 있다.
31) 봉평비는 울진군 죽변면 봉평 2리 118번지에서 발견되었다(趙由典,「蔚珍鳳坪新羅碑의 位置確認 發掘調査」『韓國古代史硏究』2, 1989, 7쪽).
32) 朱甫暾, 앞의 박사학위논문, 58~68쪽.

2) '共値 五'의 의미와 3등호제

大奴村에 부과된 '共値 五'는 거벌모라촌에서 일어난 사건으로 인하여 그 지역에 대해 부과된 부담이라고 볼 수 있다. 그렇다면 그 부담이 무엇인지 단정할 수는 없지만 이 지역 전체의 공동책임으로서 지역민이 공동으로 부담해야 할 내용일 것으로 생각된다. 아울러 부담 방식은 당시 촌락의 규모와 부담 능력을 반영하여 부과되었을 것으로 여겨진다. 신라촌락문서에 보이는 計烟이 촌락의 규모와 부담능력을 반영하여 각 촌락이 져야 할 부담을 나타내는 수치라는 점을 고려한다면,[33] '共値 五'는 그 의미나 수치의 크기로 볼 때 計烟과 비슷한 성격을 가지고 있다고 생각된다. 따라서 계연과 共値는 그 관련성과 차이점이 검토되어야 할 것이다.

참고로 신라촌락문서에서 보여주고 있는 계연의 크기는 각 촌락의 村勢를 반영하는 호등제와 밀접한 상관성을 살필 수 있다.

<표 1> 각 촌락별 計烟數

戶等 \ 計烟	A촌 4 余分 3	B촌 4 余分 2	C촌 ?	D촌 1 余分 5
仲下	4	1		
下上	2	2		
下仲	0	5	1	1
下下	5	6	6	9

<표 1>에서 보듯이 상위 호등이 많은 촌락일수록 계연의 크기가 크며, 하위 호등이 많은 촌락은 계연의 수치가 작아짐을 살필 수 있다. 내부적으로는 水田이 旱田보다 호등 평가에 있어서 우위를 차지하고

---

33) 李泰鎭,「新羅 統一期의 村落의 支配와 孔烟」『韓國社會史硏究』, 지식산업사, 1986, 42～53쪽.

있다.34) 통일신라 호등제의 기준은 人丁의 多寡에 의한 것이라는 견해가 제기된 이래,35) 최근에는 토지소유규모가 戶等의 기준이 된다는 견해가 제기되었고,36) 한편으로 토지와 인정의 결합에 의한 농업경영규모가 그 기준이 된다는 견해도 나타나게 되었다.37) 최근에는 토지가 호등 평가에 있어서 상당히 중요한 요소라는 쪽으로 논의가 모아지는 듯하다. 어쨌든 계연은 村勢를 반영하는 것이며, 상위 호등의 수가 많을수록 계연의 크기는 커질 것이다. 이는 당시 사회가 사유재산에 기초한 호의 분화상태가 뚜렷함을 보여주는 것이며, 바로 그 사회의 발전 정도를 반영하는 것이다. '共値 五'의 의미도 촌세를 반영한 수취의 기준수로 볼 수 있다면, 이는 신라촌락문서에서 가장 부유한 촌락인 A촌을 능가하는 촌세를 가진 촌락일 것이라는 가정이 성립한다. 그러나 8세기 단계의 신라촌락문서를 6세기 초반의 봉평비와 동일한 선상에서 비교하기는 어려울 것이다. 아울러 대노촌에 부과된 '共値 五'의 수취는 형벌적 의미도 내포하고 있기 때문에 해당 촌락의 부담능력을 초과했을 수도 있다. 한편 수취의 기준이 달랐을 가능성도 있다. 6세기 신라사회에서 村勢를 반영하는 중요한 요소는 무엇일까.

　6세기 단계는 고구려의 수취규정에서 보듯이 인두세적 수취의 경향이 매우 강했다. 따라서 당시는 노동력의 소유 정도가 빈부의 차이를 나타냈으며, 이는 신라도 예외는 아니라고 본다. 즉 신라 중고기 貧富의 차이는 노동력의 소유 차이에서 구할 수 있다.

　6~7세기 신라사회의 변화는 여러 측면에서 나타나지만 무엇보다도 율령의 반포로 대표되는 국가의 일원적인 지배체제가 정착되어 가면

---

34) 金琪燮,「新羅 統一期의 戶等制와 孔烟」『釜大史學』17, 1993, 116~120쪽.
35) 旗田巍,「新羅の村落」『朝鮮中世社會史의 硏究』, 法政大學出版局, 1972.
36) 李仁哲,「新羅 統一期의 村落支配와 計烟」『韓國史硏究』54, 1986.
37) 金琪燮, 앞의 논문, 1993.

서 국가지배의 기초단위인 개별호의 독자성이 나타나기 시작한다는 점일 것이다. 이와 관련하여 당시 묘제의 변화는 매우 주목해보아야 할 부분이다.38) 그러나 이들 개별호가 공동체로부터 개별적 독자성을 가지고 존재한다기 보다는 공동체를 매개로 하여 공동체내의 질서 속에 존재하였다고 생각된다. 특히 6세기초 신라에 복속되어 가는 주변 촌락에서 촌락 내부의 계층적 분화는 이미 인정할 수 있을 것이다. 그리고 복속 촌락 전체를 노인촌으로 편제하여 공동체적 수취를 한다는 사실은 복속이라고 하는 특수한 경우를 인정한다고 하더라도 각 촌락을 수취의 단위로 편제하면서 공동체적 질서를 일정하게 인정한다는 사실을 반영하는 것이다.

이러한 과정에서 각 촌락 戶等의 구성을 바탕으로 한 村勢의 크기가 차별화되고, 그에 기초한 촌별 차등 수취가 가능하였을 것이다. 앞의 『隋書』나 『周書』에서 보이는 호의 분화와 그것을 반영한 戶租의 등장은 이러한 역사적 과정을 반영하고 있다고 하겠다. 그렇다면 앞에서 '共値 五'의 의미는 계연과 관련하여 볼 때 촌세를 반영한 각 촌락의 수세액을 반영하는 수치이며, 그것은 인정수에 의거한 차이를 반영하고 있다고 보아야 할 것이다. 그것은 戶租의 차이가 적다는 점에서도 토지의 중요성이 상대적으로 낮으며, 토지생산성보다는 노동생산성이 보다 더 중요하였음을 반영하는 것이다.

그렇다면 '共値 五'의 의미는 인정수를 반영하여 재검토할 필요가 있을 것이다. 삼국의 조세제도에 관한 구체적인 내용은 정확하게 무엇이라고 말할 수 없으나 아마도 삼국의 율령에 반영되어 있었을 것이

---

38) 洪潽植, 「古墳文化를 통해 본 6~7세기대의 사회변화」, 『한국고대사논총』 7, 1995, 165~181쪽. 여기서 목곽→수혈식석곽→횡구식석실이라는 묘제의 변화와 더불어 집단의 분화현상(家로의 분화)이 나타난다고 본 것은 6~7세기 사회변화의 중요한 부분을 지적한 것이다.

다. 그렇다면 앞의 『周書』나 『隋書』의 내용은 율령에 있는 조세수취의 내용을 반영한 것이라고 봄이 타당할 것이다.

4~6세기 농업생산력의 발전은 철제농기구의 보급, 우경의 보급, 수리관개시설의 축조와 확대 등으로 인하여 상당한 변화를 일으키고 있었다.[39] 이러한 농업생산력의 발전으로 당시 사회구조의 기본적 틀이었던 읍락공동체는 해체되어 갔고, 한편으로 국가의 지배력이 지방사회에까지 파급되었다. 특히 신라사회는 국가적 성장과 함께 영역의 확대를 도모하면서 일반농민층을 국가의 公民으로 파악해가는 작업을 병행해갔다. 이를 상징적으로 보여주는 사실이 律令의 반포라고 할 수 있다.

6세기대 가야의 사실을 전하고 있는 『일본서기』의 기록에도 "都怒我阿羅斯等이 黃牛에 田器를 달고 田舍로 갔다"는 사실을 묘사하고 있다.[40] 여기서 田舍는 단순한 시골의 의미도 있겠지만, 개간과 관련된 농막의 의미도 있지 않을까 한다. 수리시설의 축조 및 확대는 토지의 개간 및 농경지의 확대와 밀접한 관계를 가지고 있다고 생각된다. 특히 법흥왕 18년(531)에는 전국적으로 제방을 수리하라는 지시가 있는 것으로 보아, 신라는 율령 반포 이후 토지개간과 수리시설의 확대를 도모하는 가운데 소농민의 안정화를 추구해갔음을 알 수 있다.

영천 청제비는 수리시설을 축조하고 세운 비로서 대체로 법흥왕 26년에 세운 것으로 추정하고 있는데, 법흥왕 18년의 제방수리 지시와 밀접한 관련을 가지는 것으로 생각된다.[41] 이 비에 의하면 京位를 가

---

39) 전덕재, 「4~6세기 농업생산력의 발달과 사회변동」 『역사와 현실』 4, 1990 ; 『한국고대사회경제사』, 태학사, 2006.
40) 『日本書紀』 권6, 垂仁天皇 2년 10월.
41) 이와는 달리 그 이전의 시기로 소급될 것으로 보는 견해도 있다(金昌鎬, 「新羅中古期 金石文의 人名表記(Ⅱ)」 『歷史敎育論集』 4, 1983 ; 李宇泰, 「永川 菁堤碑를 통해 본 菁堤의 築造와 修治」 『邊太燮博士華甲紀念史學論叢』,

지고 있는 啄部 소속의 使人들이 중심이 되어 지방세력의 도움을 받아 作人 7,000인을 동원하여 청제를 축조한 것으로 되어 있다. 이와 관련하여 작인 7,000인을 280개조로 나누어 1개조가 25명으로 구성되었으며,42) 25명을 단위로 하여 280개 지역에서 징발했을 것으로 보는 견해는 시사하는 바가 크다.43)

이러한 과정에서 가장 중요한 것은 국가가 필요로 하는 노동력을 확보할 수 있는 장치의 마련이라고 할 수 있다. 즉 당시의 역역동원방식은 국가의 체계적인 제도적 장치가 없으면 불가능했을 것이다. 여기서 신라의 율령이 갖는 또 다른 일면이 있었을 것이다. 즉 역역동원과 관련한 나름대로의 징발원칙이 있었을 것이며,44) 그것은 각 촌락의 규모를 반영한 계산방식이 아닐까 생각한다. 앞에서 살펴보았던 '共值 五'는 이와 관련하여 계연의 기원을 복구할 수 있는 단서라고 볼 수 있다.

이와 관련하여 신라촌락문서에서 '기본수 1'의 의미를 음미해보아야 할 것이다. 원래 '기본수 1'에 해당하는 仲上烟의 구성은 6丁의 노동구성으로 18結을 경작하는 농업경영규모를 가지고 있는 호라고 판단된다. 그러나 실질적인 호의 구성은 노동력을 보강하는 丁女, 牛馬, 奴婢 등에 따라서 유동적이었다. 신라에서 계연이라는 수치를 마련할 당시, 人丁과 土地의 결합인 농업경영규모를 파악하는 것이 각 호등의 경제적 능력을 판단하는 데 중요한 의미를 가지고 있었다. 여기에는 토지

1985).
42) 吳星,「永川 菁堤碑 丙辰名에 대한 再檢討」『歷史學報』79, 1978, 177쪽.
43) 李宇泰, 앞의 논문, 1985, 110~115쪽.
44) 慈悲麻立干 11년(468) 9월에 何瑟羅人 15세 이상을 징발하여 泥河에 축성하였다는 기사(『三國史記』권3), 炤知麻立干 8년(486) 一善界의 丁夫 3,000인을 징발하여 三年, 屈山의 두 성을 고쳐 쌓았다는 기사(『三國史記』권3)를 통해 보듯이, 이미 5세기대에 연령을 기준으로 한 역역징발의 사례를 확인할 수 있다. 이 사실은 율령이 만들어진 이후 시기의 역역동원의 방식을 이해하는 데에 시사하는 바가 크다.

의 사적소유가 상당히 진전하였고 토지소유규모가 빈부의 차이를 가늠하는 중요한 변수로 기능하고 있었다는 의미가 내포되어 있다.

그러나 신라 중고기 빈부의 차이는 노동력의 차이에서 구해진다는 사실을 앞에서 언급하였다. 따라서 '共値 1'의 의미는 6丁을 분모로 하여 6丁의 노동력을 力役에 제공할 수 있는 자연호를 상정하였으며, 6丁의 역역노동력에는 경작노동력은 포함되지 않는다고 생각된다. 여기서 共値의 경우, 6丁을 분모로 한다는 점에서 신라촌락문서의 계연과 공통점을 가진다. 그러나 토지보다는 노동력이 중심이 되는 신라 중고기의 특성상 분자에 토지가 아니라 노동력이 놓여진다는 점에서 계연의 기본수와 차이를 보인다. 따라서 통일신라의 중상연에 해당하는 중고기의 호는 실질적으로 경작노동력 외에 역역부담노동력 6丁을 가지고 있는 富戶가 되는 셈이다. 여기에 '기본수 1'이 가지고 있는 본래의 의미가 있다고 할 수 있다. 즉 기본수 1의 의미에는 노동력의 보유규모가 호의 부를 가늠하는 중요한 변수가 됨을 반영하고 있다고 할 수 있다. 아래의 표는 호등에 따라 예상되는 호의 규모를 상정해 본 것이다.[45]

<표 2> 호등별 호의 예상 규모

戶等	기본수	소유토지(결)	예상口數	丁・丁女數	역역부담(丁)
중상	6/6	24~26	17~19	5・7	6
중중	5/6	21~23	14~16	4・6	5
중하	4/6	18~20	11~13	3・5	4
하상	3/6	15~17	8~10	2・4	3
하중	2/6	12~14	5~7	1・3	2
하하	1/6	9~11	11~15	3・3	1

<표 2>에서 보듯이 '기본수 1'에 해당하는 중상연의 구성은 그에

---

45) 金琪燮, 앞의 논문, 1993, 122쪽.

상응하는 丁·丁女數와 口數 및 토지를 가지고 있는 호임을 알 수 있다. 이러한 구성은 통일신라 단계의 모델로서 신라 중고기와 동일할 수는 없다. 6세기를 전후로 한 시기에 이미 농업생산력의 발전이 국가 경영의 주요한 과제였던 만큼 각 개별가호의 토지소유규모에 대한 파악도 중요하였겠지만, 개간의 필요성이 증대되고 전쟁이 끊임없이 일어나며 국가에서 필요로 하는 力役동원이 계속되었기 때문에 노동력의 확보는 일차적인 과제였다고 생각된다. 따라서 6세기초 당시에는 인정이 보다 큰 의미를 가지고 있는 관계로 '기본수 1=共値 1'은 6정의 역역을 부담할 수 있는 호라는 의미가 보다 컸을 것이다.

그렇다면 共値의 의미는 한 촌락이 공동으로 부담할 수 있는 노동력의 크기이며, 그것은 곧 다른 방식으로 환산될 수 있는 수치였을 것이다. 즉 '共値 五'는 5×6丁=30丁의 노동력을 부담해야 함을 의미하는 것이라고 생각된다. 이를 인두세적 의미를 가지고 있는 고구려의 수세규정에 준하여 계산해보면 거벌모라촌에 부과된 '共値 五'의 수세액은 稅布 150필, 穀 150석에 해당한다. 원래 共値는 각 촌락에 대한 공동부담의 의미를 가지고 있는 것으로, 각 촌락의 부담능력을 감안한 개념이지만, 앞서 大奴村의 경우처럼 형벌적 의미를 동반하여 나타나기도 하였다.

통일신라의 9등호제와 달리 중고기 신라의 호등제가 어떻게 운영되었는지 알 수 없지만, 고구려의 예에 비추어 보아 3등호제였을 것이라고 생각된다. 신라 중고기의 3등호제가 호의 경제적 분화와 함께 통일기에는 9등호제로 세분되어갔을 것이다. 신라의 3등호제를 上戶·中戶·下戶로 나누어 볼 수 있다면, 이들 3등호는 어떠한 구성을 하고 있었을까. 필자의 생각으로는 통일신라의 9등호제에서 유추하는 것이 가장 합리적이라고 생각되며, 앞서 제시한 <표 2>에서처럼 각 호의 역역부담능력이 기본적으로 감안되었을 것이다. 또한 신라촌락문서의 기본수 1 이상의 호, 즉 上下烟 이상의 호는 사실상 신라 중고기의 호등의 산정에서는 존재하지 않았을 것으로 판단된다. 여러 가지 이유가 있겠지만 사실상 이들 戶는 골품제와 관등제에 의해 대우받는 신분층으로서 역역부담의 대상에서 제외되었을 가능성이 많았다고 판단된다. 이러한 점을 고려하여 표를 작성한다면 다음과 같을 것이다.

<표 3> 호등별 예상 구수 및 역역부담

戶等	기본수(共値)	口數	역역부담(丁)
上 戶	1~5/6	14~19	5~6
中 戶	4/6~3/6	8~13	3~4
下 戶	2/6~1/6	2~7	1~2

<표 3>에서 보듯이 上戶는 뒤에 仲上烟·仲仲烟으로 분화되는 호로서 14~19인의 가족 구성을 가진 자연호이며, 5~6丁의 역역부담의무를 가지고 있는 호일 것이다. 中戶는 8~13인의 가족 구성을 가지고 3~4丁의 역역부담의무를 가지고 있는 자연호로서 뒤에 仲下烟, 下上烟으로 분화되는 호일 것이다. 下戶는 2~7인의 가족 구성으로 1~2丁의 역역부담의무를 가지고 있는 자연호로서 뒤에 下仲烟·下下烟으로 분화되는 호라고 생각된다. 이들 개별호의 호등 구분은 각 호의 가족 구성과 역역부담능력에 따른 것이라고 생각되는데, 이는 人丁이 戶等의 구분에서 중요한 기준임을 의미하는 것이다.

신라촌락문서의 경우에서 유추해 볼 때 각 촌락의 호등 구성에서 上戶는 거의 없었을 것으로 판단되며, 약간의 中戶와 대부분의 下戶로 구성되어 있었다고 생각된다. 中戶 정도의 호등은 각 촌락에서 富戶에 해당되는 호일 것이며, 일반농민들은 대부분 하호로서 그 가운데에는 매우 열악한 농민층들도 포함되어 있었을 것으로 여겨진다.

역역부담능력에 따른 호등 구분의 필요성은 매우 일찍부터 있었을 것이나, 국가적 차원에서 제도화된 시기는 역시 율령의 제정 무렵이었을 것이다. 그 이전 시기에도 築城이나 築堤 등을 위한 역역동원이 있었던 것으로 볼 때 율령의 제정 이전부터 나름대로의 원칙이 있었을 것으로 생각된다. 그러나 그것은 국가적 법제로서 체계화된 것이라기보다는 기존의 촌락조직을 이용하여 공동체적 질서 속에서 이루어진 것이라고 할 수 있다. 그러나 6세기 이후 국가는 州郡城(村)制의 지배조직을 이용하여 각 촌락을 일정하게 파악하고 있었을 것이며, 촌주층을 통하여 각 촌락을 지배·감독하였을 것으로 생각된다.46)

남산신성비를 통해 축성을 위한 역역동원체계를 살펴보면서 각 성촌의 역역동원과정을 유추해보자. 이 비는 크게 세 부분으로 나누어져 있는데, 먼저 서약의 부분, 축성에 참여한 지방관, 기술자 등을 기록한 부분, 그리고 작업할당거리를 나타낸 부분으로 나눌 수 있다.47) 남산신성비를 통해서 볼 때 신성의 축조에 전국적인 역역동원이 이루어졌을 가능성을 살필 수 있으며, 세밀한 受作거리를 고려할 때 국가적 차원의 계획이 있었음을 추정할 수 있다.

남산신성비를 살펴보면 여기서도 어떠한 법에 따라 일이 진행되고 있음을 알 수 있다. 남산신성비 가운데 대체로 비문의 상태가 양호한 제 1, 2, 3비 및 9비를 살펴보면 비문의 첫 머리에 공통적으로 다음과 같은 서술로 시작되고 있다.

---

46) 이 단계의 지방지배체계에 관해서는 다소 견해의 차이가 존재한다. 특히 郡에 대한 지방관의 파견 여부와 郡治의 존재에 대한 입장은 연구자에 따라 상이한 입장이다. 다만 중고기의 군은 몇 개의 城·村으로 묶은 광역의 구역으로서, 별도의 郡名이 없이 중심적인 城·村名이 그대로 郡名으로 사용되었다는 점에서는 견해가 일치하고 있다(李銖勳, 『新羅中古期 村落支配研究』, 부산대 박사학위논문, 1994, 4~15쪽).
47) 韓國古代社會研究所 編, 『譯註 韓國古代金石文』 2권, 1992, 103~121쪽.

2-5) 辛亥年 二月卄六日 南山新城作節 如法以作 後三年崩破者 罪敎
事爲聞 敎令誓事之

위의 내용은 남산신성을 만들 때, 법에 따라 만든 후 3년 안에 붕괴
되면 죄로 다스림을 알려 맹세하게 하라는 의미이다. '南山新城作節如
法'의 구절에서 축성을 위한 역역동원과 관련하여 어떠한 법체계가 존
재했음을 알 수 있으며, 그것은 신라의 율령과 밀접한 관련을 가진 것
이라고 생각된다.[48] 여기에는 역역동원의 기준, 시기, 기간, 규모 등 역
역동원과 관련한 다양한 사항이 존재했을 것이라고 생각해 볼 수 있
다. 이는 앞서 봉평비에서 보이는 율령의 존재 및 '共値 五'와도 밀접
한 관련을 가지는 부분이며, 6세기 단계 신라사회의 수취체제와 관련
하여 많은 사실을 알려줄 수 있는 법이었을 것이다. 특히 신성비에서
나타나는 '受作'거리는 역역대상촌락의 규모, 즉 역역동원의 대상을 전
제로 한 작업할당이었을 것이라고 본다면 국가의 입장에서 대상촌락
을 일정하게 파악하고 있었을 것으로 생각된다.[49]

---

48) 법흥왕대의 율령은 형벌법으로서의 律과 교령법으로서의 令의 형식을 갖춘
성문법이었음을 인정할 수 있다는 지적은 적절하다고 하겠다(姜鳳龍,「三國
時期의 律令과 '民'의 存在形態」『韓國史硏究』78, 1992).
49) 金基興, 앞의 책, 84쪽 ; 하일식,「6세기 말 신라의 역역동원체제」『역사와 현
실』10호, 1993, 221~228쪽. 6세기대 신라의 역역동원체제를 7세기 후반 이
후의 力役制와 구분하여 중앙정부에 의한 역역의 징발은 복속의례적 성격을
가지고 군현의 재지지배질서에 의존하여 행하며, 이 단계에는 歲役처럼 全丁
을 대상으로 해서 매년 항상적으로 징발하는 제도는 없었다고 하여 6세기대
는 율령제적 지방지배기구와 力役法에 기초한 역역징발은 없었다고 보는 견
해도 있다(石上英一, 앞의 논문, 76~90쪽). 그러나 이는 봉평비나 적성비가
발견되기 이전의 견해로서 수정되어야 할 것이다. 즉 6세기대의 역역징발이
단순하게 재지지배질서를 이용했다거나, 복속의례적 성격만을 가졌다고는 할
수 없다. 봉평비 등에서 율령의 존재와 부속 법률로서 노인법이 존재했으며,
적성비에 연령에 따른 용어구분이 이루어져 있는 데에서 보듯이 법흥왕의 율

먼저 受作거리를 보면, 제1비에는 11步 3尺 8寸, 제2비에는 7步 4尺, 제3비에는 21步 1寸, 제9비에는 6步로 나타나고 있다. 이러한 수작거리의 차이는 기본적으로 동원인력 및 공사의 난이도에 따른 차이를 반영한다고 생각된다.50) 동원인력에는 기술자 집단과 단순노동자 집단 등으로 나눌 수 있을 것인데, 그것은 성촌의 역역부담능력을 감안하지 않으면 안되었을 것이다. 국가가 파악하는 기초단위는 城·村이며, 그것을 수행한 책임자는 城·村에 파견된 邏頭나 道使 등의 지방관들이었을 것이다.51) 이러한 지휘계통 속에서 국가는 각 성촌의 '共値' 액수를 정했을 것이다.

이러한 점을 고려하면 신라촌락문서에 보이는 計烟은 신라 중고기 각 촌락의 수취부담능력, 특히 역역부담능력을 감안하여 국가적 차원에서 정한 '共値'에 그 기원을 두고 있다고 생각된다. 이후 농업생산력의 발전에 따라 토지의 중요성이 높아지면서 토지에 대한 수취의 필요성이 증대되게 되고 호등 산정에 토지의 비중이 보다 중요한 요소로 자리잡게 되면서, 계연은 각 호등의 농업경영규모를 감안한 수취의 기준으로 기능하게 되었다.

    령 반포 이후 신라사회는 율령에 기초한 지배질서의 구축과 역역징발이 이루어졌다고 보아야 할 것이다. 다만 기존의 재지지배질서를 무시한 채 일방적인 역역징발은 곤란했을 것이다.
50) 李銖勳, 앞의 박사학위논문, 196쪽.
51) 실지로 제1비에 나타나는 공사책임자인 지방관은 阿良邏頭, 奴含道使, 營坫道使 등, 제2비에는 阿且兮村道使, 仇利城道使, 답대지촌도사 등, 제3비에는 啄部의 部監, 제4비에는 △△邏頭 등, 제5비에는 △△道使 등이다. 이들 지방관은 해당구간에 대한 지휘책임을 맡았을 것으로 여겨지며, 역역동원에 있어서도 촌주 등 하부 지휘계통을 통하여 책임을 맡았을 것이다. 그러나 제9비에는 지방관이 보이지 않고 있다는 점에서 지방관이 역역동원에서 차지하는 역할에 대해 재검토해야 할 것이라고 보는 견해도 있다(朱甫暾,「南山新城의 構造와 南山新城碑」『新羅文化』 11·12합집, 1994).

3) 노인촌과 '共値 五'의 관계

노인에 대해서는 몇 가지 견해가 있으나 대체적으로 신라의 국가적 팽창과 관련하여 그 의미를 살피고 있다.[52] 노인촌을 신라에 대한 집단적 예속민으로 보든, 육부에 소속된 특수한 지방민으로 보든, 이 노인촌은 신라에 복속된 지방민으로서 노인법의 규정을 받는 예속적 집단인 것은 분명한 것 같다.[53] 노인법은 아마도 노인촌에 관한 포괄적 법 규정이었을 것이다. 봉평비에서는 노인촌인 대노촌에 대해 공동부담으로 여겨지는 '共値 五'라는 부담을 지웠다.

앞서 언급한대로 '기본수 1'='共値 1'은 6丁의 역역을 부담할 수 있는 능력을 나타내는 수치임을 의미하는 것으로서 '負共値五'는 30丁의 노동력을 공동으로 부담해야 함을 의미하는 것이라고 할 수 있다. 즉 대노촌은 30丁의 노동력이나 그에 상응하는 대가를 치러야 함을 의미하였다. 이 부담은 기본적으로 촌락 전체의 공동 부담으로서 당시 촌락의 규모와 부담 능력을 반영하여 부과되었을 것으로 생각할 수 있다.

그렇다면 당시 촌락의 규모와 관련하여 유추할 수 있는 촌락의 존재양태는 어떻게 볼 수 있을까. 大奴村의 字意에서 보아 中奴村·小奴村의 존재도 예상해 볼 수 있다. 사실 본 비문에 보이는 '其餘事種種奴人法' 가운데에서 '其餘' 부분은 대노촌 외에 노인법의 적용을 받는 다른 촌락이 있으며, '種種奴人法'은 여러 가지 노인법이 존재했음을 암시한다. 이는 촌락의 규모에 따라 중노촌·소노촌이 있으며, 중노

---

[52] 奴人은 새로이 신라의 영토로 편입된 지방민으로서 국가는 이들을 집단적으로 지배하기 위해 국역을 부담시켰던 것으로 보거나(朱甫暾, 앞의 논문, 1989, 117~121쪽), 노인은 六部에 직접 예속되어 육부민에게 공납이나 노역을 제공해야 하는 특수한 지방민으로 보기도 한다(李文基, 앞의 논문, 140쪽).

[53] 全德在, 『新羅六部體制硏究』, 一潮閣, 1996, 89~90쪽.

촌·소노촌은 그에 상응하는 노인법의 적용을 받았을 것임을 의미한다. 이와 관련하여 노인촌의 규모에 따라 부담액이 결정되었다고 보는 견해도 있다.54) 위의 별교령에서 보아 거벌모라촌과 남미지촌은 대노촌이며, '其餘'는 사건에 연루된 촌으로, 이 가운데 중노촌·소노촌에 해당하는 촌이 있었을 가능성이 있다. 따라서 당시 노인촌은 촌락의 규모에 따라 대노촌·중노촌·소노촌의 구분이 있었으며, 그에 따라 노인법에 의해 규정된 공납액이 일정하게 정해져 있었을 가능성이 높다고 생각한다.55)

그렇다면 대노촌의 경우에는 왜 '共値 五'를 부담시켰을까. 이는 이 비문의 별교령이 제시하고 있다. 대노촌으로 여겨지는 거벌모라와 남미지는 비문에서 보이는 사건에 연루되어 그에 대한 벌칙으로 '共値 五'에 해당하는 부담을 시켰다고 보는 것이 타당할 것 같다.

그렇다면 대노촌과 '共値 五'는 어떤 관련을 가지고 있을까. 이와 관련하여 주목해 볼 부분이 이 비문의 마지막 문장이다.

2-6) 居伐牟羅 異知巴下干支 辛日智一尺 世中子(率?)三百九十八

---

54) 崔光植, 앞의 책, 260쪽.
55) 朱甫暾은 '大奴村負共値五'의 부분에서 '共'이란 '함께'라는 의미를 가지고 있다는 점에서 '五를 함께 부담한다'는 의미이며, 대노촌은 1개의 촌락이 아니라 복수였음을 알 수 있다고 한다. 또한 다른 노인촌과는 달리 대노촌은 노인법의 규정을 받지 않고 특별 취급을 받은 것으로 설명하고 있다(앞의 박사학위논문, 130~133쪽). 그러나 대노촌뿐 아니라 다른 촌도 몇 개의 자연촌락으로 이루어졌을 가능성이 높으며, 특히 대노촌은 중심촌을 중심으로 몇 개의 촌락으로 구성되었을 것으로 여겨진다. 또한 대노촌이 노인법의 규정을 받지 않았다기보다는 봉평비의 경우에 특정 사건으로 인해 '共値 五'를 부담시킨 것이며, 일반적으로는 노인법의 적용을 받았을 것으로 보는 것이 타당할 것이다.

여기서 거벌모라의 이지파와 신일지는 비 건립의 책임자이며 다른 사람은 실질적인 일의 수행자로 보는 견해56)와 '世中子' 이하는 거벌모라에서 노인의 의무를 부담해야 하는 사람이며 이지파와 신일지는 그 책임자로 보는 견해57)가 있다. 최광식은 '世中'을 '모두'라는 의미로 해석하고 '子'를 '率'로 보는 반면, 이문기는 '世中子'를 '한해 동안 의무부담자'로 해석한다. 그러나 필자는 자구 판독의 경우 '世中子'가 맞다고 생각하며, 그것은 이 비를 건립하는데 참여한 참여자수를 의미한다고 생각한다.58) 즉 '世中子'는 '世帶 가운데의 사람'이며, 이는 당시에 役의 의무부담자인 '丁'이나 그에 상응하는 자를 의미하는 것이라고 판단된다.59) 다만 이 사람들이 거벌모라 지역의 모든 역 의무부담자를 의미하는 것인지, 그 중의 일부로서 연인원을 의미하는 것인지는 분명치 않다. 이와 관련해서는 신라촌락문서에서 나타나는 촌락의 규모와 계연의 수치 및 그 속에 나타나는 '丁'수를 비교해 봄으로써 막연하지만 그 내용을 어렴풋이 짐작할 수 있을 것 같다.

아래 <표 4>는 신라촌락문서의 丁·丁女의 수를 살펴본 것이다. 표에서 보이는 바와 같이 각 촌락의 丁數는 19~32명이며 정녀수는 16~47명에 이른다. 정·정녀수의 합은 35~79명으로 이 비문에서 나타

---

56) 崔光植, 앞의 책, 263~266쪽.
57) 李文基, 앞의 논문, 151~153쪽.
58) 필자가 직접 봉평비를 판독한 바에 의하면 이는 '子'가 분명하였다. '子'의 자획에서 윗 부분이 짧게, 그리고 아래로 내려가는 부분이 다소 길게 휘어지면서 맨 아래쪽의 삐침이 분명하게 나타났고, 一字형의 옆으로 그은 획이 다소 길게 느껴졌으나 '子'로 보는 것이 타당하다고 판단된다.
59) 여기서 '世中子'를 '世中卒'로 보고 '그때에 인솔된 398인'라고 해석하기도 한다(李成市, 앞의 책, 149~150쪽). 어쨌든 이 구절을 이지파, 신일지에 의해 인솔되는 거벌모라의 民 398인이라고 보는 점은 대동소이하다고 하겠다. '子'의 사전적 의미는 일반적으로 '아들 자'로 통용되지만 '丈夫'라는 의미도 가지고 있다. 여기서 丈夫는 '丁'에 해당한다고 볼 수 있을 것이다.

나는 역부담자 398명에 훨씬 미치지 못함을 알 수 있다. 助子·助女子 까지를 포함하더라도 마찬가지 결과가 나타난다. 각 촌락의 전체 인구 수도 A촌이 147명으로 가장 많다.

<표 4> 각 촌락의 인구수

	A촌	B촌	C촌	D촌
丁	29	32	19	19
丁女	42	47	16	38
助子	7	5	2	9
助女子	11	4	4	4
전체人數	147	125	62	118
計烟	4…3	4…2	(1…2)	1…5

그렇다면 '世中子' 398명은 한 촌락의 역부담자로 보기에는 그 수가 대단히 많다고 생각되며, 거벌모라를 중심으로 한 여러 촌의 역역부담 자를 합친 수이거나, 혹은 연인원으로 보는 것이 사실에 가까운 것이 아닐까 생각된다. 그러나 비를 세우는 일은 築城이나 築堤에 비하면 큰 규모의 사업이 아니며, 거벌모라는 道使가 파견되어 있는 중심촌으로서, 봉평비는 거벌모라도사의 지배 아래에 있는 여러 촌락에서 역역을 동원하여 비를 세웠을 가능성이 컸으리라 생각된다.

통일신라 계연의 수치는 호등의 등급을 반영한 수치인만큼 봉평비의 共値와 직접적으로 비교하기는 곤란하지만 전체 인구수와 전혀 무관한 것은 아니기 때문에 어느 정도의 상관성은 살필 수 있을 것이다. 여기서 D촌의 경우와는 달리 A, B, C촌은 인구수와 계연이 다소 비례성을 가지고 있음을 살필 수 있는데, 이는 각 촌락의 인구 규모가 계연의 수치를 결정하는데 일정한 관련을 가지고 있음을 의미한다. 그렇다면 '共値五'를 부담하는 대노촌은 계연과의 상관성을 고려할 때 A, B촌에 상응하는 인구 규모를 가진 촌락일 가능성이 있다.

그러나 신라촌락문서 단계와 봉평비 단계는 시기적으로 차이가 날 뿐 아니라 부담 내용에 차이가 있으므로 동일선상에서 비교할 수 없다. 共値 五=30丁의 노동력을 제공해야 한다는 점과 A, B촌의 丁의 비율을 고려해 볼 때, 대노촌의 실질적 인구는 A, B촌보다 훨씬 많았을 것이라고 판단할 수 있다.60) 그러나 대노촌에 부과된 '共値 五'의 부담은 형벌적 의미를 담고 있어서 부담능력의 상한일 가능성을 고려해야 할 것이다. 그렇다면 대노촌의 인구는 A, B촌의 인구수를 최저로 하여 2배 정도의 인구는 되어야 30정의 노동력을 제공할 수 있을 것으로 여겨진다.

이와 관련하여 丹陽 赤城碑는 중요한 시사를 준다. 적성비가 만들어진 시기는 논자에 따라 다소 차이가 있으나 대체로 6세기 중엽(545~550년 전후)으로 보고 있다. 시기적으로 볼 때 봉평비보다 다소 뒤지지만 그렇게 차이가 나는 것은 아니다. 전체적으로 이 비는 왕명을 받아 출정한 伊史夫를 비롯한 여러 명의 장군이 고구려 지역이었던 적성을 공략하고 난 후, 그들을 도와 공을 세웠던 적성 출신의 也尒次와 그와 관계가 있던 인물들을 포상하고 이를 증명할 뿐만 아니라, 나아가 적성 지방민을 위무할 목적에서 세운 비로 추정된다.61)

2-7) △△△△月中 王教事大衆等 (중략) 節教事 赤城也尒次 △△△△ 中作善△懷懃力使死人 是以後其妻三△△△△△△△△△△許利

---

60) A촌 丁의 비율은 전체 인구의 19.7%, B촌은 25.6%, C촌은 30.6%, D촌은 16.1%라는 점을 고려하면, 30丁의 역역인원을 내기 위해서는 경작노동력 및 疫疾者 등을 제외하고 각 촌락에 30丁의 2배 정도의 丁이 있어야 할 것이다. 丁의 비율이 촌락평균 20% 정도로 잡으면, 대노촌의 인구는 300명 내외로 상정할 수 있다.

61) 韓國古代社會硏究所 편,「丹陽 赤城碑」『譯註 韓國古代金石文』2권, 1992, 34쪽 ; 朱甫暾,「丹陽新羅赤城碑의 再檢討」『慶北史學』8, 1984 ; 李宇泰, 「丹陽 新羅 赤城碑 建立의 背景」『泰東古典研究』8, 1992.

之 四年小女師文△△△△△△△△ 公兄鄒文村巴珎婁下干支 △
△△△△△△△ △(前)者更赤城烟去使之 後者公△△△△△△△
△異△耶 國法中分與 雖然伊△△△△△△△△子刀只小女烏礼
兮撰干支 △△△△△△△使法 赤城田舍法爲之

적성비 가운데에서도 특히 節敎事 이하의 부분은 적성 공략에 공을 세운 이에 대한 恩典의 내용을 서술한 부분이다. 위에서 보이는 赤城烟, 國法, 赤城 田舍法, 小子, 小女, 女 등의 단어들은 적성비를 이해하는 데에는 물론, 봉평비를 이해하는 데에도 몇 가지 점에서 시사를 준다. 먼저 "四年 소녀 師文 (중략) 前者는 다시 적성연으로 가게 한다"는 것은 어떠한 이유로 인해 본래 거주지였던 적성을 떠나 있다가 다시 적성으로 돌아가도록 한다는 의미로서, 적성에 있는 烟으로 다시 편제한다는 의미라고 생각된다. 이어서 나오는 문장인 "후자 公(이하)은 국법에는 나누지만"이라고 하여 적성연으로 가게 하여 편호하는 방법 외에 국법에 따라 나누는 방법이 있었음을 알 수 있다. 또한 법에 따라 적성 田舍法을 만들고 있음도 알 수 있다.

이러한 일련의 과정에서 볼 때, 이 비문은 원래 고구려 땅이었던 적성을 야이차 등의 도움을 받아 신라에 복속시킨 후, 공을 세운 이의 가족 등에게 은전을 내리는 내용을 담은 것이지만, 그 속에는 복속지에 대한 처리 절차규정이 존재했음을 살필 수 있다.[62] 여기서 보이는 적성연으로의 편호, 국법에 따른 구분, 전사법의 제정 등이 바로 그것이다.

---

62) 지금까지의 연구는 단양 신라적성비를 적성 공략에 공을 세운 이들에 대한 은전의 수여라는 점에 초점을 맞춘 관계로, 복속지로서의 적성에 대한 관심은 적었던 것 같다. 그러나 6세기 초중반 신라의 대외 팽창정책으로 볼 때, 복속지에 대한 처리문제는 경우에 따라서 다양한 방식이 있었을 것으로 유추된다. 적성비도 이러한 관점에서 새롭게 검토될 필요가 있으리라 생각된다.

봉평비와 비교하여 검토해 본다면 당시 복속지에 대한 규정은 여러 가지가 있었을 것으로 생각된다. 하나는 봉평비처럼 奴人法을 적용받는 복속지와 적성비처럼 田舍法의 규정을 받는 복속지 등이다.[63] 그 외에도 복속지의 성격에 따라 각각 적용되는 법이 달랐을 가능성이 있다. 비문의 성격과 관련하여 생각해 본다면 노인법의 적용을 받는 복속지는 봉평비에서 보는 것처럼 복속지로서 어떠한 잘못을 저지른 지역이거나, 복속 당시 강한 저항을 한 지역이 아닐까 생각된다. 한편 전사법의 적용을 받는 복속지는 적성처럼 야이차와 같은 출신 지역 인물이 복속에 공을 세운 지역이거나, 스스로 투항 등의 방법으로 온건하게 복속된 지역 등에 적용된 법이 아닐까하는 생각을 해 볼 수 있을 것이다. 이러한 측면에서 추정해 본다면 노인법이 어느 면에서 예속적 측면을 가지면서 공납제적 지배를 동반한 법제라고 한다면, 전사법은 그 지역의 민들에게 토지를 분여하여 농업생산을 하는 田舍農民으로서 편제하고 차후 조용조를 납부하도록 하는 법제일 것이라고 유추해 볼 수 있다.[64] 특히 이들은 전사법에 따라 어떤 특정인의 수조지로 편제되었을 수도 있을 것이다.

한편으로 小子, 小女, 女 등의 호칭으로 보아 적성비 단계에 이미

---

[63] 이우태는 노인법과 전사법을 법흥왕 7년에 발표한 율령의 일부라고 이해하고 있다(「蔚珍鳳坪新羅碑를 통해 본 新羅의 地方統治體制」, 『한국고대사연구』 2, 1989, 194쪽). 이러한 추정은 타당하다고 여겨진다.

[64] 중국의 경우에도 시기적으로 다소 앞서기는 하지만, 북위 왕조에 귀부해온 내속민들에게 토지와 택지를 지급하여 정착시키거나, 일반 군현민과 같이 편호하여 국가에 조세와 요역을 부담하는 白民으로 편제하기도 하였다(全永燮, 『北朝時期 下層身分秩序硏究』, 부산대 박사학위논문, 1998, 23~31쪽). 이와는 달리 '節敎事' 이후의 규정을 야이차의 처 및 그 가족에 대한 은전으로 파악하고, '赤城田舍法爲之'도 '△子刀只小女烏禮兮撰干支'에 대한 어떤 은전으로 보면서 토지나 호구에 대한 일정한 지배를 허용한 것이 아닐까라고 추정하는 견해도 있다(李宇泰, 앞의 논문, 1992, 35~36쪽).

연령구분에 의한 호칭이 있었음을 알 수 있다. 이러한 사실에서 신라 촌락문서처럼 6등급의 연령구분이 있었는지는 속단할 수 없지만, 가장 적은 연령인 小子, 小女의 호칭과 丁女에 해당된 것으로 보이는 女가 있었던 것으로 볼 때, 연령구분은 율령에 규정되어 있었을 것이라고 생각된다. 아울러 국가가 중요하게 파악하는 것은 무엇보다도 각 촌락에서 역을 부담할 수 있는 '丁'수가 기본일 것이라고 여겨진다.

이와 관련하여 『三國史記』 권48, 都彌列傳에 보이는 '編戶小民'의 용례는 당시의 민에 대한 지배방식과 관련하여 시사하는 바가 크다.

2-8) 都彌 百濟人也 雖編戶小民而頗知義理 其妻美麗亦有節行 爲時人所稱 蓋婁王聞之

이 사료는 기록상으로는 개루왕(128~165) 때의 사실로 되어 있으나, 실질적으로는 5세기 후반 개로왕 때일 것으로 파악하고 있다.[65] '編戶小民'은 '편호된 소민'이라는 의미로서 '編戶'는 '호적에 편제된 호'라는 의미이다. 그렇다면 이 시기 백제에는 호적이 존재했으며,[66] 일반민들을 호적에 편제하는 편호제가 존재했음을 의미한다. 일반민들을 호적에 편제한다는 것은 국가가 일반민을 지배의 기초인 公民으로 파악하고, 그를 기초로 국가경영을 해갔음을 의미한다. 즉 그들을 수취의 대상으로 파악하고, 조용조에 해당하는 수취와 軍役 등을 부과함으로써 국가경영의 기틀을 마련하였을 것이다. 그렇다면 여기에는 『隋書』 高麗傳에 보이는 收稅 규정과 같이 戶等에 따른 수세의 차별이 있었을 가능성이 높다고 생각된다. 당시의 호등은 人丁의 다소에 따른 구분이

---

65) 梁起錫, 「『三國史記』 都彌列傳小考」 『이원순교수화갑기념논총』, 1987, 4~5쪽.
66) 盧重國, 『百濟政治史硏究』, 一潮閣, 1988, 288~289쪽.

며 이를 기초로 인두세적 수취를 행했다고 하겠다.

한편 대노촌의 존재를 통해서 신라 중고기 촌락의 규모가 대·중·소로 나누어졌다고 본다면, 그 기준은 무엇보다도 그 村格을 반영하는 토지와 인정이라고 판단된다. 호등의 구분이 기본적으로 인정의 다소에 따른 것이라고 하더라도 그것은 노동력의 보유가 호등 구분의 중요한 기준이 된다는 의미이지, 호등 구분과 토지가 전혀 무관하다는 의미는 아니다.

이와 관련하여 『日本書紀』권11, 仁德 41년조의 다음 기록은 시사하는 바가 크다.

2-9) 遣紀角宿禰於百濟 始分國郡疆場 具錄鄉土所出

이 사료의 신뢰도에 관해서는 의심되는 바도 없지 않으나, 근래에 와서는 인덕 41년(근초고왕 8, 353)의 사실로서, 근초고왕대의 정복적 팽창활동으로 미루어 보아 근초고왕대 백제의 지방통치조직의 편제사실을 반영하는 것으로 파악하고 있다.[67] 지방편제와 아울러 각 지방의 소출을 모두 기록하게 했다는 사실은 수취를 위한 기초조사라 해도 과언이 아니다. '所出'의 개념에는 각 지역에서 생산되는 생산물의 종류와 양 등이 포함될 것으로 생각되며, 나름대로의 수취 기준을 마련하고 있었을 것으로 판단된다. 이 단계 수취의 기본단위는 城으로 파악되고 자연취락인 촌이 아직 수취의 대상이 되지 않았으며, 이는 촌의 미숙성과 읍락의 공동체적 성격과 관련을 가질 것으로 여겨진다. 백제사에서 4세기 중반대에 각 지방의 소출을 조사하고 5세기 후반대에는 호등제적 편제가 된 것으로 본다면 다소의 편차가 있을지 몰라도 6세

---

[67] 盧重國, 앞의 책, 234~235쪽 ; 梁起錫,「百濟의 稅制」『百濟硏究』18, 1987, 6~8쪽.

기 초반 신라의 봉평비를 이해하는 데 상당한 시사를 준다고 볼 수 있다.

한편 6세기 중반 昌寧 眞興王巡狩碑의 의미를 다시 한번 음미해 본다면 다소 막연하기는 하더라도 창녕의 진흥왕순수비가 가지는 또 다른 의미를 이해할 수 있으리라고 생각한다.[68] 여기서 나오는 단편적인 단어들과 전후 문맥을 검토해 본다면 창녕비는 土地, 山林, 田畓, 河川 등에 대한 국가관리의 방식 및 절차, 법을 어겼을 때의 처벌 등에 대한 율령의 규정을 재확인하는 내용이었을 가능성이 매우 높다고 생각된다. 그렇다면 신라가 창녕지역을 장악한 이후 下州를 설치하고 새로이 복속지에 대한 실태를 조사하여 율령에 따른 규정을 하였으리라는 점을 생각해 볼 수 있다. 이러한 과정은 6세기대 신라의 대외팽창과 지방지배의 체계화 과정이 상호 밀접한 관련을 가지고 있음을 말하는 것이다.

이렇게 본다면 중고기 신라는 지방의 촌락사회를 일정하게 파악하고 있음을 알 수 있고, 그것은 토지와 인정을 기초로 하되 인정이 중심이 된 수취의 기준이 마련되었음을 의미하는 것이라고 생각할 수 있다.[69] 6세기 초반 신라가 국가적 팽창을 지속적으로 추진하고 있었던 상황에서 국가의 지방에 대한 파악은 이전부터 성장해왔던 城·村을 중심으로 그곳에 지방관을 파견하여 국가의 직접적 관리지역으로 설정하였다. 새롭게 복속된 곳은 '奴人村'이라는 특별관리지역으로 묶어두었을 것이며, 이들 지역은 '奴人法'에 의거하여 관리되었다고 볼 수

---

68) 盧鏞弼, 「昌寧 眞興王巡狩碑 建立의 政治的 背景과 그 目的」, 『韓國史研究』 70, 1990, 42~49쪽. 여기서 창녕비는 토지, 산림 등 경제관계의 범법행위에 대한 처벌규정을 명시하고, 그 관련 업무의 실무 계통의 수립과 처벌 결정권의 소재를 밝혀주는 내용을 담고 있는 것으로 파악하고 있다. 이러한 이해는 창녕비가 가지고 있는 본래의 의미에 보다 근접한 해석으로 여겨진다.
69) 이인재, 「신라통일 전후기 조세제도의 변동」, 『역사와 현실』 4호, 1990.

있다. 특히 이들 지역에 대한 수취는 '共値'라는 명목의 공납제적 지배가 이루어졌다고 생각된다. 그러나 田舍法의 규정을 받는 촌락도 있었다는 사실에서 복속의 유형에 따라 율령에 따른 다양한 지배방식의 차이가 있었으리라 생각한다.

대노촌에 대하여 '共値 五'의 부담을 지운 것은 국가의 일방적인 명령이라기보다는 각 촌락의 부담능력에 대한 이해에 바탕을 둔 것이라고 보아야 할 것이다. 그러나 '共値 五'가 형벌적 의미를 가짐으로써 대노촌의 부담능력을 넘어섰다고 하더라도 각 촌락에 대한 이해가 없이는 불가능한 만큼, 남산신성비·적성비 등의 사례에 비추어 보아 대노촌에 대한 '共値 五'의 부담은 신라의 각 촌락에 대한 조사가 토대가 되었음을 의미한다고 볼 수 있다.

Ⅲ. 신라 통일기의 호등제

1. 結負制의 실시와 토지분급제의 전개

통일신라의 토지제도는 기본적으로 祿邑制, 官僚田制, 丁田制 등으로 구성되어 있다고 여겨진다. 각 토지의 성격은 차이가 나지만 각각의 제도가 제대로 시행되기 위해서는 그 기초로서 양전이 이루어지지 않으면 안 된다. 따라서 국가적 토지분급제 시행의 기초로서 양전제와 결부제에 관한 이해는 이 시기를 이해하는 데 있어서 중요한 관건이라고 할 수 있다.[1]

한국에서는 삼국시기부터 頃畝法이 사용되었다.[2] 중국의 경무법이

---

1) 통일신라의 토지제도와 관련하여 다음의 연구 및 연구사정리가 참고된다. 馬宗樂,「高麗時代 土地所有關係 硏究序說」『震檀學報』59, 1985 ; 安秉佑,「6~7세기 토지제도」『한국고대사논총』4, 1992 ; 남재우,「7·8세기 신라토지제도의 이해」『창원사학』1, 1993 ; 李喜寬,『統一新羅土地制度硏究』, 一潮閣, 1999 ; 李仁在,『新羅統一期土地制度硏究』, 연세대 박사학위논문, 1995 ; 李景植,『韓國 古代·中世初期 土地制度史』, 서울대 출판부, 2005.
2) 李宗峯,『韓國中世度量衡制硏究』, 혜안, 2001, 293~294쪽. 이우태는 삼국시기 頃畝가 쓰이기는 하였으나, 중국 경무제의 내용이 도입된 것은 아니라고 보기도 한다(「新羅의 量田制」『國史館論叢』37, 1992, 30~34쪽). 한편 박홍수는 周代의 古頃畝制가 문종 23년 전에 우리나라에 도입된 것으로 보기도 한다(「한국 고대의 量田法과 量田尺에 관한 연구」『한불연구』, 1974 ;『度量衡과 國樂論叢』, 1980).

사용되고 있던 시기에 그 이후 언젠가 결부제가 시행된 것은 아마도 경무법이 현실적 여건에 맞지 않은 측면이 있었기 때문으로 여겨진다. 당시 경무법의 절대면적을 그대로 이용하기에는 그 면적이 지나치게 넓었기 때문에 신라는 결부제의 도입을 통해서 경무법의 문제를 해결하려고 했을 가능성을 가지고 있다. 이와 관련하여 신라에서 結負가 사용되었음을 전하는 자료는 이미 알려져 있으며,[3] 또한 『經世遺表』의 내용은 시사하는 바가 크다.[4] 여기서 頃畝가 절대면적단위인데 반해서 結負는 상대면적단위였다는 점을 신라에서 어떻게 조화시킬 수 있었을까하는 점은 중요하게 검토되어야 할 부분이다.

　결부가 상대면적단위로서의 의미를 가지기 위해서는 그것을 위한 조건이 충족되어야 한다. 먼저 결부제의 가장 중요한 목적은 수세의 편의를 도모한다는 데 있다. 따라서 이를 위해서는 토지의 비옥도에 따른 전품의 구분과 그것을 위한 양전이 가능한 조건이 갖추어져야 한다. 양전이 지속적으로 진행되기 위해서는 휴한법이나 상경농법과 같이 토지에 대한 항상적 관리가 이루어지지 않으면 안된다. 그러나 高麗前期의 결부가 상대면적단위가 아니었다는 점이 명백한 만큼 고려 전기까지 結負가 절대면적으로 쓰여졌다는 점은 이견이 없다. 그렇다면 절대면적으로 쓰여진 결부는 경무와 어떠한 상관성을 가지고 있을까.

　이와 관련하여 최근의 연구성과에 의하면 경무의 면적과 결부의 면적은 절대면적이라는 점에서는 같으나 실제 면적은 차이가 있다는 쪽으로 의견이 모아지는 것 같다.[5] 어쨌든 결부제가 수용되면서 현실에

---

3) 이우태, 앞의 논문, 1992, 33~34쪽.
4) 『經世遺表』권6, 田制考 邦田議, "東京續志云 新羅田制 亦以十束爲一負 百負爲一結".
5) 본서 Ⅰ장 주 63) 참고.

맞는 절대면적이 책정되고 토지를 매개로 수취할 수 있는 조건이 만들어졌다는 것은 한국사의 발전에 있어서 하나의 획을 그을 수 있는 것이라 하겠다. 이는 두 가지 점에서 의미를 가진다. 하나는 삼국시기 농업생산력이 발전하면서 토지에 대한 항상적 관리가 이루어지고 따라서 토지를 매개로 한 수취의 조건이 갖추어졌다는 점, 또 하나는 양척동일제의 기초조건이 갖추어졌다는 점이다.

삼국시기 여러 방면에서 생산력 발전의 기초조건이 갖추어져 가면서 토지이용방식이 진일보하게 되는데 그것은 휴한농법의 정착에 기초한 것으로 판단된다.6) 수전의 비중이 높아져 가면서 수전에서 안정적인 세역전의 확보는 수세의 효율성을 위한 기초조건이라고 할 수 있다. 또한 한전의 경우는 연작의 가능성이 상당히 높았다고 판단된다. 그렇다면 이는 토지에 대한 수세의 가능성이 어느 때보다도 높아졌음을 의미한다. 이러한 조건이 갖추어지면서 양척동일제 시행의 가능성도 열리게 된 것이다. 양척동일제는 동일한 기준척으로 토지의 면적을 파악하고, 동일한 면적에 대해 수세를 차별화함으로써 수세의 형평성을 기하는 방식이다. 결부제라 하더라도 양척동일제하에서는 절대면적에 따른 수세의 차별화가 이루어질 수밖에 없으며, 양제에 상응하는 면적의 상정과 양전의 편리함을 도모하기 위하여 절대면적의 축소가 필수적이었다고 하겠다.

---

6) 李泰鎭,「畦田考」『韓國學報』10, 1978 ;「新羅統一期 村落支配와 孔烟」『韓國史研究』25, 1979/『韓國社會史研究』, 지식산업사, 1986 재수록 ; 金琪燮,「高麗前期 農民의 土地所有와 田柴科의 性格」『韓國史論』17, 1987 ;「新羅統一期 田莊의 經營과 農業技術」『新羅文化祭學術發表會論文集－新羅産業經濟의 新研究』13집, 1992 ; 李喜寬,「統一新羅時代의 烟受有田・畓과 그 耕營農民」『史學研究』50, 1995 ; 李賢惠,「한국 농업기술 발전의 諸時期」『韓國史時代區分論』, 한림과학원, 1995/『韓國 古代의 생산과 교역』, 一潮閣, 1998 재수록.

결부제의 시행은 수세를 목적으로 소유 토지에 대한 조사가 광범위하게 이루어졌음을 의미한다. 그 과정은 양전을 통해서 이루어졌으리라 생각되는 바, 『三國遺事』 권2, 紀異2, 南夫餘·後百濟조에 보이는 '所夫里郡田丁柱貼'의 예는 이와 관련하여 주목되어야 할 부분이다. 여기서 양전대장의 이름을 '소부리군전정주첩'이라고 적고 있다는 사실은 이 양전대장이 소부리군이라고 불렸던 8세기초의 것일 가능성이 크다.[7] 이런 방식의 양전대장은 田丁의 다소에 따라 통일신라의 읍격이 정해졌다는 사실과 관련을 시켜보아도 '양전대장=전정주첩'이라는 가능성은 어느 정도 상정될 수 있을 것 같다. 또한 『三國遺事』 권4, 義解5, 寶壤梨木조에 의하면 '柱貼'의 용례로, 淸道郡司籍에 고려 태조 26년 淸道郡界里審使 順英大乃末 水文 등의 주첩공문에 운문사의 四標가 기재되어 있었다는 사실에서 보아 '주첩'의 형식으로 만든 양전관련 공식문서가 일찍부터 존재하였음을 알 수 있다.

이와 관련하여 『拙藁千百』 최대감 묘지명에 인용된 최치원의 結에 대한 이해는 시사하는 바가 크다. 이는 頃畝와 結負의 관계를 분명하게 보여주는 것으로 양자가 서로 다른 면적체계임을 상징적으로 보여주는 것이라고 하겠다.

    3-1) 東俗 以五畝減百弓爲結 斛除一斗爲苫 文昌侯云 (『拙藁千百』 권
        2, 崔大監墓誌)

여기서 수·당 240$步^2$=1畝제로 계산하면 1결=5무(5×240$보^2$=1200$보^2$)-100(弓)$보^2$=1100$보^2$로서 고려 문종 23년 양전보수 方 33$步$=1089$보^2$=1결과 대동소이함을 알 수 있다. 이러한 사실은 기준척이 같다고 한다면 통일신라와 고려의 1결 면적은 거의 비슷함을 의미한다. 따라

---

7) 金琪燮, 앞의 논문, 1987, 132~133쪽.

서 양척동일제에서 1결의 절대면적은 통일신라와 고려가 비슷하며 이는 두 시기의 생산력적 조건이 비슷할 가능성을 보여주는 것이다.

　이처럼 절대면적을 축소한 결부제의 시행으로 통일신라사회는 다양한 제도를 실현할 기초조건을 확보하였다고 볼 수 있다. 신라의 결부제가 대략 문무왕대를 전후로 하여 법제화되었다고 본 견해는 이와 관련하여 시사하는 바가 크다.[8] 이 시기 결부제의 시행은 새로운 토지제도의 시행을 위한 기초조건이었다고 볼 수 있다. 그 중 하나는 신문왕 7년(687) 관료전제의 시행과 또 하나는 성덕왕 21년(722) 백성에 대한 丁田 지급 및 경덕왕 16년(757) 부활된 녹읍이다.

　먼저 통일신라 관료전제는 어떤 의미를 가지고 있으며, 토지분급제의 전개과정에서 어떻게 위치지을 수 있을까.

　3-2) 敎賜文虎官僚田有差 (『三國史記』 권8, 新羅本紀8, 神文王 7년 5월)

　위의 사료에서 문무 官僚田을 차등 있게 지급하였음을 전하는 점으로 보아, 관료전제의 시행 사실은 타당하다고 여겨진다. 그러나 신문왕의 敎 외에 관료전과 관련한 구체적 내용을 전하는 자료는 보이지 않는다. 다만 몇 가지 자료에서 그와 관련된 것으로 유추되는 토지지목을 발견할 수 있을 뿐이다. 따라서 관료전제 시행의 실현 가능성에 대해 의문을 제기할 수도 있으나,[9] 관료전제가 국가적 토지분급제라는 점을 부정할 필요는 없다.[10]

---

8) 李宇泰, 앞의 논문, 1992, 30~34쪽.
9) 이경식은 687년 관료에 대한 토지지급은 관료전이라기보다는 후대의 功勳田, 功臣田의 사급과 맥을 같이 하는 것으로서 일종의 賜田이라고 보고 있다(李景植, 「古代・中世 食邑制의 構造와 展開」『孫寶基博士停年紀念 韓國史學論叢』, 1988, 知識産業社 ; 「古代・中世初 經濟制度硏究의 動向과 '國史'敎科書의 서술」『歷史敎育』 45, 1989).

이와 관련하여 신라촌락문서의 토지지목 가운데 內視令畓이 주목된다. 내시령답은 내시령에게 지급된 토지로서 신문왕대에 만들어진 관료전제에 따른 토지지목으로 보아야 할 것이다.[11] 여기서 눈여겨보아야 할 점은 촌락문서에 기재된 토지가 職名으로 기재되었다는 점이다. 이는 여러 가지 의미를 내포하고 있다. 먼저 이 토지는 특정 인물에게 토지를 지급한 것이 아니라 관직을 대상으로 지급하였다는 점에서 세습적 토지지배의 가능성을 배제하고 있다. 또한 이로 인하여 직접생산지인 농민에 대한 인신적 지배가 약화될 가능성을 가지고 있다. 다음으로 기본적으로 결부제에 입각한 토지분급방식을 취하고 있다는 점이다. 이로 인하여 양전에 입각한 일정 면적의 토지가 문무 관료에게 지급됨으로써 현직에 상응하는 국가적 토지분급제가 실현되었다는 점에서 통일신라 관료전제의 의의가 있다고 볼 수 있다.[12]

신라의 귀족들에게 관료전제의 시행은 통일신라의 정치구조 속에서 그때까지 경험해보지 못했던 새로운 경제 현실로 다가섰을 것이다. 특히 현직 중심의 토지분급방식은 골품귀족의 경제적 기반을 약화시키는 계기가 되며, 왕에게는 왕권강화를 위한 관료중심의 정치질서를 재편하는 기회로 작용했을 것이다. 이처럼 관료전제가 실시될 수 있었던

---

10) 대체로 관료전제의 시행에 관해서는 긍정적이며, 안병우는 이를 중국의 직분전과 유사하다고 보기도 한다(앞의 논문, 290～297쪽). 李喜寬,「統一新羅時代 官僚田의 支給과 經營」『新羅文化祭學術發表會論文集』 13, 1992 ;『統一新羅土地制度硏究』, 一潮閣, 1999.
11) 李喜寬, 위의 책, 105～107쪽.
12) 안병우는 관료전 이외에도 上守吏 燒木田(『三國遺事』권2, 紀異2, 文虎王 法敏)을 고려시기 其人田의 선구적 형태이며, 役에 대한 반대급부로서 役田制의 효시라고 파악하거나, 촌주위답, 왕위전, 사원전 등 役田制나 位田制에 해당하는 토지가 존재했다는 사실을 밝혔다(「6～7세기 토지제도」『한국고대사논총』 4, 1992). 이러한 점은 관료전제가 실시될 수 있었던 제도적 기반이 이미 갖추어져 있었다는 점을 시사하는 것으로 이해된다.

것은 신문왕의 강력한 왕권강화책과 밀접한 관련을 가지고 있다고 하겠다.

그러면 어떠한 토지가 관료전으로 지급되었을까. 관료전은 신라촌락문서에서 보듯이 내시령답과 같은 토지이며, 내시령답의 토지가 어떤 성격의 토지인지 정확하게 알 수는 없지만 그 기재양식으로 보아 연수유전답과는 다른 토지임에는 틀림없을 것이다. 村官模畓과 내시령답이 같은 방식으로 기록된 것으로 보아 비슷한 성격의 토지일 것으로 여겨진다. 따라서 연수유답이 사유지라면 내시령답은 각 촌락에 분산된 형태로 존재한 국유지였을 가능성이 큰 것으로 여겨진다.[13] 이 경우 내시령답의 경작은 촌락민의 요역노동이나 용작농 또는 전호제적 경영이 이루어졌을 가능성이 있다. 여기서 가장 가능성이 있는 것은 신라촌락문서에서 보이는 광범위한 하하연의 존재를 경작에 활용하는 방안이다.[14] 이는 傭作制 또는 전호제였을 것으로 판단된다. 하하연은 소규모의 연수유전답을 소유한 소농민으로서 촌락 내부에 가장 큰 비중을 차지하는 농민층이다. 이들은 자신의 소유토지만으로는 자립이 불가능한 농민층으로 타인의 토지를 차경함으로써 자신의 농경을 보충하였을 것이며, 그들이 차경할 수 있는 토지는 촌락 내부나 외부의 국공유지나 대토지소유자의 토지였을 것이다.

이렇게 볼 경우 관료전은 전시과나 과전법의 양반전·과전이 자신의 소유토지나 일반농민층의 토지에 대해 수조권을 부여하는 방식과는 다른 국공유지에 대한 수조권을 부여하는 방식이 된다. 그러나 내시령답이 국공유지라고 하여 모든 관료전이 국공유지라고 볼 이유는 없을 것이다. 토지 자체를 지급하거나 관료 자신의 토지에 대한 면조

---

13) 李喜寬,「新羅村落帳籍 田畓項目의 記載方式과 性格」『統一新羅土地制度硏究』, 一潮閣, 1999, 25~34쪽.
14) 金琪燮,「新羅統一期의 戶等制와 孔烟」『釜大史學』 17, 1993, 106~120쪽.

권을 지급하는 방안도 생각해 볼 수 있다. 어쨌든 관료전이 주로 내시령답과 같이 국공유지에 대한 수조권이 지급되는 것이라고 본다면 전체적 토지분급제의 발달과정에서 일정한 의의를 가지고 있다고 평가할 수 있다.

4~6세기 농업생산력의 발달과정에서 토지의 사유화가 상당한 정도로 진전되어 갔고, 그 과정에서 농민적 토지소유권도 연수유전답의 방식으로 인정되어 갔지만, 이들 토지를 기초로 관료전을 지급하는 것은 곤란했을 것이다. 신라는 연수유전답을 가지고 있던 농민층을 孔烟이란 방식으로 묶고, 이들 토지와 인정이 결합된 농업경영규모의 차이를 통한 호등제를 기초로 해당 촌락의 계연을 만들었다. 이 계연을 통해 촌락별 수취를 租庸調稅法의 방식으로 실현해갔던 것이다. 따라서 관료전의 지급은 각 촌락의 노동조직을 이용하여 만들어진 국공유지에 대한 수조권을 지급하는 방식으로 전개되었고, 국가적 토지분급제의 발달과정에서 초기의 한계성을 보여주는 부분이기도 하다. 그러나 이러한 방식으로 국가적 토지분급제를 실시할 수 있었던 것은 신라의 사회경제적 발전과 아울러 중앙집권적 관료체제의 확립에 기초하고 있다는 점에서 토지분급제의 발달상에 일정한 의의를 가진다고 할 수 있다.

다음의 사료는 통일신라 정전제 시행의 사실을 전하고 있다.

3-3) 始給百姓丁田 (『三國史記』 권8, 聖德王 21년)

위의 사료는 성덕왕 21년에 백성에게 丁田을 지급하였음을 전하고 있다. 여기서 정전 지급은 실질적으로 농민의 소유 토지를 국가가 인정해주는 것이라는 점에서 관료전제 실시 이전에 농민들의 토지에 대한 소유권은 일정하게 확보되어 있었다고 판단된다.[15] 그러나 관료전이 내시령답과 같은 형태와 방식으로 존재했다고 한다면, 그것은 정전으로 인식되는 연수유전답과 무관한 방식으로 존재했음이 틀림없으며, 연수유전답에 대한 수조권을 분급하는 방식일 수는 없었을 것이다.

관료전이 연수유전답과 무관하게 존재했음에도 불구하고 관료전제의 시행 가능성을 성덕왕 21년(722) 丁田 지급과 관련하여 살펴볼 수 있는 이유는 일반농민층의 경작권에 기반을 둔 토지소유의 인정을 통해 일반농민층을 토지소유자로 확인하고, 촌락사회에 널리 분포하고 있는 열악한 농민층을 관료전 경작 등에 투입하여 농민의 토지 긴박이라는 정치적 목적을 달성할 수 있었다는 데에서 찾을 수 있다.

신라사회에서 토지의 사유화가 진전되면서 국가는 백성들의 사유지를 중심으로 명목적 丁田制를 실시하고, 그것을 마치 국가가 각 烟에게 지급한 것과 같이 烟受有田畓으로 명명하였다. 국가는 농민이 소유한 토지에 대해 연수유전답이라는 이름으로 기록하고 있는 것은 조용조세법의 보편적 실시와 맥을 같이하는 것으로 판단된다. 즉 당 균전제하에서 균전제와 조용조세법이 짝하여 나타나듯이, 통일신라에서도 정전제와 조용조세법은 불가분의 관계를 가지면서 통일신라의 중심적 토지제도이자 세법으로 확립된 것이다. 국가는 이렇게 파악된 토지와 인구, 戶에 대해 각각의 조세를 부과한 것이다. 그러나 실질적으로 국가가 조세를 부과하는 단위는 호등의 차이를 기초로 한 호등제이다.

통일신라 戶等制의 존재는 사적토지소유를 기초로 농민층의 분화가 상당히 진행되어 국가가 그것을 통해 수취를 차별화하고 있음을 보여주는 사례이다. 戶等 구분의 기준을 人丁의 多寡로 보느냐, 토지소유 규모의 차이로 보느냐 하는 문제가 논란이 되고 있지만 최근에는 호등 구분의 기준이 토지의 다과에 있다는 쪽으로 견해가 모아지고 있다고

---

15) 金琪燮,「蔚珍鳳坪新羅碑에 보이는 '共値五'의 의미와 計烟의 기원」『韓國史研究』103, 1998.

생각된다. 토지소유규모의 차이에 따라서 호등이 정해지고, 개별농가에 대한 수취가 人頭稅로부터 租庸調세법으로 전환되어 갔다는 사실은 인신에 대한 수탈적 요소가 약화되어 갔음을 의미하는 것이며, 국가가 수취에 대한 개별적 기준을 가지고 있음을 말하는 것이다.

신라의 녹읍 치폐와 관련한 사료는 다음과 같다.

3-4) 下敎 罷內外官祿邑 逐年賜租有差 以爲恒式 (『三國史記』권8, 新羅本紀, 神文王 9년 1월)

3-5) 除內外群官月俸 復賜祿邑 (『三國史記』권9, 景德王 16년)

위의 자료 3-4)에서 신문왕 9년 내외관의 녹읍을 없애고 해마다 조를 차등 있게 준다고 하였다. 여기서 녹읍의 대상은 내외관이며 이들에게 조를 대신해서 준다는 사실은 녹읍의 본래 의미가 녹봉과 같은 것임을 의미한다. 또한 자료 3-5)에서 내외 여러 관의 월봉을 파하고 다시 녹읍을 주었다는 사실에서도 녹읍은 租나 月俸으로 대신할 수 있는 것임을 알 수 있다. 따라서 녹읍을 준다는 것은 녹읍 내에서 조나 월봉에 상응하는 수취권을 주는 것임은 두말할 나위가 없다.[16] 그러면 녹읍은 어떠한 방식으로 수취되었을까. 녹읍내에서의 수취방식은 신라 녹읍제의 성격을 가늠할 수 있는 부분이다.[17]

전기녹읍의 성격을 보여주는 자료는 보이지 않는다. 그러나 녹읍이

---

16) 李喜寬, 앞의 책, 70~84쪽.
17) 녹읍의 피급자와 관련하여 녹읍은 고위관리나 진골귀족에게만 지급한 것으로 보거나(李喜寬, 앞의 책, 75~79쪽), 모든 관리에게 지급한 것으로 보는 견해(李景植, 앞의 논문, 1988)로 나뉘어져 있다. 한편 대아찬 이하의 관리에게도 녹읍을 지급하며, 하나의 군현을 여러 명의 하급관리들의 녹읍으로 지급할 가능성이 있는 것으로 보기도 한다(全德在,「新羅 祿邑制의 性格과 그 變動에 관한 연구」『역사연구』창간호, 1992, 13~14쪽).

원래 내외관에게 주어졌다는 사실에서 중앙 및 지방관제의 정비와 그들에 대한 보수제도의 정비와 밀접한 관계를 가지고 있었을 것이다. 그렇다면 그 시기는 대체로 6세기초 무렵으로 추정된다.[18] 그러나 신라통일 이전의 前期祿邑의 수취방식이나 성격을 정확하게 추정하기는 곤란하지만, 당시의 세제가 그렇듯이 인두세적 성격이 강한 수취방식이었다고 생각된다. 여기서의 수취는 『隋書』고려전에 나오는 방식의 수취권을 녹읍주에게 지급한 것으로 보아야 할 것이다.[19] 필자가 생각하기에, 일정 지역이 녹읍으로 주어졌다면 각 녹읍의 인정수에 상응하는 수세액이 정해졌을 것이며, 그와 함께 여타 역역 및 공부 수취가 이루어졌으리라 여겨진다. 그것은 아마도 울진봉평신라비에 보이는 '共値'와 같은 방식으로 각 촌락에서 부담해야 할 역역부담능력을 기초로 그에 상응하는 인두세적 수취가 이루어졌을 것으로 여겨진다.[20] 여기서 '共値'는 신라촌락문서의 計烟과 같이 당시 촌락의 촌세를 반영하는 수치로서 산출의 근거는 촌락에 거주하는 인구이며, 각 촌락에서 역역을 부담할 수 있는 능력을 가진 '丁'을 토대로 '共値'가 매겨졌고, 共値에 상응하는 수취가 이루어졌을 것이다. '共値=1'의 의미는 6丁을 분모로 하여 6丁의 역역부담 노동력을 제공할 수 있는 능력을 가지고 있음을 의미하며, 한 촌락의 共値는 각 촌락이 공동으로 부담할 수 있는 노동력의 크기로서 다른 방식으로 환산될 수 있는 수치였을 것이다. 여기서 중요한 것은 '共値' 산출의 근거는 바로 人丁數에 있으며, 특히 역역부담자인 丁數가 중요한 대상이 된다는 의미로서 6세기 단

---

18) 전덕재, 위의 논문, 1992, 18~20쪽.
19) 『隋書』권81, 高麗傳, "人稅布五匹 穀五石 遊人則三年一稅 十人共細布一匹 租戶一石次七斗下五斗". 이 사료는 6세기대 고구려의 수세규정을 보여준 것으로 개별 인신에 대한 수세규정임을 알 수 있다. 당시 신라의 수세방식도 이와 무관하지 않았을 것이다.
20) 金琪燮, 앞의 논문, 1998, 9~22쪽.

계 신라사회 수취의 중심이 어디에 있는가를 확인할 수 있는 부분이다.[21]

신라의 녹읍제는 신문왕 9년에 혁파되었다가 70년이 경과한 경덕왕 16년에 다시 부활되었다. 이 과정에서 녹읍제에 어떠한 변화가 있었는가 하는 문제는 결부제의 실시 및 토지분급제의 전개와 관련하여 신라사회의 변화를 가늠하는 중요한 잣대가 될 수 있다.

그러나 통일이후 농업생산력의 발전과 더불어 토지의 중요성이 높아지고 토지에 대한 수취의 필요성이 증대되면서 결부제가 시행되었다. 그에 따라 통일 이후의 수취는 결부제에 기초하여 이루어지게 되었다고 볼 수 있다. 결부제적 수취가 이루어질 수 있었던 것은 사적 토지소유권이 발달하면서 토지에 대한 항상적 관리가 이루어지고 그에 따라 양전이 이루어졌음을 의미한다. 이처럼 결부제의 전개는 이전 시기와는 달리 수세의 중심이 토지로 이행해가는 것을 의미하며, 그 변화의 의미는 단순한 것이 아니었다. 사회적 변화에 따른 국가정책의 변화가 아무런 저항없이 이루어질 수는 없었다. 녹읍의 부활은 수세제도의 변화와 관료전제의 시행으로 정치적·경제적 손실을 입은 골품귀족의 반발에 의한 것이라고 보아야 할 것이다.

그러나 녹읍이 폐지되었다가 경덕왕 16년에 다시 부활되지만 녹읍에서의 수취방식은 전기녹읍과는 다른 방식이었을 것이며, 그것을 잘 보여주는 것이 신라촌락문서라고 생각한다. 신라촌락문서에서 수취는 계연에 의한 촌락단위별 수취방식이다. 그러나 연수유전답은 결부제에 기초하여 파악되었고 결부제적 수취가 이루어졌다고 볼 수 있다. 요역수취와 공물수취는 각각 인정수와 호등에 따라 수취되었을 것이다. 이 시기의 수취는 호등제에 기반을 둔 계연 산정과 그것에 기초한 조용조

---

21) 본서의 Ⅱ장 2절 참고.

세법인 만큼 수세의 기준이 단순히 인정에 기초한 것이 아니라 각 개별 자연호의 부의 차이에 기초하고 있으며, 그 부의 기초에 토지가 존재한다는 사실은 매우 중요한 내용이다. 그러나 녹읍주가 과연 계연에 상응하는 모든 것을 다 수취하였는지, 아니면 피급자의 녹봉에 상응하는 수조권이 결부제에 기초하여 주어졌는지는 가늠하기 곤란하다.

이와 관련하여 검토되어야 할 것은 후기녹읍이 관료전처럼 토지면적 단위로 주어졌는지 아니면 촌락 단위로 주어졌는지 하는 점이다.

3-6) 春三月 以菁州居老縣爲學生祿邑 (『三國史記』 권10, 昭聖王 元年)

위의 사료에서 菁州 居老縣을 학생녹읍으로 삼았다는 내용으로 보아,[22] 녹읍 부활 이후에도 여전히 각 군현이 녹읍으로 지정되었음을 알 수 있다. 아울러 관직의 고하에 따라 차이가 나겠지만 학생녹읍이라는 점에서 일정 지역이 한 관료가 아니라 복수의 관료에게 지급되고 있음을 알 수 있다. 내용이나 방식과 관련하여 고려 태조 17년의 예산진 교서는 주목된다.

3-7) 夏五月 乙巳 幸禮山鎭詔曰 往者新羅政衰群盜競起民庶亂離曝骨荒野 前主服紛爭之黨啓邦國之基及乎末年毒流下民傾覆社稷 朕承其危緖造此新邦勞役瘡痍之民豈予意哉 但草昧之時事不獲已 櫛風沐雨巡省州鎭修完城柵欲令赤子得免綠林之難 由是男盡從戎婦猶在役不忍勞苦或逃匿山林或號訴官府者不知幾許 王親權勢之家安知無肆暴陵弱困我編氓者乎 予以一身豈能家至而目覩 小民所以末由控告呼籲彼蒼者也 ① 宜爾公卿將相食祿之人諒予愛民如子之意

---

22) 『三國史記』 권34, 地理志1, 巨濟郡 鵝洲縣.

矜爾祿邑編戶之氓 若以家臣無知之輩使于祿邑惟務聚斂恣爲割剝
爾亦豈能知之 雖或知之亦不禁制 ② 民有論訴者官吏徇情掩護怨
讟之興職競由此 予嘗誨之欲使知之者增勉不知者能誡 其違令者別
行染卷猶以匿人過爲賢不曾擧奏善惡之實曷得聞知如此寧有守節
改過者乎 ③ 爾等遵我訓辭聽我賞罰 有罪者無論貴賤罰及子孫功
多罪小量行賞罰 若不改過追其祿俸或一年 二三年 五六年 以至終
身不齒 若志切奉公終始無瑕生享榮祿後稱名家至於子孫優加旌賞
此則非但今日傳之萬世以爲令範 人有爲民陳訴勾喚不赴必令再行
勾喚先下十杖以治違令之罪方論所犯吏若故爲遷延計日罰責 又有
趨威恃力令之不可觸者以名聞 (『高麗史』 권2, 太祖 17년)

위의 사료에서 태조는 여름 乙巳 예산진에 행차하여 詔하여 이르기
를, "지난 날 신라의 정치가 쇠퇴하여 뭇 도적이 다투어 일어나고 (중
략) ① 너희들 공경장상은 녹을 먹는 사람들로서 민을 자식처럼 사랑
하는 나의 뜻을 헤아려 너희들 녹읍의 민(祿邑編戶之氓)들을 불쌍히
여겨야 할 것이다. 만약 가신으로서 무지한 무리들을 녹읍에 보내어
오로지 취렴에만 힘쓰고 마음대로 착취하면 너희들이 어찌 알 수 있을
것이냐. 혹 그것을 안다고 하여도 금할 수 없을 것이다. ② 지금 민들
가운데 고소하는 자가 있어도 관리들이 정실에 이끌려 이들의 죄를 숨
기고 있으니, 원망이 일어나는 것은 바로 이 때문이다. (중략) ③ 너희
들은 나의 훈계를 지키고 나의 상벌에 복종하라. 만약 허물을 고치지
않는 자가 있다면 그 녹봉을 추징하고, 혹은 1년, 2~3년, 5~6년에서
종신토록 벼슬을 하지 못하게 할 것이다. 만약 奉公에 뜻이 간절하고,
시종 허물이 없다면 살아서는 영록을 누리고 죽어서는 名家로 이름하
여 자손에 이르기까지 우대하여 상을 줄 것이다. 이는 비단 오늘뿐 아
니라 만세에 이르기까지 모범으로 삼을 것이다" 라고 하였다. 위의 사
료는 고려 태조대의 사실이기 때문에 후기녹읍과의 관련성이 의심되

기도 하지만, 국가적 토지분급제로서 전시과가 만들어지기 전에는 녹읍의 지급단위와 지급내용은 비슷할 것으로 판단된다.

먼저 ①에서 태조와 일반민, 공경장상과 녹읍에 편제된 민은 서로 대비가 되고 있다. 즉 태조가 민을 사랑하듯이 녹을 먹는 공경장상들도 녹읍에 편호된 민들을 사랑해야 함을 강조한 것이다. 이는 왕이 일반민을 지배하듯이 공경장상들은 祿으로써 지급받은 녹읍과 그에 소속된 민들에 대한 지배권을 가지고 있음을 의미하는 것이라고 생각된다. 그러나 녹읍에서의 지배권은 녹읍민의 토지에 대한 수조권이며 租庸調 전반에 대한 수취권이 아니었을 것으로 여겨진다.[23] 또한 ②에서 보듯이 녹읍주가 녹읍에 대한 수취권을 가지고 있다고 하여도 녹읍 운영의 잘잘못을 감독하는 관리가 있었음을 알 수 있다. 이 관리가 정실에 이끌리지 않고 정당하게 활동했다면 녹읍의 부정은 일정하게 견제될 수 있었을 것이었다. 따라서 녹읍에 대한 수조권이 녹읍주에게 부여되었다고 하더라도 국가권력이 일정하게 유지되던 시기에는 녹읍 내에서의 불법적인 행위가 크게 문제가 되지 않았을 수도 있다. 그러나 국가 기강이 해이해졌을 때 녹읍 내에서의 불법적인 수취문제는 민원을 야기하였을 것이다.

즉 후기녹읍은 전기녹읍과 전혀 별개의 것이 아니기 때문에 전기녹읍의 성격을 일정하게 계승하면서 사회적 변화를 동시에 반영하고 있

---

23) 『東史綱目』 권4 下, "罷內外官祿邑 舊制 內外官皆有祿邑 收其稅 無頒祿之規 至是罷祿邑 逐年賜租有差 以爲恒式 按今西南稻稱爲羅祿". 『東史綱目』의 저자 安鼎福은 혁파 이전의 녹읍은 녹읍에서 稅를 거두고 따로 녹을 주는 규정이 없었다가, 녹읍이 혁파됨에 이르러 해마다 租를 차등 있게 주는 것을 항식으로 삼았음을 지적하고 있다. 이는 혁파 이전의 녹읍은 지급된 녹읍 내에서 인두세적인 수취가 이루어지다가, 이후에는 녹봉으로서 녹을 稻, 즉 나락이라는 이름으로 지급하였음을 의미하는 것이라고 생각된다. 그렇다면 그 이후의 후기녹읍에서는 녹읍을 지급한다고 하더라도 녹읍 내에서의 모든 수취권을 다 준 것은 아닐 것이다.

다고 할 것이다. 그것은 신라의 촌락 파악방식의 변화와 결부되어 있었을 것으로 여겨진다. 특히 收稅와 관련하여 인두세적 수취방식인 '共値'로부터 토지의 중요성이 반영된 '計烟'에 기초한 수취로의 변화는 바로 녹읍수취방식의 변화를 의미한다고 생각된다. 신라촌락문서에서 보듯이 각 촌락은 호등제에 기초하여 파악되었고, 당시의 호등제는 인정과 토지의 결합에 의한 농업경영규모에 상응하여 호등이 매겨졌다. 계연 산정에서 중요한 것은 토지이며, 신라의 촌락수취는 계연에 기초하여 이루어졌다. 그렇다면 후기녹읍의 수취도 신라촌락문서처럼 計烟 산정이 이루어지고, 그에 따른 토지에 대한 수조권이 주어졌다고 보아야 할 것이다. 이는 후기녹읍의 수취 내용이 계연에 상응한 수조권을 갖는 것을 의미한다고 생각한다.[24] 따라서 田租 수취가 결부제에

---

24) 녹읍에서의 수취 내용을 수조권만으로 보는 견해는 최근 확산되고 있는 듯하다. 洪承基, 「高麗初期 祿邑과 勳田-功蔭田柴科制度의 背景-」『史叢』21·22 합집, 1977 ; 金容燮, 「前近代의 土地制度」, 1983 ; 李景植, 앞의 논문, 1988 ; 李喜寬, 「新羅의 祿邑」『韓國上古史學報』3, 1990 ; 김기흥, 「통일신라의 租·調」앞의 책, 1991 ; 全德在, 앞의 논문, 1992. 여기서 이경식, 전덕재 등은 전기녹읍과 후기녹읍을 동질적으로 보는 반면, 김기흥과 이희관은 후기녹읍부터 수조권적 지배로 보고 있으며, 이러한 논지는 이들의 시대구분의 입장과 맥을 같이 하고 있다. 녹읍에 대한 수취는 기본적으로 녹읍내 농민의 토지에 대한 수조권이었겠지만, 녹읍을 구성하는 다양한 요소 가운데 시지에 대한 수취의 가능성도 내포되어 있었다고 생각된다. 전시과에서 柴地가 지급되고 있는 점은 녹읍의 전통을 일부 계승한 것으로 보여진다. 이와 관련하여 다음 사료가 참고된다.
"以神龍元年(성덕왕 4년, 705) 乙巳三月初四日 始開倉眞如院 (중략) 仍結爲華嚴社 長年供費 每歲春秋 各給近山州縣倉租一百石 淨油一石 以爲恒規 自院西行六千步 至牟尼岾 古伊峴外 柴地十五結 栗枝六結 坐位二結 創置莊舍焉"(『三國遺事』권3, 塔像4, 臺山五萬眞身). 이 사료는 성덕왕 4년 관료전제가 시행되고, 한편 녹읍이 혁파되어 租가 주어지던 시기였다. 이 시기에 진여원을 세우고 화엄사를 결성하여 그 비용으로 근처 주현의 倉租를 지급하고, 한편으로 莊舍를 세워 일정 지역의 시지와 율지·좌위를 지급했다는 것은 국가에서 지급하는 혜택의 내용을 살펴볼 수 있는 부분으로 녹읍의 내용

의거해서 이루어지고, 호등에 대한 파악이 인정과 토지의 결합에 의한 농업경영규모에 기초하고 있었다는 사실은 그 이전 사회와는 다른 새로운 변화라고 할 것이다.

2. '新羅村落文書'에 보이는 9등호제

1) 문서의 작성시기와 追記

신라촌락문서의 작성시기에 관해서는 여러 가지 논란이 있지만, 여기서는 문서 내용의 체계적 이해를 위해 기재의 선후를 중심으로 검토하고자 한다.

이와 관련하여 旗田巍는 신라촌락문서를 검토하면서 "乙未年烟見賜節公等前及白他郡中妻追移去因敎合人五"의 '乙未年'에 주목하여 이 문서의 작성시기는 '을미년'이라고 이해하고, 몇 가지 사실을 중심으로 을미년은 '景德王 14년(755)'이라고 파악하였다.[25] 그러나 '을미년'의 기록이 나온다고 하여 을미년을 작성 시기라고 보아서는 곤란할 것이다. 이 문서를 작성할 때 D촌 '甲午年壹月內省中及白'의 예에서 보듯이 '갑오년'의 기록도 참고하는 것으로 보아 '갑오년'과 '을미년'의 기록은 이 문서를 작성하는 데 있어서 주요한 참고 대상이 되는 시기라고 여겨진다. 이 조사가 3년마다 이루어진다는 것을 고려하면 '갑오년'과 '을미년'은 式年 사이에 있는 해라고 보아야 할 것이며, 실질적인 문서 작성 시기는 '을미년' 다음 해인 '丙申年'으로 보아야 하지 않을까 생각된다.

을 이해하는 데에 일정 정도 시사하는 바가 크다.
25) 旗田巍, 「新羅の村落」『朝鮮中世社會史の硏究』, 法政大 出版局, 1972, 422~423쪽.

A촌을 비롯하여 인구의 증가 기록에 공통적으로 보이는 다음의 기록은 작성 시기를 이해하는 데 참고된다.

3-8) 合孔烟十一「0」計烟四余分三 此中仲下烟四 下上烟二 下下烟五
①合人百冊七「③二」②此中古有人三年間中産幷合人百冊五(A촌)
*「　」는 追記

위의 기록에서 우리는 세 시기의 기록을 발견할 수 있다. 첫째, 전체 인구수에서 나타나는 원래의 기록(①), 둘째, 3년 사이의 증가를 반영한 인구 기록(②), 셋째, 본문상에서 표시할 수 없는 시기에 최종적으로 기록한 追記(③)이다. 여기서 검토되어야 할 대상은 인구의 감소 원인과 그 내용을 기록한 부분이며, 그 중에서도 다음의 기록은 주목된다.

3-9) 乙未年烟見賜節公等前及白他郡中妻追移去因敎合人五(以丁一 小子一 丁女一 小女子一 除母一) (A촌)
乙未年烟見賜節以彼上烟亡廻去孔一 以合人三(以丁一 丁女二) (B촌)
乙未年烟見賜節以彼上烟亡廻去孔一 以合人六(以丁二 丁女二 小女子二) (D촌)
甲午年壹月內省中及白　〇〇〇〇　以出去因白妻是子女子幷四(以丁女一 小子三) (D촌)

3-9)의 기록은 갑오년과 을미년에 일어난 인구의 감소 내용과 원인을 기록한 것으로서 본문 상에 기재된 내용이다. 따라서 3-8), 3-9)의 기록을 종합적으로 고려해 본다면 위의 기록은 크게 본문과 추기로 나누어진다. 본문 속에는 3년간의 변화가 있기 전과 변화가 있은 후의 기록으로 나누어지며, 그 속에 다시 갑오년과 을미년이 포함되어 있음을

알 수 있다. 이 조사가 식년마다 이루어진다는 것을 고려한다면 3년 전의 원래 기록과 갑오년, 을미년의 변화 내용 및 3년간의 증가 기록이 본문에 기재되었을 것으로 여겨진다. 그렇다면 추기의 기재 시기는 언제였을까.

이와 관련하여 두 가지 가능성을 생각해 볼 수 있다. 하나는 당식년 마지막 조사 이후에 일어난 변화를 최종적으로 신라촌락문서에 반영하기 위한 것으로 문서의 재작성 직전으로 볼 수 있다는 것과 또 하나는 당식년의 조사가 마감된 이후의 변화를 다음 식년에 반영하기 위하여 기록한 것으로 볼 수 있다는 것이다. 앞의 추정은 3년 전의 조사기록 당시의 전체 인구가 그 사이 감소와 증가를 거듭하면서 당식년의 조사 마감 기간까지 기록이 일단락 되었는데, 그 이후에 각 촌락마다 일어난 변화를 추기를 통해 마감하였다고 보는 것이다. 그러나 촌락문서의 내용을 조금만 면밀히 살펴보면 이 가능성은 희박하다. 촌락문서에는 '此中古有人三年間中産幷合人'과 같이 전식년으로부터 삼년간의 변화를 기록한 내용들이 여러 군데에서 찾을 수 있다. 이는 3년 사이의 전반적 변화를 본문 속에 담고 있다는 것을 반영하는 것이다.

그렇다면 추기는 신라촌락문서를 당식년에 재작성한 이후 일어난 변화를 기록한 것으로 이해해야 할 것이다.[26] 따라서 본 문서는 삼년 사이의 다양한 변화를 모두 기록하고 있으며, 변화의 시기와 원인 및 그 내용을 기재하고 있다. 또한 추기를 통하여 당식년 이후의 변화까지도 반영하고 있다는 사실은 신라촌락문서의 작성을 위한 조사가 매우 정치하게 이루어졌음을 의미하는 것이다.

3-8)의 기록에서 A촌 전체 인구가 147명이었는데, 이 가운데에는 원래의 인구와 3년 사이에 태어난 아이를 합친 인구가 145명이라고 하였

---

26) 李泰鎭, 앞의 책, 32쪽.

다. 다시 공연의 수를 참고해보면 원래의 공연수는 11烟이었고, 등급연
도 모두 11烟이었다는 점에서 추기에 보이는 10烟으로의 변화는 그 이
후 어느 시기에 공연이 하나 줄었음을 의미하는 것이며, 그것은 인구
의 감소와 관련이 될 것으로 여겨진다. 따라서 공연수 11연과 전체 인
구수 147명은 변화가 생기기 이전의 기록임을 알 수 있다. 그렇다면 전
체 인구수는 3년 전의 원래 기록이며, 3년 이후의 증가 기록은 당식년
의 기록으로 이해할 수 있을 것이다. 그런데 여기서 추기를 통해 보여
준 공연의 감소 기록이 등급연에 반영이 되지 않았다는 것은 다소 의
문이 아닐 수 없다.[27] 앞의 추정대로 최종적으로 신라촌락문서의 재작
성을 위해 마지막 변화를 추기로 기록했다면 공연이 감소했음에도 불
구하고 등급연에는 변화가 없었던 이유가 있어야만 할 것이다.

이와 관련하여 예상해 볼 수 있는 가능성은 A촌에도 수좌내연과 같
이 호등이 확정되지 않은 烟의 존재가 있거나, 그렇지 않으면 공연의
감소에도 불구하고 등급연의 변화가 없을 만한 이유가 존재해야 할 것
이다. 만약 수좌내연의 존재와 관련될 경우라도 공연의 수가 등급연의
수보다 많은 경우라면 타당성이 있으나, 등급연의 수가 공연수보다 많
을 수는 없다. 또한 기존의 설에서 제기하듯이 인구의 감소에 의한 공
연의 감소를 언급하기도 하나 이 경우라도 등급연의 변화가 없을 수는
없다.[28] 여기서 가장 문제가 되는 것은 공연의 감소에도 불구하고 등
급연의 변화가 보이지 않은 이유에 대한 적절한 설명을 찾기 어렵다는

---

27) 이와 관련하여 이인철은 이를 신라촌락문서의 誤記라고 파악한다(李仁哲,
「新羅村帳籍의 記載方式과 作成年度」『新羅村落社會史硏究』, 一志社,
1996, 46~47쪽).
28) 이태진은 A촌에 보이는 공연의 감소는 A촌의 추기에 보이는 '列廻去人'이 3
인에서 7인으로 증가한 것에서 그 원인을 찾고, 원래 하나의 공연을 이루고
있던 호가 '열회거인'의 증가로 공연을 유지할 수 없었기 때문에 A촌에서 공
연의 감소가 이루어진 것으로 파악한다(앞의 책, 23쪽).

점이다.

추기의 과정과 관련하여 신라촌락문서의 용도에 관해서는 짚고 넘어갈 부분이 있다. 이미 알고 있듯이 신라촌락문서가 발견될 당시 이 문서는 그 용도를 다한 뒤 '華嚴經論第七帙'의 제작에 재이용되었다.[29] 여기서 용도 폐기의 시점과 화엄경론의 제작을 위해 재이용된 시기 등은 잘 알 수 없으나, 추기를 마지막으로 문서의 용도가 끝났다는 점은 분명한 것 같다.

그렇다면 추기는 다음 식년의 촌락문서 작성에 필요한 매우 중요한 기록임을 알 수 있다. 그것은 다음 식년의 촌락문서 작성에 활용된 이후, 기록으로서의 역할은 일단 상실했을 것이나 일정 기간 동안은 보관되었을 것으로 짐작된다.

따라서 추기가 당식년 이후에 기재되었을 것으로 볼 경우에도 공연의 감소는 등급연의 감소와 동시에 기록되는 것이 상식적으로 타당하다. 왜냐하면 A촌의 공연은 모두 등급연이며, 인구의 감소에 의해 공연이 하나 줄어들었다는 것은 바로 등급연이 하나 줄어들었다는 것과 동일한 의미이기 때문이다. 따라서 A촌의 추기는 추기라기보다 추기하는 과정 속에 이루어진 誤記라고 보는 것이 타당할 것으로 여겨진다.

2) 공연의 실체

이제 각 촌락의 공연의 실체에 관하여 검토해 볼 차례이다. 우선 공연과 관련한 신라촌락문서의 내용을 제시해보면 다음과 같다.

A촌)
① 當縣沙害漸村 見內山榼地 周五千七百卄五步 合孔烟十一「0」計

---

[29] 尹善泰, 앞의 박사학위논문, 8~18쪽.

烟四余分三
② 此中仲下烟四 下上烟二 下下烟五
③ 合人百卅七「二」 此中古有人三年間中産并合人百卅五 以丁廿九(以奴一) 助子七(以奴一) 追子十二「一」 小子十「九」 三年間中産小子五 除公一 丁女卅二(以婢五) 助女子十一(以婢一) 追女子九 小女子八 三年間中産小女子八 除母二「一」 老母一 三年間中列加合人二 以追子一 小子一

(중략)

④ 乙未年烟見賜節公等前及白他郡中妻追移去因敎合人五(以丁一 小子一 丁女一 小女子一 除母一) 列廻去合人三「七」(以丁二 小女子一)「追子一 小子一 丁女一 丁婢一」死合人九「十」以丁一 小子三(以奴一) 丁女一 小女子一 老母三「除母一」

B촌)
① 當縣薩下知村 見內山榰地 周万二千八百三十步 此中薩下知村古地周八千七百七十步 掘加利何木杖谷地周四千六十步 合孔烟十五 計烟四余分二
② 此中仲下烟一(余子) 下上烟二(余子) 下仲烟五(並余子) 下下烟六(以余子五 法私一) 三年間中收坐內烟一
③ 合人百廿五 此中古有人三年間中産并合人百十八「七」 以丁卅一「0」(以奴四) 助子五 追子二 小子二 三年間中産小子三 老公一 丁女卅五(以婢三) 助女子四 追女子十三 小女子六 三年間中産小女子三 除母一 老母二 三年間中加收內合人七 以列加人三 (以丁一 追女子一 小女子一) 收坐內烟合人四(以助子一 老公一 丁女二)

(중략)

④ 乙未年烟見賜節以彼上烟亡廻去孔一 以合人三(以丁一 丁女二) 列廻去合

C촌)

① 此中 下仲烟一 下下烟六 三年間中收坐內烟一
② 合人七十二「六十九」 此中古有人三年間中産幷合人六十五 以丁十八「六」 助子二 追子七 小子七「六」 三年間中産小子三 丁女十四 助女子四 追女子三 小女子四 三年間中産小女子二 老母一 三年間中新收內合人七 以列收內小女子一 收坐內烟合人六 以丁一 追子一 小子一 丁女二 追女子一

(중략)

③ 列廻去合人三「四」 以丁二 丁女一 小女子一 列死合人四「六」 以丁女二 小女子二「丁一小子一」

D촌)
① 西原京△△村 見內地 周四千八百步 合孔烟十 計烟一余分五
② 此中 下仲烟一 下下烟九
③ 合人百十八「六」 此中古有人三年間中産幷合人百十四 以丁十九「七」(以奴二) 助子九「八」(以奴二) 追子八「六」 小子十一「九」 三年間中産小子一 老公一 丁女卅七「五」(以婢四) 助女五 追女子十二「0」(以婢一) 小女子五「三」 三年間中産小女子六 三年間中列收內合人四 以小子一 丁女一 助女子一 老公一

(중략)

④ 乙未年烟見賜節以彼上烟亡廻去孔一 以合人六(以丁二 丁女二 小女子二) 列廻去合人八(以丁一 助子一 追子一 小子一 丁女二 小女子二) 列死合人二十一 以丁五(以奴一) 追子一 老公三 丁女四(以婢一) 小女子三「四」 老母四(以婢一) 孔亡廻一合人十一(以丁二 助子一 小子二 丁女二 助女子一 追女子二 小女子一) 甲午年壹月內省中及白 ○○○○ 以出去因白妻是子女子幷四(以丁女一 小子三)

*「 」는 追記, ( )는 세주

먼저 A촌락에 보이는 공연수는 원래 '孔烟合十一'이라고 하여 11烟

이었지만, 추기로 추정되는 표시로 '一'字 위에 ○을 표시하여 공연이 하나 감소했음을 나타내고 있다. 그러나 공연이 하나 감소했음에도 불구하고 등급연은 변화없이 그대로 11烟으로 나타나고 있다. 앞에서 언급했듯이 A촌의 추기는 오기였다고 보았기 때문에 공연이 감소하지 않았다고 파악해야 할 것이지만, 공연편호설에서 제기하는 문제점을 검토하기 위하여 다음과 같은 검토가 필요하리라 여겨진다.

<표 5> 각 촌락의 호등별 공연수

호등 \ 촌락	A촌	B촌	C촌	D촌
중하	4	1	0	0
하상	2	2	0	0
하중	0	5	1	1
하하	5	6	6	9
계	11	14	7	10

여기서 공연의 감소를 인정한다면 공연 감소를 반영하는 변화를 찾을 수 있어야 할 것이다. 그 변화와 관련하여 가장 관련이 있는 부분은 烟人의 감소를 보여주는 추기 부분이다. A촌 ④에서 '列廻去人'이 3인에서 7인으로 증가했으며, 그 추기 부분은 '追子一 小子一 丁婢一 丁女一'로 나타나고 있다. 이에 관해 원래 하나의 공연이 있었는데, '列廻去人' 3인이 생겨 구성원이 감소했으나, 나머지로서 공연이 유지되다가 다시 4명의 열회거인의 증가로 더 이상 공연을 유지할 수 없게 되었다고 보는 견해가 있다.30) 그렇다면 이들 열회거인은 하나의 공연을 구성하던 구성원이라는 결과가 되는데, 이들 열회거인을 동일 공연 구성원으로 볼 이유는 없다. 다른 촌락의 경우에도 열회거인이 보이지만 이들이 동일 공연 구성원으로 볼 수 있을까는 의문이다. 동일 공연으

---

30) 尹善泰, 앞의 박사학위논문, 2000, 153쪽.

로 파악할 수 있는 경우는 '收坐內烟', '亡廻去孔' 등으로 나타나고 있다. 따라서 이에 대해서는 다른 방식의 이해가 필요하다.

이와 관련하여 각 촌락에서 B촌의 收坐內烟은 '助子一 老公一 丁女二'의 구성을, '亡廻去孔一'은 '丁一 丁女二'의 구성을, C촌의 收坐內烟은 '丁一 追子一 小子一 丁女二 追女子一'의 구성을, D촌의 '亡廻去孔一'은 '丁二 丁女二 小女子二'의 구성을, '孔亡廻一'은 '丁二 助子一 小子二 丁女二 助女子一 追女子二 小女子一'의 구성을 보이고 있다.31) 이들은 동일 공연의 구성원으로서 기본적으로 혈연 가족으로 파악된다. 그러나 부부 중심의 단혼 소가족으로 보이는 경우는 C촌의 수좌내연과 B촌의 망회거공, D촌의 망회거공 등으로 여겨진다. 반면에 B촌의 수좌내연은 家長이 없는 가족 구성을, D촌의 '孔亡廻'의 孔은 2개 정도의 가족이 결합된 일종의 복합가족으로 상정된다. 그렇다면 공연의 구성은 가족 규모에 따라서 3~11인에 이르는 다양한 형태로 나타남을 알 수 있다.

이와 관련하여 필자는 이미 공연은 농업경영규모에 상응하여 다양한 구성을 하고 있음을 제시한 바 있다.32) 이희관은 이를 좀더 구체적으로 분석하여 가족의 구성을 주가족과 종속가족으로 구분하고 공연의 구성은 '孔(가족)' 노비, 개별적 편입인으로 이루어져 있다고 본다. 이때 개별적 편입인은 노비는 아니라도 다소 종속적이었을 것이며 혈연관계가 아닌 가족이 공연의 구성원이 되었을 경우, 그들은 원래의 주가족에게 종속적인 종속가족이었을 것으로 파악하고 있다.33) 이러한

---

31) 여기서 孔烟, 孔, 烟을 각각 성격이 다른 용어로 파악하고, 孔烟은 등급연의 '烟'이며, '孔'은 공연의 한 구성요소로서 각각의 구성원들이 혈연적으로 결합된 운명공동체적 성격을 갖는 가족이라고 보는 견해가 있다(李喜寬, 앞의 논문, 1995, 205~215쪽).
32) 金琪燮, 앞의 논문, 1993.
33) 이희관, 앞의 논문, 205~215쪽.

그의 이해는 경청할 만하다고 여겨진다. 그러나 이를 입증하기 위해 내세운 그의 이해방식은 다소의 문제를 가지고 있다.34) 이에 우선 공연의 의미를 이해할 수 있는 단서를 차례로 검토해 볼 필요가 있다.

각 촌락의 공연은 등급연과 등급이 부여되지 않은 수좌내연을 포함하여 공연의 수를 기록하고 있다. 따라서 수좌내연은 기본적으로 공연이며, B촌의 예는 그것을 잘 보여준다. 여기서 B촌의 수좌내연은 '助子一 老公一 丁女二'로 불완전한 가족 구성을 보여주고 있다. 또한 수좌내연의 가족수와 '列加人'을 합쳐서 B촌의 '加收內合人'의 수를 기록하고 있다. 따라서 '加收內'는 수좌내연과 열가인의 합으로 이루어졌음을 알 수 있다. 이와 관련하여 살펴볼 사례는 C촌의 수좌내연과 '列收內'의 관계이다. '新收內合人'에 '列收內'와 수좌내연의 가족수를 합쳐서 기록하고 있다. '加收內'와 '新收內'의 차이를 정확하게 말하기는 곤란하지만 '加收內'에는 '列加人'이 들어가고, '新收內'에는 '列收內'가 포함되는 것이다. 그것은 다시 수좌내연을 기록할 때, B촌 '三年間中收坐內烟一'과 C촌 '三年間中新收坐內烟一'이라고 표시하여 기록상 달리 표현하고 있다. 그 차이가 무엇일까. 이는 수좌내연이 만들어진 시점과 그 내용의 차이와 관련이 있지 않을까 여겨진다.

B촌과 C촌의 수좌내연은 을미년 조사가 확정된 이후 3년 사이에 새로 들어온 수좌내연이라는 점은 동일하다고 여겨진다. 그러나 B촌의 수좌내연은 '加收內'의 개념에 '列加人'과 함께 포함되어 그냥 '收坐內烟'이라고만 기재한 것임에 반해서, C촌의 수좌내연은 '新收內'의 개념에 '列收內'가 포함되어 '新收坐內烟'이라고 기재한 것이다. 이러한 차이는 '列加人'의 의미와 수좌내연과의 관계에 의해 생겨난 것일 가능성이 있음을 보여준다고 여겨진다. 여기서 '列加人'은 일반적으로 '개

---

34) 金琪燮,「통일신라 孔烟과 戶等制 연구에 관한 비판적 검토」,『역사와경계』46, 2003, 84~86쪽.

별적으로 B촌으로 들어온 사람'으로 가족이 아닌 개별인으로 이해해왔다. 그러나 그들이 가족관계인지 아닌지는 좀더 검토를 요한다고 여겨지나, 그들이 烟을 구성하지 못한 채, 떠돌이와 같은 존재로 흘러 들어온 것은 분명한 것 같다.[35] 이와 관련하여 A촌의 '三年間中列加合人二 以追子一 小子一'은 참고된다. A촌은 수좌내연이 없음에도 불구하고 '列加人'으로 미아로 추정되는 어린애들이 흘러 들어오게 되는데, 烟을 단위로 들어온 수좌내연이 없는 관계로 이들은 각 등급연에 소속되었을 것으로 추정된다. 반면에 B촌의 '列加人'은 '加收內'라는 방식으로 기재되어 일단 '수좌내연'에 보태졌다가 나중에 개별적 편입인으로 B촌의 등급연에 소속되지 않았을까 여겨진다.

한편 C촌의 '以列收內小女子一'은 '개별적으로 수좌내연에 들어온 경우'로 '列收內'의 小女子는 미아로 C촌에 흘러 들어와서 수좌내연에 포함되어 새로운 수좌내연을 구성하였을 것으로 짐작된다. 여기서 새로운 수좌내연을 '加收內'와 구분하여 '新收內'라고 표현하고 전체적으로 '新收坐內烟'이라고 기록한 것으로 판단된다. 이와 관련하여 D촌의 '三年間中列收內合人四 以小子一 丁女一 助女子一 老公一'의 기록은 D촌에 수좌내연이 없음에도 불구하고 '列收內'의 기록이 보인다는 점에서 다소 의아스럽다. 그러나 이는 그 자체가 烟을 구성하지 못한 채 개별적으로 D촌에 들어온 이들을 모아서 수좌내연을 구성하기 위한 전 단계의 조치로서 '열수내'에 편입시켰을 가능성도 생각해 볼 수 있다. 그렇다면 '열수내'는 아직까지 수좌내연으로 인정되지는 않았지만 수좌내연으로 될 가능성이 있는 단계의 표현이라고 할 수 있을

---

35) 여기서 B촌의 '列加人'에 포함된 인원의 구성을 보면 '以丁一 追女子一 小女子一'로 이루어져 있다. 이 가운데 小女子가 미아가 아닌 이상 혼자서 개별적으로 B촌으로 흘러 들어올 수 없다고 본다면 그 구성상 母가 없는 가족의 구성으로 보이기도 하나, 정확하게는 알 수 없다.

것이다. 그렇다면 경우에 따라서 혈연적 가족 구성이 아닌 자들이 모여서 하나의 공연을 구성할 가능성도 내재해 있다고 하겠다. 특히 하하연의 경우는 해체의 가능성을 가진 열악한 호로서 몇 개의 가족 집단으로 이루어졌을 수도 있다.

그러나 또 하나의 가능성으로서 D촌 ④의 孔亡廻一合人十一(以丁二 助子一 小子二 丁女二 助女子一 追女子二 小女子一)을 수좌내연으로 볼 수는 없을까 하는 점이다. 여기서의 '孔'은 孔烟이라고 여겨지고 孔烟이 도망해 감에 따라 '열수내'의 구성이 수좌내연에 수용되지 못하고 그대로 '列收內'로 기록되게 된 것은 아닐까 여겨진다. 그렇다면 여기서 공연의 감소에도 불구하고 전체 공연의 감소 기록이 없는 것은 의문이다. 이는 실수이든가 또 다른 이유가 있었을 것으로 여겨지나 정확하게 판단하기 어렵다. 그러나 이렇게 볼 때 D촌의 도망간 공연은 追記가 아닐 가능성을 보여 주는 것이다.[36]

D촌의 '孔亡廻一'의 기록을 추기로 본 것은 武田幸男이다. 그의 견해에 의하면 烟人의 감소 부분에서 추기로 기록된 '列死人'의 小女子 1인과 '孔亡廻一'의 11인의 합이 D촌 ③의 '此中古有人三年間中産幷合人百十四'의 추기의 합인 12인과 일치한다는 점에 착안하여 '孔亡廻一'이 추기라고 파악한다.[37] 그러나 우선 추기의 시기와 관련하여 먼저 검토해봐야 할 필요가 있다.

먼저 D촌 ③에서 판단해 볼 때 '此中古有人三年間中産幷合人'에서 원래 3년 전의 기록과 3년 후의 기록으로 나누어 볼 수 있다. D촌에서 '古有人'은 3년 전 식년의 기록으로 烟人의 경우 '合人百十八'로 기재되어 있으며, 그 사이에 甲午年의 기록과 乙未年의 기록이 기재되어

---

36) 金琪燮, 앞의 논문, 2003, 84~85쪽.
37) 武田幸男, 「新羅の村落支配-正倉院所藏文書の追記をめぐつて」 『朝鮮學報』 81, 1977, 100~111쪽.

있다. 당식년에는 '此中古有人三年間中産幷合人百十四'에서 보듯이 '古有人'과 3년 사이 증가된 인구수를 합하여 기재하고 있다. 따라서 추기는 당식년 이후의 어느 시기에 기재된 것으로 원래 118명이었던 인구수가 추기하던 어느 시기에 다시 106명으로 줄었음을 보여주는 기록이라고 보아야 할 것이다. 그렇다면 추기에서 줄어든 인구수는 12명이며, 추기의 인구 구성과 비교해보아야 한다. 그러나 '孔亡廻一'의 인구 구성은 武田幸男의 지적과 일정하게 차이를 보이고 있다. 먼저 추기에서 줄어든 인구 구성은 '丁 2인, 助子 1인, 追子 2인, 小子 2인, 丁女 2인, 助女 1인, 追女子 2인, 小女子 2인' 등 모두 14명으로 나타나고 있다.38) 여기서 사진 판독상으로 확인할 수 있는 것은 '助子 1인, 小子 2인, 丁女 2인, 追女子 2인, 小女子 1인'으로 나타나며, '丁 2인, 追子 2인, 助女 1인' 등은 확인되지 않는다. 이들이 보이지 않은 것이 판독상의 문제인지 아닌지 확실하지 않으며, 追子 2인의 감소는 왜 반영되지 않았는지, 그것을 오기로 보아야 할지 여러 의문을 남기고 있다. 물론 양자를 비교하면 대단히 유사한 구성을 하고 있으며, 그런 까닭에 추기로 볼 가능성도 있다. 그러나 그렇다면 왜 공연은 감소하지 않았는지는 알 수 없다.

　이상에서처럼 등급연은 기본적으로 공연이며, 수좌내연도 공연에 포함되어 있다. 따라서 공연은 그 구성에 따라 수좌내연에서부터 9등호의 등급호에 이르기까지 사실상 10단계로 나누어져 있음을 알 수 있다. 수좌내연이라도 그것이 어떤 방식으로 구성되었는가에 따라서 그 표현은 다소 차이를 보이고 있으며, 그것이 등급연으로 편제될 때 그

---

38) 여기서 追子에 대한 추기로 판단되는 '八'옆의 '六'을 오기로 보거나(李仁哲, 앞의 책, 48쪽), 서식 외의 추기로 보기도 한다(武田幸男, 앞의 논문, 252쪽). 그러나 사진판에서도 분명히 드러나는 '六'의 숫자를 오기로 보는 것은 너무 자의적인 판단이라 여겨진다.

내부 구성은 변화할 수 있었을 것이다. 또한 수좌내연이 등급연으로 편제될 때 수좌내연 가족 구성의 불안정성으로 인하여 대체로 하하연으로 편제되었을 것으로 여겨지며, 하하연은 몇 개의 수좌내연으로 구성되었을 것으로 예상된다.

3) 9등호제의 시행과 내용

통일신라의 호등제는 기본적으로 9등호제라고 보고 있다. 이는 신라촌락문서 속에 보이는 호등이 下下烟으로부터 中下烟에 이르기까지 4개의 등급이 보이고 있고, 이로부터 유추하여 하하연으로부터 상상연에 이르기까지 9등호로 구성되어 있었을 것이라는 가정에서 비롯되었다. 그러나 현재 中中烟 이상의 등급호가 발견되지는 않았다. 아마도 이는 일반촌락에서는 그 이상의 호등을 발견하기 곤란한 점과 관련이 있을 것으로 여겨진다.

통일신라의 호등제는 공연의 성격을 파악함으로써 그 실체를 알 수 있다. 공연의 성격은 9등호의 구분 기준을 밝힘으로써 해명될 것이다. 이와 관련하여 공연에 관한 견해는 孔烟=自然戶說과 孔烟=編戶說로 대립되어 왔다.[39] 공연자연호설의 경우 공연은 자연호이며, 인정의 多

---

[39] 지금까지의 견해는 대부분 孔烟=自然戶라는 입장이었다. 대표적인 연구자는 旗田巍이다(「新羅の村落 - 正倉院にある新羅村落文書の硏究 -(1)·(2)」『歷史學硏究』158·159, 226·227 ;『朝鮮中世社會史の硏究』, 法政大學出版局, 1972). 공연편호설 입장에 있는 연구자는 李泰鎭이다(「新羅 統一期의 村落支配와 孔烟」『韓國史硏究』25, 1979 ;『韓國社會史硏究』, 지식산업사, 1986). 그러나 공연편호설과 관련해서는 오장환의 선행연구가 있다(「신라장적으로부터 본 9세기 전후의 우리나라 사회경제적 상황에 관한 몇 가지 문제」『력사과학』1958-5, 1958). 오장환의 주요 견해는 다음과 같다. 첫째, 공연은 課戶로서 개별자연호를 단위로 조직되었다. 둘째, 과호는 부유한 호 하나로 되는 경우도 있겠지만, 많은 단한한 호를 모아서 과호를 만들었다. 셋째, 하하연은 약간의 토지도 소유하지 못하고 오직 타인의 토지를 경작하면서 그 필요노동

寡가 호등 구분의 기준이라는 입장이다. 공연편호설에서는 공연이란 丁과 助의 수가 일차적인 기준이 되지만, 다른 경제적 조건이 참작되었음을 시사하고 있다.40)

신라사회는 기본적으로 농업사회이기 때문에 기층민의 존재양태는 농업생산력의 발전 정도에 의해 규정되고 있으며, 토지와 노동력이 어떻게 결합되고 있느냐에 따라 다양한 존재양태를 띠게 된다. 따라서 양자의 결합양식은 당시의 농업경영구조를 규명하는 데에서부터 시작되어야 할 것이다.

이러한 측면에서 공연편호설은 생산력 발전에 따른 호의 분화를 반영하지 못하고 있으며, 막연하게 토지소유나 호 구성원의 과다성을 지적하여 편호라는 방식으로 재구성하는 것은 곤란하다고 생각된다. 그럼에도 불구하고 공연의 등급 및 그것에 기초한 계연의 수치가 실상 租庸調 전반에 적용되는 것이 아닌가라는 지적은 경청할 만한 견해이다.41) 그러나 공연을 편호로 파악할 경우 촌락문서 내 9등호의 의미가

 까지를 약탈당하는 소작농민일 것이다. 이상의 견해는 현 단계의 연구에도 시사하는 바가 크다. 근래의 연구성과에 의하면 공연은 호의 분화에 기초하여 자연호의 재산 정도를 반영한 호의 구분으로서 자연호만으로 공연이 되기도 하며, 하하연의 경우는 2~3개의 빈한한 호가 묶여 편성된 편호의 의미를 가지고 있다고 보았다(金基興, 『三國 및 統一新羅 稅制의 硏究』, 역사비평사, 1991). 그러나 김기흥은 하하연의 편호 가능성을 제시하고 있지만, 호등에 따른 토지와 인정의 결합구조의 차이에 대해서는 막연한 추정을 하고 있다. 최근 공연자연호설을 더욱 보강하는 입장에서 논리를 전개한 이희관의 견해 (「統一新羅時代의 孔烟의 構造에 대한 새로운 理解」, 『韓國史硏究』 89, 1995)와 공연편호설 입장을 더욱 보강한 윤선태의 견해(『신라통일기 왕실의 촌락지배』, 서울대 박사학위논문, 2000)는 신라촌락문서의 공연을 둘러싼 논쟁을 보다 심화시키고 있다. 최근 공연과 호등제의 연구사에 관한 비판적 검토로 다음의 글이 참고된다(김기섭, 「통일신라 孔烟과 戶等制 연구에 관한 비판적 검토」 『역사와 경계』 46, 2003).

40) 李泰鎭, 앞의 논문, 51쪽.
41) 李泰鎭, 앞의 논문, 51쪽 ; 李仁哲, 「新羅 統一期의 촌락지배와 計烟」 『韓國

무엇인지 모호해진다. 많은 양의 토지소유와 가족 구성의 문제는 그 내부에서 어떠한 농업경영 조직을 가지고 있었는지가 밝혀짐으로써 해결될 수 있는 것이며, 단순히 편호에 의해서 해결될 수 있는 문제는 아니다.

호등제는 수취제와 밀접한 관계를 가지고 있다. 唐 균전제하의 9등호제는 租庸調・戶稅・地稅 수취의 기준이 되었다.[42] 당 균전제하에서 호등 구분의 중요한 기준은 자연가호의 재산이었지만, 그 중에서 중요한 것은 田産이었다.[43] 이는 唐代에 토지가 중요한 생산수단이자, 富의 중심이 되고 있었음을 보여주는 것이다. 우리의 경우에도 그 이전 시기와 비교해 볼 때 토지의 중요성이 훨씬 높아졌으며, 이미 앞 절에서 보았듯이 토지사유화가 상당한 정도로 진전되었기 때문에 호등 구분의 기준에 토지가 반영되었다고 보는 것은 당연할 것이다.[44]

따라서 人丁만이 호등 구분의 기준이라고 보는 것은 토지의 사적 소유가 상당한 정도로 진전되었던 통일신라기에는 적절하지 않다고 여겨진다. 또한 토지만을 호등 구분의 기준으로 보는 것도 인정의 중요성을 소홀히 하는 것이라 하지 않을 수 없다. 戶는 토지와 인정의 결합으로 이루어진 만큼, 호등의 구분은 양자의 결합에 의한 농업경영규모의 차이에서 구하는 것이 훨씬 실체에 접근하는 것이라 본다.

호등은 호의 경제력 차이를 반영하여 수취를 차별화하기 위한 목적에서 파악하는 것이다. 그렇다면 당시 사회에서 호의 경제력을 보여주는 지표로 가장 적절한 것은 개별가호의 농업경영규모이며, 그것은 토지와 인정의 결합으로 이루어진 자연가호의 경제력일 것이다. 따라서

史硏究』 54, 1986, 11~19쪽.
42) 王曾瑜,「從北朝的九等戶到宋朝五等戶」『中國史研究』 1980-2, 52~57쪽.
43) 楊際平,「唐代戶等與田産」『歷史研究』 1985. 3(k22 魏晉南北朝隋唐史), 47~50쪽.
44) 李仁哲, 앞의 논문, 1986.

인위적으로 편호함으로써 호등을 매긴다는 것은 호등제의 목적이 무엇인지를 가늠하기 어렵게 한다.45) 자연가호의 경제력에 상응하여 호등을 매기고 그에 따라 수취하는 것이 가장 편의적일 것으로 판단된다.

공연자연호설에 비하여 공연편호설이 설득력을 가지게 된 것은 하나의 촌락을 이루는 戶의 수가 매우 적다는 점(8~15烟), 호당 인구수가 많다는 점(8.3~14.2인), 전답소유의 호당 평균치가 높다는 점에 대한 적절한 해명이 있었기 때문이다.46) 그러나 이는 호별 경제력의 차이를 감안하지 않은 일률적인 산술 평균이 가지고 온 수치의 오류이다. 호등의 규모에 상응하는 인구수와 전답수가 아니라 모든 호를 평균적으로 산출해낸 수치이기 때문에 호등의 실상을 전혀 반영하지 못한 것이라고 해야 할 것이다.47)

唐의 9등호제가 토지소유에 기초한 호별 경제력의 차이를 반영하고 있듯이, 신라의 9등호제도 기본적으로 자연호의 경제력의 차이에 의해 나타나는 것으로 여겨진다. 다만 신라촌락문서에서 하하연의 비중이 상당히 높은 편인데, 특히 C·D촌은 대부분이 하하연이며 하하연이 상당량의 토지와 인정을 가지고 있다고 보기는 어렵다. 그렇다면 C·D촌은 또 다른 특수성을 가질 가능성이 높으며, 하하연은 하중연 이상과는 다른 가족 구성으로 촌락내에 존재할 가능성이 있다고 본다.

---

45) 사실상 호등의 의미를 고려해 본다면 편호를 통해 호등을 구분하기보다는 부유한 호와 빈한한 호를 하나로 묶어 편호간의 차이를 균등화하여 수취의 효율성을 추구하는 것이 편호의 의미에 적합할 것이다(김기섭, 앞의 논문, 2003, 87쪽 ; 이희관, 앞의 논문, 1995, 197~198쪽).
46) 李泰鎭, 『韓國社會史硏究』, 36~42쪽.
47) 근년에 김기흥은 공연자연호설을 제기하면서 신라 9등호제는 호의 경제력에 따른 차이를 반영한 호등제이며 하하연은 열악한 농민호로서 편호의 가능성을 시사하였다(앞의 책, 1991).

촌락내 공연 소유의 토지 경작은 기본적으로 각 호등별 孔烟 단위의 노동력을 활용하였겠지만, 그 외의 토지를 경작하기 위해서는 거기에 필요한 일정한 노동력이 존재해야 할 것이며, 그 노동력은 하하연으로부터 공급받을 수 있었을 것으로 여겨진다. 불안정한 가족 구성과 빈약한 경제력을 가진 수좌내연이 등급연으로 편제될 때 하하연으로 편제되었을 것이라고 여겨지는 만큼, 하나의 자연호가 그대로 하하연이 되는 것이 아니라 몇 개의 수좌내연이 하나의 하하연을 구성했을 가능성이 크다. 이는 특히 C·D촌의 압도적인 하하연의 구성에 비해서 실제 인구수가 많은 것은 하하연의 편호적 구성을 고려하지 않고는 생각하기 어렵다. 하하연이 하중연 이상처럼 하나의 자연호로서 등급연을 구성하지 못하는 것은 그들의 경제적 상태가 열악하여 하나의 자연호로서 등급연을 구성하기 어려웠기 때문이라고 생각된다.48) 따라서 C·D촌의 토지 구성과 압도적인 하하연의 구성으로 볼 때 하하연이 그 만큼의 토지를 소유했다고 보기는 어려울 것이며, 남의 토지를 경작하는 경작자로서의 역할을 했을 가능성을 유추해 볼 수 있다. 이런 의미에서 A, B, C, D의 각 촌락은 각각 그 특성에 따라 존재형태는 다양했을 것으로 여겨진다.49)

---

48) 4명으로 이루어진 B촌의 수좌내연이 하나의 공연으로 인정되었다는 점에서 공연의 인적 구성이 반드시 편호일 것이라고 보는 견해는 재고되어야 할 것이지만, 하하연이 절대 다수를 점하는 C·D촌에서 하하연이 하나의 자연호로서 이루어졌을 가능성은 희박해 보인다. 그렇다면 수좌내연을 등급연으로 편제할 때 그들의 경제적 상태를 고려하여 몇 개의 수좌내연을 묶어 하하연으로 편제했을 것이다.

49) 특히 C촌의 경우는 丁의 비율이 丁女에 비해 훨씬 높고 하하연의 비율도 다른 촌락에 비해 훨씬 높은 반면, 전답의 호당 소유 비율이 매우 높으며 우마 수의 변동폭도 매우 크다(金琪燮, 「신라촌락문서에 보이는 '村'의 입지와 개간」, 『역사와 경계』 42, 2002). 이처럼 하하연의 비중이 높음에도 불구하고 전답의 비율이 높은 것은 모든 전답이 하하연의 소유가 아니라, 다른 지배층의

하하연의 구성을 이와 같이 유추할 때 실질적으로 과연 그럴 가능성이 있을 것인지에 관하여 검토해보아야 할 것이다. 먼저 각 촌락별로 호등의 연당 구수를 유추해보면 다음과 같다.

<표 6> 촌락별 烟當예상구수

戶等	烟當豫想口數	A촌	B촌	C촌	D촌
中下	11~13	4(44~52)	1(11~13)	0	0
下上	8~10	2(16~20)	2(16~20)	0	0
下仲	5~7	0	5(25~35)	1(5~7)	1(5~7)
下下	3×(3~5)	5(45~75)	6(54~90)	6(54~90)	9(81~135)
계		11(105~147)	14(114~158)	7(59~97)	10(86~142)
실제수		147	125	72	118

위의 표에서 각 등급연의 烟당 예상 구수를 하하연(3~5명), 하중연(5~7명), 하상연(8~10명), 중하연(11~13명)으로 보고, 하하연의 경우는 하중연 이상과는 달리 자연 개별가호의 불안정성으로 인하여 3개 정도의 자연호를 묶은 편호적 구성을 하고 있다고 예상하여 계산하였다. 그 결과 각 촌의 실제 인구수가 예상 구수의 범위 안에 들어 있음을 확인할 수 있다. 이는 예상 구수가 어느 정도의 신뢰성을 가진다는 것을 보여주는 것이라고 할 수 있다. 여기서 각 공연별 평균 구수를 상정하여 표를 만들어 보면 다음과 같이 예상 구수와 실제수가 매우 근접해 있음을 알 수 있다.

각 촌락별 예상 평균 구수를 다음의 표와 같이 추정해보면 촌락별 특징에 따라 평균 구수가 일정하게 차이가 있음을 알 수 있다. 특히 A촌은 인구수와 상위 호등의 수가 가장 많고, 촌주가 있고 전답수 및 우마수, 수목수 등에서 다른 촌락보다 우위에 있다.

소유지일 가능성을 생각해 볼 수 있다.

<표 7> 촌락별 戶等別 평균구수

항목 戶等	A촌			B촌		
	烟數	평균구수	계	烟數	평균구수	계
중하	4	13	52	1	12	12
하상	2	10	20	2	9	18
하중	0	7	0	5	6	30
하하	5	15	75	6	11	66
계	11		147	14		126
실제수			147			125

항목 戶等	C촌			D촌		
	烟數	평균구수	계	烟數	평균구수	계
중하	0	12	0	0	12	0
하상	0	9	0	0	9	0
하중	1	6	6	1	6	6
하하	6	11	66	9	12	108
계	7		72	10		114
실제수			72			118

네 개의 촌락 가운데 A촌은 가장 부유한 촌락으로서 烟당 예상 구수의 범위에서 가장 많은 구수를 평균 구수로 잡으면 실제의 인구수와 일치한다. 이는 A촌의 村勢에 상응하여 호등별 소유 전답수가 많은 것과 관련이 있을 것으로 생각된다.

B촌은 A촌과 인구 구성상의 특징이 비슷하나, 다른 촌락과 달리 余子와 法私가 확인되는 점이 특징적이다. 그러나 A촌에 비해서 인구수도 적고 하위 호등의 공연이 많으며, 대체로 田作의 비중이 높아서 A촌에 비해서 村勢가 떨어진다. 따라서 B촌의 평균구수는 A촌보다 적다고 여겨지고 중하연 12명, 하상연 9명, 하중연, 6명, 하하연 11명으로 잡으면 실제 인구수와 1명의 오차가 난다.

C촌은 丁의 비율이 丁女에 비해 훨씬 높고, 하하연의 비율도 다른 촌락에 비해 훨씬 높은 반면, 전답의 소유비율이 매우 높다. 이는 C촌이 다른 촌락과 달리 촌세에 비해 호등의 분포가 낮은 불균형성을 반

영한다고 할 수 있다. 그러나 C촌은 문서상 앞의 부분이 누락됨으로써 다소 의문이 있으나, B촌과 같은 평균구수로 계산하면 실제 구수와 똑같은 결과가 나온다.

　D촌은 정녀의 비율이 다른 촌락에 비해 압도적으로 높으며, 하하연의 비중이 가장 높고 우마의 소유규모가 가장 작다. 이러한 점을 고려해 본다면 D촌은 촌세가 가장 열악한 촌락으로 생각된다. 따라서 다른 촌락에 비해서 하하연의 인구 비중이 높을 것으로 여겨지며, 하하연의 평균 구수를 12명으로 잡으면 실제 인구수와 4명의 차이가 난다.

　이렇게 본다면 각 등급연의 烟당 예상구수는 하하연(3~5명), 하중연(5~7명), 하상연(8~10명), 중하연(11~13명)으로 되어 있지만 호등별 평균 인구수는 촌락마다 차이가 나고 있음을 살필 수 있다. 이는 같은 등급연이라 하더라도 각 촌락의 입지 조건 등에 따라 각 호등의 농업경영규모의 차이가 날 수 있음을 반영하는 것이며, 각 촌락의 촌세 및 특성에 따라 각 호등의 평균 구수는 어느 정도 차이가 난다는 것을 보여주는 것이라고 하겠다. 특히 하하연의 평균 구수가 11~15명으로 차이가 나는 것은 하하연은 빈한한 호 3호 정도가 하나의 호로 편제된 편호라고 보았기 때문이다. 하하연의 구수는 촌세의 강약에 따라 촌락별로 차이를 보이고 있으며, 촌세가 약한 촌락일수록 하하연의 구수가 많을 것이라고 예상된다. 그러나 A촌의 경우는 부유한 촌락임에도 불구하고 하하연의 구수가 많아서 빈부의 차이가 일정하게 존재하고 있음을 살필 수 있다.[50] 그렇다면 실질적인 노동력층이라고 할 수 있는 호등별 丁·丁女의 수를 유추해보자.

---

50) 다른 촌락에 비해서 A촌은 상위 호등이 많은 촌락으로서 토지소유의 비중이 높은 만큼 경작 인구가 많았을 가능성이 있다. 또한 하하연의 인구수가 많은 것은 용작농 등으로 살아가는 빈한한 하하연이 많았을 가능성을 반영하는 것이라고 볼 수 있다.

<표 8> 각 촌락의 호등별 丁·丁女의 수

戶等	丁·丁女數	A촌	B촌	C촌	D촌
중하	8	×4=32	×1=8	0	0
하상	6	×2=12	×2=12	0	0
하중	4	×0=0	×5=20	×1=4	×1=4
하하	3戶×2명	×5=30	×6=36	×6=36	×9=54
합계		74	76	40	58
실제丁·丁女數		71	76	32	56

위의 표에서처럼 각 호등의 정·정녀의 수를 추정하면 C촌을 제외한 다른 촌락은 그 편차가 0~3명밖에 차이가 나지 않는다. 반면에 C촌은 8명의 오차를 보이고 있다. C촌은 전체 구수가 다른 촌락에 비해 훨씬 적으며, 앞의 문서 부분이 누락되어 그 정확한 진위를 알기 어렵다. 그러나 다른 촌락은 정녀의 비율이 정남에 비해 높은 데 반해서 C촌은 丁男의 비율이 정녀에 비해 훨씬 높으며, 우마의 증가율이 높은 가운데 다른 촌락에 비해 소의 수가 훨씬 많은 점은 C촌의 특수성을 반영하는 것으로 보인다.[51] 앞의 오차는 이러한 점과 관련이 있을 것으로 여겨진다. 그런데 C촌의 경우 丁·丁女의 수를 5명으로 잡으면 그 오차가 2명으로 줄어든다. 문서의 누락부분이 인구수와 관련이 없다면 C촌의 丁·丁女의 수는 5명일 가능성이 크다. 이는 하하연에 포함된 빈한한 호의 경우에 부부 중심의 정상적 소가족 구성을 갖지 못한 경우가 더러 있었음을 고려한다면 그럴 가능성은 더욱 커진다고 하겠다.[52]

다만 A촌의 경우 하하연의 평균 구수를 15명으로 잡은 데 비해 정·정녀의 수가 6명이 되어 정·정녀의 비중이 다른 촌락에 비해 많이 떨

---

51) 金琪燮, 앞의 논문, 2002, 50~55쪽.
52) 효녀 지은의 이야기와 설씨녀의 경우를 보더라도 단 2인으로 이루어진 가족 구성도 있을 수 있다(『三國史記』 권48, 열전8, 孝女 知恩, 薛氏女). 본 문서에서 보이는 수좌내연의 가족구성 등을 고려해보아도 가능하다고 여겨진다.

어진다. 그 이유를 정확하게 알 수는 없지만, A촌 하하연의 개별호가 부부 중심의 5인 가족으로 구성되었다고 본다면 A촌 하하연은 5인 가족의 3호로 구성되어 평균 15인이 된다. 이렇게 본다면 A촌 하하연의 가족 구성은 다른 촌락에 비해 부부를 중심으로 한 정상적 가족 구성을 하고 있는 것으로 볼 수 있다.

다음으로 각 호등별 예상 丁數를 유추해보자. 이에 앞서 각 촌락의 丁:丁女의 性比 구성을 고려할 필요가 있다. 왜냐하면 호등별 성비에 따라 예상되는 丁과 정녀의 수는 차이가 날 수 있기 때문이다. 각 촌락의 호등별 성비를 살펴 보면 다음과 같다.

<표 9> 각 촌락의 호등별 性比

항목 성비	A촌	B촌	C촌	D촌
	丁:丁女	丁:丁女	丁:丁女	丁:丁女
總口數中比率	19.7 : 28.6	24.8 : 36.0	25.0 : 19.4	16.1 : 31.4
性比	41 : 59	41 : 59	56 : 44	34 : 66

위의 표에 의하면 각 촌락마다 성비의 구성이 차이가 나는데, A·B촌의 丁:丁女의 성비는 41:59로 동일한 반면, B촌은 丁의 비중이, D촌은 丁女의 비중이 훨씬 높다. 따라서 각 촌락의 성비에 따라 예상 정:정녀의 수는 차이가 날 것으로 여겨진다. 이를 고려하여 호등별 예상 丁:丁女의 수를 유추해보면 아래의 표와 같다.

아래의 표처럼 정과 정녀의 수를 예상하면 그 성비가 37.5:62.5로 나타나며, 이 비율은 A·B촌의 41:59에 근접한 수치로 나타난다. 그러나 이 비율은 전반적으로 정녀의 비율이 높다는 것을 전제로 만든 표이기 때문에 모든 촌락에 동일하게 적용하기는 곤란하며, 특히 C·D촌은 정과 정녀의 성비가 A·B촌과 상당하게 차이가 나기 때문에 다른 방식의 적용이 필요하다고 여겨진다.

<표 10> 호등별 예상 丁 : 丁女의 수

戶等	예상 丁·丁女數	丁	丁女
중하	8	3	5
하상	6	2	4
하중	4	1	3
하하	6	3	3
계	24	9	15
性比(%)		37.5	62.5

그러나 丁의 수를 고정하여 계산해보면 다음과 같은 문제점이 드러난다.

<표 11> 호등별 예상 丁數

戶等	丁數	A촌	B촌	C촌	D촌
중하	3	×4=12	×1=3		
하상	2	×2=4	×2=4		
하중	1	0	×5=5	×1=1	×1=1
하하	3	×5=15	×6=18	×6=18	×9=27
합계		31	30	19	28
실제정수		29	31	18	19

위의 표에 의하면 A·B·C촌의 경우는 그 편차가 1~2명에 불과하여 예상 정수의 합계가 실제 정수와 거의 일치한 반면에 D촌의 경우는 9명에 가까운 차이를 보이고 있다. 이는 D촌의 경우, 정과 정녀의 성비에서 정녀의 비율이 압도적으로 높은데도 불구하고 하하연의 丁:丁女의 비율을 3:3으로 예상하고 계산한 데 따른 결과이다. 따라서 정 : 정녀의 비율을 2:4로 보고 하하연의 정수를 2명으로 계산하면 실제 정수 19명과 일치한다. 따라서 D촌의 경우는 하하연의 丁數를 2명으로 파악해야 할 것이다. 그렇다면 예상 정녀수의 비교를 통해 신뢰도를 살펴보자.

Ⅲ. 신라 통일기의 호등제 155

<표 12> 호등별 예상 丁女數

戶等	丁女數	A촌	B촌	C촌	D촌
중하	5	×4=20	×1=5		
하상	4	×2=8	×2=8		
하중	3	0	×5=15	×1=3	×1=3
하하	3	×5=15	×6=18	×6=18	×9=27
합계		43	46	21	30
실제정녀수		42	45	14	37

위의 표를 통해서 보면 A촌·B촌의 경우는 예상 구수와 실제 구수와의 오차가 1명에 불과하나 C촌·D촌의 경우는 그 오차가 7명에 이르고 있다. 이는 앞의 性比에서도 보았듯이 C촌과 D촌의 丁:丁女의 성비는 56:44과 34:66으로, 서로 상반된 성비를 보여주는 데 기인한다. 따라서 동일한 성비 구성을 전제로 계산한 위의 표는 오차가 날 수밖에 없다. 따라서 C촌 하하연의 예상 정녀수를 2명으로 잡고, D촌의 예상 정녀수를 4명으로 잡으면 그 오차가 1~2명으로 줄어든다.

이를 토대로 C촌과 D촌의 성비를 고려하여 하하연의 丁·丁女數를 계산해보면 다음과 같다.

<표 13> 하하연의 丁·丁女數

항목 촌락	性比(丁:丁女)	丁:丁女	예상수:실제수	
			丁	丁女
C촌	54:46	3:2	19:18	15:14
D촌	33:69	2:4	19:19	39:37

이처럼 C촌은 전체 인구수가 적고 남성의 성비가 높다는 점에서 하하연의 정과 정녀의 예상 구수를 5인으로 잡고 丁 3인, 丁女 2인으로 계산하면 실제수에 매우 근접한다. D촌의 경우에도 전체 인구수는 다른 촌락과 비슷하나, 성비에서 여성의 비율이 압도적으로 높다는 점을

고려하여 丁 2인, 丁女 4인으로 추정하면 실제수와 비슷하게 나타난다. 이처럼 각 촌의 성비를 고려하여 丁과 丁女의 수를 계산해보면 그 오차가 불과 1~2명밖에 나지 않는다는 사실은 앞의 추정이 사실에 매우 근접할 가능성을 보여주는 것이라 할 수 있다. 이를 정리하여 표를 만들면 다음과 같다.

<표 14> 각 촌락의 예상 丁·丁女數

촌락 호등	A촌		B촌		C촌		D촌	
	丁	丁女	丁	丁女	丁	丁女	丁	丁女
중하연	3×4=12	5×4=20	3×1=3	5×1=5				
하상연	2×2=4	4×2=8	2×2=4	4×2=8				
하중연	1×0=0	3×0=0	1×5=5	3×5=15	1×1=1	3×1=3	1×1=1	3×1=3
하하연	3×5=15	3×5=15	3×6=18	3×6=18	3×6=18	2×6=12	2×9=18	4×9=36
예상구수	31	43	30	46	19	15	19	39
실제수	29	42	31	45	18	14	19	37

이상에서 보듯이 각 촌락의 성비를 고려하여 예상해 본 인구수는 각 촌락의 실제 인구수와 비교해 볼 때 그 오차의 범위는 0~2명에 불과하게 된다. 이러한 사실은 각 등급연의 예상 구수가 실제 구수에 상당히 근접할 가능성을 보여주는 것으로 주목된다. 특히 C촌과 D촌은 하하연의 수가 압도적으로 많은 촌락으로서 하하연과 하중연을 대비해서 정과 정녀의 수를 예상해 볼 때, 하하연의 경우 편호 가능성을 상정하지 않고는 실제수에 근접하는 예상 구수를 발견해내기 어렵다. 즉 하하연의 정과 정녀수가 5~6인으로 이루어질 때 실제수에 근접한 예상 구수를 찾아낼 수 있으며, 그렇지 않으면 하중연의 예상 정과 정녀수가 지나치게 많아지는 문제를 일으키게 된다. 이는 A촌과 B촌의 경우에도 마찬가지로 적용될 수 있다.

이상에서 각 호등별 예상 구수를 상정해 본 결과, 각 호등의 예상 구수는 각 촌락의 성비를 기초로 계산한 정·정녀수에 매우 근접한 수치를 보이고 있음을 살필 수 있다. 그와 아울러 각 호등의 재산규모와의 상관성도 검토해 볼 필요가 있다. 먼저 각 호등별 평균 재산규모를 구해보면 다음과 같다.

<표 15> 각 호등별 평균 재산규모

항목 촌락	孔烟數	田	畓	馬·牛	桑·栢·秋
A촌	11	5결64부5속	8결54부7속	2.3두·2두	91.3·10.9·10.2
B촌	14	7결93부7속	3결99부8속	1.2두·0.8두	85.3·?·4.7
C촌	8	7결35부	8결58부4속	1두·1.4두	91.3·?·13.4
D촌	10	7결61부9속	2결59부9속	1두·0.8두	123.5·6.8·4.8

위의 표에 의하면 촌세가 큰 촌락일수록, 즉 상등호의 비율이 높은 촌락일수록 田畓·牛馬 등의 평균 소유규모가 대체로 크다는 사실을 알 수 있다. 특히 A촌과 B촌을 비교할 경우, A촌은 답의 소유 비중이 D촌보다 훨씬 높으며, 우마도 훨씬 많이 소유하고 있다. 이는 호등의 구분과 재산 소유의 상관성이 매우 높을 가능성을 보여주는 것이라고 보아도 좋을 것이다.

그러면 실제로 토지의 소유규모가 호등과 어느 정도 상관관계가 있는지 살펴볼 필요가 있다. 이와 관련해서는 기존의 연구에서 상등호일수록 토지를 많이 소유하고 있으며, 기본수 1인 중상연은 24결의 토지를 소유하고 그 가운데 6결은 휴한지로 보고, 호등이 내려갈수록 3결씩 감소하여 하하연은 9결을 소유한 농가(휴한지 6결)임을 밝힌 연구가 있다.[53] 여기서는 전답을 구분하여 호등별 전답의 소유 차이를 감안하

---

53) 李仁哲, 앞의 논문, 7쪽, <표 4>. 그러나 이 연구에서는 촌락의 입지와 특성을 고려하지 않고 전답의 구분이 없이 동질적으로 파악하고 있다. 이미 각 촌락에서 살필 수 있듯이 A촌과 C촌은 畓의 비중이 높은 촌락이며, B촌과 D촌

여 소유규모를 유추해 보고자 한다.

우선 A촌의 경우, 畓은 94결, 田은 62결로 畓의 비중이 높은 것으로 보아 수리의 이용이 편리한 곳에 입지해 있음을 짐작할 수 있다. 그로 인해 상위 호등의 경우는 畓의 소유 비중이 높으며 하위 호등의 경우는 田의 소유 비중이 높을 가능성을 고려하여 표를 만들어 보면 다음과 같다.

<표 16> A촌 호등별 예상 田畓소유규모

항목 戶等	예상전답 소유결수	孔烟數	畓	田	예상평균 소유결수
仲下	18~21	4	×14=56	×4=16	18결
下上	15~18	2	×10=20	×5=10	15결
下仲	12~15	0	×6=0	×6=0	12결
下下	9~12	5	×3=15	×7=35	10결
合			91	61	
실제결수			94	62	

위의 표에서 볼 수 있듯이 각 호등의 전답소유규모는 하하연 9~12결에서 3결씩 증가하여 중하연은 18~21결을 소유하되 각 촌락마다 촌락의 입지조건과 田畓의 구성 비율 등에 따라 실질적인 예상 소유결수는 그 범위 내에서 다소 유동적일 수 있다. 즉 하하연이라고 하더라도 촌락마다 예상 전답소유결수 9~12결의 범위 내에서 차이가 날 수 있다는 의미이다. A촌은 전체적으로 畓의 비중이 높은 촌락으로서 상등 호일수록 畓의 비중이 높고 田의 비중이 낮은 것으로 보고, 중하연은 畓 14결·田 4결, 하상연은 畓 10결·田 5결, 하중연 畓 6결·田 6결, 하하연 畓 3결·田 7결을 소유하고 있다고 예상해보자. 이렇게 볼 경

은 田의 비중이 높은 촌락이다. 따라서 촌락의 특성에 따라 전답의 소유비율이 다를 수 있다는 사실을 고려하여 검토할 필요가 있다.

우 A촌의 실제 토지결수와 예상 토지결수는 畓 3결·田 1결의 오차가 날 뿐이다. 특히 畓에서 3결의 오차가 생기는 것은 A촌의 촌주가 村主位畓만을 소유하고 있는 점과 관련이 있을 것으로 여겨진다. 이러한 점에서 각 촌락의 호등제는 인정과 토지가 동시에 고려된 것이라는 점을 예상할 수 있다.

B촌은 畓 60결·田 119결로 田의 비중이 2배 가량 많은 촌락으로서 A촌과 달리 畓을 만들기 곤란한 입지조건을 가지고 있었음을 알 수 있다. 따라서 B촌락은 상위 호등이라도 A촌에 비해 田의 비중이 상대적으로 높을 것으로 여겨진다. 이를 고려하여 표를 만들면 다음과 같다.

<표 17> B촌 호등별 예상 田畓소유규모

항목 戶等	예상전답 소유결수	孔烟數	畓	田	예상평균 소유결수
仲下	18~21	1	×9=9	×11=11	20결
下上	15~18	2	×7=14	×10=20	17결
下仲	12~15	5	×5=25	×9=45	14결
下下	9~12	6	×2=12	×7=42	9결
合			60	118	
실제결수			60	119	

위의 표에서 보듯이 B촌은 田의 비중이 월등하게 높기 때문에 전답의 소유 비중도 A촌과는 다를 것으로 생각된다. 그러나 상위 호등의 경우 畓의 비중도 적지 않을 것임을 감안하여 중하연 畓 9결·田 11결, 하상연 7결·10결, 하중연 5결·9결, 하하연 2결·7결로 예상해보면 畓의 경우는 일치하고, 田의 경우는 1결의 오차가 나고 있다. 그렇다면 여기서 제시한 예상 결수의 신뢰성이 상당히 높을 가능성을 가지고 있다고 본다.

C촌은 畓 69결·田 58결로 답의 비중이 약간 높은 촌락으로서, 촌락

의 입지조건상 A촌에 비교될 수 있는 촌락이다. 따라서 이를 고려하여 표를 만들어 보면 다음과 같다.

<표 18> C촌 호등별 예상 田畓소유규모

항목 戶等	예상전답 소유결수	孔烟數	畓	田	예상평균 소유결수
仲下	18~21	0	×10=0	×11=0	21결
下上	15~18	0	×8=0	×10=0	18결
下仲	12~15	1	×6=6	×9=9	15결
下下	9~12	6	×4=24	×8=48	12결
合			30	57	
실제결수			69	58	

　C촌은 촌락의 특성상 A촌과 비슷한 유형으로 생각되지만, 내용적으로는 水旱田의 비율이 A촌처럼 크게 차이가 나지는 않는다. 따라서 상대적으로 畓의 면적이 넓을 것으로 여겨지며, 그 비율은 상위 호등으로 올라 갈수록 그럴 것으로 여겨진다. 그러나 C촌은 하상연 이상이 보이지 않기 때문에 실제 어떻게 되었는지는 알 수 없다. 위의 표에서 보듯이 각 호등의 전답소유결수의 범위내에서 각 호등의 전답소유규모를 추정해보면 하하연 田畓 8결·4결, 하중연 田畓 9결·6결일 때 그나마 가장 그 실제 결수에 근접한 수치를 얻을 수 있다. 이때 田의 경우는 1결의 오차밖에 나지 않아 매우 근접하고 있으나, 畓의 경우는 39결의 차이를 보이고 있다. 이는 무엇을 의미하는 것일까.

　앞의 정·정녀의 추정이 맞다고 한다면 전답의 예상 결수는 C촌의 특수성을 반영하는 것이라고 여겨진다. 그렇다면 畓에서 왜 이렇게 큰 오차가 나는 것일까. 사실상 하상연 이상의 공연이 없는 상태에서 하하연과 하중연이 많은 토지를 소유하지 못한다면 오차가 나는 것이 당연할 것이다.

그러나 이러한 오차는 C촌의 특수한 사정과 관련이 있다고 보는 것이 타당할 것이다. C촌은 다른 촌락에 비해 정남의 비중이 월등히 높고 우마의 증가율이 높은 가운데, 전체 인정수가 가장 작은데 비해 우마 중에 소의 숫자가 많은 사실은 水田 경작과 밀접한 관련을 가지고 있다고 여겨진다.[54] 아래의 표를 통해 우마의 증가율을 살펴보자.

<표 19> 촌락별 牛馬數와 증감률

구분 \ 우마	A촌		B촌		C촌		D촌	
	牛	馬	牛	馬	牛	馬	牛	馬
원래수	17	22	11	16	5	4	7	10
현재수	22	25	12	18	11	8	8	10
증감	+5	+3	+1	+2	+6	+4	+1	0
증가율	29.4%	13.6%	9.1%	12.5%	120%	100%	14.3%	0

위의 표에 의하면 A · B · D 촌의 우마의 증가율이 약간의 편차는 있지만, 그 차이가 크지 않고 증가율도 15% 내외인데 비해서 C촌은 2배 이상 증가하고 있다. C촌의 牛만 특별히 증가할 이유가 보이지 않는데, 이처럼 우마의 증가율이 높은 것은 다른 이유가 있을 것으로 추정할 수 있다. C촌은 하하연의 비율이 높은 데 비하여 수전의 비율이 높으며, 소는 B촌에 버금갈 정도로 그 수가 많다. 이는 조심스러운 추정이지만 C촌의 초과 수전은 타 지역에 토지소유주가 존재할 가능성을 보여주는 것은 아닐까. 그것이 어떤 형태인지는 모르나 C촌의 하하연이 다른 사람의 토지를 경작해주는 방식으로, 일종의 田莊制 경영이 이루어졌을 가능성을 보여주는 것이라고 여겨진다. 그렇다면 C촌 우마 가운데 일부는 전장 경영과 관련하여 전장주의 소유일 가능성이 있다고 본다.

---

54) 金琪燮, 앞의 논문, 2002, 50~55쪽.

D촌은 畓 26결·田 76결을 보유하며 田의 비중이 畓의 3배에 가까운 지역으로서 촌락의 입지조건은 B촌과 비슷할 것으로 여겨진다. 따라서 전답의 소유비율도 B촌과 같다고 보고 표를 작성하면 다음과 같다.

<표 20> D촌 호등별 예상 田畓소유규모

항목 戶等	예상전답 소유결수	孔烟數	畓	田	예상평균 소유결수
仲下	18~21	0	×9=0	×11=0	20결
下上	15~18	0	×7=0	×10=0	17결
下仲	12~15	1	×5=5	×9=9	14결
下下	9~12	9	×2=18	×7=63	9결
合			23	72	
실제결수			26	76	

D촌은 다른 촌락과 달리 정녀의 비율이 훨씬 높고, 하하연의 비중이 가장 높으며, 우마의 소유규모가 가장 작다. 또한 田의 비율이 훨씬 높은 것으로 보아 田作 위주의 마을인 만큼 각 호등의 전답구성비에서 田의 비중이 대체로 높은 것으로 나타난다.[55] 따라서 위의 표에서처럼 B촌의 전답소유비율과 똑같이 계산하면 전답은 각각 4결·3결의 오차를 보인다. 이 정도의 오차를 무시한다면 D촌의 경우도 전답소유결수의 범위 내에서 예상 평균소유결수를 구할 수 있다.

그렇다면 전답소유의 정도는 호등제의 주요한 구분의 지표가 된다는 사실을 의미하는 것이다. 즉 호등에 따라 전답의 소유규모가 정해져 있으며, 단순한 전답의 소유가 아니라 촌락의 입지조건과 전답의 비중에 따라 전답의 소유비율이 다를 수 있음을 의미한다. 畓이 많은 지역은 상위 호등일수록 畓의 비중이 높고, 田이 많은 지역이라도 상

---

55) 金琪燮, 앞의 논문, 2002, 53쪽.

위 호등은 하위 호등에 비해서 상대적으로 畓을 많이 소유하고 있음을 알 수 있다.

이상에서 검토한 바에 의하면 공연은 그들의 소유 토지를 경작할 수 있는 노동력을 가지고 있는 자연호로 파악된다. 공연의 등급인 호등은 호의 경제력을 반영한 호의 구분이며, 이는 토지와 인정이 결합된 농업경영단위의 차이를 반영한 것이다. 이러한 사실은 8~9세기 신라사회가 농업경제력을 바탕으로 호의 분화가 상당하게 진행되면서 호별 경제력의 차이가 심화되고 있었음을 반영한다. 하하연은 호의 분화결과 농촌 내부에 광범하게 존재하게 된 열악한 농민층으로서 자신의 소유토지로서는 자립적 재생산이 곤란한 농민층으로 생각되며, 일정하게 남의 토지를 경작함으로써 그 부족분을 보완하였을 것으로 판단된다. 따라서 하하연의 경우는 열악한 경제력으로 인하여 하나의 공연으로 인정되지 못하고 3개 정도의 자연호가 하나의 공연으로 편호된 것으로 여겨진다.

이상의 내용을 종합적으로 정리해보면 다음과 같다.

<표 21> 호등별 예상 토지와 人丁數

항목 戶等	기본수	예상소유토지	예상구수	예상정·정녀수
중상	1	24~27	17~19	5·7
중중	5/6	21~24	14~16	4·6
중하	4/6	18~21	11~13	3·5
하상	3/6	15~18	8~10	2·4
하중	2/6	12~15	5~7	1·3
하하	1/6	9~12	11~15	3·3

위의 표에 의하면 신라의 호등제는 개별 자연호 가운데 토지 24~27 결을 소유하고, 口數가 17~19인 정도이며, 그 가운데 예상 정·정녀

수가 5명·7명으로 구성된 호를 計烟의 기본수 1인 중상연으로 파악하였다. 그 이하는 예상 소유토지와 예상 구수로 결합된 각각의 농업경영규모에 따라 호등을 결정하였음을 알 수 있다. 중상연의 경우는 기본적으로 대가족 구성을 하고 있겠지만, 내부적으로는 호주를 중심으로 하여 자연호 3~4家의 의제적 결합으로 이루어졌을 가능성이 크다. 또한 여기에는 노비가 일정하게 포함되어 있었을 것으로 여겨진다.

그러나 예상 소유토지가 위와 같다고 하더라도 촌락의 입지조건에 따라 전답의 소유비율이 각각 다르고, 전품이 다르기 때문에 실질적인 경작 면적이 동일한 것은 아니다. 또한 하하연의 경우는 예상 소유토지가 9~12결이라고 하더라도 畓에 비해 田의 소유비율이 높고, 전품도 대체로 낮은 것으로 여겨지며, 3개 정도의 자연호가 결합된 편호 형태이므로 예상 구수에 비해서 예상 소유토지가 적기 때문에 경제력이 열악한 戶였을 것이다.

신라의 호등제와 관련하여 고려되어야 할 부분은 牛馬의 존재이다. 우마가 호등의 산정에 고려되었을까의 여부는 명확하게 말할 수는 없지만, 직접적으로 관련이 있을 것으로 보기는 어려울 것 같다.[56] 특히 말의 경우는 호등별로 사육 두수가 정해져 있을 가능성이 크지만, 그것이 개별 소유인지, 아니면 국가가 烟의 丁數에 따라 말을 사육시킨 것인지는 판단하기 어렵다.[57] 다만 호의 경제력에 따라 말의 사육수가 비례적으로 정해졌을 가능성은 있을 것이다. 그러나 그것이 호등 산정의 고려 대상인지는 정확하게 알 수 없다.

---

56) 필자는 앞의 논문에서 중상연의 계연 기본수 1을 구성하는 요소 중의 하나로 축력을 고려할 필요가 있음을 언급했으나(「新羅 統一期의 戶等制와 孔烟」 『釜大史學』 17집, 122~125쪽), 역시 기본적인 요소는 토지와 인정이며, 축력은 경우에 따라서 부차적 요소였을 가능성이 크다고 본다.

57) 明石一紀, 「統一新羅の村制について」 『日本歷史』 322, 1975.

Ⅳ. 나말여초 계층구조의 변화와 호등제의 정비

 신라 하대는 골품제적 신분구조의 지속적인 이완기였다고 해도 과언이 아니다. 골품제적 체제의 변화는 그것을 구성하고 있던 신분구조와 계층구조의 변화를 기초로 하여 일어났다. 그러나 신라 하대의 변화는 이를 능동적으로 수습하고 재편할 수 있는 신라 왕조의 정치력이 결핍되어 있었으므로 향촌사회 내부의 독자적인 조직 내에서 이루어지는 경향이 컸다고 할 수 있다.
 계층구조의 변화를 반영하고 있는 호등제는 국가의 정책적 의지를 바탕으로 실행될 수 있다. 신라촌락문서에 보이는 각 촌락의 인구유동 현상은 계층구조의 변화가 촌락 내부에서도 일어나고 있음을 반영하는 것이라고 할 수 있다. 이러한 변화 속에서 종래 9등호제의 이완현상은 가속화되어 갔다.
 나말여초의 사회변화는 신라하대 토지소유구조와 계층구조의 변화를 기저적 동인으로 하면서 향촌사회 내부의 구조를 변화시켰다. 고려 전기 사회는 나말여초의 사회변화를 체제내로 수용하고 안정화시켜가는 방향에서 조직화되었다. 따라서 고려전기는 전 시기와 질적인 차이를 보인 시기였다기보다는 전 시기의 변화를 발전적으로 계승한 시기였다고 생각된다. 특히 고려전기 호등제는 통일신라기의 호등제를 계승하면서 변화된 계층구조를 능동적으로 재편한 것이다.

이에 본 장에서는 신라 하대 계층구조의 변화와 그로 인해 야기되는 호등제의 변화를 검토해보고, 그것을 바탕으로 고려전기 향리직제의 변화와 향역차정의 과정을 호등제와 관련하여 검토해보고자 한다.

1. 田莊의 확대와 농민층의 傭作農化

신라 하대 계층구조의 변화를 이해하기 위해서는 삼국통일 이후 국가권력의 향촌으로의 파급과 관련하여 지방사회의 변화 가능성을 검토해보는 것이 필요하다. 삼국통일 이후 지방제도의 변화에서 특히 주목되는 것은 外位制의 소멸이다. 이는 물론 중앙권력의 지방침투 과정에서 나타난 현상이라 하더라도 지방사회의 변화를 전제로 하지 않고는 이해하기 곤란하다. 외위제의 소멸은 관등제의 일원화라는 측면과 함께 향촌사회의 변화로 인한 불가피한 국가의 선택이라는 측면도 고려해 봄직하다.

과거의 수장층을 국가체제 속으로 편입시키는 방편의 하나로써 선택한 외위제는 기본적으로 경위제와 이원적 구조를 가지고 있었기 때문에 지방세력의 상대적 독자성을 인정해주는 측면을 가지면서 한편으로 중앙의 지배세력과 구별하려는 의도도 내포하고 있었으리라 생각된다. 그러나 신라의 삼국통일로 인하여 이원적으로 편제되어 있던 관등제를 일원화시키고자 하는 시도는 사회적 생산력의 발전으로 인한 지방세력의 성장을 국가적 차원에서 방관할 수 없었던 점도 있었으리라 생각된다. 변화된 지방사회를 제어하기 위한 방편의 하나로 관등제를 일원화시키면서 국가의 일원적 질서체계 속으로 재편을 시도한 것이다. 특히 골품제의 변화는 그러한 양상의 하나로 이해할 수 있을 것이다.

골품제는 원래 수장층인 '干'층을 그 지배기반의 크기에 따라 편제한 것이었으며, 경위제는 '干'과 '非干'층을 구분하지 않고 일원적으로 계서화하는 가운데 만들어진 것이었으나 국정을 담당한 '非干'층이 그렇지 않은 '干'층을 능가할 우려 때문에 골품제가 계속 유지되었다. 그러나 진골과 6두품이 독자적인 신분층으로 성립하기에 이르면서 골품제의 이러한 구조는 붕괴되었다.[1] 특히 왕과의 혈연관계가 멀어질수록 진골 가운데에서 제1골과 제2골로 나누어져 진골의 순수성이 분화되어 간 것은 이러한 사실을 반영하는 것이다.[2] 이처럼 골제 내에서 진골의 순수성이 가계의 분화와 함께 희석됨으로써 골제의 붕괴 가능성이 높아져 갔다. 두품제에서 3두품 이하의 소멸은 신라사회의 계층구조의 변화를 단적으로 보여주는 사례의 하나로 볼 수 있을 것이다. 3두품 이하가 없어짐으로써 두품제의 본래적 의미가 반감되었을 뿐만 아니라, 그들은 平人化되어 복식에 있어서도 동일하게 되었다.[3] 두품제에서 3두품 이하는 일반백성층으로 재편되었고, 이러한 변화는 이미 일찍부터 시작되었다.

8세기 초 국가적 토지분급제로서 官僚田制가 녹읍제를 대신한 토지

---

1) 徐毅植,「新羅 骨品制의 構造와 그 變化」『金容燮敎授停年紀念論叢-韓國古代·中世의 支配體制와 農民-』, 지식산업사, 1997.
2) 『三國史記』 권5, 新羅本紀5, 眞德王 8년 3월, "唐令狐澄新羅記曰 其國王族謂之第一骨 餘貴族謂第二骨". 여기서 왕족이 제1골, 나머지 귀족이 제2골이라고 하여 골품제의 분화현상을 살펴볼 수 있다. 특히 제2골에 대한 해석은 다양하게 제기되어 있는 실정이다. 그러나 골제가 제1골과 제2골로 나누어져 있었다는 사실은 진골 가문이 가계적으로 다양하게 분기된 가운데 진골 내에서도 골품제의 이완 현상이 나타나고 있었음을 반영하는 것이라고 생각된다. 이와 관련하여 서의식의 논문이 주목된다(「9세기 말 신라의 '得難'과 그 成立過程」『韓國古代史硏究』 8, 1995).
3) 『三國史記』 권33, 雜志2, 色服.

제도로 자리잡게 되었고, 녹읍제는 혁파되었다가 다시 부활되는 과정을 거치면서 녹읍제의 성격은 변화되어 갔다.4) 이러한 일련의 과정 속에 지배의 중심축은 人身으로부터 土地로 이행해갔다. 그 변화의 기저에는 결부제가 신라의 생산력 수준에 상응하여 제도화됨으로써 수세의 효율성을 기할 수 있는 기초조건으로 정착되었다는 사실을 배경으로 한다.5) 丁田制는 결부제의 시행을 기초로 하여 실시될 수 있었을 것이다. 기왕에 진행되어 왔던 토지사유제의 진전은 丁田制의 시행으로 인하여 국가적 공인을 받게 되었고, 이후 토지사유제의 급속한 진행으로 인한 향촌사회의 계층분화 현상이 보다 심화되어 갔다.

이와 관련하여 신라 통일기에 호의 분화를 구체적으로 보여주는 자료는 신라촌락문서이다. 신라촌락문서의 9등호제는 호의 분화를 반영하는 제도로서 호의 경제적 차이를 내포하고 있다. 호의 분화 현상은 이미 내부적으로도 移居를 비롯한 유망현상을 통해 그 변화의 조짐을 가늠해볼 수 있다. 移居나 유망현상은 평상시에도 이루어질 수 있는 것이지만 삼국통일을 이룬 이후 신라의 국력이 절정에 올랐을 8세기 중엽 단계에 더욱 심화되면서 신라사회의 계층분화 가능성이 어느 때보다도 고조되었다.6)

---

4) 이 시기 토지제도 및 녹읍제와 관련하여 최근의 성과로 다음과 같은 논문이 참고된다. 李景植,「古代・中世의 食邑制의 構造와 展開」『孫寶基博士停年紀念韓國史學論叢』, 知識産業社, 1988 ; 全德在,「新羅 祿邑制의 性格과 그 變動에 관한 연구」『역사연구』 창간호, 1992 ; 安秉佑,「6~7세기 토지제도」『한국고대사논총』 4, 1992 ; 李喜寬,『統一新羅 土地制度研究』, 一潮閣, 1999 ; 李仁在,『新羅統一期 土地制度研究』, 연세대 박사학위논문, 1995 ; 金琪燮,「統一新羅 土地分給制의 전개와 中世의 起點」『釜大史學』 23, 1999.

5) 李宇泰,「新羅時代의 結負制」『泰東古典研究』 5, 1989 ;「新羅의 量田制」『國史館論叢』 37, 1992 ; 李宗峯,『韓國中世度量衡制研究』, 혜안, 2002.

6) 신라촌락문서에 보이는 D촌의 경우는 다른 촌에 비하여 촌세가 약하며 이거율과 사망률이 높은 사실을 알 수 있다. 이는 D촌의 특수 사정일 수도 있으

아래의 사료에서 생산력의 한계로 식량이 부족하거나, 용작으로 생활을 꾸려갈 수밖에 없는 농민들이 양산되고 있음을 살필 수 있다.

> 4-1) 春正月 國內饑 發倉廩賑之 (『三國史記』 권8, 新羅本紀8, 聖德王 5년)
>
> 4-2) 春正月 民多餓死 給粟人一日三升 (『三國史記』 권8, 新羅本紀8, 聖德王 6년)
>
> 4-3) 法師眞定羅人也 白衣時隷名卒伍 而家貧不娶 部役之餘 傭作受粟 以養孀母 (『三國遺事』 권5, 孝善9, 眞定師孝善雙美)

4-1), 4-2)의 사료에서 보듯이 신라의 전성기라고 할 수 있는 성덕왕대에도 생산력의 한계 조건으로 인하여 춘정월에 기근이 발생하고 심지어 굶어죽는 경우도 있었다. 이로 보아 일반 하층 농민들은 안정적인 농업경영조건을 확보하기가 매우 힘들었음을 살필 수 있다. 4-3)의 경우에도 진정법사는 승려가 되기 전에 집안이 가난하여 장가도 못가고, 부역의 여가에 용작을 하면서 어머니를 봉양하였음을 전한다.

신라 하대에는 대토지소유의 한 형태인 田莊이 보다 확산되었고, 이들은 자신의 토지를 가지지 못한 농민층에 의해 경작되었다.[7] 이들 농민의 생활은 매우 어려워서 끼니를 잇기 어려울 정도였으며, 흉년이 들거나 자연재해를 만나면 굶어 죽을 지경에 이르렀다. 熊川州(지금의 공주)에 살았던 向得이라는 사람은 어느 해 흉년이 들어 그의 아버지가 거의 굶어 죽게 되자 그의 다리살을 베어 봉양하기도 하였다.[8]

나 당시 신라사회에서 일어나고 있었던 현상의 하나로 볼 수 있다(金琪燮, 「新羅 統一期의 戶等制와 孔烟」 『釜大史學』 17, 1993, 114쪽).

7) 金昌錫, 「統一新羅期 田莊에 관한 연구」 『韓國史論』 25, 1991 ; 金潤坤, 「羅代의 寺院莊舍」 『考古歷史學志』 7, 1991 ; 金琪燮, 「新羅 統一期 田莊의 經營과 農業技術」 『新羅文化祭學術發表會論文集』 13, 1992.

홍덕왕대 '孫順埋兒'의 기사는 신라 하대 일반 농민층의 가난한 모습을 상징적으로 보여주는 사건의 하나라고 볼 수 있다.9) 자신의 가난을 어찌지 못해 자신의 아이를 땅에 묻으려는 불가피한 선택을 통해 현실적 모순을 타개하려는 손순의 체념에서 당시 사회 모습의 일단을 읽을 수 있다.10) 『三國史記』와 『三國遺事』에는 효에 대한 포상의 여러 사례가 전하고 있다. 이들 이야기는 모두 8세기 이후의 사실들로서 신라사회 내부에서 부의 편중이 심화되어 가는 현상을 보여주는 것이다.

신라 하대 여러 모순 가운데 가장 두드러진 것은 농민층의 빈곤화로 인한 부의 양극화 현상이었다. 귀족들의 대토지소유는 확대되고, 일반 농민층 가운데에는 자신의 토지를 상실하고 품팔이를 통해 삶을 살아가는 傭作農이 나타났다. 불국사를 창건한 김대성도 전생에는 지독한 가난으로, 부자인 福安의 집에 가서 품팔이를 하며 생활하던 용작농이었다.11) 이들 용작농들은 대토지소유자의 토지를 경작해주고 그 대가를 받아서 생활하였다. 이들은 자신의 소유토지가 없었기 때문에 항상 불안한 삶을 살아갈 수밖에 없었다. 이처럼 신라사회의 계층분화는 기본적으로 토지소유의 심각한 불균형에 기인하며, 그것은 田莊의 발달이라는 현상으로 나타났다.

전장은 크게 귀족과 왕실의 전장, 그리고 사원의 전장으로 나누어

---

8) 『三國史記』 권48, 列傳8, 向德 및 『三國遺事』 권5, 向得舍知割股供親. 『삼국사기』의 기록은 『삼국유사』에 비해서 상대적으로 상세하며, 포상의 내용에서 약간 차이가 난다.
9) 『三國遺事』 권5, 孝善9, 孫順埋兒.
10) 金琪燮, 「신라 홍덕왕대 孫順의 孝를 통해 본 '表彰'의 의미」 『韓國中世社會의 諸問題』(金潤坤敎授定年紀念論叢), 2001.
11) 『三國遺事』 권5, 大成孝二世父母. 金琪燮, 「高麗前期 農民의 土地所有와 田柴科의 性格」 『韓國史論』 17, 1987, 102~106쪽 ; 蔡雄錫, 『高麗時代의 國家와 地方社會』, 서울대 출판부, 2000, 21~33쪽.

볼 수 있다. 귀족의 전장은 국가에 의한 토지 지급 또는 귀족 자신의 토지 매입과 상속, 그 외 불법적인 토지 탈점에 의한 토지 확대의 방식으로 나타나며, 사원의 경우는 국가나 왕실 또는 귀족층의 기진이나 토지 매입의 방식으로 나타난다. 전장은 대체로 직영지나 차경지로 이루어져 있다. 직영지는 전장소유주와 가까이 있는 전장을 중심으로 전장소유주나 그 대리경영인에 의해 직접 경영이 이루어지거나, 거리에 관계없이 전장주가 직접적으로 경작자의 노동과정을 장악하고 있는 예속도가 높은 전장이다. 이에 반해 차경지는 경작자가 자신의 노동을 바탕으로 하여 경작하면서 지대를 납부하는 형태의 전장이다. 직영지의 예로 다음을 들 수 있다.

4-4) 有重阿湌金志全 (중략) 捨其甘山莊田 建此伽藍 仍造石阿彌陀像 一軀 (『朝鮮金石總覽』上, 甘山寺阿彌陀如來造像記)

위의 사료에서 경위 6위의 관등을 가진 김지전은 자신의 감산 장전을 희사하여 감산사를 창건하였다. 감산사는 경주에서 동남쪽으로 20리 가량 떨어져 있는 것으로 보아,[12] 그의 전장은 원래 경주에서 그리 떨어져 있지 않은 곳에 위치한 직영지였을 가능성이 있다. 김지전은 6두품 출신의 귀족 관료로서 자신의 전장을 가지고 있었던 것으로 볼 때, 당시 골품귀족들은 다양한 형태와 규모의 전장을 소유하고 있었으며, 이를 자신의 주요한 경제적 기반으로 삼았을 것이다.

차경지는 김원량이 숭복사에 기진한 토지의 예에서 살필 수 있다. 숭복사에 기진한 김원량의 토지는 원래 그의 소유지였을 것이다. 이 자료에 의하면 기진한 토지의 생산물을 운반하는 것이 쉽지 않아 수취와 운반은 政法司에 맡겼다고 하는 점으로 보아,[13] 거리가 일정하게

---

12) 『三國遺事』 권3, 塔像4, 南月山.

떨어져 있으며 경작지는 경작자에게 맡기고 수취 등은 중간 관리자가 맡은 차경지였을 가능성이 있다.14)

사원의 경우에도 사원의 직영지와 차경지로 구분되었다고 볼 수 있다. 사원에는 재정담당자라고 볼 수 있는 職歲僧의 감독 하에 있는 전장이 존재한다.15) 장유사의 삼강이 그 절의 영역 내에 있던 절을 파하고 莊을 설치하여 추수작물의 저장고와 마굿간을 만들고 있는 것으로 보아,16) 이 속에 포함된 토지는 삼강의 관할하에 경영되는 토지라 생각된다. 이때 전장의 원근에 따라 知莊이 파견되기도 하였을 것이다.

世達寺 莊舍의 경우 본사 승려 調信을 파견하여 知莊으로 삼는다고 하는 것으로 보아,17) 모든 경영이 知莊에게 맡겨진 차경지 형태의 전장일 것으로 여겨진다.18) 지증의 경우에도 莊 12區 田 500結을 사원에 기진하였는데,19) 莊 1區당 40결 내외의 토지는 대체로 知莊에 의해 경영되는 차경지로 생각된다. 그러나 차경지라 하더라도 知莊이 장사에 거주하면서 경작민의 노동 과정에 직접 개입하면서 예속노동을 강요할 경우 직영지적 경영에 가까운 형태가 될 것이다.

---

13)『朝鮮金石總覽』上, 崇福寺碑.
14) 金琪燮, 앞의 논문, 1992, 17~18쪽. 김창석은 수확물의 운반을 중앙의 승정기구인 정법사에 위임한 사실을 두고 숭복사가 그 토지를 완전히 장악하지 못한 데 원인이 있을 것으로 보기도 한다(金昌錫, 앞의 논문, 52~53쪽).
15) 蔡尙植,「淨土寺址 法鏡大師碑 陰記의 分析-고려초 지방사회와 禪門의 구조와 관련하여-」『한국사연구』36, 1982, 64~66쪽. 여기서 직세승은 사찰의 경제기반이었던 토지와 인민에 대한 수취를 담당한 것으로 보고 있다. 그런데 이를 좀더 유추해보면, 직세승은 사찰 전체의 재정을 담당하면서 직영지의 관할과 함께, 차경지에는 莊舍를 설치하고 知莊을 파견하는 역할도 담당하였을 것으로 생각된다.
16)『三國遺事』권2, 紀異2, 駕洛國記.
17)『三國遺事』권3, 塔像4, 洛山二大聖.
18) 金琪燮, 앞의 논문, 1992, 19쪽.
19)『朝鮮金石總覽』上, 鳳巖寺智證大師寂照塔碑.

전장은 경작지 외에 柴地, 밤나무밭, 坐位田 등으로 구성되어 있거나,20) 대안사의 경우에는 전답과 시지, 岱地, 염분이 포함되어 있기도 하였다.21) 또한 골품귀족층 가운데에는 목장을 가지고 있는 경우도 있었다.22) 신라의 富潤大宅으로 알려진 金入宅의 하나인 '本彼宅'은 많은 토지와 노비를 소유하고 있었다. 이처럼 전장은 경작지를 비롯하여 다양한 구성을 가진 하나의 공동체로서 귀족과 사원의 주요한 경제기반을 이루고 있었다. 이러한 전장은 신라통일기에 나타난 대토지소유의 한 형태로서 전국에 걸쳐 산재한 것으로 보인다.

전장은 그 경영방식에 따라 다양한 형태의 경작농민이 있었을 것이다. 이들 경작민들은 기본적으로 신라사회의 계층분화 결과 나타난 사회계층들로 이루어져 있었다. 이들은 자신의 소유토지로는 생활하기가 어려운 농민층들로 구성되어 있었으며, 그들은 자가 경영을 보충하기 위해 일부를 차경하는 농민층이거나, 무전농민층 및 용작인, 노비 등이었을 것이다.23) 그러나 신라 통일기에 들어서면 전쟁이 끝나고 노비의 공급이 원활하지 않은 상태에서 전장의 경작에 참여할 수 있는 층은 무전농민이거나 자작지의 부족으로 일정 부분 남의 토지를 빌릴 수밖에 없는 농민층들이었을 것이다.

통일을 전후로 한 시기에 대토지소유자의 농업경영은 노비노동에 의존적인 단계로부터 노비노동을 기본으로 하면서 부족한 노동력을 용작농 등으로 보완하는 단계로 이행하고 있었다고 생각된다. 당시의

---

20) 『三國遺事』 권3, 塔像4, 臺山五萬眞神, "柴地十五結 栗枝十結 坐位二結 創置莊舍焉".
21) 『韓國金石全文』(고대편), 191쪽, 「大安寺寂忍國師照倫淸淨塔碑」, "田畓柴田畓幷494結39負 坐地三結 下院代四結七十二負 柴143結 豆原地 鹽盆43結 奴婢 奴10名 婢13口".
22) 金哲埈, 「新羅貴族勢力의 基盤」 『韓國古代社會硏究』, 지식산업사, 1974.
23) 金琪燮, 앞의 논문, 1992, 26~30쪽.

부호층의 토지경작에서 가장 많이 등장하는 유형은 용작민이다. 당시 항상적으로 존재하는 자연재해로 말미암아 소농민층의 실농화 가능성이 상존하던 시기에 인신적 예속을 감내하면서도 용작을 통한 식량 해결을 모색할 수밖에 없는 농민층의 모습에서 당시 농업경영의 한 단면을 살필 수 있다.

신라 하대 전장의 확대는 골품귀족층과 사원에서 다양하고 폭넓게 진행되었다.24) 이들의 전장 확대는 토지의 매입이라는 정상적인 방법 외에도 고리대적 수취를 통해 불법적으로 탈점하는 방법으로 진행되었다. 이처럼 전장의 확대는 일반 농민층의 몰락을 가속화하면서 公民의 私民化를 촉진하였다. 그에 따라 기존 공민에 대한 과도한 수취가 가중되었고 그 결과 국가에 대한 수취거부운동이 일어나게 되었다.25) 이러한 사실은 국가 수취체제의 근본을 흔드는 것이며, 신라 호등제가 기능을 상실해 감을 의미하는 것이다.

따라서 8세기 이후 신라사회의 변화는 전반적인 신라사회의 구조를 동요시키는 계기로서 작용하였다. 신라사회의 변화는 향촌사회 내부의 분화 현상을 배후로 하여 국가의 지방 통제력이 약화되면서 지방사회의 지배질서를 재편해가는 계기가 되었다. 신라 하대 농민층의 동요는 자연재해로 인한 기근과 초적들의 봉기를 통해 그 일단을 살필 수 있다.

> 4-5) 秋八月己亥朔 日有食之 西邊州郡大飢 盜賊蜂起 出軍討平之 (중략) 冬十月 人多飢死 敎州郡發倉穀存恤 (『三國史記』 권10, 新羅本紀10, 憲德王 7年)
>
> 4-6) 三月 草賊偏起 命諸州郡都督太守捕捉之 (『三國史記』 권10, 新羅

---

24) 金昌錫, 앞의 논문, 73~75쪽.
25) 『三國史記』 권11, 新羅本紀11, 眞聖王 3년.

本紀10, 憲德王 11年)

4-7) 春 民饑 賣子孫自活 (『三國史記』 권10, 新羅本紀10, 憲德王 13年)

4-8) 八月 飢荒 盜賊遍起 (『三國史記』 권10, 新羅本紀10, 興德王 7年)

신라사회에서 자연재해로 인한 기근 현상은 이미 일찍부터 나타나고 있었다. 그러나 위의 사례에서 보듯이 기근으로 인해 도적이 봉기한다든가(4-5), 초적이 나타나는 현상(4-6)은 신라 중대에는 잘 보이지 않는다. 신라 하대에 들어와서 이러한 사례가 두드러지게 나타난다는 것은 신라사회가 매우 불안정해졌다는 것을 의미하며, 이는 사회 계층구조의 불안정성을 반영하는 것이다. 특히 이 시기에 들어와서 농민층 내부의 분화가 보다 가속화되면서 몰락으로 인해 토지로부터 떨어져 나온 농민층이 양산되었다. 이에 따라 기근 때문에 자식을 팔아 생존을 도모하는 경우(4-7)도 있었을 뿐 아니라, 수확기에 해당하는 8월에도 기근이 발생하고 이로 인해 도적이 일어나는 사례(4-8)를 위의 사료에서 살펴볼 수 있다.

아래 사료는 이와 관련하여 당시 사회 모습의 일단을 보여주는 재미있는 사례라고 할 수 있다.

4-9) 漢山州瓢川縣妖人 自言有速富之術 衆人頗惑之 王聞之曰 執左道以惑衆者刑之 先王之法也 投畀其人 猿島 (『三國史記』 권10, 新羅本紀10, 興德王 3年)

위의 사료에서 한산주 표천현에 사는 妖人이 빨리 부자가 되는 비술이 있다고 말하자, 많은 사람은 이에 정신이 팔렸다고 한다. 이를 통해 볼 때 당시 사회현실에서 일반민들은 빨리 부자가 될 수 있다는 사실에 현혹되고 있으며, 또한 그런 가능성이 이미 그 사회 내부에 팽배해 있었음을 살필 수 있다.26) 이 사실은 그 반대의 가능성도 동시에 존재했음을 의미한다. 그것은 일반 농민층이 빈농층으로 전락하여 토지도 없이 자신의 노동력에 의존하여 생존할 수밖에 없는 상태에 이를 수 있었음을 의미한다. 기층농민층의 몰락은 궁극적으로 조세징수의 불가능을 의미하는 것으로 다음의 사례는 이와 밀접한 관련을 가지고 있다.

4-10) 國內諸州郡 不輸貢賦 府庫虛竭 國用窮乏 王發使督促 由是 所在盜賊蜂起 (『三國史記』 권11, 新羅本紀11, 眞聖王 3년)

4-11) 賊起國西南 赤其袴以自異 人謂之赤袴賊 屠害州縣 至京西部牟梁里 劫掠人家而去 (『三國史記』 권11, 新羅本紀11, 眞聖王 10년)

4-10) 사료는 지방에서 貢賦를 보내지 않아 창고가 텅 비어 있음을 지적하였다. 이러한 사실은 이미 국가의 징세 능력이 한계에 도달했음을 의미할 뿐 아니라, 지방사회 내부에서도 부세부담능력이 한계에 다달았음을 반영하는 것으로 여겨진다. 이러한 현상은 4-11)처럼 도적 봉기로 이어지고, 급기야 경주 부근에까지 이르러 민가를 약탈해가는 현상이 나타나게 되었다. 따라서 신라 하대에 이르러 9등호제에 바탕을 둔 국가의 부세징수체계는 제 기능을 하기 어려웠을 것으로 판단된다. 따라서 대토지소유의 확대와 농민층의 몰락이 가속화됨에 따라 개별호의 부의 편차는 심화되게 되고 그 결과 호등제에 기초한 수취의 차별화도 매우 어렵게 될 수밖에 없었다.

---

26) 신라 수도의 민가에서 기와집을 짓고 숯으로 밥을 짓는다는 사례(『三國史記』 권11, 新羅本紀11, 憲康王 6년)를 통해 볼 때, 이 시기 신라사회는 계층간의 양극화 현상이 심화되어 갔음을 알 수 있다.

2. 戶籍의 작성과 量田

통일신라의 호등제가 신라 하대에 이르러 이완되면서, 고려 건국 후에 지방사회에 대한 파악은 앞 시기의 내용을 바탕으로 새롭게 재편되지 않으면 안되었다. 이에 따라 새롭게 호적의 작성 및 양전, 그리고 그에 기초한 호등제가 만들어졌던 것이다. 호등제는 호의 경제적 차이를 반영하여 호의 등급을 매기는 제도이므로 호의 규모를 가늠할 수 있는 人丁과 토지소유규모의 파악이 선행되어야 한다. 이를 위해 호구조사와 양전은 호등제를 시행하기 위한 기본 전제라고 할 수 있다.

1) 신라 중대 이후 향촌조직과 촌주의 위상

신라 하대에 이르러 대토지소유의 확대, 농민층의 몰락과 유리, 도적화, 조세거부 현상 등이 나타나는 상황에서 9등호제의 정상적 운용은 사실상 불가능하였으며, 국가의 일원적인 통제가 약화되어 가는 가운데 오히려 각 향촌사회의 내부적 결속력을 바탕으로 각 집단 간에 자위조직이 구성되어 갔다.

신라사회에서 향촌사회의 일 단면을 보여주는 것은 村司의 존재이다. 신라 중고기에 있어서 外位의 소지자들은 각 촌락에서 일정한 지배집단으로 생각되며, 이들 재지세력의 관등의 고하는 각 촌락의 정치적·경제적 우열에 따라 결정되었을 것이다.[27] 따라서 그들은 촌락사회 내부에서도 일정한 경제적 우위를 점하고 있는 존재들이라고 볼 수 있다. 이들 재지세력들은 그들 스스로 내부적 조직을 매개로 해서 향촌사회를 지배해 나갔으며, 그 지배조직이 바로 村司나 郡司와 같은

---

[27] 朱甫暾,「新羅 中古期의 郡司와 村司」『韓國古代史硏究』 1, 1988, 55쪽 ;「郡司·[城]村司의 運營과 地方民의 身分構造」『新羅地方統治體制의 整備過程과 村落』, 신서원, 1998, 217~222쪽.

조직이었을 것으로 판단된다.

촌사의 구성원인 외위 소지자들은 각 촌의 행정실무를 담당하였을 것이며, 이들은 촌락의 역역이나 군역 및 조세 징수를 담당하는 일을 맡았을 것이다.28) 이 과정에서 수취는 호등제에 의거하여 이루어진 것으로 여겨지며, 신라 중고기와 신라 중대의 호등 기준은 차이가 나는 것으로 보아야 한다. 중고기는 인정의 다과에 기초한 力役 수취가 기본적이기 때문에 호등은 인정의 다과에 따라 정해진 반면에, 중대가 되면 토지의 중요성이 보다 높아지고 그에 따라 토지와 인정이 결합되어 있는 농업경영규모의 차이에 따라 호등이 정해졌다.29)

이와 관련하여 신라 중대의 군현 편제의 방식이 田丁과 戶口의 다과에 기초하여 이루어졌다고 본 『新增東國輿地勝覽』의 인식은 주목된다.

    4-12) 今按新羅建置州郡時 其田丁戶口未堪爲縣者 或置鄕或置部曲 屬于所在之邑 (『新增東國輿地勝覽』 권7, 驪州牧 古跡 登神莊)

이 사료에서 토지와 인구가 縣이 될 만한 규모가 되지 못할 경우, 향이나 부곡을 둔다고 한 사실에서 미루어 보아, 토지와 호구에 대한 전국적 파악이 이미 이루어졌음을 알 수 있다. 아울러 이에 대한 조사는 지방관을 책임자로 하여 각 향촌의 郡司 또는 村司에서 맡았을 것이며, 호등 산정에 있어서도 실무적인 역할은 향촌의 실상을 잘 알고 있는 촌사에서 담당하였을 것으로 여겨진다.

---

28) 朱甫暾, 앞의 책, 1998, 233~235쪽.
29) 金琪燮, 「新羅統一期의 戶等制와 孔烟」 『釜大史學』 17, 1993 ; 「蔚珍鳳坪新羅碑에 보이는 '共値五'의 의미와 計烟의 기원」 『韓國史硏究』 103, 1998 ; 「統一新羅 土地分級制의 전개와 中世의 起點」 『釜大史學』 23, 1999.

Ⅳ. 나말여초 계층구조의 변화와 호등제의 정비 179

다음의 사료에서 보듯이 신라 하대에 종을 만드는 데 있어서도 촌주층이 주도적으로 참여하고 있음을 살필 수 있다.

4-13) (전략)
節縣令舍梁萱榮△△△△△△
△△時都乃△△聖安法師△△
上村主三重沙干堯王△△△
第二村主沙干龍河△△△
第三村主乃干貴珎△及干
大匠大奈末 招猷溫衾
(『韓國金石文追補』, 新羅 竅興寺鍾, 文聖王 18년)

위의 사료는 大中 10년 丙子 文聖王 18년(856)에 만들어진 규흥사 동종 명문의 일부인데, 위의 명문은 이 종을 만드는데 주도적으로 참여한 사람들을 적은 것으로 여겨진다. 여기서 현령 및 도유나는 전체적인 책임자급, 촌주층은 보다 실무적인 행정책임자로 보이며, 대장은 종의 제작 책임자로 생각된다. 특히 상촌주로부터 제2촌주, 제3촌주까지 참여하였다는 사실은 이 현의 하부 조직을 활용하여 전체 현의 차원에서 종을 제작하였음을 말해준다. 또한 이 자료는 중고기 城・村의 촌사를 구성했던 재지세력인 촌주가 중대 이후에 이르러서는 지방관으로 파견된 현령을 보좌하는 기능을 맡았음을 의미하는 것으로 볼 수 있다. 이는 중고기에 비해 중앙의 집권력이 그만큼 강화되었다는 점과 관련이 있을 것으로 여겨진다. 그러나 위의 자료에서 보듯이 신라 하대에 이르러 중앙의 지배력이 약화되어 감에도 불구하고 일정시점까지는 지방관의 위상이 일정하게 유지되고 있으며, 현령이 주종사업의 대표에 있는 것은 행정 관례상 당연한 것으로 여겨진다.

이렇게 본다면 중고기 외위 소지자로서의 재지세력은 촌사를 구성하여 향촌사회를 주도해 갔으나, 중대 이후 중앙집권화가 확대되어 가면서 점차 중앙에서 파견된 지방관의 보조 조직으로 활용되었음을 보여주고 있다. 그러나 중앙의 지방 통제력이 약화되는 신라 하대 이후에는 다시 촌주층을 중심으로 재지세력의 향촌 장악력은 강화되어 가면서 향촌지배의 중심에 서게 된다. 이러한 일련의 과정에서 신라 하대 중앙의 통제력이 약화되는 가운데 재지세력을 중심으로 향촌사회가 운영되었다.30) 재지세력의 구심체로서의 지방 官司는 사료상 鄕司·州司 등을 들 수 있다. 이들 내부의 구체적인 구성을 정확하게 알 수 없지만, 이들 기구의 주요 활동을 조세수취와 역역 징발 등으로 본다면 고려 성종 2년 향직 규정에서 나타나는 兵部, 倉部, 戶部 등으로 생각해볼 수 있을 것이다.31)

촌주의 위상과 관련하여 중앙의 통제력이 약화되어 가는 9세기 말 이후에는 그 이전에 비해 상대적으로 촌주의 위상이 높아진 양상을 살필 수 있다. 松山村大寺鐘銘을 통해 그 양상을 살펴보자.

4-14) 天復四年 甲子二月卄日 松山村

---

30) 金周成,「新羅下代의 地方官司와 村主」『韓國史硏究』41, 1983.
31) 金周成, 위의 논문, 1983, 53~57쪽. 이 논문에서 고려초 지방호족층들의 통치기구로 인정되어 왔던 堂大等-大等-戶部(司戶)-兵部(司兵)-倉部(司倉) 등의 조직이 신라 때 지방관사의 조직을 모방하였다는 견해는 시사하는 바가 크다. 이는 지방사회의 향촌지배조직의 구성이 기본적으로 지방의 유력자들로 이루어져 있으며, 이들은 시기를 달리하면서, 중고기에는 외위 소지자, 중대에는 촌주층을 중심으로 한 유력자, 하대에는 재지세력으로서 지방관사의 구성원, 고려전기에는 호장을 비롯한 향리층으로 이루어졌다. 따라서 이들 세력은 국가권력과 길항관계를 가지면서 다양한 방식으로 존재하였다. 그러나 이들은 기본적으로 재지유력자들로서 그들의 경제적·정치적 입지에 따라서 향촌 내에서의 지위가 정해졌으며, 이는 중앙의 지방 통제력이 미치는 정도에 따라 적절하게 대응해왔으나, 지방사회 내부의 운영원리는 크게 달라지지 않았다고 여겨진다.

大寺鐘成文內節 本和尙能與本村主
連畢一合入金 五千八十方 舍木(?)成 (『韓國金石全文』古代, 松山村大寺鐘)

위의 명문에 따르면 天復 4년(孝恭王 8년, 904) 松山村 大寺의 종을 만들 때 화상 능여와 촌주 연필이 주도하여 만들었음을 전한다. 여기서 앞의 규흥사동종의 명문과 비교해 볼 때 지방관도 나타나지 않을 뿐 아니라, 촌주층도 한 명밖에 나타나지 않고 있다. 이러한 사실이 촌의 규모나 종의 크기·지역적 편차 등과 관련이 될지 모르겠으나, 신라말 정세 및 향촌 재지세력의 위상 변화와도 무관하지 않을 듯하다. 주종사업에 촌주가 주도적으로 활동하고 있다는 사실과 주종사업에 들어가는 경비가 적지 않을 것임에도 불구하고, 경비의 조달에 촌주가 주도적일 수밖에 없는 사실을 감안하면 당시 촌주의 향촌사회 내에서의 입지가 단순한 村政을 책임진 정도에 그치는 것이 아니라, 향촌사회의 유력자로서 정치·경제적으로 일정한 영향력을 가지고 있었다고 보아야 할 것이다.

그러나 촌주층의 위상이 동일하지는 않다. 앞서 보았듯이 촌주층은 향촌사회 내의 정치·경제적 위상에 따라 上村主, 제1촌주, 제2촌주로 나뉘어지거나, 眞村主, 次村主 등으로 서열화되어 있다.32) 이러한 촌주층의 서열화는 기본적으로 호등제에 기초하고 있다고 본다. 이와 관련하여 신라촌락문서의 촌주위답의 존재는 시사하는 바가 크다.

촌주위답은 기본적으로 연수유답으로서 촌주의 개인소유지로 판단되고, 位畓의 방식으로 존재하는 것으로 보아, 그에 대해서는 免租의 혜택이 있었을 것으로 여겨진다.33) 신라촌락문서 상에서는 촌주가 존

---

32) 『三國史記』 권33, 雜誌, "眞村主與五品同 次村主與四品同".
33) 李喜寬, 『統一新羅土地制度硏究』, 一潮閣, 1999, 185~189쪽.

재하는 곳은 A촌 한 군데밖에 없으며, 촌주는 그 향촌사회에서 가장 부유한 호로서 답 전체 면적의 21%에 이르는 촌주위답 19결 70부를 소유하고 있다.

여기서 하나의 촌락에 촌주가 한 사람인지, 여러 명인지에 따라 촌주위답의 소유면적은 차이가 날 수 있다. 앞의 규흥사 동종에 보이는 촌주는 상촌주, 제1촌주, 제2촌주 등 3인으로 구성되어 있다. 이를 통해 유추해본다면 현을 구성하고 있는 여러 개의 촌락에 촌주는 여러 명으로 이루어져 있으며, 그 촌주들이 동일 촌락 소속인지 아닌지는 불분명하지만 다음과 같은 유추가 가능하리라 여겨진다.

신라 중고기의 성촌이 통일신라기에 현으로 편제되면서 군현제가 실시되었다고 한다면, 중고기의 성촌의 규모는 현의 규모를 유추하는 데 도움이 될 수 있을 것이다. 또한 중고기의 성촌은 삼한시기 각 지역의 수장층들이 지배하던 소국이었음을 상기하면서, 진·변한 지역의 경우 소국의 규모는 600~700家로 구성되었다고 본다면, 가호당 5인 규모로 보고 3,000~3,500명 정도로 구성되었다고 볼 수 있다. 이를 한 촌락 당 평균 인구 100인 정도로 본다면 하나의 현은 30여 개의 촌락으로 구성된다고 볼 수 있다. 이를 규흥사 동종과 관련하여 유추해본다면, 한 사람의 촌주는 10개 정도의 촌락을 대표하고 있다고 볼 수 있다.[34]

촌주 1인이 몇 개의 촌락을 대표한다고 본다면, 한 촌락에서 여러 명의 촌주가 나오기보다는 몇 개의 촌락을 대표하여 1인의 촌주가 두어졌다고 보는 편이 타당할 것이며, 신라촌락문서에 보이는 촌주위답

---

34) 여기서 계산은 어디까지나 하나의 추정에 불과하며, 개략적으로 보아 촌락마다 촌주가 있었다기 보다는 촌주는 몇 개의 촌락을 대표하여 두어지고 있다는 사실을 유추할 수 있다고 본다. 또한 촌주의 서열은 村勢와 촌의 규모에 따라 정해졌을 것으로 이해해볼 수 있다.

도 해당 지역의 몇 개의 촌을 대표하는 1인의 촌주에게 주어진 위답이라고 보아야 할 것이다.

이러한 추정은 신라촌락문서의 구성을 통해서도 유추할 수 있다. 신라촌락문서는 통상 네 개의 촌락을 A, B, C, D촌으로 나누고 있으며, A, B촌은 어느 현인지는 모르지만, '當縣' 소속의 촌락으로 기재되어 있다. C촌은 앞의 부분이 결락이 되어 어느 소속의 촌인지 알 수 없을 뿐 아니라, 문서의 연결 구조로 볼 때에도 A, B촌과 이어지는 문서라기 보다는 전혀 다른 지역일 가능성도 배제할 수 없다.[35] D촌의 경우는 서원경 소속의 촌으로 기재되어 있다. 이렇게 보면 문서의 기재방식과 관련하여 동일한 현의 소속으로 되어 있는 A, B촌의 경우 A촌에만 촌주가 있으며, C촌과 D촌에도 촌주가 보이지 않는다.

또한 각 촌의 특성과 관련하여 본다면 A, B촌의 경우, 상위 호등의 수가 상대적으로 많고 촌세가 가장 큰 A촌에만 촌주가 있으며, A촌에 비해 상대적으로 촌세가 약한 B촌에는 촌주가 없다. 또한 C촌은 여러 면에서 다른 촌락과 차이를 보이는데, 특히 丁 : 丁女의 성비에서 丁의 비율이 훨씬 높으며 여기에는 촌주와 관련된 어떠한 기재도 보이지 않는다. 촌의 규모가 가장 작으며 하하연이 가장 많은 D촌에도 촌주가 보이지 않는다.[36]

이상의 여러 면을 종합적으로 검토해본다면 촌주는 여러 개의 촌을 대표하는 향촌사회의 대표자로서 몇 개의 촌락을 대표하는 1인의 촌주가 있었고, 촌주를 배출하는 촌락은 당해 지역에서 촌세가 강한 지역으로 판단된다. 또한 현에는 몇 개의 촌락을 대표하는 촌주가 여러 명 있으며, 그들의 정치적, 사회경제적 위상에 따라 서열화되어 있었다.

---

35) 尹善泰, 『新羅統一期 王室의 村落支配』, 서울대 박사학위논문, 2000, 8~14쪽.
36) 金琪燮, 앞의 논문, 1993, 106~120쪽.

개별 촌락 내부적으로 본다면 호의 경제적 차이에 따라 상위 호등의 유력자들이 촌주를 중심으로 향촌사회의 운영을 담당하고 있었다고 생각하며, 여기에서 주요하게 기능했던 것이 호등제라고 여겨진다. 이렇게 보면 縣은 지방관을 중심으로 몇 사람의 촌주들이 縣司를 구성하여 縣政에 일정하게 참여하고 있었고, 촌에는 촌주를 중심으로 지역의 유력자들이 村司를 구성하여 村政에 참여하는 방식이었다고 여겨진다.37)

호등제는 기본적으로 향촌사회 내부의 경제적 차이에 따라 수취의 차별화를 도모하려는 목적에서 만들어졌으나, 그와 함께 향촌사회 개별호의 사회경제적 지위에 따라 촌민을 서열화하는 기능도 동시에 가지고 있었다. 그러나 신라 하대로 가면서 국가의 지방통제력이 약화되고 그에 따라 호등제적 수취가 제 기능을 상실하게 되면서 호등제의 본래 기능은 사라졌으나, 호등제에 기반한 사회적 지위는 그대로 지속되면서 향촌사회의 독자적 운영체계를 가지고 유지되어 갔다. 그것이 나말여초 官班 조직의 구성에도 일정하게 기능하면서 지방사회의 운영원리로서 활용되었다고 판단된다.

2) 향촌조직의 변화와 '戶部'

나말여초의 사회경제적 변화를 거치면서 고려는 삼국을 통일한 후 새 왕조의 체제를 새롭게 재편하지 않으면 안되었다. 이에 따라 신라의 제도와 문물을 일정하게 수용하면서도 변화에 따른 새로운 조처들을 순차적으로 실천해나가야 했다. 그 가운데에서도 통일전쟁 과정에서 야기되었던 민의 유망을 수습하면서 각 지역의 호적을 새롭게 재정

---

37) 朱甫暾, 앞의 책, 1998, 280~289쪽. 주보돈은 통일기의 촌주는 행정거점을 단위로 하여 그 규모에 비례하여 일정수가 두어졌을 것으로 본다.

비하고, 아울러 문란했던 토지제도를 당시의 토지소유구조에 상응하도록 새롭게 정비해야 했다.

호구와 토지에 대한 조사는 지방에 파견하였던 지방관에 의하여 이루어졌겠지만, 이를 보다 효과적으로 이루기 위해서는 지방사회의 유력자들로 구성된 조직의 도움을 필요로 하였다. 이는 지방관이 파견되기 전부터 지방사회에서 지배조직의 하나로서 기능하였다. 이와 관련하여 주목되는 조직이 금석문 등에 나타나는 州官이나 官班이다.[38]

특히 境淸禪院慈寂禪師碑의 陰記는 이와 관련하여 많은 시사를 준다.[39] 이 음기에는 都評省의 첩문이 새겨져 있는데, 이에 의하면 지방관이 파견되기 전 중앙과 지방의 상호 관계를 살필 수 있다.

4-15)
　A) ① 都評省帖 洪俊和尙 衆徒 右法師
　　　② 師矣 啓以 僧矣段 赤牙縣 (鷲)山中 新處(所) 元 聞爲 成造爲內 臥乎亦在之 白賜
　　　③ 縣以 入京爲 使臥 金達(舍) 進置 右寺 原 問內乎矣 大山是在以 別地主 無亦 在弥 衆矣 白賜臥乎 貌如 加知谷 寺谷中 入成造爲賜臥亦之 白臥(乎)味 及白
　　　④ 節中 敎旨 然丁 戶丁矣 地○ 知事者 國家大福田處爲 成造爲 使賜爲 敎

---

38) 이에 주목한 연구는 다음과 같다. 金光洙,「羅末麗初 豪族과 官班」『韓國史硏究』23, 1983 ; 金周成,「新羅下代의 地方官司와 村主」『韓國史硏究』41, 1983 ; 姜恩景,「高麗初 州官의 形成과 그 構造」『한국중세사연구』6, 1999 ; 河日植,「고려초기 지방사회의 州官과 관반」『역사와 현실』34, 1999.

39) 음기의 판독과 관련하여 다음의 연구가 참고된다. 南豊鉉,「高麗初期의 帖文과 그 吏讀에 대하여」『古文書硏究』5, 1994 ;『吏讀硏究』, 태학사, 2000 ; 河日植, 위의 논문, 1999. 두 논문 사이에는 판독상에 차이가 나는 부분이 다소 있지만 전체적인 의미에서 크게 차이가 나지는 않는다.

⑤ 天福 四季 歲次 己亥 八月 一日 省史 (臣)光
⑥ 五年 辛丑 八月 二十一日 國家以 山院名幷十四州郡縣 工夫乙
  用 成造令賜之
⑦ 節 成造使 正朝仁謙 停勸古寶

B) 國主 神聖大王 國統 坦然
  節三綱 院主 道玄 典坐 (含)惠 史僧 惠允 乃
  在家弟子 左承 秀文 左承 玉忠 太相 英會 元甫 仁綱 正甫 仁暉
  元尹 昕暉 元尹 昕○ 正位 元○ 正位 ○○ 大卿 昕會 吉永 ○○
  文(忠) 宗希 ○釋○○
  內外○○惟那 ○ ○○
  輔州官班 上沙喰 元吉 第二 純○ 第三 英希 寺卿村主 吉萱
  縣官班 上沙喰 宗○ 第二 今岳 第三 主道 村主 行悟 村主 ○直
  村主 宣直
  鐵匠 能式居士
  石匠 相昕
  *( ) 속의 글자는 판독상 차이가 나는 부분이다.

 4-15)의 비문은 크게 두 부분으로 나누어져 있다. A)는 국가에서 내린 첩문으로서 경청선원을 조성하는 일련의 조치에 관한 부분이며, B)는 경청선원의 조성에 참여한 사람들에 대한 기록이다.
 이 비문은 태조 24년(941) 10월 27일에 세워진 것으로 되어 있다. 그러나 비 음기에 국주 신성대왕이라는 표현이 등장하는 것으로 보아, 실제로는 태조가 죽은 직후(943)에 세워졌거나, 비의 음기가 그 뒤에 새겨졌을 가능성도 있다.[40] 위 사료의 대체적인 내용은 고려초 관부의 하나인 도평성에서 자적선사 홍준화상의 문도에게 첩문을 내리면서,

---

40) 河日植, 앞의 논문, 1999, 57~59쪽.

문도들이 적아현의 신처소에 새로운 사원을 짓고자 한 것에 대해 김달사에게 그 내력을 묻고, 교지를 내려 戶丁의 땅에 절터를 잡도록 하였다. 아울러 산원명과 함께 14개 주현의 인원을 동원하여 사원을 짓도록 하고 성조사 인겸을 파견하였다.

A)의 내용을 다시 몇 단계로 나누어 살펴보면 다음과 같다.[41] ①은 도평성에서 홍준화상의 무리인 右法師에게 첩문을 내린 사실, ②는 우법사가 계를 올려 赤牙縣의 취산에 사찰을 조성하고 있음을 보고한 사실, ③은 김달사가 縣으로부터 入京하도록 명령을 받고 도평성에 출두하여, 절터가 큰 산이므로 지주가 따로 없으며, 스님들이 보고한 바와 같이 가지곡의 사곡에서 절을 조성하고 있음을 전한 사실, ④는 이에 교지를 내려 戶丁의 땅에 절을 조성하도록 한 사실, ⑤는 첩문이 내려진 시기와 도평성의 담당자를 기록, ⑥은 첩문이 내려진 1년 후에 국가가 산원의 이름을 내리고 14주현의 工夫를 동원하여 절을 조성하도록 한 사실, ⑦은 절의 조성을 책임지고 파견된 인물을 기록한 것이다.

위의 내용으로 보아 아직 지방관이 파견되지 않은 시기임에도 불구하고 도평성은 첩문을 내려 사찰의 건립 과정을 알아보고, 현을 통해 당사자를 도평성으로 불러 그 사실 여부를 확인하며, 또 교지까지 내려 절의 조성을 허가함과 아울러 산원명과 함께 14개 주현의 인원을 동원하도록 하였다.

B)는 사원의 건립과 관련하여 경청선원을 조성하는 일에 주도적으로 참여한 인물을 기록하고 있으며, 그 가운데 輔州官班과 縣官班 및 鐵匠과 石匠 등은 실무적인 일을 담당한 인물로 여겨진다.[42] 보주관반

---

41) 南豊鉉, 앞의 책, 2000, 465~479쪽.
42) 여기서 輔州의 의미를 둘러싸고 여러 견해가 나뉘어 있다. 먼저 '주를 보좌하는'의 의미로 파악하는 견해(金光洙, 「羅末麗初의 豪族과 官班」『韓國史研究』23, 1976), 둘째, 예천군의 당시 지명인 '甫州'로 파악하는 견해(北村秀人, 「高麗初期の在地支配機構管見」『人文研究』36-9, 大阪市立大, 1984 ; 尹京

과 현관반은 각각 上沙喰과 제2, 제3 사찬 및 촌주로 구성되어 있는데 상사찬은 관반을 구성하는 이들 가운데 가장 상위의 관등으로 실무의 책임자로 여겨진다. 이들과 함께 각 촌락의 촌주가 관반을 구성함으로써 각 주현의 실무를 분산 관리하였다고 볼 수 있다.

특히 보주관반과 현관반에 소속된 인물은 기본적으로 촌주층들이다. 이들은 14개 주군현에서 동원된 역역부담층을 사원 조성을 위한 역역체제로 편성하는 데 주된 역할을 한 것으로 판단된다.[43] 따라서 역역동원의 책임자는 이들이 아니라, A)⑦에서 보듯이 사원 조성을 위한

鎭, 『高麗 郡縣制의 構造와 運營』, 서울대 박사학위논문, 2000), 셋째, 신라 9주의 하나인 '尙州'로 파악하는 견해(具山祐, 『高麗前期 鄕村支配體制硏究』, 부산대 박사학위논문, 1995 ; 『高麗前期鄕村支配體制硏究』, 혜안, 2003 ; 姜恩景, 앞의 논문, 1999).

43) 이렇게 본다면 역역동원의 책임을 '輔州官班'과 '縣官班'에 국한시켜 생각할 필요는 없으며, 아울러 역역동원과 관련하여 보주의 관반이 14개 주현의 역역동원을 책임질 필요도 없을 것이다. 지리적으로 境淸禪院(鳴鳳寺)은 鷲山(수리봉)을 뒤로 하고 가까이에 적아현(고려시기 殷豊縣 : 지금의 예천군 하리면)이 있었으며, 바로 밑에는 甫州(예천)가 자리잡고 있어서, 두 지역과는 밀접한 관련을 가지고 있었을 것이다. 따라서 경청선원의 조성에 두 지역의 관반이 주도적으로 참여하였을 것은 당연한 것으로 생각할 수 있다. 또한 적아현은 신라 때의 이름이며 경덕왕 이후 殷正縣으로 고쳐 예천군의 영현이 되었다가, 고려초에 다시 殷豊縣으로 고쳤다. 이때 은풍현은 안동부의 속현이었다. 또한 본래 水酒縣이었던 예천군은, 경덕왕때 예천군으로 고쳐졌다가, 고려초에 甫州로 고치고, 명종 2년 기양현으로 승격되었다가, 명종 7년 지보주사로 다시 승격되었다. 보주 또한 고려초에는 안동부의 속현이었다. 이와 관련하여 보주와 적아현이 신라시기 郡-領縣의 관계에 있었다는 점에서 보주관반이 기록될 수 있다는 견해는 참고된다(尹京鎭, 「고려 태조대 군현제 개편의 성격-신라 군현제와의 상관성을 중심으로-」『역사와 현실』22, 1996, 165~166쪽). 참고로 앞에서 인용한 자적선사비 음기 B) 在家弟子에 보이는 관계 중에 '元甫'는 정토사법경대사비 음기에서는 '元輔'로 기재되어 있다. 이로 보면 '輔'와 '甫'는 서로 통용되고 있었으며, '輔州'는 甫州로 보아도 무방하리라 여겨진다.

전체적 책임을 지고 있던 成造使 正朝 仁謙임을 알 수 있다.[44] 인겸은 중앙의 관계를 가지고 사원 조성을 위해 파견되었다고 여겨지며, 그는 14개 주현의 역역을 동원하는 책임자로서 敎旨에 근거하여 예하 주현의 촌주층을 통해 역역을 동원하였다고 볼 수 있다.

당시는 아직까지 지방관이 파견되기 전 단계이지만, 중앙관부의 허가를 얻은 다음에 역역을 동원할 수 있었다는 사실은 당시 지방과 중앙의 상호 관계를 엿볼 수 있는 부분이다. 역역 동원과 같은 일은 중앙의 허가와 성조사의 책임 아래 촌주층이 주도적으로 관여하였던 것으로 이해되며, 촌주들은 기존에 있던 '籍'과 그 이후의 변화를 반영한 '籍'을 바탕으로 人丁을 동원하였을 것이다. 이처럼 고려초 군현단위의 지방통치기구는 沙喰, 沙干 및 촌주가 주류를 이루었고, 신라말 이래 지방세력의 통치기구는 촌주제를 바탕으로 하였다. 지방에 따라 상층구조가 약간씩 다르기는 하지만 위의 자적선사비와 같은 沙干을 기초로 하였다고 볼 수 있다.[45]

이상의 내용을 통해 본다면 당시의 명령체계는 도평성 → 주·현 → 촌으로 이어지는 체계였다고 하겠다. 州나 縣에는 중앙에서 파견된 지방관이 없기 때문에 관반을 구성하는 관반조직을 통해서 중앙의 명령을 처리하는 체계로 이루어져 있었다고 판단된다.[46]

한편 일부 지역에서는 大等, 堂大等의 지위가 나타나는데, 이는 주관의 발달과정에서 지역적 차이를 반영하며, 대등은 溟州·原州·忠州·淸州 등 주요 巨邑의 州官에서 보이고 있다. 대등과 당대등은 州 단위의 통치기구인 주관의 형성과정에서 등장한 것으로 본다. 이러한

---

44) 尹京鎭,「高麗初期 在地官班의 정치적 위상과 지방사회 운영」『한국사연구』 116, 2001, 120~122쪽.
45) 姜恩景, 앞의 논문, 1999, 26~31쪽.
46) 尹京鎭은 고려초기 중앙정부는 재지 관반을 통해 지방사회를 운영하였다고 본다(앞의 논문, 2001, 104~105쪽).

연장선상에서 태조가 후삼국을 통일한 후, 경주에도 당대등을 두게 되었다. 이들 지역에서는 신라의 執事省에 보이는 執事郎中, 侍郎, 員外 등의 관직을 두어 중앙에 상응하는 통치체제를 갖추고 있었다.[47] 이들 기구와 관직은 지방사회를 통치하는 데 필요한 기구로서 지역의 여건에 따라 그 이름이 달리 나타나기도 했다.

여기서 주목되는 것은 淨土寺法鏡大師碑와 龍頭寺鐵幢記 등에서는 고려시기 향리직제에서 보이는 것과 같은 분화된 職名이 나타나고 있었다는 사실이다. 史, 兵部卿, 倉部卿 등이 그것이다. 정토사 법경대사비 음기를 통해 이를 살펴보자.

   4-16) (陰記)
    a) 維天福九季 歲次甲辰 六月一日辛丑 立碑記事
       爰有中原府道俗二官 公卿夫老黎人士庶 共是歸仰虔爲
       大師弟子 □載此碑 略題名字
    b) 弘琳大德 景孚大統 法譽大統
       (중략)
    c) 權說 佐丞 堅書 佐丞 邉讓 元輔
       弼良 元輔 龍希 元尹 朴謙 元尹
       (중략)
    d) 奉希 阿粲 萱直 阿粲 崔儒 阿粲
       新城 阿粲 崔忠 大等 春一 大等
       (중략)
       堅訓 侍郎 奉立 侍郎 金亻品 侍郎
       (중략)
       □寶 卿 崔讓 卿 居律 卿 門亻品 卿
       (중략)

---

47) 姜恩景, 앞의 논문, 1999, 32~50쪽.

e) 執事郎中 □□ □□ 玄魏
　　 史 秀貞 兵部卿 忠式 卿□□ 卿□□
　　 倉部卿 彦書 卿 孔律 卿 幸規
　f) 大師門下僧 (중략) 等 三百餘人
　g) 諭德山人 靑州 釋希 侍郎
　　 元州 仁人 員外 當城 幸璘 卿
　　 目竹縣 聰乂 村主

　법경대사비는 혜종 즉위년(943) 6월에 건립되었으며, 4-16)의 비 음기는 크게 a)~g)의 7 부분으로 나눌 수 있다. a)는 立碑 記事를 간략히 기록, b)는 대덕 대통 등 僧職을 띤 인물, c)는 고려초기의 官階 소지자, d)는 신라식 관계소지자, e)는 실무적인 향촌지배기구의 구성원, f)는 대사의 門下僧, g)는 中原府 외의 인사 등으로 구성되어 있었다. 여기서 c), d), e)는 중원부의 크고 작은 호족들로서 중원부의 정치적 향배와 밀접한 관련을 가지고 있었던 인물이었다. c)는 고려의 관계를 가지고 있던 인물로서 이미 중앙에 진출한 호족출신으로 보이며, d)는 c)에는 미치지는 못하지만 중원부 내에서 일정한 역할을 하던 하급호족이었다. e)는 충주지역의 俗官으로 실질적인 행정을 담당하던 인물이라고 할 수 있다.[48] 중원부의 官府는 이들을 중심으로 구성되었을 것이다.

　성종 2년(983) 외관 파견과 함께 아래의 향리직의 개편 사료는 지방사회의 官府 구성을 살필 수 있는 중요한 부분으로 볼 수 있다.

---

48) 蔡尙植,「淨土寺址法 鏡大師碑 陰記의 分析－고려초 지방사회와 禪門의 구조와 관련하여－」『한국사연구』 36, 1982, 54~57쪽. 이후의 논문은 대체로 이와 같은 관점에 서 있다. 그러나 忠式卿, 彦書卿, 孔律卿을 직명으로 본 것은 오류로 보인다. 이는 구산우(앞의 박사학위논문, 1995, 220쪽), 하일식(앞의 논문, 1999, 65쪽) 등과 같이 병부경이 충식 등 3명, 창부경이 언서, 공율, 행규 등 3명으로 나타나는 것으로 보아야 할 것이다.

4-17) 成宗二年 改州府郡縣吏職 ①以兵部爲司兵 倉部爲司倉 ②堂大等爲戶長 大等爲副戶長 郎中爲戶正 員外郎爲副戶正 執事爲史 ③兵部卿爲兵正 筵上爲副兵正 維乃爲兵史 ④倉部卿爲倉正 (『高麗史』권75, 選擧 銓注 鄕職)

위의 사료를 법경대사비 음기 e)와 비교하면 향리직의 몇 가지 계열을 살필 수 있다. 우선 위의 개편 기사를 보면 크게 4부분으로 나누어 볼 수 있다. ①은 개별 관부의 구성으로 兵部와 倉部가 있었음을 보여주는 부분이다. ②는 성종 2년 개편 이전 지방사회의 구성에서 당대등 -대등-낭중-원외랑-집사로 이어지는 계열이 있었고, 이는 戶와 관련된 직명임을 그 이름의 변화에서 살필 수 있다. ③은 병부의 직명으로 兵部卿, 筵上, 維乃가 있었음을 보여준다. ④는 창부의 직명으로 창부경이 있었음을 알 수 있다. 창부에도 창부경 이외에 다른 직명이 있었을 것으로 여겨지며, 여기서는 누락이 되었거나 이름의 변경이 없었던 이유로 기재되지 않았을 것이다. 그러나 성종 2년 향리직제의 개편 이전, 광종대에 당대등에 비견되는 堂祭로부터 戶長으로 명칭이 변화되었음을 전하는 사실이 『慶州戶長先生案』에 전하고 있다. 이는 호장과 같은 향리직제가 경주지역에서는 이미 광종 연간에 시행되었음을 의미한다.[49]

위의 예에서 볼 때 ②의 부분이 지방 관부의 중심이었음을 알 수 있다. 당대등 이하의 직제가 향촌사회에 모두 존재한 것은 아니겠지만, 규모가 큰 향촌에서는 당대등·대등으로 이어지는 직명이 체계적으로 존재했을 것이며, 정토사 법경대사 음기를 통해 볼 때 충주 지역의 경우도 당대등이 보이지 않으나, 그에 상응하는 직제가 존재했음을 알

---

49) 李純根, 「高麗初 鄕吏制의 成立과 實施」, 『金哲埈博士華甲紀念史學論叢』, 1983, 216~218쪽.

수 있다. 地藏禪院 郎圓大師 悟眞塔碑 음기에서도 都令 이하 郎中-員外-執事의 구조로 직제가 조직화되어 있음을 알 수 있다.50) 이렇게 본다면 낭중-원외-집사로 이어지는 '戶'를 관할하는 직제가 향촌사회 직제의 중심에 서 있다. 이와 관련된 관부가 '戶部'였는지 알 길은 없다.51) 그러나 병부·창부와 구별되는 그 명칭으로 보아 '戶'를 관할하는 부서의 중요성을 짐작할 수 있다.52) 그렇다면 낭중계열의 주요 업무는 과연 무엇이었을까. 이는 그에 속해 있던 해당 촌락의 戶에 관한 전반적 내용을 촌주를 통해 총괄적으로 파악한 임무를 맡고 있었으리라 여겨진다. 즉 각 촌락 사회의 戶數, 호의 규모, 호의 등급, 인구수 및 토지소유규모 등을 파악하고, 이를 토대로 병부에서는 병무와 관련된 일을, 창부에서는 수취와 관련된 업무를 나누어 관장했을 것으로 여겨진다. 따라서 낭중계열의 직제는 향촌사회의 핵심 직제로서 戶에 관한 포괄적 조사를 통해 호적 작성 등을 직접 관장한 기구로 판단된다.53)

---

50) 『韓國金石全文』中世 上, 307쪽, 「地藏禪院 郎圓大師 悟眞塔碑」陰記에 의하면 "當州都令 佐丞 王乂 執事郎中 俊文 執事郎中 官育 員外 金乂 色執事 仁悅 順忠"으로 나타난다.
51) 이와 관련하여 戶部의 존재를 상정한 연구자들도 있다. 李基白, 「新羅私兵考」, 『歷史學報』9, 1957 ; 朴敬子, 「高麗鄕吏制度의 成立」 『歷史學報』 63, 1974.
52) 河炫綱, 『韓國中世史硏究』, 一潮閣, 1988, 191~194쪽. 낭중계열의 직명을 '戶部' 소속의 직명으로 보는 것이 아니라, 당대등으로 대표되고 태봉의 廣評省에 해당하는 최고기구의 하위직으로 본다. 또한 병부, 창부는 이 기구의 하위 부서이며, 낭중은 병부경·창부경에 해당하는 것으로 본다.
53) 김갑동은 묘지명 등에 보이는 '州司戶' '郡司戶' '縣司戶' 를 호장층으로 파악한다. 이들 '司戶'는 호장층 가운데에서 호구를 파악하여 호적을 관리하고 조세수취업무를 관장한 호장으로 이해한다(「고려시대의 戶長」 『韓國史學報』 5, 1998, 201쪽).

3) 戶口 조사와 量田

통일신라 이래 시행된 9등호제는 이미 그 기능을 상실하였고, 나말여초의 정치적 변동기를 거치면서 재편된 계층구조를 토대로 새로운 호등제가 필요하였다. 이에 향촌사회에서는 '戶部' 소속으로 추정되는 郎中계열의 직제를 중심에 두고, 이전의 籍을 활용하여 보다 새로운 籍의 작성을 위한 기초조사가 이루어졌을 것으로 여겨진다.

신라촌락문서의 호구에 대한 조사는 연령별 인구수, 호구수의 변화 등에서 매우 정확하고 상세한 면모를 확인할 수 있다. 이는 연령별 인구와 호구수의 변화에 대한 파악이 국가의 국역 편성에 필수적이었음을 의미하는 것이라고 볼 수 있다. 그러나 人丁이 토지보다도 중요한 의미를 가지고 있던 신라 중고기에는 국가가 필요로 하는 力役층의 확보를 위하여 국가는 토지보다는 인정의 파악에 보다 주력하였으리라고 여겨진다.[54] 이렇게 본다면 각 향촌사회의 인정에 대한 파악은 이미 일찍부터 시작되었다고 할 수 있다.

그러나 신라 하대에 나타난 농민층의 유리현상과 거듭된 전쟁은 향촌사회의 황폐화 및 공동화를 초래하게 되었다. 고려초에는 나말여초의 전환기를 거치면서 이완된 사회구조를 재편하는 가운데 농민층의 流移 현상을 진정시키고,[55] 향촌의 안정을 도모하는 방법으로 권농과 양전을 통한 소농민 안정책이 실시되었다. 이와 관련하여 戶籍의 작성, 호별편제를 통한 직역층의 확보 및 本貫制의 시행과 土姓分定 등의 조처로 고려는 직역층과 국역층을 확보하고 향촌의 지배구조를 확립하여 국가적 지배의 효율성을 얻고자 하였다. 따라서 농민을 토지에

---

54) 金琪燮,「蔚珍鳳坪新羅碑에 보이는 '共値五'의 의미와 計烟의 기원」,『韓國史硏究』103, 1998, 16~22쪽.
55)『高麗史節要』권1, 太祖 원년 8월, "詔曰 (중략) 苟不蠲租稅 勸農桑 何以臻家給人足乎 其免民三年租役 遊離四方者 令歸田里 仍大赦 與之休息".

긴박시키고 수취의 효율성을 기하기 위한 戶口에 대한 파악은 우선적으로 해결해야 할 문제였다. 이와 관련하여 다음 사료는 주목된다.

> 4-18) 國制 民年十六爲丁 始服國役 六十爲老而免役 州郡每歲計口籍民 貢于戶部 凡徵兵調役 以戶籍抄定 (『高麗史』 권79, 食貨志2 戶口)

위의 사료는 무편년 기사이기 때문에 정확한 시점을 알 수 없지만, 「計口籍民」의 방식은 이미 오래 전부터 力役層의 확보를 위해서 존재했다고 여겨진다.[56] 위의 사료에 의하면 民의 나이 16세가 되면 丁으로 삼고 비로소 국역을 지며 60이 되면 役을 면한다. 州郡은 해마다 口數를 헤아려 民을 호적에 올리고 戶部에 알린다. 무릇 徵兵과 調役은 戶籍을 가지고 정한다고 하여 호적은 매년 작성되어 戶部에 보고되었다고 한다. 일반적으로 호적의 작성은 3년마다 이루어지고 있었다.[57] 그렇다면 매년 호부에 보고된 것은 州郡의 호구변동 상황이라고 생각되며, 戶部에서 작성된 호적이 徵兵과 調役을 위한 기초 자료가 되었다. 이렇게 州郡에서 작성한 자료는 호부로 보내어져서 병사와 역을 징발하는 자료로 활용되었으며, 그 자료가 바로 호적이다. 따라서 호적의 작성은 국가의 향촌지배를 위해서는 반드시 선결적으로 이루어져야 할 일이다.

그러나 고려시기의 호적 작성이 언제부터 이루어졌는지 알 수 없다. 신라촌락문서에서 보듯이 孔烟에 포함된 人丁에 대한 파악은 대단히 상세하다.[58] 이와 같은 호구조사가 고려시기에도 이루어졌을 가능성은

---

56) 朴恩卿, 『高麗時代 鄕村社會硏究』, 一潮閣, 1996, 29~32쪽.
57) 許興植, 『高麗社會史硏究』, 亞細亞文化社, 1981, 5~10쪽 참고.
58) 金琪燮, 앞의 논문, 1993.

충분히 예상할 수 있을 것이다. 다음 사료는 이와 관련하여 시사적이다.

 4-19) 統和四年丙戌 內外戶口施行 (『慶州府尹先生案』「東都歷世諸子記」[59])

이 사료는 신빙도에 다소 문제가 있으나, 근래의 연구에서는 성종대 지방제도의 정비, 지방관의 파견과 관련하여 이 사료를 이용해서 이 시기 전국적인 호구조사가 시행되었음을 인정하고 있다.[60] 호적의 존재는 尹彦頤의 묘지명에서도 확인할 수 있다.[61] 이 시기의 호적 작성이 소유토지와 함께 기재된 방식이었다는 것은 호등제의 편성과 관련하여 주목된다.[62] 이 시기 전국적인 호구조사의 시행은 태조이래 시행된 일련의 量田과 함께 고려전기 戶等制 실시와 밀접한 관련을 가지리라고 생각된다.

위의 자료는 단순하기는 하지만 경기 내외에 전국적으로 호구를 파악함과 함께 호적 작성이 이루어졌음을 시사하고 있다고 여겨진다. 이

---

 59) 『慶州先生案』, 亞細亞文化社, 1982, 205쪽.
 60) 許興植, 『高麗社會史硏究』, 亞細亞文化社, 1982, 5~10쪽 ; 具山祐, 「高麗前期 鄕村支配體制의 成立」 『韓國史論』 20, 1988, 101쪽 ; 「高麗 成宗代의 鄕村支配體制의 강화와 그 정치·사회적 갈등」 『韓國文化硏究』 6, 1993.
 61) 『韓國金石全文』, 690쪽, "女眞本我朝人子孫 故爲臣僕 相次朝天 近境之人皆屬我朝戶籍久矣 我朝安得反爲臣乎". 고려의 영역에 가까이 있는 여진인들은 고려의 호적에 속한 지가 오래되었음을 전하고 있다. 이와 관련하여 후술할 編戶의 의미와 관련하여 『高麗史』 권6, 靖宗 6년 10월 北女眞人을 課戶로 편제한다거나, 권7, 문종 6년 정월 東女眞人을 편호한다는 것은 이들을 고려의 호적에 편성함을 의미한다고 볼 수 있을 것이다. 그렇다면 이미 고려전기 호적의 존재를 부인할 수 없다고 하겠다.
 62) 金英夏·許興植, 「韓國 中世의 戶籍에 미친 唐·宋 戶籍制度의 影響」 『韓國史硏究』 19, 1978.

와 아울러 고려의 특이한 호적양식인 4조호구식이 성종대에 성립되었을 것으로 보는 견해에 비추어 보아도 이 무렵쯤에는 전반적인 호적제가 시행되었을 것이다.63) 호적의 작성은 앞에서처럼 성종대에 이르러 전반적으로 시행될 수 있는 조건을 갖추었다고 여겨지며, 양전도 고려가 건국된 이후 광종 연간에 이미 지방에서 시행되고 있었으나, 기본적인 내용은 통일신라시기의 것을 바탕으로 태조대부터 이루어졌다고 보아야 할 것이다.

양전은 이미 신라 중대 이래 시행되었다고 보는 것이 타당할 것으로 여겨지며, 이와 관련하여 신라의 결부제가 대체로 문무왕대에 법제화 되었다고 보는 견해는 주목된다.64) 이를 계기로 결부제에 기초하여 수세를 위한 양전이 시행되었다고 보아야 할 것이다. 신라 신문왕 7년 관료전제의 실시를 비롯한 성덕왕 21년 백성에 대한 丁田의 지급 등 새로운 토지제도의 시행을 위한 기초조건은 결부제의 실시에서 찾을 수 있을 것이다.65) 통일신라시기에 결부제에 기초한 양전이 실시되었다면,66) 토지소유의 다과에 따른 부의 차별화와 그에 따른 호등의 구분이 이루어졌을 것이며, 그것은 신라촌락문서에 9등호제로 나타난다는

---

63) 盧明鎬,「高麗時代 戶籍 記載樣式의 성립과 그 사회적 의미」『震檀學報』79, 1995, 37~41쪽.
64) 李宇泰,「新羅의 量田制」『國史館論叢』37, 1992, 30~34쪽.
65) 金琪燮,「統一新羅 土地分給制의 전개와 中世의 起點」『釜大史學』23, 1999, 496~500쪽 ; 李宗峯,『韓國中世度量衡制硏究』, 혜안, 2002.
66) 『三國遺事』권2, 紀異2, 文虎王 法敏, "王一日召庶弟車得公曰 汝爲冢宰 均理百官 平章四海 公曰 陛下若以小臣爲宰 則臣願潛行國內 示民間徭役之勞逸 租賦之輕重 官吏之淸濁 然後就職 王聽之". 이 사료에서 볼 수 있듯이 차득공은 재상이 되기 전에 국내 민들의 요역 부과와 租賦의 輕重 및 관리의 청렴도 등을 확인하기 위하여 전국을 돌아보려는 의사를 피력하고 있다. 이때 요역 및 조부의 경중 등은 토지와 人丁에 대한 조사 없이는 곤란하다. 따라서 문무왕대에는 이에 대한 기본적인 조사가 이루어져 있었다고 여겨지며, 이를 토대로 요역 및 조세 부과가 되었을 것이다.

점은 이미 앞 장에서 다루었다. 나말여초의 사회적 변동기에 철저한 결부제적 수취는 다소간 어려운 점이 있었을 것이지만, 향촌사회 내부에서는 신라 이래의 결부제적 수취의 전통은 여전히 남아 있었을 것이며, 내부적으로는 그대로 기능하였을 가능성이 크다.

고려 태조는 즉위 직후에 후삼국 전쟁의 후유증을 해소하는 방안으로 다음과 같은 몇 가지 조처들을 내리고 있다.

> 4-20) 太祖元年八月詔曰 (중략) 前主之圮運 苟不蠲租稅 勸農桑 何以臻家給人足乎 其免民三年調役 遊離四方者 令歸田里 仍大赦與之休息 (『高麗史』권80, 食貨志3, 賑恤 恩免之制)

여기서 보듯이 태조는 즉위하여 이완된 민심을 잡기 위하여 삼년간의 調役을 면하고 사방에 유리한 자로 하여금 田里로 돌아가도록 하며, 크게 사면하여 휴식하도록 하였다. 태조의 이러한 조치는 민심을 수습함과 아울러 향촌의 안정을 도모하고 호적에 기초하여 원활한 수취를 목적으로 한 것이었다. 이와 관련하여 다음의 자료를 살펴보자.

> 4-21) 太祖二十三年春三月 改州府郡縣號 (『高麗史』권2, 世家2)
>
> 4-22) 定宗四年光宗卽位 命元甫式會 元尹信康等 定州縣歲貢之額 (『高麗史』권78, 食貨志1, 貢賦)

4-21) 사료에서 보듯이 태조 23년에는 군현명의 개정이 이루어지고, 4-22)처럼 광종 즉위년에는 주현의 세공액을 정하였다. 여기서 태조 23년 주부군현의 名號 개정은 단순한 지명의 개정은 아닐 것으로 여겨진다.[67] 태조대에는 태조 23년에 이르기까지 여러 차례의 군현개편이 이

---

67) 金琪燮, 「高麗 太祖代 군현 개편의 과정과 그 의미」 『한국중세사연구』 21,

루어지는데, 단순하게 군현의 명칭만 고치는 경우와 주변의 군소군현을 병합하여 사실상 새로운 군현을 창설하는 경우가 있다.68) 어느 경우든 개별 군현의 실태에 대한 조사가 바탕이 되었을 것이다. 즉 토지와 인구에 대한 일정한 파악을 토대로 邑格이 정해졌을 것이며, 그러한 내용을 토대로 광종 즉위년에는 주현의 세공액을 책정할 수 있었을 것이다.

고려의 군현 개편은 태조대 이전부터 시작되고 있었으며,『高麗史』地理志에는 '高麗初' '至高麗' '高麗' 등으로 나타나는 군현 개편의 기록들이 확인되는데, 이들 군현 개편 기록들은 대체로 태조대일 것으로 보고 있다.69) 궁예시기 901년 국호를 고려라 하고 읍호를 개명하면서 주현제 개편이 있었다.70) 여기서 군현의 승강과 관련한 주현제 개편이 단순한 읍호 개명에 불과한 것으로 볼 수 있을까. 다음 기록은 이와 관

2006.
68) 邊太燮,「高麗初期의 地方制度」,『韓國史硏究』57, 1987 ; 朴宗基,「高麗 太祖 23년 郡縣改編에 관한 硏究」,『韓國史論』19, 1988, 113∼123쪽 ; 金甲童,「高麗太祖代 郡縣의 來屬關係形成」,『韓國學報』52, 1988 ; 윤경진,「고려 태조대 군현제 개편의 성격-신라 군현제와의 상관성을 중심으로-」,『역사와 현실』22, 1996 ; 金日宇,「高麗 太祖代 地方支配秩序의 形成과 國家支配」,『史學硏究』52, 1996 ; 김아네스,「高麗 太祖代 地方支配體制」,『高麗太祖의 國家經營』1996 ; 具山祐,「高麗 太祖代의 地方制度 개편양상」,『釜大史學』22, 1998 ; 黃善榮,「高麗初期의 地方統治의 再檢討」,『한국중세사연구』7, 1999 ; 金琪燮, 앞의 논문, 2006.
69) 朴宗基,「高麗史 地理志의 '高麗初' 年紀實證-太祖代 郡縣改編의 傾向-」,『斗溪 李丙燾博士 九旬紀念 韓國史學論叢』, 지식산업사, 1987 ; 朴宗基,「高麗 太祖 23년 郡縣改編에 관한 硏究」,『韓國史論』19, 1988 ; 金甲童,「高麗太祖代 郡縣의 來屬關係形成」,『韓國學報』52, 1988.
70) 金甲童,「'高麗初' 州에 대한 考察」,『高麗史의 諸問題』, 1986 ; 李義權,「高麗 郡縣制度와 地方統治政策」,『高麗史의 諸問題』52, 1988. 여기서 이희권은 태조 23년 이전에 이루어진 군현제 개편에서 49개의 군현 중 29개는 州로 승격이 되고 8개는 府로 승격되었다고 보기도 한다(232쪽).

련하여 참고된다.

다음은 청도군의 예인데, 이는 군현 개편의 절차를 이해하기 위한 매우 유용한 사료로 판단된다. 우선 그 분석에 앞서 천안부의 예는 주목해보아야 할 부분이다.

 4-23) 高麗史諺傳 術師倪方白太祖曰 三國中心 五龍爭珠之勢 若置三千戶邑 練兵於其地 則百濟將自降太祖 乃登山周覽 始置天安府
  (『新增東國輿地勝覽』 권15, 天安郡 形勝)

위의 사료에서 高麗史 諺傳에 의하면 術師 倪方은 太祖에게 아뢰기를 "(천안부는) 三國의 中心으로서 五龍이 구슬을 다투는 형세이니 만약 '三千戶邑'을 두어 여기서 병사를 기르면 百濟가 장차 스스로 태조에게 항복할 것입니다"라고 하니 이에 산에 올라 두루 살피고 비로소 天安府를 두었다고 하였다. 그것은 곧 천안부를 '三千戶邑'으로 만들고자 하는 의미가 내포되어 있다고 생각된다. 그런데 태조 13년에 東西 兜率을 합쳐 천안부를 두었다는 사실로 비추어 보아,[71] 이 '三千戶邑'은 다소 상징성을 내포하고 있는 표현이기는 해도 여러 지역의 戶를 합쳐 그에 상응하는 읍격을 만들고자 하는 의도라고 보아야 할 것이다.[72] 이와 관련하여 『新增東國輿地勝覽』에 의하면 湯井과 大木, 蛇山의 땅을 나누어서 천안부를 두었다는 기록도 참고가 된다.[73] 이를

---

71) 『高麗史』 권56, 地理志1, 天安府.
72) 具山祐는 이 '三千戶邑'이 체계적인 호구조사에 입각한 것은 아니지만, 당시의 영역지배방식이 영역 내부의 토지소유구조와 계층구조에 바탕을 두고 있음을 지적한 것은 타당한 견해라고 여겨진다(『高麗前期鄕村支配體制研究』, 혜안, 2003, 143~145쪽).
73) 『新增東國輿地勝覽』 권15, 天安郡 建置沿革. 『三國史記』 지리지에 의하면 탕정은 湯井郡을 가리키는 것으로 고려 때 온수군으로 개명하였으며, 大木은 大木岳郡으로 고려 때 大麓郡을 가리키는 것이 아닌가 여겨진다.

Ⅳ. 나말여초 계층구조의 변화와 호등제의 정비 201

고려한다면 천안부의 설치는 기본적으로 태조가 백제를 견제하기 위한 전초기지로서의 의미가 있지만, 이를 실현하기 위해서는 그에 상응하는 토지와 인구가 필요하며, 그것이 '三千戶邑'으로 표현된 것이다.74) 이러한 사실을 참고한다면 군현 개편이 단순하게 정치적 고려나 이해관계에 의해서만이 아니라, 그 속에는 군현개편에 필요한 매우 중요한 절차가 내재되어 있음을 살필 수 있다. 이와 관련하여 청도군의 예를 살펴보자.

    4-24) 大城郡 率伊山城 茄山城(一云 驚山城) 烏刀山城等三城 今合屬淸道郡 約章縣 本惡支縣 景德王改名 今合屬慶州 東畿停 本毛只停 景德王改名 今合屬慶州 (『三國史記』 권34, 大城郡)

    4-25) 密城郡 本推火郡 景德王改名 今因之 領縣五 尙藥縣 本西火縣 景德王改名 今靈山縣 密津縣 本推浦縣 (一云竹山) 景德王改名 今未詳 烏丘山縣 本烏也山縣(一云仇道, 一云烏禮山) 景德王改名 今合屬淸道郡 荊山縣 本驚山縣 景德王改名 今合屬淸道郡 蘇山縣 本率已山縣 景德王改名 今合屬淸道郡 (『三國史記』 권34, 密城郡)

위의 4-24), 4-25) 『三國史記』에서는 大城郡의 率伊山城・茄山城・烏刀山城과 密城郡의 烏丘山縣・荊山縣・蘇山縣 등이 청도군에 합속된 것으로 기록하고 있다. 『高麗史』에서는 고려초에 大城郡・烏岳・荊山・蘇山 등의 縣을 합쳐 청도군을 만들고 來屬한 것으로 기록하였고,75) 『慶尙道地理志』에 의하면 "태조가 삼한을 통합할 때에 烏

---

74) 여기서 戶의 의미는 이미 토지와 인정이 결합된 '丁'의 의미로 쓰여지고 있다고 보아야 할 것이다(金琪燮, 「高麗前期 農民의 土地所有와 田柴科의 性格」 『韓國史論』 17, 1987).
75) 『高麗史』 권57, 地理志2, 密城郡 淸道, "淸道郡(一云道州) 高麗初 合新羅大城郡烏岳荊山蘇山三縣爲郡來屬 睿宗四年 置監務".

岳縣・荊山縣・蘇山縣・伊山城・茹山縣・吳刀山城이 합쳐져서 청도군이 되었다"고 하여 『高麗史』에서 고려초라고 하였던 개편의 시기가 태조대임을 밝히고 있다.76) 여기서 청도군은 6개의 지역이 합쳐져서 이루어졌다는 사실이 주목되는데, 이와 유사한 사례는 여러 곳에서 발견된다.77)

이와 관련하여 아래의 사료에서 淸道郡界里審使 順英과 大乃末 水文等의 柱貼公文에 따르면 雲門山禪院의 長生을 기록하면서 청도군의 都田帳을 이용하고 있음을 볼 수 있다.

> 4-26) 謹按淸道郡司籍 載天福八年癸酉(卯)(太祖卽位第二十六年也)正月日 淸道郡界里審使順英・大乃末水文等柱貼公文 雲門山禪院長生 南阿尼岵 東嘉西峴(云云) 同藪三剛典主人寶壤和尙 院主玄會長老 貞座玄兩上座 直歲信元禪師 (右公文淸道郡都田帳 傳准) 又開運三年丙辰雲門山禪院長生標塔公文一道 長生十一 阿尼岵・嘉西峴・畝峴 西北買峴(一作面知村) 北猪足門等 (『三國遺事』 권4, 義解5, 寶壤梨木)

위의 사료에서 보듯이 태조 26년 淸道郡界里審使 順英의 주첩공문에는 운문산 선원의 장생이 기록되어 있었고 이는 청도군의 都田帳에서 옮겨온 것이라고 하였다. 이미 그의 직명에서도 유추할 수 있듯이

---

76) 『慶尙道地理志』, 淸道郡, "淸道郡 (중략) 在高麗太祖 統合三韓時 合吳岳縣(本吳也山縣) 荊山縣(本驚山縣) 蘇山縣(本率巳山縣) 伊山城 茹山縣(一云 驚山城) 吳刀山城 爲淸道郡 其後屬密城領縣". 여기에 보이는 伊山城은 대성군을 구성하고 있던 率巳山城을 가리키는 것으로 보이며, 따라서 정확하게는 6개의 지역이 합쳐져서 청도군이 만들어졌다고 보아야 할 것이다. 한편 『慶尙道地理志』와 『高麗史』의 吳岳縣은 『三國史記』의 吳丘山縣과 동일한 현으로 생각된다.

77) 金甲童, 앞의 논문, 1988, 44~47쪽.

그것은 영역의 경계를 심사하는 기능과 관련을 가지고 있다. 그의 柱貼公文에 운문산 선원의 四標가 기재되어 있었다는 사실은 지방의 영역 및 토지에 대한 파악이 어느 정도까지 이루어지고 있었다는 사실을 반영하는 것이다. 이 기록이 양전대장으로 여겨지는「都田帳」에 근거하고 있었다는 점에서도 당시에 이미 양전이 체계적으로 이루어지고 있었음을 의미한다고 하겠다. 또한 양전장적을 전정주첩이라고 한 사실에서도 都田帳, 柱貼公文, 田丁柱貼은 상통하는 문서일 가능성이 크다.78)

고려시기 양전과 관련한 사료는 다양하다.79) 이와 관련하여 태조 26년에 보이는 淸道郡界里審使 順英의 지위는 시사하는 바가 크다.80) 여기서 주목되는 것은 '淸道郡界里審使'라는 직책이다. 이를 풀어 써 보면 '청도군의 경계를 심사하는 사신'이라는 의미로서 청도군의 설치와 밀접한 관련을 가지고 있는 직임임을 알 수 있다. 또 청도군의 설치시기가 태조대라는 점과 앞의『高麗史』지리지와『慶尙道地理志』의 기록을 관련시켜 이해해본다면, 태조대에 청도군을 설치함에 있어서 淸道郡界里審使 順英은 바로 청도군 설치의 실무적 역할을 담당한 것으로 이해할 수 있다. 즉 '郡'으로서의 읍격을 유지하기 위해 인근의 일정한 지역을 합쳐야 할 필요가 있으며, 그 임무를 수행한 것이 順英이었을 것이다. 여기서 순영은 본래 신라의 大城郡(率伊山城・茄山城・烏刀山城)과 밀성군의 영현이었던 烏丘山縣・荊山縣・蘇山縣 등을 합쳐서 청도군을 창설하는 역할을 담당했을 것이다. 이들 각 지역은 이미 신라의 군현제 속에서 군-영현 체제로 이루어져 있던 군현으로

---

78)『三國遺事』권2, 紀異2 南夫餘, "又按量田帳籍 曰所夫里郡田丁柱貼".
79) 金容燮,「高麗時期의 量田制」『東方學志』16, 1975.
80) 邊太燮은 여기서 보이는 里審使의 지위를 중앙에서 파견한 양전사로 파악한다(「高麗初期의 地方制度」『韓國史硏究』57, 1987, 36~37쪽).

서 그들의 읍격에 따른 토지-인정 규모를 유지하고 있었다고 여겨지며, 이들의 읍격에 상응하는 토지-인정에 관한 조사는 '田丁柱貼'의 형태로 남아 있었다고 여겨진다.81) 순영은 이러한 자료를 바탕으로 군현의 통합을 위한 영역의 경계를 심사하는 역할을 맡았을 것이다.

이것을 역추적해보면 다음과 같은 유추가 가능해진다. 위에서 살펴본 여러 자료들을 고려할 때 청도군은 6개 지역을 합쳐서 만들어졌으며, 이러한 군현 개편을 위한 기초 자료로서 토지대장인 都田帳이 활용되었을 것이다. 군현의 통합을 위해 영역의 경계를 정확히 해야 할 책임을 맡은 淸道郡界里審使 順英은 군현개편의 기초 자료로서 都田帳을 바탕으로 영역의 경계를 심사하여 그 소속 관계를 분명히 한 다음, 柱貼公文에 그러한 사실을 기재했을 것이라고 생각할 수 있다.82) 즉 청도군의 전체 토지대장인 都田帳에는 순영 등이 작성한 주첩공문

---

81) 소부리군전정주첩은 그 작성 시기에 관해 논란이 있지만, 필자는 8세기대 부여지역의 토지대장이라고 파악해 본 바 있다(金琪燮,「高麗前期 農民의 土地所有와 田柴科의 性格」,『韓國史論』17, 1987, 133쪽). 이와 관련하여『新增東國輿地勝覽』권7, 驪州牧 登神莊조에 보이는 "今按新羅建置州郡時 其田丁戶口 未堪縣者 或置鄕 或置部曲 屬于所在之邑"이라고 하여 신라의 주군현의 설치와 전정 호구 규모의 상관성은 이와 관련하여 주목되는 사료이다.

82) 다음 사료에 의하면 양주 界內 見州가 置邑한 지 105년이 지나 민의 토지가 水旱을 거치면서 비옥도가 고르지 않으니 양전사를 보내 바르게 하도록 요청하고 있다(『高麗史』권78, 식화1, 田制, 經理, "(文宗) 十三年 二月 尙書戶部奏 楊州界內見州 置邑已百五年 州民田畝 累經水旱 膏塉不同 請遣使均定制可"). 여기서 置邑의 시점은 광종 6년(955)이었으며, 아마도 이 시기는「淨兜寺五層石塔造成形止記」에서 보듯이 전반적인 양전이 시행되었을 가능성이 있는 시기로서 양전과 置邑이 밀접한 관련이 있음을 보여주는 것이라 여겨진다. 여기서 광종대에 치읍될 당시에 양전이 시행되었다는 사실은 양주계 내의 영역 획정을 위한 예비적 조치라고 볼 수 있을 것이다. 그렇다면 이는 淸道郡界里審使 順英이 청도군의 영역을 획정하기 위해서 그 곳의 都田帳을 이용했다는 사실과 밀접한 관련을 가지고 있음을 반증하는 것이라 여겨진다.

의 내용이 기재되었고 그곳에는 운문산선원의 경계까지도 기록이 되어 있었음을 알 수 있다. 따라서 순영 등은 청도군의 경계를 획정하기 위하여 그 속에 포함된 각종 토지의 경계를 조사하고 기록했을 것으로 생각된다.

그와 아울러 청도군사적에는 각 지역의 人丁 관련 자료도 포함되어 있었을 것으로 판단된다. 다만 여기서 그와 같은 언급이 없는 것은 淸道郡界里審使의 기능과 책임이 영역 경계의 획정이 주요한 업무였기 때문이며, 최종적 군현 개편의 절차에서는 토지와 인정이 동시에 고려되면서 군현 개편이 이루어졌을 것이다. 아울러 '淸道郡界里審使'의 지위는 태조 23년의 군현명 개정과 밀접한 관련을 가지고 있었을 것으로 판단된다.[83] 각 지역의 영역 경계에 대한 심사는 기본적으로 토지에 대한 양전을 바탕으로 가능했을 것이다. 그것은 앞 절에서도 언급하였듯이 태조 23년의 명호개정은 양전에 기초한 영역의 경계에 대한 심사를 통해 丁數를 바탕으로 한 군현제가 일정하게 실현된 사실과 관련이 있다고 여겨진다.[84] 그런 의미에서 順英의 지위는 시사하는 바가 크다.

아래의 顯宗 20년(1029) 「淨兜寺五層石塔造成形止記」에 의하면 석탑 조성을 위해 광종 5년(954)에 작성된 토지대장을 이용하고 있다.[85] 이 시기의 양전은 태조대의 양전과 동일선상에서 파악해야 할 것이며, 나말여초를 지나면서 혼란된 토지소유구조를 재조정하려는 시도라고 보아야 할 것이다. 아래의 사료를 살펴보자.

---

83) 金琪燮, 앞의 논문, 2006, 14~19쪽.
84) 본서 V장 1절 2) 참고.
85) 李基白 編, 『韓國上代古文書資料集成』 「淨兜寺五層石塔造成形止記」, 一志社, 1987, 44~50쪽 ; 武田幸男, 「淨兜寺五層石塔造成形止記の硏究(1)」 『朝鮮學報』 25, 1962.

4-27) 太平九年七月己巳日 右伯士乙仍請爲 同年春秋冬念 丁今冬石
練已畢爲內彌 寺之段司倉上導行審是白乎矣 七十六年已去丙申年
量田使前守倉卿藝言 下典奉休 算士千達 乙卯二月二十五日 宋良
卿矣結審是乎 導行乙用良 顯德三年丙辰三月 練立作良中

위의 사료에 의하면 광종대에 量田使 前守倉卿 藝言이 下典奉休・算士千達을 대동하고 앞서 작성된 토지대장을 이용하여 양전하였음을 전하고 있다. 여기서 양전사는 중앙에서 파견되어 온 중앙 관리로서 석탑 조성에 필요한 토지를 마련하기 위해 하급 관리인 下典과 算士를 동행하여 양전하였음을 알 수 있다. 또한 양전을 함에 있어서 그 이전부터 작성된 토지대장인 導行을 바탕으로 양전이 이루어졌음을 볼 때 양전이 지속적으로 필요에 따라 시행되었음을 알 수 있다. 이 시기 각 지역의 토지에 대한 조사는 그 이전의 토지 관련문서들이 고려에 전해진 것을 바탕으로 하였다고 여겨진다.[86]

광종대의 양전이 아마도 전국적으로 실시된 양전일 것으로 추정하는 것은 매우 의미있는 해석이라고 본다.[87] 광종대의 양전을 통해서 전국에 대한 토지 지배력을 높이고 그것을 통해 지방을 통제할 수 있는 정치력을 향상시킬 수 있었다. 이를 통해 볼 때 경종 시정전시과의 제정은 광종대의 양전이 바탕이 되었을 것이며, 전국적 토지에 대한 기본적 조사를 바탕으로 국가적 토지분급이 가능했었다고 여겨진다. 이와 관련하여 성종대 김해부의 양전은 시사하는 바가 크다.

4-28) 淳化二年金海府量田使・中大夫趙文善申省狀稱 首露陵王廟屬
田結數多也 宜以十五結仍舊貫 其餘分折於府之役丁 所司傳狀奏

---

86) 盧明鎬,「羅末麗初 豪族勢力의 경제적 기반과 田柴科體制의 성립」『震檀學報』74, 1992, 11~13쪽.
87) 金容燮, 앞의 논문, 1975 ; 邊太燮, 앞의 논문, 1987, 37쪽.

聞 時廟朝宣旨曰 天所降卵 化爲聖君 居位而延齡 則一百五十八年也 自彼三皇而下 鮮克比肩者歟 崩後自先代俾屬廟之壟畝 而今滅除 良堪疑懼 而不允 使又申省 朝廷然之 半不動於陵廟中 半分給於鄕人之丁也 節使(量田使稚也)受朝旨 乃以半屬於陵園 半以支給於府之徭役戶丁也 (『三國遺事』권2, 紀異2, 駕洛國記)

위의 사료에서 淳化 2년 김해부 양전사 조문선은 김해부 수로왕릉에 소속된 전결수가 많음을 지적하면서 반은 남겨두고 나머지 부분은 그 지역의 役丁(徭役戶丁)에게 지급하였음을 전하고 있다. 여기서도 양전사는 아마도 김해부에 소재하던 토지대장을 활용하여 수로왕릉의 묘역을 양전하였을 것이며, 이를 통해 당시의 모순된 토지소유구조를 재조정하였을 것이다. 이와 관련하여 아래의 사료도 참고된다.

4-29) 顯宗十三年 二月 戶部奏 泗州是豊沛之地 前此抽減民田屬之宮莊 民不堪征稅 乞於州境內審量公田 如數償之 從之. (『高麗史』권78, 食貨志1, 經理)

위의 사료에서 현종 13년 戶部가 상주하여 추감된 민전이 宮莊에 소속되어 민들이 세금을 감내하지 못하니 경계내의 공전을 양전하여 그만큼 보상해주도록 요청하고 있다. 이처럼 토지의 이속과 收稅에 관련된 문제로 인하여 재양전을 통해 수세의 모순을 해결하고자 하였다. 이는 당시 끊임없이 재기되는 토지문제를 양전을 통하여 해결하고자 하였음을 보여준다. 이처럼 고려전기에는 민전에 대한 양전을 통하여 토지소유구조의 변화에 기초한 조세체계를 조정하려 하였다. 이와 관련하여 다음 사료는 주목된다.

4-30) 靖宗七年 正月 戶部奏 尙州管內中牟縣 洪州管內橞城郡 長湍

縣管內臨津臨江等縣 民田多寡 膏堉不均 請遣使量之 均其食役 從之 (『高麗史』 권78, 食貨志1, 經理)

위의 사료에서 靖宗 7년 정월 戶部가 상주하여 尙州管內 中牟縣, 洪州管內 惠城郡, 長湍縣管內 臨津 臨江 등의 縣은 民田의 많고 적음과 비옥도가 고르지 않아 양전할 것을 청하고 있다. 이들 군현은 속군현으로서 호부는 屬郡·屬縣까지 양전의 대상으로 삼았으며, 양전의 목적은 민전의 많고 적음과 비옥도의 조정에 두고 있었다. 고려전기 民田의 多寡와 膏堉의 不均을 원인으로 한 양전 실시가 두드러졌다는 사실은 생산력의 변화에 따른 토지소유의 변화가 소토지소유자에게 이르기까지 광범위하게 일어나고 있었음을 보여주는 것이다. 국가는 민전의 소유변화를 국가적 차원에서 파악하려 하였으며, 이는 국초 권농기능의 역점을 소농민의 안정화에 두고 있었던 점과 맥을 같이 한다.

그러나 신라 통일기 이래 대토지소유가 부정되고 소토지소유자 중심의 사회로 변화했다기 보다는 소토지소유자가 저변에서부터 확대되는 추세였다고 할 수 있을 것이다.[88] 또한 고려전기 민전에 대한 양전이 빈번하게 실시되었고 公私田을 盜耕하는 행위는 형률로 금지하고 있었다.[89] 荒田에 이르기까지 타인의 소유권은 보호되고 있었다. 아울러 타인의 田地에 盜葬하는 행위도 금지하였다.[90]

이상에서 보듯이 고려초기 영역의 획정, 토지에 대한 양전, 공사전에 대한 법적 조치 등은 고려 국가의 지방에 대한 통제와 아울러 국가

---

[88] 金琪燮, 「高麗前期 農民의 土地所有와 田柴科의 性格」 『한국사론』 17, 1987, 131~140쪽.

[89] 『高麗史』 권85, 刑法志2, 禁令, "盜耕公私田一畝苔三十 五畝四十 (중략) 五十畝一年半 荒田減一等 强加一等".

[90] 『高麗史』 권85, 刑法志2, 禁令.

의 재정구조를 확고히 하려는 시도로 파악되는 바, 양전을 통하여 토지소유구조를 재조정하고 호등제를 확립하고자 하였던 것으로 이해된다.

이처럼 고려의 量田과 戶口調査는 다른 체계 속에서 이루어지고 있다. 양전은 量田使가 算士와 下典 등을 대동하여 직접 양전을 실시한다.[91] 호구조사는 해마다 주군에서 조사하여 戶部에 보고하는 체계를 가지고 있었다.[92] 양전과 호구조사는 호부가 관장하고 있으므로 호부는 전정과 호구를 일괄적으로 파악하고 있다고 할 수 있다. 그러면 당시의 戶口 파악방식을 살펴보자. 다음 사료는 고려후기의 사료이지만 고려의 호적 작성방식을 살펴볼 수 있다.

> 4-31) 恭讓王二年 七月 都堂啓 舊制兩班戶口必於三年 一成籍 一件納於官 一件藏於家 各於戶籍內 戶主世系及同居子息 兄弟姪壻之族派 至於奴婢所傳宗派 所生名歲 奴妻婢夫之良賤 一皆備錄 易以考閱 (『高麗史』 권79, 食貨志2, 戶口)

위의 사료에서 恭讓王 2年 7月에 都堂에서 글을 올려 "옛 제도에 兩班의 戶口는 반드시 3年에 한번 籍을 작성하여 한 건은 관에 내고, 한 건은 집에 보관한다. 각기 戶籍 內에 戶主의 세계 및 동거하는 자식과 형제·조카 등 인척과 노비에 이르기까지 전하는 宗派와 태어난 자식의 이름, 나이 및 노비의 처와 남편의 양천을 모두 갖추어 기록하여 쉽게 열람하도록 한다."라고 하여 양반 호적의 작성에 관한 방법을 제시하고 있다. 여기서 호적 내에는 호주·동거 자식·형제·조카·사위 외 노비에 이르기까지 同居人을 모두 기록하도록 되어 있다.[93] 일

---

91) 李基白 編, 『韓國上代古文書資料集成』, 一志社, 1987, 326~327쪽.
92) 『高麗史』 권79, 食貨志2, 戶口.

반 민호의 경우에도 위의 예와 크게 다르지 않았을 것이며 원칙적으로 일반 민호의 동거인도 모두 기록하였을 것이라고 생각한다.[94] 그렇다면 호적법에 따라서 호주 중심의 호구 파악이 되었을 것이다. 국가는 이러한 호주 중심의 호구파악을 통하여 향촌사회를 국가체제 속으로 수용하면서 그들을 통제하였을 것이다. 고려전기 군현제에서 특징적으로 나타나는 '丁'수에 의한 군현의 파악은 이와 밀접한 관련을 가지고 있었을 것이다.

앞에서 신라 통일기의 9등호제가 인정과 토지의 소유 정도에 따른 호등의 구분이었음을 살펴보았는데,[95] 고려의 호적이 토지와 인정이 함께 기재되는 방식이었다면 고려의 호등제도 이와 무관하지 않을 것이다. 호적의 작성은 앞에서처럼 성종대에 이르러 전반적으로 시행될 수 있는 조건을 갖추었다고 여겨지며, 양전도 고려가 건국된 이후 광종 연간에 이미 지방에서 시행되고 있었으나, 기본적인 내용은 신라통일기의 것을 바탕으로 태조대부터 이루어졌다고 보아야 할 것이다. 이처럼 호구조사와 양전을 통해 고려는 통일신라의 호등제를 계승하여 고려의 실정에 맞는 호등제를 구현할 수 있었을 것이다.

---

93) 호주와 관련하여서는 다음 연구가 참고된다. 許興植, 『高麗社會史硏究』, 亞細亞文化社, 1981 ; 權斗奎, 「高麗時代 戶主의 機能과 地位」『大邱史學』 43, 1992 ; 「高麗時代의 別籍異財禁止法과 家族規模」『慶北史學』 13, 1990.
94) 許興植, 위의 책, 1~16쪽, 283~298쪽.
95) 金琪燮, 앞의 논문, 1993.

V. 고려전기 3등호제의 시행과 운영

고려왕조가 세워지고 국가체제가 정비되어 가는 가운데 고려는 이완된 제반제도를 새로이 복구하지 않으면 안되었다. 특히 나말여초의 전환기를 거치면서 변화된 계층구조에 상응하는 새로운 직역체계를 갖추어야 했는데, 이를 위해서는 직역을 감당할 수 있는 경제적 능력을 가진 호의 파악이 무엇보다도 시급했다. 그 과정에서 국가는 기층 농민의 안정화 정책과 함께 신라 통일기의 9등호제를 계승하면서 당시의 계층구조를 토대로 한 새로운 호등제의 창출을 필요로 하였다.

통일신라기에 존재했던 9등호제가 고려시기에는 어떻게 변화했을까 하는 문제는 중요하면서도 지금까지 간과되어 왔던 부분이다. 따라서 이 부분은 호등제 변화의 해명이라는 측면과 함께 고려전기 농민층의 토지소유규모를 유추해 볼 수 있는 방안이라고 할 수 있다. 기존의 연구에서는 『高麗史』 권84, 刑法志1, 戶婚條의 기사를 기초로 9등호제의 존재를 상정하고 있으나, 이 기사의 주요 내용인 인정의 많고 적음에 따라 9등호로 나눈다고 하는 사실을 고려의 호등제로 그대로 믿기에는 여러 가지 난점이 있다.[1] 이미 통일신라기에 9등호의 구분 기준이 소

---

1) 지금까지 고려전기의 호등제는 人丁의 다과에 의한 9등호제라고 보아왔다. 특히 姜晋哲은 "고려의 賦役은 人丁의 다과에 따라서 편성된 호등제에 기준을 두어 수취하는 것을 원칙으로 삼았다."라고 하면서 貢賦와 요역은 이 9등호제에 의하여 課定된 것이 틀림없을 것이라고 보고 있다(『高麗土地制度史

212

유토지를 기초로 한 재산소유 정도에 의해서 이루어지고 있다는 견해에 비추어 본다면, 고려의 호등제는 그것의 연장선상에서 파악해야 한다고 판단된다.

본 장에서는 고려 호등제의 존재를 고려전기 농민층의 존재양태와 관련하여 분석하면서 그 구조를 제시해보고 그것과 관련한 '丁'의 본질적 의미와 호등에 따른 토지소유규모를 유추해 보고자 한다.

1. '丁'의 의미와 3등호제의 이행

1) '丁'과 '戶'의 관계

'丁'은 그 의미가 단순하지 않다. '丁'의 본래 의미는 16~59세까지의 남자를 의미하는 것이었다.[2] 그러나 丁은 단순히 人丁의 의미만이 아니라 토지의 의미로도 사용되었다. 다음 사료는 이와 관련하여 주목된다.

> 5-1) 顯宗十四年 閏九月 判 凡諸州縣義倉之法 用都田丁數收斂 一科公田一結租三斗 二科及宮寺院兩班田租二斗 三科及軍其人戶丁租一斗已有成規 脫遇歲歉百姓阻飢以此救急至秋還納毋得濫費(『高

研究』, 1980, 170쪽). 최근 김기홍은 고려의 인정 다과에 따른 9등호제는 과도적인 것으로 보고, 이 경우 田租는 결부제에 의하여 수취되고, 역역징발 등은 인정 기준 호등제가 적용되었다고 보았다(『삼국 및 통일신라 세제의 연구』, 역사비평사, 1991, 119~120쪽). 이정희는 고려의 9등호제는 과도기적인 호등제가 아니라 토지와 인정이 결합된 신라의 9등호제가 붕괴되면서 요역부과방식으로만 기능했다는 점을 지적하고 있다(「高麗前期 요역의 賦課方式-戶等制의 變遷을 중심으로-」『韓國文化研究』6, 부산대 한국문화연구소, 1993).

2) 『高麗史』권79, 食貨志2, 戶口, "國制 民年十六爲丁 始服國役 六十爲老而免役 州郡 每歲計口籍民 貢于戶部 凡徵兵調役 以戶籍抄定".

麗史』권80, 食貨志3, 常平義倉)

위의 사료에서 顯宗 14년 윤 9월 判에 의하면 "무릇 여러 州縣의 義倉法은 都田丁의 數를 써서 거두어 들인다. 1科 公田은 1結에 租 3斗를 거두고, 2科 및 宮寺院兩班田의 租는 (1결에) 2斗, 3科 및 軍其人戶丁은 (1결에) 租 1斗를 거두는 것이 이미 법규로 되어 있다"고 언급하고 있다. 여기서 '軍其人戶丁'의 '丁'은 바로 군인·기인의 田丁을 의미한다. 즉 군인과 기인의 토지라는 의미이다.3) 여기서 '丁'이 인정과는 무관하게 쓰이고 있는 것으로 보아 '丁'의 의미는 人丁과 土地를 포괄하는 상위의 개념으로부터 파생되어 나온 것으로 보인다. 다음 사료를 주목해보자.

5-2) 지금 살피건대, "新羅가 州郡을 세울 때 그 田丁과 戶口가 현(의 규모)으로 될 수 없는 것은 鄕을 두거나 혹은 部曲을 두어 所在하는 邑에 소속시킨다."라고 하였다. (『新增東國輿地勝覽』 권7, 驪州牧 古跡 登神莊)

5-3) 成宗二年 六月 定州府郡縣舘驛田 千丁以上州縣公須田三百結 五百丁以上公須田一百五十結紙田十五結長田五結 二百丁以上缺 一百丁以上公須田七十結紙田十結 一百丁以下公須田六十結長田四結 六十丁以上公須田四十結 三十丁以上公須田二十結 二十丁以下公須田十結紙田七結長田三結 鄕部曲千丁以上公須田二十結 一百丁以上公須田十五結 五十丁以下公須田十結紙田三結長田二

---

3) '丁'이 토지를 의미한다고 하더라도 고려전기의 '丁'은 고려후기에 나타나는 단위토지로서의 '丁'의 의미는 아니다. 고려후기 양전제의 변화과 함께 '計結爲丁'하여 수세단위로서 기능하는 '丁'은 고려전기 '丁'이 전제와 역제의 분리라고 하는 변화와 더불어 새롭게 등장한 것이다(金琪燮, 『高麗前期 田丁制 研究』, 부산대 박사학위논문, 1993, Ⅵ장 참고).

結 大路驛公須田六十結紙田五結長田二結 中路驛公須田四十結紙
田長田各二結 小路驛公須田二十結紙田二結 大路舘田五結 中路
四結 小路三結(『高麗史』 권78, 食貨志1, 公廨田柴)

5-4) 十二年八月判 給諸州府郡縣驛路公須柴地 千丁以上八十結 五百
丁以上六十結 五百丁以下四十結 一百丁以下二十結 十二牧勿論
丁多少一百結 知州事雖百丁以下六十結 東西道大路驛五十結 中
路驛三十結 兩界大路驛四十結 中路驛二十結 東西南北小路驛十
五結.(『高麗史』 권78, 食貨志1, 公廨田柴)

5-5) 成宗十五年 定凡事審官 五百丁以上州四員 三百丁以上州三員
以下州二員(『高麗史』 권75, 選擧志3, 事審官)

5-2)에 의하면 新羅가 州郡을 세울 때 그 田丁과 戶口가 현(의 규모)
으로 될 수 없는 곳은 鄕을 두거나 혹은 部曲을 두어 所在하는 邑에
소속시킨다고 하여 신라의 군현제는 田丁·戶口가 부족하여 현이 될
수 없는 곳에 향·부곡을 설치했다고 한다.[4]

그러나 5-3)에 의하면 州府郡縣館의 驛田을 정함에 있어서 1,000丁
이상의 州縣은 公須田 300結로 하고, 500丁 이상은 公須田 150結 紙
田 15結 長田 5結, 200丁 이상은 缺, 100丁 이상은 公須田 70結 紙田
10結, 100丁 이하는 公須田 60結 長田 4結, 60丁 이상은 公須田 40結,
30丁 이상은 公須田 20結, 20丁 이하는 公須田 10結 紙田 7結 長田 3
結, 鄕部曲으로 1,000丁 이상은 公須田 20結, 100丁 이상은 公須田 15
結, 50丁 이하는 公須田 10結, 紙田 3結 長田 2結로 한다고 하여 고려
성종대에는 1,000정 이상의 부곡이 있는 것으로 보아 5-2)의 사료가 반

---

[4] 『世宗實錄』 권148, 地理志, 廣州牧 果川縣條에 의하면 "別戶富林 (중략) 凡
州府郡縣 各有等級 國初因前朝之舊"라 하여 주부군현은 등급이 있음을 언
급하고 있다. 이 의미는 바로 사료 5-2)가 뜻하는 전정과 호구의 크기에 따라
그 등급이 정해짐을 의미하는 것이라고 생각한다.

드시 타당성이 있는 것인지는 알 수 없다. 그러나 전정과 호구가 군현의 세를 반영한다는 사실은 중요하다.5) 5-2)·5-3) 사료의 역사적 계기성은 정확하게 언급하기 곤란하지만 군현의 크기를 반영하는 '丁'은 전정 및 호구와 밀접한 관련성을 가지고 있을 것이라는 사실은 유추할 수 있다.6)

5-3)·5-4)·5-5)는 公廨田의 지급, 公須柴地의 지급, 事審官의 파견 원칙이 '丁'의 크기에 의하여 정해진다는 사실을 보여준다. 公廨田은 1,000정 이상, 500정 이상, 200정 이상, 100정 이상, 100정 이하, 60정 이상, 30정 이상, 20정 이하로 구분하여 지급되었다. 위와 같이 공수시지의 지급과 사심관의 정원도 '丁'의 크기를 기준으로 하여 정해졌다. 즉 국가에 의한 '丁'수의 파악은 바로 군현세를 파악하는 것이며, 토지와 인정의 자연적 결합으로 이해되는 '丁'의 파악은 바로 邑格의 조정 및 수취와 밀접한 관련을 가지고 있을 것이라는 사실을 유추할 수 있다.

'丁'이 국가에 의해서 파악된 전정과 호구에 의해서 결정된다고 한다면 양전과 호구조사는 '丁'을 결정하는 중요한 과정이 되는 셈이다. 신라의 호등제가 자연가호의 경제력을 바탕으로 하여 이루어졌다는 사실은 이미 지적한 바 있다. 신라의 호등제는 孔烟의 등급을 정한 것이며 호등에 상응하는 기본수의 합을 計烟으로 정하여 수취의 기준으로 삼았다. 공연이 기본적으로 토지와 인정의 결합으로 나타나는 농업경영규모를 반영하는 것이라고 한다면 '丁'이라는 것도 공연의 성격과 대단히 유사하리라는 유추가 가능하다. 다음 사료는 이와 관련하여 주

---

5) 尹漢宅,「高麗前期 慶源 李氏家의 科田支配」『歷史研究』창간호, 1992, 59~70쪽.
6) 박종진,『고려시기 재정운영과 조세제도』, 서울대 출판부, 2000, 121~122쪽. 박종진은 '丁'은 토지와 호구라는 군현의 경제력을 종합적으로 파악하려는 의도에서 만들어진 것이라고 본다.

목해 보아야 할 것이다.

> 5-6) 太祖統合三韓敎是時 率領百官郊迎順命 始終補佐敎等用良 新羅乙良 京號不動 東京留守官 州號乙良 慶州爲等如 設排敎是旀 千丁已上乙 束給敎是遣 堂祭十乙爻定敎是良 (『慶州戶長先生案』, 慶州司首戶長行案)

> 5-7) 原平都護府 (중략) 本朝 太祖 7年 戊戌에 坡平을 瑞原에 병합하고 原平郡으로 고쳤다. 太宗 14년 甲午 交河縣을 혁파하여 원평군에 소속시켰다. 太宗 15년 乙未에 1,000戶 이상을 都護府로 승격시켰다. 18년 戊戌에 交河縣監을 다시 두었다. 原平은 1,000호 미만으로서 마땅히 郡으로 다시 강등하였다. 吏民이 다시 신청하니 이에 都護府로 삼았다. (『世宗實錄』권148, 地理志, 楊州都護府條 原平都護府)

5-6)과 5-7)은 서로 시기를 달리 하고 있지만 그 내용에서는 서로 상관성을 가지고 있다. 5-6)에 의하면 "太祖가 三韓을 통합하실 때, (경순왕이) 百官을 거느리고 교외에까지 마중을 나가 명을 받들고 끝까지 보좌하신 바, 新羅는 서울 이름을 바꾸지 말고 東京留守官으로 하고, 주의 이름은 慶州를 통털어 設排하시고 千丁 이상을 묶어 지급하시며 堂祭 10(명)을 헤아려 정하셨다"라고 하여, 신라의 멸망 후 옛 수도의 이름을 경주로 하고 1,000丁으로 묶어서 戶長을 두었음을 보여준다.

5-7)에 의하면 원평도호부는 조선조에 들어와서 태조 7년에 파평을 서원에 병합하여 원평군으로 고치고 태조 14년 甲午에 교하현을 혁파하여 원평군에 소속시켰다. 즉 원평군은 영역의 확대와 戶數의 증가로 인하여 1,000호 이상이 됨으로써 도호부로 승격되었다. 그러다가 교하현의 부활로 인하여 교하현이 원평도호부로부터 분리됨에 따라 원평은 1,000호 미만이라는 이유 때문에 다시 군으로 강등되었다. 여기서

1,000호의 규모는 郡과 都護府의 邑格을 경계짓는 호구수임을 알 수 있다. 그러나 이러한 원칙이 철저하게 지켜진 것은 아니었다. 위의 사료에서도 보았듯이 원평도호부가 군으로 강등되었다가 吏民들의 신청에 의해서 다시 도호부로 승격시키고 있는 것으로 보아 알 수 있다.

그러나 조선초 태종 3년 12월에 司憲府가 토지의 廣狹과 인구의 多少를 참작하여 州府郡縣의 등급과 名號의 개정을 건의한 바 있으며,[7] 군현의 名號는 인구의 다소에 따라 정한다고 하는 원칙의 확인은 시사하는 바가 크다.[8] 여기서 주목되는 점은 군현의 승강은 기본적으로 토지와 인구의 다소에 따른다는 원칙의 확인이며,[9] 이러한 원칙은 조선초에 '戶'로 표기되어 있었음을 알려준다. 그러나 고려전기에는 5-3)~5-6)에서 처럼 군현의 크기가 '丁'으로 표기되었다. 이러한 사실은 5-7)의 사료에서 군현의 크기를 '戶'로 표시하고 있는 것과 맥을 같이 한다고 생각된다.[10]

이와 관련하여 "舊時千丁縣 今朝十室邑"이라는 표현은 시사하는 바가 크다.[11] '千丁縣'과 '十室邑'이 대비적으로 쓰이고 있다. 여기서 '丁'이 '室'의 의미를 내포하고 있음을 알 수 있다. 즉 '丁'은 단순한 壯丁을 의미하는 것이 아니라 '戶'의 의미를 가지고 있었다고 생각된다.

---

7) 『太宗實錄』 권6, 太宗 3년 閏 11월 壬戌.
8) 『世宗實錄』 권2, 世宗 즉위년 12월 甲辰.
9) 고려의 군현제는 현종 9년에 일단락되면서 계수관이 파견되는 지역은 '丁'수에 상응하여 읍격이 조정이 되었으나, 이러한 원칙이 무너지게 된 것은 고려 후기 '加號' 현상이 심화되면서 군현세와 읍격의 괴리가 생겼기 때문이라고 보았다(金琪燮, 앞의 박사학위논문, 1993).
10) 조선초에 '丁'이라는 용어를 사용하지 않고 '戶'라는 용어를 사용하게 된 것은 이 시기 '丁'은 고려전기와는 달리 단위토지라는 의미로 정착되었기 때문이며, 그에 따른 혼동을 피하기 위해 고려전기의 '丁'과 동일한 의미를 가지고 있었던 '戶'를 사용했으리라고 생각된다.
11) 『東文選』 권5, 「汚吏同朴獻納用陳簡齋集中韻」.

千丁縣이 관리들의 가렴주구로 인하여 호구가 감소함에 따라 현의 규모가 퇴락했음을 상징적으로 보여주고 있다. 이와 같이 본다면 '丁'은 토지를 소유하고 있는 일반호라는 단순한 가정이 성립할 수 있다.[12] 戶는 토지와 인정의 자연적 구성으로 이루어진 결합체로서 고려전기 직역체제와 밀접한 관련을 가지고 있다.

고려 정부는 직역부담층인 정호층의 확보와 當差役者이자 예비 직역층으로서의 백정층을 유지·확보하기 위해서 호구조사와 양전을 계속적으로 실시하면서 이를 통한 각 지역의 '丁'수를 일정하게 유지하려는 정책을 취하였다. 이 과정에서 개별 자연호의 호등이 정해졌을 것이다.

그러면 5-3)의 사료에 보이는 '20丁 이하'의 주현의 존재는 무엇을 의미할까. 다음 자료를 통해 그 의미를 유추해보자. 조선의 『世宗實錄』 地理志에서 인구법에 관해서 "本朝의 人口法은 분명하지 않다. 호적에 등록된 자는 겨우 10에 1, 2뿐이니 국가가 바르게 하고자 할 때

---

12) 조선초 戶口 파악이 토지소유자 중심으로 이루어졌다고 보는 논자도 있다(韓榮國, 「朝鮮 初期 戶口統計에서의 戶와 口」, 『東洋學』 19, 1989). 이와 관련하여 宋代 主戶와 客戶의 관계는 시사하는 바가 크다. 송대의 경우 토지소유자는 主戶籍에 기입되고 그 재산에 따라 戶等에 편성되었다. 또한 그 재산의 평가는 占田面積·稅錢額·田의 受種量에 의해 결정되지만 이 모든 것은 토지소유의 다과와 관련된 것이었다. 이때 5등호는 대체로 20畝 이하의 토지를 소유하고 있었으며, 1무 이하의 토지소유자도 主戶였고 자신의 소유토지만으로는 재생산이 불가능한 영세한 토지소유자도 5등호로서 主戶籍에 기입되어 兩稅를 부담하였다. 무전농민으로 주호의 토지를 경작하는 자는 주호적에 편제되었다. 반면에 客戶籍에는 본적지가 아닌 곳에 거주하면서 兩稅나 夫役을 부담하는 객호 및 無産의 객호 외 고용인 등이 들어 있었다(柳田節子, 「鄕村制の展開」, 『世界歷史』 9, 岩波書店, 1970, 311~317쪽). 필자는 본관제가 일정하게 유지되던 고려전기의 경우 토지소유농민으로서 국가에 三稅를 부담하는 농민이 호적에 기재되었으리라 여겨지며 무전농민은 토지소유주에게 종속되어 그 호적에 기재되었을 가능성이 크다고 생각된다.

마다 크게 민심을 잃어서 지금까지 되풀이되었다"라고 언급하면서 호적 작성의 미비점을 지적하고 있다.13) 이 사료에서 호적에 등록된 것은 전체 인구의 1/10, 2/10 정도밖에 되지 않는다고 지적하고 있다. 이러한 사실은 앞에서 제기되었던 '20丁 이하' 주현의 존재와 관련하여 주목되는 사료라고 생각된다.14) '丁'이 주현의 모든 人丁을 지칭하는 것이 아니라는 점과 관련된다고 할 수 있다. 조선시기에 이르기까지 호구 파악이 제대로 되지 못한 것은 호구 파악의 미비점도 있겠지만 戶내 戶의 존재에 대한 파악이 어려웠던 점과 무관하지 않을 것이다.15) 지금까지 살펴보았듯이 丁이 토지와 인정의 결합으로서의 戶의 의미를 가지고 있다는 점은 그 속에 다양한 개별 농업경영단위를 포괄하고 있다는 사실을 반영한다.16) 이와 관련하여 다음 사료는 시사하는 바가 크다.

> 5-8) 付以事目 一諸道戶籍 用號牌案 錄戶首率丁 其廣作長籬就籬內 別構家舍 稱爲一家者 刷出作戶 一單寒人無所依托 或爲人雇工 或婢夫奇寓者 拘於良人 別立一戶 則必至逃散 依率丁例 (『世祖實錄』 권25, 世祖 7년 7월 壬戌)

---

13) 『世宗實錄』 권148, 地理志, 京畿道.
14) 이 사료는 당시의 호적 작성의 특징을 보여주는 것이며 토지소유자 중심의 戶의 파악과 관련을 가지고 있다고 생각된다(韓榮國, 앞의 논문, 1989).
15) 조선시대의 戶내 戶의 관계를 주호-협호의 관계로 이해한 논고는 주목할 만하다(李榮薰, 『朝鮮後期社會經濟史』, 한길사, 1988). 조선시기에 관해서는 여기서 다루지 않지만, 이러한 관계는 고려시기에 두두러진 현상으로 나타나고 있었다고 생각된다.
16) 尹漢宅, 앞의 논문, 1991, 61쪽 주 11) 참고. 윤한택은 공연을 개별 세대의 복합체로 보고, 여기에는 혈연공동체 외 노비호 등도 포함되는 것으로 보아야 할 것이라고 한다.

위의 사료에 의하면 조선 세조 때에 호적을 작성하면서 "여러 도의 호적은 호패안을 써서 戶首와 率丁을 등록한다. 긴 울타리를 널리 만들어 울타리 안에서 따로 집을 짓고 일가를 이루었다고 일컫는 자는 찾아내어 호를 만든다. 홀로 사는 자로 의탁할 곳이 없거나, 다른 사람의 고공이거나, 婢夫로서 빌붙어 사는 사람을 양인의 예에 의거하여 따로 호를 만들면 반드시 도망할 것이니 솔정의 예에 따르도록 한다." 라고 하였다. 戶首·率丁을 기록하는데 長籬 내에 따로 집을 짓고 일가를 이룬다고 칭하는 자는 하나의 호로서 인정하도록 하는 사례는 역으로 보면 그 이전에는 호주 중심의 호에 노비·고공에 이르기까지 모두 기록하고 있음을 보여주는 것이라고 할 수 있다.[17] 고려전기 '丁'의 의미는 바로 이와 같은 것이라 생각한다.

이상에서 볼 때 고려의 '丁'은 토지와 인정이 결합된 '戶'의 의미를 가지고 있으며, 그 호는 호주를 중심으로 동거인과 노비 등을 포함하고 있었다고 할 수 있다. 이는 신라 통일기 공연의 성격과 유사하며 이 속에는 공연과 같이 호등을 내포하고 있었으리라 생각된다. 즉 '丁=戶'라는 등식 속에 내포되어 있는 의미는 호를 구성하고 있는 인정과 토지의 결합으로서의 농업경영규모를 파악하는 것이 국가의 수세원을 파악하는 기초이자, 국가가 필요로 하는 국역담당자층을 확보하는 토대라는 점이다. 이는 전제와 역제의 결합으로서의 고려사회 운영원리가 호등제를 매개로 전정제라는 틀로 이루어져 있음을 의미하고 있다. 이러한 운영원리는 토지가 보다 중요한 의미를 가지게 되면서, 人丁 못지않게 토지에 대한 파악이 중요한 과제로 등장하게 되었고, 이러한 과정에서 결부제에 기초한 토지 파악이 이루어지게 됨으로써 가능하게 되었다.

---

17) 신라촌락문서의 경우에도 孔烟은 노비를 포함하고 있으며, 태조호적에서도 각 호는 동거인을 포함하여 노비를 포괄하고 있음은 시사하는 바가 크다.

2) 태조대 '丁'수에 기초한 군현개편

신라의 9등호제는 신라 하대 田莊의 발달과 호족의 등장에 의한 후삼국의 쟁패를 거치면서 이미 붕괴되었다. 그러나 그 과정 속에서 토지사유제는 더욱 발전하고, 그에 따라 대토지소유자의 증가와 농민층의 계층분화 등의 현상으로 인해 새로운 향촌지배조직이 필요하게 되었다. 국가는 향촌사회에 존재하는 다양한 계층을 새롭게 조직하여 국가의 체제 속으로 수용할 필요가 있었다. 이에 고려 조정은 국가체제의 정비와 함께 對民支配를 위한 새로운 호등제의 창출을 필요로 하게 되었다.[18]

고려초기 지방사회는 지방세력의 영향 아래 있었지만, 중앙집권체제를 지향하는 국가의 통치체계와 무관하게 존재한 것은 아니었다.[19] 이들 지방사회는 나름대로의 독자적 향촌운영기구로서 官班이나 州官 조직을 통해 독자적 운영을 하고 있었으나, 이들 향촌 운영기구도 중앙의 명령체계 속에 놓여 있었다고 여겨진다.[20] 이들 기구에 의해 만들어진 '籍'은 이후에 고려국가의 정책에 따라 새롭게 활용될 자료였다.[21] 신라 9등호제의 기능 상실에 따른 새로운 호등제의 필요성은 항상 존재했으며, 고려는 이를 3등호제로 재편하고자 하였다.

---

18) 唐의 9등호제는 安史의 난 이후에 붕괴되고 後晋 天福 7년(942)에 5등호제가 출현했다고 한다(王曾瑜,「從北朝的九等戶到宋朝的五等戶」『中國史研究』1980-2, 56~57쪽). 또한 唐末 장원이 발달하고 균전농민의 분해가 촉진되는 가운데 중소토지소유자화가 이루어지면서 兩稅法이 제정된다. 이러한 과정에서 토지소유에 기초한 戶의 지배라는 방식이 등장하였다. 宋代 5등호제가 바로 그것이다(柳田節子, 앞의 논문, 1970, 309~312쪽).
19) 邊太燮,「高麗初期의 地方制度」『韓國史硏究』57, 1987, 26~30쪽.
20) 金琪燮,「羅末麗初 戶等制의 변화와 鄕役」『한국중세사연구』10, 2001, 28~29쪽 ; 尹京鎭,「高麗初期 在地官班의 정치적 위상과 지방사회 운영」『한국사연구』116, 2001, 93~94쪽.
21) 본서 Ⅳ장 2절 참고.

고려는 3등호제의 시행을 통해 정호층을 항상적으로 확보하고, 정호층을 직역호로 차정함으로써 국가에 필요한 직역호의 계속적 유지를 도모하였다. 고려의 대표적인 직역호는 군인호, 기인호, 향리호였다. 호등제의 시행과 관련하여 주목해야할 용어는 '丁戶'와 '白丁'이다.

'丁戶'라는 용어가 처음으로 나오는 것은 아래의 사료에서 보이듯이 태조때 恩言에게 傍邑丁戶를 사급한 사례이다.

    5-9) 太祖 (중략) 拜恩言本邑將軍 加賜傍邑丁戶二百二十九 又與忠原廣竹堤州倉穀二千二百石 塩一千七百八十五石 (『高麗史』 권92, 王順式傳)

위의 사료는 총언을 본읍장군으로 제수하고 그에게 인근의 丁戶를 사급하였다는 내용이다. 이는 이들에 대한 인신적 지배의 의미보다는 그들에 대한 수취권을 인정해준다는 의미의 사급일 것으로 여겨진다. 이는 태조에게 귀부한 호족들에 대해 그들의 원래 지배 지역을 인정해 주거나, 여타 지역에 대한 지배권을 부여하는 방식의 대우책이었다. 따라서 정호를 사급하거나 창곡을 수여하는 데에는 이들 지역에 대한 종래의 호적과 토지 및 수취에 대한 자료들이 바탕이 되었을 것으로 본다. 이러한 자료들은 뒷날 지방제도 개편의 토대가 되었을 것이다. 따라서 군현 개편을 위해서는 토지와 인구에 대한 조사가 바탕이 되면서 이를 기초로 그에 상응하는 읍격이 정해질 것이기 때문에, 고려 호등제의 시행을 이해하기 위해서는 고려의 지방제도 개편 과정에 대한 이해가 선행되어야 할 것으로 여겨진다. 그 과정에서 양전과 호적의 작성은 매우 중요한 과정의 하나였을 것이다.

고려의 군현 개편은 태조대 이전부터 시작되고 있었다. 태조대 군현 개편은 단순하게 군현을 통합했다기보다는 어떤 기준에 입각하여 통합이 이루어졌을 것으로 추정된다. 이와 관련하여 『慶州戶長先生案』
에서 태조가 삼한을 통일한 후 경주를 1,000丁의 州로 묶어 邑格을 정
하고, 그 읍격에 상응하여 호장을 두었다는 사실은 이와 밀접한 상관
관계를 가지고 있음을 보여주는 것이라고 할 수 있다. 아울러 이는 천
안부의 예에서 태조가 천안을 '三千戶邑'으로 만들고자 한 의도와도
밀접히 관련된다고 여겨진다.22) 다음 『高麗史』와 『慶州戶長先生案』
의 사료를 비교해 봄으로써 그 상호 관련성을 살펴보자.

5-10) 東京留守官慶州 (중략) ① 太祖十八年 敬順王金傅來降國除爲
慶州 ② 二十三年 陞爲大都督府 (중략) 成宗六年 改爲東京留守
十四年 稱留守使 屬嶺東道 顯宗三年 廢留守官 降爲慶州防禦使
五年 改安東大都護府 二十一年 復爲東京留守 時銳方所上三韓會
土記 有高麗三京之文故復置之 (『高麗史』 권57, 地理志2, 慶尙道
東京)

5-11) 太祖統合三韓敎是時 率領百官郊迎順命 始終補佐敎等用良 ㉮
新羅乙良 京號不動 東京留守官 州號乙良 慶州爲等如 設排敎是
旀 ㉯千丁已上乙 束給敎是遣 堂祭十乙爻定敎是良 (『慶州戶長先
生案』, 慶州司首戶長行案)

위의 5-10) 사료에서 태조 18년 경순왕이 항복하자 나라를 없애고
경주로 삼았다가 태조 23년에는 경주를 대도독부로 승격시켰다 한다.
아울러 5-11)에서는 태조가 삼한을 통합하고 신라를 경주로 하였다가,
1,000정 이상을 묶어 당제 10명을 정하였다고 하여 시기의 구분 없이
서술하고 있다. 그런데 여기서 『高麗史』와 『慶州戶長先生案』의 내용

---

22) 『新增東國輿地勝覽』 권15, 天安郡 形勝, "高麗史諺傳 術師倪方白太祖曰 三
國中心 五龍爭珠之勢 若置三千戶邑 練兵於其地 則百濟將自降太祖 乃登山
周覽 始置天安府".

은 동일한 내용의 상이한 기록이라고 판단된다.

5-10) 사료『高麗史』 ① 太祖十八年 敬順王金傅來降國除爲慶州의 기록은 5-11) 사료『慶州戶長先生案』의 ㉮新羅乙良 京號不動 東京留守官 州號乙良 慶州爲等如 設排敎是旀와 대비되며,『高麗史』② 二十三年 陞爲大都督府의 기록은『慶州戶長先生案』의 ㉯千丁已上乙束給敎是遣 堂祭十乙爻定敎是良의 내용과 대비된다고 생각된다. 따라서 태조 23년 경주를 대도독부로 승격시켰다는 사실은 바로 '1,000丁 이상을 묶는다'는 사실을 의미하며, 그것은 주변에 있는 몇 개의 군현을 통합하여 새로운 대도독부를 창설하는 방식이었을 것이다.[23] 즉 대도독부의 읍격에 상응하는 丁數와 호장의 수를 정하였음을 의미하는 것이라고 판단된다. 다만 여기서 '京號不動 東京留守官'이라는 의미는 태조대에 동경유수관으로 하였다는 의미라기보다는 '京'의 이름을 그대로 사용하고 있었다는 고려전기의 일부 사실을 포괄적으로 제시한 것으로 여겨진다.[24]

---

[23] 원래 大城郡의 영현이었던 約章縣과 東畿停은 경주에 통합되었다(『三國史記』 권34, 地理志1, 大城郡).

[24] 尹京鎭은 태조대에 '千丁 이상을 묶는다'는 사실을 성종 2년 公廨田 지급규정에 보이는 千丁 이상의 주현의 존재와 비견하여 성종대의 사실을 소급한 것으로 이해하고 있으나(「『慶州戶長先生案』舊案(慶州司首戶行案)의 분석-1281년~1445년 부분을 중심으로-」『新羅文化』 19, 2001, 59~60쪽), 반드시 그렇게 이해할 필요는 없다고 본다. 이와 관련하여『高麗史』 권57, 地理志2, 경상도조에 의하면 태조대에 경주지역에 東南道都府署使를 두고 경주에 관사를 두었다고 하지만, 정작 동경유수관 경주조에서는 이를 기록하지 않고 있다. 아울러『慶尙道地理志』慶州조에 의하면 태조 22년에 대도호부를 두고 읍호를 慶州司라 하여 동남도도부서사의 본영으로 하였다고 한다. 또한『高麗史』와는 달리 현종대의 일련의 변화를 기록하면서 현종 21년에 다시 동경유수로 되었다고 하면서 '東京留守官 知東京事 大都督府'라고 칭하고 있다. 이처럼 경주의 칭호와 官格의 변화가 심한 가운데 史書에 따라 사실의 기재에 차이가 나며, 동경유수관과 대도독부를 동시에 칭하고 있다는 사실은『慶州戶長先生案』의 기록과 비교해 볼 때 시사하는 바가 있다고 여

그러나 『高麗史』 권75, 選擧志3, 事審官조의 기록은 5-10) 사료 ②의 기록과 5-11) 사료 ⑭의 기록의 대비가 가능할까에 의문을 제기한다. 즉 사심관조에 의하면 태조 18년에 신라왕 김부가 항복하자 신라국을 없애고 경주로 삼고, 김부로 하여금 본주 사심으로 삼아 부호장 이하 관직 등의 일을 맡게 하였다고 한다.[25] 여기서 신라국을 없애고 경주로 삼은 것과 사심관을 두고 부호장 이하의 관직을 관장하게 한 시기가 모두 태조 18년의 사실로 나타난다. 그렇다면 태조 18년에 부호장 이하의 향리직제가 시행되고 있었으며, 이는 1,000정 이상을 묶고 당제 10명을 정하였다는 『慶州戶長先生案』 ⑭의 기록을 포괄하고 있다고 볼 수 있다. 따라서 태조 18년은 경주의 영역 확정과 관련하여 주목되는 시기이다.

이와 관련하여 『三國史記』 권34, 지리지의 기록은 주목된다. 여기서 경주가 만들어지는 과정은 대성군 소속이었던 약장현·동기정을 비롯하여 상성군과 그 소속이었던 남기정·중기정·서기정·북기정·막야정, 그리고 동안군 등이 합쳐져서 경주를 이루었음을 알 수 있다.[26] 그

겨진다. 따라서 태조대의 일련의 지방제도 정비 과정은 기록의 부족으로 규명하기 어려운 것은 사실이지만, 태조대 군현제의 정비와 양전 등의 기록을 통해 볼 때 이미 태조대부터 丁數에 따른 군현제의 정비가 시작되었다고 보는 것이 타당할 것이다. 이와 관련하여 태조대부터 丁數에 입각한 군현제 정비가 있었다는 이순근의 지적은 주목된다(「高麗時代 事審官의 機能과 性格」, 『高麗史의 諸問題』, 1986).

25) 『高麗史』 권75, 選擧志3, 事審官, "太祖十八年 新羅王金傅來降 除新羅國爲慶州 使傅爲本州事審 知副戶長以下官職等事 於是諸功臣亦效之 名爲其本州事審 事審官始此".

26) 『三國史記』 권34, 大城郡, "大城郡 (중략) 約章縣 本惡支縣 景德王改名 今合屬慶州 東畿停 本毛只停 景德王改名 今合屬慶州"; 『三國史記』 권34, 商城郡, "商城郡 本西兄山郡 景德王改名 今合屬慶州 南畿停 本道品兮停 景德王改名 今合屬慶州 中畿停 本根內停 景德王改名 今合屬慶州 西畿停 本豆良彌知停 景德王改名 今合屬慶州 北畿停 本雨谷停 景德王改名 今合屬慶

렇다면 태조 18년에 경주를 만들었다는 점과 관련시켜 유추해 본다면 경주의 시작은 태조 18년일 가능성이 크며, 김부를 사심관으로 삼고, 경주를 1,000丁 현으로 만들어 당제를 둔 시기도 태조 23년보다 앞서는 태조 18년일 가능성이 있다. 태조 18년 경주의 설치를 기반으로 하여 태조 23년 다시 경주를 대도독부로 승격시키는 개편이 이루어졌을 것이다.

여기 "大城郡 (중략) 約章縣 本惡支縣 景德王改名 今合屬慶州 東畿停 本毛只停 景德王改名 今合屬慶州"의 사료에서 '今合屬慶州'의 '今'의 시기는 『三國史記』가 편찬되던 시기를 가리키는 것으로 볼 수 있지만, 사실상 '合屬'의 시기는 고려초 군현제 개편과 관련하여 태조 18년일 가능성이 크다고 본다.[27] 그렇다면 여기서 말하는 '合屬'의 의미는 태조대 군현제 개편과정 속에서 '丁'수에 기초한 읍격의 조정과 밀접한 관련을 가지는 것이라고 생각된다.[28] 이와 관련하여 영주의 사례는 참고된다.

『三國史記』에 의하면 임고군은 지금의 영주인데, 그 5개의 영현 가운데에서 임천현과 도동현이 영주에 합속되었다고 전하고 있으며,[29]

州 莫也停 本官阿良支停 景德王改名 今合屬慶州"; 『三國史記』 권34, 東安郡, "東安郡 本生西良郡 景德王改名 今合屬慶州".
27) '今'의 시기와 관련하여 여러 견해들이 있으나, 대체로 인종 14~21년 정도라고 파악하고 있다(田中俊明, 「'三國史記' 撰進と '舊三國史'」 『朝鮮學報』 83, 1977). 한편 이를 좀더 좁혀서 인종 14~16년까지로 보기도 한다(金泰植, 「'三國史記' 地理志 新羅條의 史料的 檢討」 『三國史記의 原典 檢討』, 1995).
28) 金琪燮, 『高麗前期 田丁制研究』, 釜山大 博士學位論文, 1993, 131~146쪽 ; 蔡雄錫, 앞의 책 ; 具山祐, 앞의 책, 141~145쪽.
29) 『三國史記』 권34, 地理志1, 臨皐郡, "臨皐郡 本切也火郡 景德王改名 今永州 領縣五 長鎭縣 今竹長伊部曲 臨川縣 助賁王時 伐得骨火小國 置縣 景德王改名 今合屬永州 道同縣 本刀冬火縣 景德王改名 今合屬永州 新寧縣 本史丁火縣 景德王改名 今因之 黽白縣 本買熱次縣 景德王改名 今合屬新寧縣".

이는 『高麗史』 권57, 地理志2, 永州조에서도 확인된다.30) 그런데 그 시기는 고려초로 되어 있으나, 『慶尙道地理志』 永川郡조에 의하면 신라말 골화현의 금강성 장군 황보능장이 태조를 도운 데 대한 보답으로 능장의 본거지인 골화현 등 4현을 합쳐서 영주로 만들었다고 전하고 있다.31) 그렇다면 고려초는 태조대일 가능성이 크다고 여겨지며, 骨火縣・苦也火郡・道同縣・史丁火縣 등을 합쳐서 영주를 만들었음을 전하고 있다. 그런데 여기서 '合屬'의 의미는 다름 아니라 '합쳐서 하나에 포함되었음'을 의미한다고 판단된다.

이와 관련하여 위의 『三國史記』 권34, 地理志1, 臨皐郡조에 의하면 임고군의 영현이었던 新寧縣은 본래 史丁火縣으로 景德王대에 改名하여, 지금 계속 이어져 오고 있다(今因之)고 하고, 黽白縣은 본래 買熱次縣인데 景德王대에 改名하여 지금 新寧縣에 합속되었다고 한다. 그런데 『高麗史』 권57, 地理志2, 신녕현조에 의하면 신녕현은 현종 9년에 경주에 내속한 것으로 되어 있다.32) 그렇다면 신녕현은 태조대에는 영주에 합속되어 있다가, 현종 9년에 영주로부터 분리되면서 경주의 속현이 되었고, 현종 9년 신녕현이 경주의 속현이 되면서 태조대에 신녕현과 함께 영주에 합속되어 있던 민백현은 신녕현에 합속되었다고 해석할 수 있다. 따라서 '合屬'의 의미는 민백현의 사례에서 유추해 볼 수 있듯이 신녕현이 현종 9년 경주의 속현이 되었기 때문에 민백현

---

30) 『高麗史』 권57, 地理志2, 永州, "永州 高麗初合新羅臨皐郡道同臨川二縣置之[一云高鬱府] 成宗十四年 爲永州刺史 顯宗九年 來屬".

31) 『慶尙道地理志』, 永川郡, "在三國時 稱臨皐郡 本切也火郡 在高麗太祖統合之時 以金剛城將軍皇甫能長 補佐之功 合骨火縣若也火郡道同縣史丁火縣 爲永州 臨皐合骨火縣今郡邑也 苦也火今郡村珎村里也 (중략) 當新羅之季 骨火縣金剛城將軍皇甫能長 見高麗太祖勃興 知天命人心之所歸 遂擧衆助順 太祖嘉賞 授以在丞 乃合能長所起之地 骨火等四縣 爲永州".

32) 『高麗史』 권57, 地理志2, 신녕현, "新寧縣 本新羅史丁火縣 景德王改今名 爲臨皐郡領縣 顯宗九年來屬".

은 속현이 된 신녕현에 포함된 채 경주의 속현이 된 것이다.33) 사실상 민백현은 없어지게 되었다는 점에서 合屬의 의미는 '합쳐져서 하나에 포함되었음'을 의미한다고 여겨진다.34)

이러한 사실을 종합적으로 고려해 볼 때 태조대 영주의 창설은 신라 이래 현으로 유지되어 오던 골화현 등 4개의 현을 합쳐서 영주로 만들었다는 사실을 말하며, 아마도 '州'의 읍격에 상응한 조치로서 4개의 현을 합친 것을 의미한다. 이는 경산부의 예와 대동소이한 것으로 이 시기 '州'의 창설 정책에 따라 각 현의 토지와 인정에 대한 파악을 기초로 하여 영주를 창설한 것이라고 할 수 있다.

태조대 군현개편과 관련하여 읍격에 상응하는 민호를 운집시키는 조처는 주목된다. 천안부의 속현이었던 예산현의 연혁을 기록한 내용에서 태조 2년에 지금의 이름으로 고친 예산현의 군현명 개정과 관련하여 『高麗史節要』 태조 2년 8월의 내용에 유민 500여 호를 안집시켰다고 전하고 있다.35) 이는 군현명 개정이 단순한 군현명의 개정으로

---

33) 이는 신녕현이 경주의 속현이 되었기 때문에 민백현은 속현의 속현이 된 것이 아니라, 속현이 된 신녕현 속에 포함되었다는 의미에서 '合屬'이라는 표현을 사용하고 있는 것이다.
34) 이러한 점에서 김일우의 해석은 재고를 요한다(『고려초기 국가의 地方支配體制硏究』, 일지사, 1998, 105쪽). 김일우는 『大東地志』 永川郡의 사료를 인용하여 임고군의 영현이었던 도동과 임천이 고려초에 영주의 속현이었다고 해석하고 있으나, 『高麗史』에서는 분명히 新羅의 臨皐郡과 道同·臨川 2縣을 합쳐서 영주를 두었다고 하였고, 『三國史記』에서는 도동현과 임천현이 영주에 합속되었다고 기록하고 있다. 따라서 이 경우 도동현과 임천현은 영주의 속현이 된 것이 아니라, 영주의 읍격이 격상하면서 영주에 합쳐졌다는 의미로 보아야 할 것이다.
35) 『高麗史節要』 권1, 太祖 2년 8월, "改烏山城 爲禮山縣 遣大相哀宣洪儒 安集流民五百餘戶"; 『高麗史』 권56, 地理志1, 청주목 천안부, "禮山縣 本百濟烏山縣 新羅景德王改名孤山爲任城郡領縣 太祖二年 更今名 顯宗九年來屬 後置監務".

끝나는 것이 아님을 보여주는 중요한 내용이라고 판단된다. 즉 읍격에 상응하는 민호의 조정이 이루어지고 있음을 반증하는 것이라고 할 수 있다.

이와 관련하여 울주와 경산부의 사례도 명호 개정이 단순한 개정이 아니라 몇 개의 군현을 병합하여 새로운 군현을 창출하는 방식이었음을 보여준다.36) 울주는 고려초에 개명하고 현종 9년에 방어사를 두었는데, 세주에 의하면 태조 때 박윤웅의 공으로 河曲・東津・虞風 등의 현을 병합하여 興禮府를 두었다고 하였다.37) 이에 따르면 홍례부는 울주의 전신으로서 3개의 현을 합쳐서 홍례부를 두었음을 알 수 있다. 이는 홍례부의 읍격에 상응하여 군현의 병합을 통하여 '府'를 설치했음을 의미한다. 이는 경주의 읍격에 상응하여 '千丁已上乙 束給敎是遣'과 같은 차원의 조치라고 볼 수 있다.

이는 경산부의 예에서도 살필 수 있다. 경산부는 경덕왕대 신안으로 고치고 성산군의 영현으로 하였다가 뒤에 벽진군으로 고치고 태조 23년에 경산부로 다시 고쳤다고 한다.38) 그런데 『慶尙道地理志』에 의하면 경산부 장군들의 도움으로 태조가 후백제를 물리치고 승리함으로

---

36) 朴宗基, 앞의 논문, 1988, 118~120쪽.
37) 『高麗史』권57, 地理志2, 蔚州, "蔚州 本屈阿火村 新羅婆娑王取之置縣 景德王改名河曲 (一作河西) 爲臨關郡領縣 高麗初更今名 顯宗九年 置防禦使. (景德王改于火縣 爲虞風縣 栗浦縣爲東津縣皆合屬 太祖時郡人朴允雄有大功 乃倂河曲東津虞風等縣置興禮府 後降爲恭化縣 又改知蔚州事) (괄호는 細註)".
38) 『高麗史』권57, 地理志2, 尙州牧, "京山府 本新羅本彼縣 景德王改名新安爲星山郡領縣 後改爲碧珍郡 太祖二十三年 更今名 景宗六年 降爲廣平郡 成宗十四年 稱岱州都團鍊使 顯宗三年 廢團鍊使. 九年 改知京山府事". 이에 관해 경산부, 고울부, 홍례부, 의성부, 김해부 등은 신라 하대에 만들어진 것이라는 견해가 있다(황선영, 「新羅 下代의 府」『한국중세사연구』 창간호, 1994).

써 그에 대한 보상으로 5개의 현을 합쳐서 경산부로 승격시켰음을 말하고 있다.39) 이와 관련하여 『高麗史』와 『三國史記』의 기록을 참고해 볼 필요가 있다.

『三國史記』星山郡조에 의하면 경산부는 신라의 신안현이 개명되어 경산부가 된 것처럼 되어 있지만,40) 사실상 『慶尙道地理志』에서는 星山・狄山・壽同・䄄山・本彼 등 5개 현을 합쳐서 京山府로 승격하였음을 전하고 있다. 이 기록을 신뢰한다면 경산부는 원래 성산군과 영현 관계에 있는 주변의 현을 합쳐서 만들었다고 볼 수 있다. 이는 『三國史記』星山郡조에 전하듯이 狄山・壽同・本彼縣이 성산군의 영현이라는 사실에서 확인할 수 있다. 이를 좀더 부연하면 『高麗史』경산부조에 원래의 성산군은 고려초에 들어와 가리현이 되었다가 현종 9년 경산부의 속현으로 내속되었다고 한 바,41) 이는 성산군이 경덕왕대 一利郡에서 개명된 이래 태조대에 경산부에 합쳐졌다가 현종 9년에 이르러 다시 가리현으로 분리되어 경산부의 속현이 된 것을 의미한다고 생각된다. 狄山・壽同도 경산부에 합쳐졌다가 현종 9년에 분리되어 경산부의 속현화한 것으로 이해된다. 따라서 『三國史記』에서는 나중에 신안현만이 경산부로 된 것처럼 기록되게 된 것이다. 이는 앞서 울주의 예와 대동소이한데, 여기서 '府'의 읍격에 상응하여 5개의 현을

---

39) 『慶尙道地理志』, 星州牧官, "京山府將軍 李能一襃申又襃崔彦 在高麗太祖 統合三韓時 天授乙酉 率六百人 佐太祖勝百濟 以其勞厚賞 合所居星山狄山 壽同䄄山本彼五縣 昇爲京山府".

40) 『三國史記』권34, 地理志1 星山郡, "星山郡 本一利郡 景德王改名 今加利縣 領縣四 壽同縣 本斯同火縣 景德王改名 今未詳 谿子縣 本大木縣 景德王改 名 今若木縣 新安縣 本本彼縣 景德王改名 今京山府 都山縣 本狄山縣 景德 王改名 今未詳". 여기서 狄山縣은 『慶尙道地理志』星州牧官의 狄山을 가리 키는 것이 아닌가 한다.

41) 『高麗史』권57, 地理志2, 京山府, "加利縣 本新羅一利郡 景德王改爲星山郡 高麗初更今名 顯宗九年來屬".

합쳐 경산부로 승격시켰다는 것은 바로 5개현의 丁數를 고려하여 경산부를 설치하였음을 의미한다고 여겨진다.

이와 함께 벽진군 장군 이총언과 관련하여 벽진군이 경산부로 승격되는 사실은 주목된다. 이에 의하면 총언을 본읍장군으로 제수하고 그에게 인근의 丁戶를 사급하였다는 내용인데, 이는 경산부의 읍격에 상응하여 인근의 정호를 지배할 수 있는 권리를 줌으로써 사실상 읍격에 상응하는 민호의 조정이 이루어졌음을 의미하는 것이라고 볼 수 있다.42) 이들에 대한 지배는 인신적 지배의 의미보다는 그들에 대한 수취권을 인정해 준다는 의미의 사급일 것으로 여겨진다. 이는 태조에게 귀부한 호족들에 대해 그들의 원래 지배 지역을 인정해 주거나, 여타 지역에 대한 지배권을 부여하는 방식의 대우책이었다. 따라서 정호를 사급하거나 창곡을 수여하는 데에는 이들 지역에 대한 종래의 호적과 토지 및 수취에 대한 자료들이 바탕이 되었을 것으로 본다. 이러한 자료들은 다음 지방제도 개편의 토대가 되었을 것이다.

그렇다면 태조 23년의 군현제 개편은 단순한 명호개정의 정도가 아니라, 성종을 거쳐 현종대 완성된 정수에 기초한 읍격의 조정이라는 고려 지방제도의 기본틀이 마련되었음을 의미하는 것이라고 할 수 있다.43) 이는 바로 '丁'을 바탕으로 한 지방제도 정비의 1단계 작업이라

---

42) 『高麗史』권92, 王順式傳, "太祖李悤言史失世系 新羅季保碧珍郡時 群盜充斥悤言 堅城固守 民賴以安 太祖遣人 諭以共戮力定禍亂 悤言奉書甚喜 遣其子永率兵 從太祖征討 永時年十八 太祖以大匡思道貴女妻之 拜悤言本邑將軍 加賜傍邑丁戶二百二十九 又與忠原廣竹堤州倉穀二千二百石 塩一千七百八十五石 且致手札示以金石之信曰 至于子孫此心不改 悤言乃感激 團結軍丁 儲峙資糧 以孤城介 於羅濟必爭之地 屹然爲東南聲援 二十一年 卒年八十一 子達行及永".

43) 박종진은 태조 23년 군현개편 때에 군현의 조세 액수가 정해졌을 것으로 파악한다(『고려시기 재정운영과 조세제도』, 서울대 출판부, 32~33쪽). 이는 군현의 읍격에 따른 호구와 토지에 대한 조사를 바탕으로 이루어졌을 것이다.

고 여겨진다. 이를 통해 '丁'으로 이루어진 전제와 역제의 결합방식이 태조대에도 존재했음을 알 수 있으며, 태조대에 신라의 제도를 계승하여 전제와 역제의 결합방식을 가진 '田丁'의 제도를 바탕으로 한 지방편제가 시행되었음을 짐작할 수 있다.

3) 3등호제로의 이행

전제와 역제의 결합 방식이 태조대에 보편적인 고려의 호등제로 제도화된 것 같지는 않다. 성종대에 이르면 '丁數'를 기준으로 한 지방편제 및 각종 제도가 만들어지게 된다. 성종 2년 丁數를 기준으로 한 읍격의 구분이 이루어지면서 정수에 의한 지방제도의 편제방식은 고려전기 지방제도 운영상의 큰 특징이 되었다.44) 아래의 사료는 이와 관련이 깊다.

> 5-12) 成宗二年 六月 定州府郡縣舘驛田 千丁以上州縣公須田三百結 五百丁以上公須田一百五十結紙田十五結長田五結 二百丁以上缺 一百丁以上公須田七十結紙田十結 一百丁以下公須田六十結長田四結 六十丁以上公須田四十結 三十丁以上公須田二十結 二十丁以下公須田十結紙田七結長田三結 鄕部曲千丁以上公須田二十結 一百丁以上公須田十五結 五十丁以下公須田十結紙田三結長田二結 大路驛公須田六十結紙田五結長田二結 中路驛公須田四十結紙田長田各二結 小路驛公須田二十結紙田二結 大路舘田五結 中路四結 小路三結 (『高麗史』권78, 食貨志1, 公廨田柴)

위의 사료는 성종 2년 6월 12목을 설치하면서 지방관아에 공해전을

---

44) 具山祐,「高麗 성종대의 향촌지배체제의 강화와 그 정치 사회적 갈등」,『한국문화연구』6, 1993.

지급하였는데, 이때 丁數의 多寡에 의해 읍격을 구분하고 공해전을 차등화하여 지급하였음을 전하고 있다.[45] 여기서 읍격의 규모는 크게 1000丁, 500丁, 200丁, 100丁, 100丁 이하로 구분되었으며, 이에 기초하여 공수전을 지급하고 있다. 또한 성종 2년에는 驛長의 정원을 정함에 있어서 그 기준을 정수의 다과에 기초를 두고 있다. 다음 사료를 보자.

5-13) 成宗二年 判 諸驛長大路四十丁以上長三 中路十丁以上長二 小路亦依中路例差定 (『高麗史』 권82, 兵志2, 站驛)

여기서 대로역은 40정 이상, 중로역은 10정 이상일 경우에 역장을 각각 3인과 2인을 두며 소로역의 경우에는 중로역이 예에 따라 역장을 차정한다고 하였다. 이처럼 정수는 역의 규모를 반영하는 기준으로 이용되고 있음을 알 수 있다. 아래에서 보듯이 성종 15년 事審官의 정원 등을 정하는 데에도 丁數의 다과에 따라 차이를 두었다.

5-14) 成宗十五年 定凡事審官五百丁以上州四員 三百丁以上州三員 以下州二員 (『高麗史』 권75, 選擧志3, 事審官)

위의 사료에서 사심관의 정원을 정하는 데에도 500정 이상은 4인, 300정 이상은 3인, 이하는 2인으로 하여 그 읍격에 따라 사심관의 정원을 두고 있었다. 이처럼 성종대에 丁數에 기초한 읍격의 구분이 제도

---

45) 『高麗史』 권84, 刑法志1, 職制, "忠宣王卽位下敎曰 (중략) 一凡州府郡縣 先王因丁田多少 以等差之 近來兩班內外鄕貫 無時加號 甚乖古制 有司論罷". 丁田의 다소에 따라 군현의 읍격을 정하였다는 충선왕의 즉위교서는 이와 관련하여 시사하는 바가 크다. 여기서 성종대 丁수를 丁田만을 의미한다고는 볼 수 없지만, 丁田을 내포하고 있다는 점에서 밀접한 관련을 가지고 있다고 할 수 있다.

화되고, 정수에 따라 여러 측면에서 차등화가 이루어졌다는 사실은 성종대에 이르러 호적제도의 정비와 함께 민에 대한 파악이 일단락되었음을 의미하는 것으로 이해된다. 이와 관련하여 白丁에게 公田을 지급하여 丁戶로 삼은 예는 주목된다.

> 5-15) 敎曰 凡理國之本 莫過於孝 (중략) 其咸富等 並令旌表門閭 免其徭役 白丁給公田爲丁戶 車達三人 咸富等四人 免出驛島 隨其所願 編籍州縣 (『高麗史』 권3, 成宗 9년 9월)

위의 성종 9년 9월의 교에 의해 볼 때, 이미 이 시기에는 정호와 백정호의 구분이 분명히 나타나고 있고, 공전 지급을 매개로 해서 백정을 정호로 삼고 있다. 이는 토지를 매개로 하여 직역 담당층을 확보하고자 하는 적극적 방안의 하나였다고 판단된다.[46] 그렇다면 성종 9년 단계에는 정호와 백정호의 구분이 분명하게 드러나 있었고, 『慶州戶長先生案』에 보이는 성종 5년 '內外戶口施行'의 제도와 밀접한 관련을 가지고 있었을 것으로 여겨진다. 성종 5년 '內外戶口施行'은 단순한 호구조사에 그친 것이 아니라 호적제도가 체계화되었음을 의미하며, 이를 통해 개별호에 대한 호등의 파악이 이루어졌을 것이다. 성종 5년 '內外戶口施行'은 성종 2년 외관이 파견되고, 성종 2년 주부군현의 吏職 개편을 통한 堂大等체제의 戶長체제로의 전환이 이루어지는 과정 속에서 가능하게 되었다고 할 수 있다.[47] 호장을 중심으로 하는 향리 직제를 통해 지방민을 파악하고 이들에 대한 호등 구분이 이루어졌다고 볼 수 있다.[48]

---

46) 오일순, 『高麗時代 役制와 身分制變動』, 혜안, 2000, 28~41쪽.
47) 『高麗史』 권75, 選擧志3, 鄕職, "成宗二年 改州府郡縣吏職 以兵部爲司兵 倉部爲司倉 堂大等爲戶長 大等爲副戶長 郎中爲戶正 員外郎爲副戶正 執事爲史 兵部卿爲兵正 筵上爲副兵正 維乃爲兵史 倉部卿爲倉正".

그러나 성종연간의 지방제도 개편은 거란의 침입에 따른 군정 중심의 절도사체제로서 아직도 미완성의 군현제였다고 할 수 있다.[49] 따라서 새로운 민정체제로의 전환과 함께 계수관체제의 구축, 정수에 따른 읍격의 체계화 등은 다음 시기를 기다려야 했다. 아래 현종 9년의 사료는 성종대 마련된 호장체제가 보다 구체화되면서 각 지역별로 정수에 따라 향리의 수를 구체적으로 규정하였다.

5-16) 顯宗九年 定凡州府郡縣 千丁以上戶長八人副戶長四人兵正副兵正各二人倉正副倉正各二人史二十人兵倉史各十人公須食祿史各六人客舍藥店司獄史各四人 五百丁以上戶長七人副戶長二人兵正副兵正倉正副倉正各二人史十四人兵倉史各八人公須食祿史各四人客舍藥店司獄史各二人 三百丁以上戶長五人副戶長兵倉正副兵倉正各二人史十人兵倉史各六人公須食祿史各四人客舍藥店司獄史各二人 百丁以下戶長四人副戶長兵倉正副兵倉正各一人史六人兵倉史各四人公須食祿史各三人客舍藥店史各一人 東西諸防禦使鎭將縣令官 千丁以上戶長六人副戶長兵倉正副兵倉正各二人史十人兵倉史各六人公須史各四人客舍藥店司獄史各二人 百丁以上戶長四人副戶長以下並同千丁以上州縣 百丁以下戶長二人副戶長兵倉正副兵倉正各一人史六人兵倉史各四人公須客舍藥店司獄史各二人 (『高麗史』 권75, 選擧志3, 鄕職)

위에서 보듯이 현종 9년 향리직제의 개편에서 각 지역의 읍격에 따라 일반 군현과 양계지역으로 나누어 향리직제와 그 인원수를 구체적으로 규정하였다. 이는 현종 9년 2월 지방제도의 개혁으로 4都護・8

---

48) 金甲童, 「고려시대의 戶長」 『韓國史學報』 5, 1998, 201쪽 ; 강은경, 『高麗時代 戶長層 硏究』, 혜안, 2002.
49) 具山祐, 「高麗 顯宗代 鄕村支配體制 개편의 배경과 성격」 『한국중세사연구』 창간호, 1994.

牧·56知州軍使·28鎭將·20縣令이 설치됨과 아울러 지방통치조직이 체계화되는 것을 의미하는 것이다.50) 이외에도 현종 9년 정월 지방 수령에 따르는 지방 관속의 수를 정하거나,51) 현종 9년 향리의 서열에 따른 공복을 제정하였다.52) 이러한 과정을 염두에 둘 때 현종대는 전반적인 지방통치체제를 마무리하였다고 할 수 있다.53)

현종대 지방제도의 정비와 함께 丁數에 기초한 군현의 읍격과 그에 따른 향리직 체계가 갖추어짐으로써 호등제적 편제의 가능성은 훨씬 커졌다고 할 수 있다. 호등제와 관련하여 주목되는 자료는 문종대에 보이는 其人選上規定이다. 아래의 사료를 보자.

> 5-17) 文宗 31年判 凡其人 千丁以上州 則足丁年四十以下三十以上者 許選上 以下州 則半足丁勿論 兵倉正以下副兵倉正以上 富强正直者選上 其足丁限十五年 半丁限十年立役 半丁至七年 足丁至十年 許同正職 (『高麗史』 권75, 選擧志3, 銓注 其人)

위의 사료는 기인의 選上과 관련하여 그 자격에 관하여 언급한 것이다. 기인의 선상은 千丁 이상의 주와 그 이하의 주로 나누고 千丁 이상의 주에서는 족정으로서 30~40세인 자로 한다. 千丁 이하의 주에서는 족정과 반정을 논하지 말고 병창정 이하 부병창정 이상으로 부강하고 정직한 자를 기인으로 뽑아 올린다는 내용이다. 이에 의하면 '丁'에 의한 읍격의 구분 속에 足丁과 半丁이 존재함을 보여주고 있으며, 이들을 기인으로 뽑을 것을 주장한다.

---

50) 『高麗史節要』 권3, 顯宗 9년 2월, "罷諸道按撫使 置四都護八牧五十六知州郡使 二十八鎭將 二十縣令".
51) 『高麗史』 권72, 輿服, 鹵簿 外官陪從.
52) 『高麗史』 권72, 輿服, 官服, 長吏公服.
53) 金甲童, 「高麗 顯宗代의 地方制度改革」 『韓國學報』 80집, 1995.

여기서 주목되는 것은 문종대에 처음으로 나타나는 '足丁'과 '半丁'의 자료이다. 족정과 반정의 의미에 관해서는 다양한 견해들이 있지만, 자료를 있는 그대로 이해하면서 그 의미를 생각해 볼 필요가 있다. 이 자료는 其人을 뽑기 위한 조치로서 기인의 선정 방식을 규정한 것이라고 할 수 있다. 기인의 대상으로 '足丁'과 '半丁'을 들고 있다는 사실은 이들이 기본적으로 人丁 가운데에서 일정한 자격을 갖춘 자임을 의미한다. 그 의미는 바로 '丁'이 가지고 있는 본래적 의미로부터 파생하는 것이라고 생각된다.

고려시대 '丁'은 '戶'의 의미를 내포하고 있으므로 足丁은 곧 足丁戶와 같은 의미로 이해할 수 있다.[54] 즉 足丁戶는 족정만큼의 토지를 가지고 그에 상응하는 노동력을 가진 호로서 반정호, 백정호 위의 상위 호등이라고 생각된다.[55] 따라서 '족정으로 30~40세인 자'의 의미는 '족정호의 호주를 비롯한 직계 가운데 그 나이에 해당하는 자'로 이해된다. 즉 1,000丁 이상의 州에서는 족정호 내에서 기인을 뽑고, 1,000丁 이하의 州에서는 족정호와 반정호를 논하지 않고 병창정 이하 부병창정 이상인 자 가운데 부강정직자를 뽑는다는 의미로 이해할 수 있다.

반정호 이상의 호는 국가의 직역을 부담할 만한 능력을 가진 호일 뿐 아니라 1,000정 이하의 州에서는 족정호가 그리 많지 않기 때문에 족반정을 논하지 않고 일정한 직역을 부담하는 직역호에 대해서 기인호로 차정하고자 하였을 것으로 판단된다. 이와 관련하여 각 군현에서 정호가 차지하는 비율이 9~15%임을 논증한 연구는 주목된다.[56] 그렇다면 정호 가운데에서 족정호가 차지하는 비율은 그보다 더 적을 것이

---

54) 金琪燮, 『高麗前期 田丁制研究』, 부산대 박사학위논문, 1993.
55) 3등호의 구분의 구분은 기본적으로 농업경영규모의 차이를 내포하고 있다는 점과 관련하여 다음 절에서 좀더 구체적으로 다룰 것이다.
56) 具山祐, 『高麗前期鄕村支配體制研究』, 혜안, 2003, 228~230쪽.

다. 따라서 앞에서 보듯이 1,000정 이하의 주에서 족반정을 논하지 말고 병창정 이하 부병창정 이상인 자 가운데 부강정직자를 뽑는다고 한 것은 1,000정 이하의 주인 경우 족정호의 비율이 보다 낮기 때문에 일정 위치에 있는 향리 가운데에서 기인을 뽑으려고 하였다고 여겨진다. 즉 병창정 이하 부병창정 이상에 해당하는 향리직은 兵正・倉正・戶正・副戶正・副倉正・副兵正・公須正・食祿正・公須副正・食祿副正・客舍正・藥店正・司獄正 등이다. 1,000정 이하의 주에서는 이들 향리직 가운데 족정호와 반정호가 함께 존재하고 있으며, 이들 가운데에서 기인을 뽑자는 의미로 해석된다.

이상의 기인선상 규정에서 보듯이 문종대에는 족정호・반정호・백정호라는 3등호의 구분이 분명하게 드러나면서 기인선상을 위해 3등호제가 실질적으로 활용되고 있음을 보여주고 있다. 그러나 이러한 3등호제는 이 시기에 비로소 나타난 것이 아니라 태조대에서부터 활용되고 있었던 '丁'수에 의한 읍격의 조정에서부터 태동의 가능성을 내포하고 있었다고 여겨진다. 이 규정이 문종 31년의 '判'에 의한 것임을 볼 때, 아마도 이 관련 규정은 그 이전부터 기인선상과 관련하여 활용되고 있었다고 보는 것이 타당할 것이다. 이와 관련하여 예종대 윤관은 서북면의 여진을 정벌하고 이곳에 6성을 쌓으면서 丁戶수를 다음과 같이 파악하고 있다.

5-18) 乃命守司徒中書侍郎平章事尹瓘 爲行營大元帥 知樞密院事翰林學士承旨吳延寵 爲副元帥 率精兵三十萬 俾專征討 (중략) 其地方三百里 東至于大海 西北介于盖馬山 南接于長定二州 山川之秀麗土地之膏腴 可以居吾民 而本高句麗之所有也 其古碑遺跡尙有存焉 夫高句麗失之於前今上得之於後豈非天歟 於是新置六城 一曰鎭東軍咸州大都督府 兵民一千九百四十八丁戶 二曰安嶺軍英州防禦使 兵民一千二百三十八丁戶 三曰寧海軍雄州防禦使 兵民一千

四百三十六丁戶 四日吉州防禦使 兵民六百八十丁戶 五日福州防
禦使 兵民六百三十二丁戶 六日公嶮鎭防禦使 兵民五百三十二丁
戶 選其顯達而有賢材 能堪其任者 鎭撫之 詩所謂 于蕃于宣以蕃
王室者也 有以見晏然高枕 無東顧之憂矣 (『高麗史』 권96, 尹瓘傳)

위의 사료에 따르면 鎭東軍咸州大都督府 兵民 1,948丁戶, 安嶺軍
英州防禦使 兵民 1,238丁戶, 寧海軍雄州防禦使 兵民 1,436丁戶, 吉州
防禦使 兵民 680丁戶, 福州防禦使 兵民 632丁戶, 公嶮鎭防禦使 兵民
532丁戶라고 하여 당시 6성의 병민의 규모를 파악하면서 이들 가운데
현달하고 재능이 있으며 그 임무를 맡길 수 있는 사람을 뽑아서 여진
을 진무토록 하고 있다. 양계의 민들은 기본적으로 군역을 담당하는
병농일치의 민으로서 일반 주현민과는 구분된다고 한다. 따라서 이들
정호층은 일반 백정농민과는 달리 군역을 담당할 수 있는 계층으로서
이들 가운데 현달하고 재능이 있는 자를 뽑는다는 것은 족정호에 상당
하는 병민을 뽑고자 하는 의도라고 여겨진다. 그렇다면 여기서 말하는
'選其顯達而有賢材 能堪其任者'는 앞의 문종 30년 기인선상 제도에서
보이는 '富强正直者選上'과 매우 유사한 문구로 이해된다. 따라서 그
의미는 정호층 내부에도 계층적 차이가 존재하며, 그것은 앞서 언급했
듯이 족정호와 반정호의 차이를 반영하는 것으로 볼 수 있을 것이다.

따라서 현종 9년의 지방제도 개편으로부터 시작하여 현종 9년 각 지
방의 丁數에 기초한 각 주현의 향리수 규정과 문종 23년의 判에 의한
향리의 군역 차층, 그리고 문종 31년 判 기인선상 규정 등은 3등호제
를 바탕으로 한 직역의 차정 방식이라고 이해할 수 있다. 즉 고려는 호
등을 고려한 호별편제의 방식을 통해 국가에 필요한 직역을 충당하였
기 때문에 군인, 기인, 향리 등의 직역호는 각 지역의 상등호 가운데에
서 차정하는 방식을 채택하였다. 이에 따라 고려는 정호층의 확보에

노력을 기울이면서 백정호 가운데에서 토지 등의 지급을 통해 정호층을 확보하는 방식을 취하기도 하였다.

이렇게 본다면 3등호제는 일시에 전국적으로 시행된 것이 아니라 태조대 이래 양전과 호구조사가 점차적으로 확대 실시되면서 군현제가 확립되는 현종 무렵에 일단락되었을 것으로 생각된다.57) 이후의 과정에서 재양전의 실시 등을 통하여 호등의 조정이 이루어졌다고 하겠다. 이러한 과정을 통하여 호등제가 제도적으로 성립하게 되었을 것이다.58) 호등제를 하나의 틀로서 완성하기 위해서는 기존의 계층구조를 일정한 원칙으로 묶을 필요가 있다. 그 원칙이란 각 군현의 등급에 상응하는 '丁'수를 묶어서 계열화시키는 것이다.59)

2. 3등호제의 운영

1) 3등호와 농업경영규모의 차이

호등제는 기본적으로 호의 경제력의 차이를 구분하고 그것을 국가

---

57) 구산우는 현종대 지방제도 개편의 특색으로 계수관제의 도입과 운영, 丁數에 의한 읍격 구분의 체계화에 있다고 파악한다(「高麗 顯宗代 鄕村支配體制 개편의 배경과 성격」『한국중세사연구』 창간호, 1994, 106쪽).
58) 金琪燮, 앞의 박사학위논문, 1993.
59) '丁'은 田丁과 戶口가 결합된 개별농가의 농업경영단위를 의미한다고 생각된다. 이 점은 신라의 공연과 매우 밀접한 관련을 가지고 있다. 즉 戶主 중심의 개별 자연가호가 바로 하나의 '丁'인 것이며 그런 점에서 丁戶와 백정호를 모두 포괄한다고 생각한다. 국가가 '丁'수를 묶는다는 것은 각 군현의 호주를 파악하고 있다는 것이며 호주를 파악한다는 것은 각 호의 호구와 전정을 파악하고 있다는 것이다. 따라서 丁은 각 자연호가 소유하고 있는 토지를 의미하기도 한다. 호주 파악에서 백정호가 제외되어서는 곤란할 것이지만 토지를 소유하지 못하고 족정호·반정호의 토지를 차경하는 백정호일 경우 그 파악에서 제외되었을 가능성이 크다.

가 필요로 하는 제반 제도에 활용하기 위한 기본 제도라고 할 수 있다. 따라서 당시 농업사회의 구조 속에서 호의 경제력은 각 개별호의 농업 경영규모의 차이에 의해 나타날 것이며, 이는 그들이 소유하는 토지소유규모와 그것을 경작하는 노동력의 규모에 의해 구분될 것으로 여겨진다.

따라서 호등의 구분은 기본적으로 토지소유규모의 차이와 그것을 경작할 수 있는 경작노동력의 구성을 통해 검토되어야 할 것이다. 앞에서 보았듯이 '丁'이 '戶'의 의미를 띠고 있다고 본다면 足丁·半丁·白丁은 人丁으로서의 의미와 함께 족정호·반정호·백정호라는 호의 의미를 동시에 가지고 있다고 보아도 무방하리라 생각한다. 이는 크게 정호와 백정호로 나누어 볼 수 있다.[60]

'丁戶'라는 용어는 태조대에 처음으로 나타난다.[61] 또한 白丁層에게 公田을 지급하여 丁戶로 삼는 예로[62] 보아 백정과 정호는 토지를 매개로 상호 구분되며, 이들은 고려전기부터 존재했음을 알 수 있다. 다음 사료는 양자의 관계를 좀 더 구체적으로 파악할 수 있게 한다.

5-19) (顯宗) 十九年 正月 判 今諸道州縣 每年桑苗丁戶二十根白丁十五根 田頭種植以供蠶事 (『高麗史』 권79, 食貨志2, 農桑)

위의 사료에서 현종은 여러 주현에 명령하여 해마다 丁戶는 20근,

---

60) 여기서 정호에 대응하는 '白丁戶'의 의미는 백정을 내는 가호라는 의미이며, 정호가 田丁의 계승을 매개로 한 직역부담층임에 비해, 백정호는 국가에 조세를 부담하는 소토지를 소유한 요역부담층이었다.
61) 『高麗史』 권92, 列傳5, 王順式, "太祖 (중략) 拜恩言本邑將軍 加賜傍邑丁戶二百二十九 又與忠原廣竹堤州倉穀二千二百石 塩一千七百八十五石".
62) 『高麗史』 권3, 成宗 9년 9월, "敎曰 凡一國之本 莫過於孝 (중략) 其咸富等竝令旌表門閭 免其徭役 白丁給公田爲丁戶 車達三人 咸富等四人 免出驛島 隨其所願 編籍州縣".

白丁은 15근의 뽕나무 묘목을 밭머리에 심어서 양잠의 일을 도모하도록 하라고 하였다. 여기서 백정과 정호는 토지를 소유하는 농민층이며, 뽕나무를 심는데 양자의 차이를 두는 것은 기본적으로 그들의 토지소유규모의 차이를 반영한 결과라고 생각된다. 이는 북송의 호등제에서도 확인되는데, 北宋 開寶 5년(972) 5등호제하에서 호등에 따라 土質에 상응하는 나무를 심을 것을 명령하며 1등 50株, 2등 40株, 3등 30株, 4등 20株, 5등 10株의 규정을 두었다. 이러한 모습은 바로 위의 규정과 유사한 모습을 보여준다.63)

이와 관련하여 其人選上 規定은 정호층 내 족정호와 반정호의 차이를 직역 및 계층성과 경제력 수준을 유추해 볼 수 있는 자료로서 유용하게 이용할 수 있다.64) 이에 의하면 기인은 1,000丁 이상의 州는 足丁으로서 나이 40 이하 30 이상인 자를 뽑아 올리도록 하고, 1,000丁 이하 州는 족정과 반정을 논하지 말고 兵倉正 이하 副兵倉正 이상으로 부강하고 정직한 자를 뽑아 올리도록 한다. 足丁은 15년, 半丁은 10년을 각각 立役하고 半丁은 7년, 足丁은 10년에 이르면 同正職을 허용하고 役을 다하면 加職하도록 한다고 하여 其人의 選上은 足丁·半丁을 대상으로 하고 있다. 그리고 그 지역의 富强正直者를 기인으로 뽑았다는 사실은 원래 기인이 外州의 吏를 뽑아 京中의 諸曹에 上守시킨 사실과 상응하는 것이다.65) 1,000정 이상의 州에서 기인의 자격을 족정으로 한정하고 있는 것은 이 정도 규모의 州에서는 족정이 일정하게 존재하고 있었음을 보여주는 것이다. 여기서 족정은 人丁을 의미함

---

63) 王曾瑜,「從北朝的九等戶到宋朝的五等戶」『中國史研究』, 1980-2, 56~57쪽.
64) 『高麗史』 권75, 選擧志3, 其人, "文宗三十一年 判 凡其人千丁以上州則足丁年四十以下三十以上者許選上以下州則半足丁勿論兵倉正以下副兵倉正以上富强正直者選上其足丁限十五年 半丁限十年 立役半丁至七年 足丁至十年 許同正職役滿加職".
65) 『三國遺事』 권2, 紀異2, 文虎王 法敏.

을 알 수 있으며, 그렇다고 하더라도 단순한 인정이 아니라 그 향촌사
회에서 일정한 경제력과 지위를 유지하고 있는 부호층임을 알 수 있
다.66)

족정·반정이 당시 사회의 부호층이라고 본다면 그들은 일정 규모
이상의 토지소유를 통해서 향촌사회의 부호층으로 존재했을 것이며,
다음 사료를 통해서 그들의 토지소유규모를 유추해 볼 수 있다.

> 5-20) 五年 六月 下敎曰 一推刷行省三所諸軍萬戶府隸屬丁口用備戎
> 兵 一征戍之卒雙丁僉一丁亦非得已單丁可愍勿使從軍 一方今軍興
> 僧之犯律者勒令還俗以充行伍 一國家以田十七結爲一足丁給軍一
> 丁古者田賦之遺法也 凡軍戶素所連立爲人所奪者許陳告還給 又奸
> 詐之徒雖無兒息妄稱閑人連立土田無有限極仰選軍別監根究推刷
> 以募戍卒其逆賊之田計結爲丁亦給募卒 一各處逆賊之奴自稱達魯
> 花赤奪人土田役使良民蓄積財産其令所在官籍沒以募戍卒 (『高麗
> 史』권81, 兵志1, 五軍 恭愍王 5년 6월)

위의 사료에서 공민왕은 고려후기 병제의 문란을 해소하기 위한 방
책을 하교하는 가운데, 國家는 토지 17결을 1足丁으로 만들어 군인 1
丁에게 지급하니 옛날 田賦를 내는 遺法이었다고 언급하고 있다. 그런
데 공민왕대의 사료로서 고려전기를 설명할 수 있을까 하는 점이 다소
문제가 될 수 있다. 왜냐하면 고려후기의 족정·반정에서 '丁'의 의미
는 고려전기의 丁과는 달리 양전·수세 단위로 변했기 때문에 이를 기
초로 고려전기의 사실을 유추하는 것은 곤란하다.67) 그러나 '古者田賦

---

66) 宋의 5등호제하에서도 差役을 위해서는 戶等을 감안하고 있다. 里正은 1등
호, 戶長은 2등호, 耆長은 1·2등호에서 차정하였다(王曾瑜, 앞의 논문, 58
쪽).
67) 다음 Ⅵ장 참고.

之遺法'이라는 표현을 통하여 이전부터 田賦와 관련하여 존재했던 법규라는 점에서 재검토의 여지가 있다.68) 즉 '17결'이라는 토지규모를 하나의 족정으로 만들었다는 사실과 앞의 사료에서 족정을 其人으로 만든다는 사실을 연결시켜 해석해 본다면 족정이라는 표현이 가지고 있는 이중적인 의미를 충분히 예상할 수 있다. 앞 절에서 검토한 바와 같이 '丁'이 '戶'의 의미를 가지고 있다는 점과 그 호의 소유토지가 '丁'으로 쓰여지기도 했다는 점에 비추어 볼 때, 足丁은 足丁戶로 이해할 수 있고, 17결은 족정호가 소유하고 있는 토지로 파악해 볼 수 있을 것이다.

'17결을 하나의 족정으로 만들어서 군인(호)에 하나의 丁을 지급했다'는 사실은 당시의 토지와 관련한 사료가 그렇듯이 왕토사상의 표현이다. 본래의 의미는 군인을 낼 수 있는 경제력을 가지고 있는 하한선으로 '17결을 소유하고 있는 호'를 족정호라고 보고 그들에게 군인을 내는 반대급부로 군호의 소유토지인 足丁에 대해 면조권을 지급한 것으로 해석할 수 있다. 따라서 '田賦'에서 '賦'는 '兵'과 같은 의미로 볼 수 있다는 점에서 軍戶는 '군인을 배출할 수 있는 농업경영규모를 가지고 있는 호'이며, '田賦'는 군호의 토지로부터 兵을 낸다는 것을 의미하는 것이라고 여겨진다.69)

다음 사료는 고려후기 족·반정의 의미가 전기와는 달리 변화했지만, 족반정은 원래 규정된 액수가 있으며 그 구분은 농업경영규모와 관련을 가지고 있을 가능성을 보여준다.70)

---

68) 이 사료는 고려전기 田丁의 의미가 수세, 양전 단위로 기능했다는 사실과 관련하여 많이 이용되어 왔다. 즉 개별가호의 분산된 소유토지를 인위적으로 합쳐서 만든 수세 단위라고 이해되어 온 것이다(金容燮, 「高麗時期의 量田制」『東方學志』15, 1975).
69) 『中文大辭典』, 中華學術院, "賦兵也 古者以田賦出兵 故謂兵爲賦"(淮南子要略)라 하여 田賦로서 兵을 낸다는 의미에서 '賦'를 '兵'으로 본다.

V. 고려전기 3등호제의 시행과 운영 245

5-21) 密直提學 白文寶 上箚子 國田之制 取法於漢之限田 十分稅一
耳 慶尙之田 則稅與他道雖一 而漕輓之費 亦倍其稅 故田夫之所
食 十八其一 元定足丁則七結 半丁則三結 加給 以充稅價 (『高麗
史』권78, 食貨志1, 租稅, 恭愍王 11년)

위의 사료에서 "나라의 토지제도는 한의 한전법을 본받아 1/10세를 받았는데, 경상도의 토지는 비록 다른 도와 稅가 같았으나 운송의 경비가 稅의 배나 되어 농부의 먹거리는 1/10, 1/8 정도밖에 되지 않으니, 족정은 7결, 반정은 3결을 가급하여 稅價를 보충하도록 하라"고 하였다. 경상도 田夫는 전체 수확에서 田稅 관련 세금으로 전세 1/10과 조운의 경비 2/10를 합쳐서 3/10을 부담하고, 그 외 세금(三稅 중 田稅를 제외한 상요·雜貢 등) 및 종자·차대 경비 등을 제하고 실제로 농민에게는 전체 수확의 1/10이나 1/8 정도밖에 남지 않았음을 지적한 것이다. 따라서 위의 논의는 경상도 지역의 족정·반정이라는 농업경영단위에 대해 국가가 얼마나 면조를 할 것인가에 대한 것이라고 볼 수 있다.71)

---

70) 여기서 '17결'이 한 농가의 농업경영규모라고 볼 수는 없다. 고려후기의 '17결'은 여러 농가소유토지의 인위적 결합으로서 17결이라는 의미이며, '17결'의 상징적 의미는 고려전기에서 후기로의 사회적 변화는 은폐된 채 '17결'이라는 토지규모를 '足丁'이라는 개념으로 규정했던 것이라고 생각된다.

71) '田夫之所食 十八其一'의 의미는 말 그대로 농민의 식량으로 이용할 수 있는 것은 수확의 1/10이나 1/8 정도밖에 안된다는 것이다. 즉 17결의 1/10이라고 보고 계산해보면 1.7결 정도 되며, 17결을 구성하는 개별가호의 수를 평균 10호 정도로 상정해 본다면 1호당 식량으로 남는 것은 0.17결 정도이다. 당시의 평균 생산량을 결당 20석으로 보면 1호당 평균 3.4석 정도밖에 남는 것이 없어 식량으로서는 터무니없이 모자란다. 따라서 족정에게 7결을 가급하게 되는데 이는 7결을 준다기보다는 7결만큼 면세해 준다는 의미로서 족정=17결로 볼 때 10결에 대한 세금만을 매기겠다는 의미라고 볼 수 있다. 그렇다면 전세로서 10결에 대한 1/10세로서 1결, 조운의 경비를 2결로 보면 총 3결이

여기서 '元定足丁'은 '足丁은 원래 정해진 액수가 있는 것'이라는 의미로서 족정이란 일정하게 규격화된 토지단위이며 수세단위임을 말하는 것이다.72) 이는 그 토지규모가 전기와 후기 모두 '17결'을 단위로 하였음을 말하는 것이지만, 고려전기의 족정은 직역을 부담할 수 있는 토지소유규모로서 17결만큼의 토지를 소유하는 호를 족정(호)이라고 규정하였다고 볼 수 있다. 이에 반해 반정호는 족정호의 반 정도 되는 토지를 소유하고 있는 호라고 생각된다.

고려전기 足丁=17결의 토지는 분산된 개별가호의 토지가 인위적으로 결합된 것이 아니라 개별 자연가호의 소유토지로서 개별가호의 경작노동력과 결합하여 하나의 농업경영단위를 이루고 있었다. 그러나 족정호만을 확보할 수 없었던 국가로서는 반정호를 확보함으로써 원활한 국가의 직역체계를 유지하고자 하였던 것이다. 반정호는 족정호의 半 정도의 토지와 그에 상응하는 노동력을 소유하고 있는 농민층이라고 생각되지만, 토지소유규모와 토지이용방식 등이 다양하기 때문에 일률적으로 규정할 수는 없다. 사실상의 호등 구분에서는 이를 고려한 족정호·반정호의 농업경영규모가 규정되었을 것이다.

백정층의 토지소유규모는 그 내부의 계층에 따라서 다양할 것이다. 의종 3년 曹晉若이 烽獲式을 제정하고자 상주할 때 각 所의 防丁과 백정에게 平田 1결을 지급하고자 한 예73)와 고려후기 조준의 1차 상서

되며, 원래 17결에 대한 전세 1.7결과 조운 경비 3.4결, 합쳐서 5.1결을 전세 경비로서 내는 것에 비하여 2.1결의 보상을 받게 되는 셈이다. 실제로 농민에게 남는 것은 원래의 1.7결에 2.1결을 더하여 3.8결이 되고 족정을 구성하는 개별가호로 볼 때에는 0.38결이 되어 호당 7.6석 정도가 식량으로 쓰여질 수 있다. 따라서 경상도의 田夫들은 조운의 경비가 가중하지만 면세의 혜택을 받을 경우 어느 정도의 생활은 가능해지게 되는 셈이다.
72) 고려후기에 이르러 足丁은 일정 면적의 토지단위이자 수세 및 양전 단위로서 기능하게 되는 점은 다음 장에서 다룰 것이다.
73) 『高麗史』 권81, 兵志1, 五軍, 毅宗 3년 8월.

에서 白丁代田으로 1결을 지급하자고 하는 건의에74) 비추어 보면 '1결'은 생계 보존을 위한 최소한의 토지규모였을 것이며, 당시 백정의 평균적 토지소유규모를 반영하는 것이 아닐까 한다. 그러나 같은 1결이라도 1결의 의미는 토지이용방식에 따라 상이하게 나타난다. 고려전기 자립농으로서의 평균적 토지소유규모는 중등전(一易田) 3결정도가 되어야 한다는 점을 고려하면 수전을 기준으로 불역상등전 1결이면 최소한의 자립 조건이 되지만 그렇지 않을 경우 1결 정도로는 생활하기가 어려웠을 것이다.75) 다음의 예는 백정농민층의 존재 양태와 관련하여 어느 정도 시사를 주는 자료로 여겨진다.

5-22) 又造家墓 下引白丁四人居之 給衣食 使守墓 (중략) 此三十五人 及興王寺 薦福院白丁四十人 幷用牛三十三首(『朝鮮金石總覽』上, 靈通寺大覺國師碑)

위의 사료는 대각국사의 가묘를 만들고 이를 보호하기 위해 白丁에게 의식을 지급하면서 그들을 수묘인으로 삼았다는 사실과 흥왕사의

---

74) 『高麗史』 권78, 食貨志1, 田制 祿科田, 辛禑 14년 7월.
75) 성종 11년 判에 의하면 수전 상등전의 생산액은 15~18석 정도가 되므로 不易田을 가지고 있는 농민은 상등전 1결 이상을 가지고 있으면 자립 소농으로 존재할 수 있을 것이다(金琪燮, 「高麗前期 農民의 土地所有와 田柴科의 性格」, 『韓國史論』, 1987). 그러나 불역상등전 1결을 소유하고 있는 농민층의 비율이 그리 높을 것으로 보이지 않는다. 아래의 표는 상등전은 불역전, 중등전은 一易田, 하등전은 再易田으로 보고 작성한 것이다. 윤답법의 경우는 수전과 한전의 교대 경작으로 보고 작성한 것으로 농법에 따라 자립의 규모는 달라질 수 있다.

田品 경지이용방식	상등전	중등전	하등전
易田法	1결 이상	3결 이상	6결 이상
輪畓法		2결 이상	3~4결 이상

천복원 소속 백정의 존재를 보여주고 있다. 그런데 이들 백정층이 어떠한 상태에 있었는지는 정확하게 알 수 없지만, 이들에게 의식을 지급하면서 수묘인으로 삼았다는 사실은 이들이 한 뙈기의 토지조차 소유하지 못했던 농민층이었음을 반영하는 것이며, 천복원의 백정은 천복원 소속의 토지를 차경하는 백정농민이었을 것으로 짐작된다.

그렇다면 백정층은 자립이 가능한 백정층과 그렇지 못한 백정층의 두 부류로 크게 나누어 볼 수 있을 것이다. 불역상등전 1결을 소유하는 백정층이 얼마 정도인지는 알 수 없지만, 불역전이 별로 없었다는 이제현의 사찬으로 보아 불역상등전 1결을 가지고 있는 백정층은 그렇게 많지 않았을 것이다. 또한 휴한전을 가지고 있었다고 하더라도 백정층은 자신의 소유토지만으로 자립농으로서 존재하기는 어려웠을 것이다. 따라서 백정층은 남의 토지를 차경하거나 陳田 개간에 적극 참여함으로써 농업경영상의 한계를 극복하였을 것으로 여겨진다.[76]

따라서 고려전기 호등의 구성은 족정호·반정호·백정호라는 3등호제를 이루고 있었을 것이며, 그 구성은 토지소유규모와 인정수가 결합된 농업경영규모의 차이를 기초로 등급화되어 있었다고 볼 수 있다. 고려전기 호별편제방식도 3등호제를 토대로 군인호·기인호·향리호 등의 직역편제가 이루어졌다고 본다.[77]

그러면 각 호등의 노동구성에 관하여 살펴보자. 족정호의 소유 하한인 17결의 토지를 경작할 수 있는 노동력을 어떻게 구성할 수 있을까. 이와 관련하여 족정=17결과 노동력 6丁을 결합하여 編戶均田의 의미로 파악한 견해가 있다.[78] 당시의 농업기술적 수준으로 볼 때 17결의 토지를 경작하기 위해 牛耕을 이용하지 않을 수 없다. 따라서 이 문제

---

76) 金琪燮, 앞의 논문, 1987.
77) 金琪燮, 앞의 논문, 1987, 140~150쪽.
78) 尹漢宅, 앞의 논문, 1989, 32~36쪽.

는 당시의 전품과 관련하여 재구성해 볼 필요가 있다.

　당시의 농업 관행에서 보이는 경작과정의 노동구성에 관하여 살펴보자. 이와 관련하여 당시의 籍田 경영을 통하여 기본적인 구성을 이해할 수 있다.

　　5-23) 又設庶人耕位於從耕官位之南小東十步外 庶人四十人竝靑衣耕牛八十每兩牛隨牛人一人耒耜四十具畚二十具鍤一十具以木爲刃 晡後執禮先入壇下亞終獻以下竝集肄儀 謁者引光祿卿贊引引御史 詣廚省庶鑊視滌濯及視牲充腯光祿卿監取明水火俱還齋所　享日未明十五刻太官令帥宰人割牲祝史以豆取毛血實於饌所遂烹牲 (『高麗史』권62, 禮志4, 吉禮中祀 籍田)

　이 사료에 의하면 庶人들이 밭을 갈 자리는 耕官의 자리 남쪽에서 조금 동쪽으로 10보 밖에 정한다. 庶人은 40명 모두 푸른 옷을 입고 耕牛는 80필로 한다. 2마리마다 한 사람이 따르고, 쟁기와 보습 40구, 삼태기 20구, 가래 10구를 마련하여 나무로 날을 만든다라고 한다. 80마리의 소를 40인의 몰이꾼이 이용한다고 할 때, 2牛 1人의 노동구성임을 알 수 있다. 따라서 우경의 경우 두 마리의 소를 이용한 경작이 일반적인 경작방식이며, 이어진 파종・마평의 연결 노동과정을 고려할 경우에는 2牛 3人 1組의 노동구성이 일반적인 경영방식이라고 볼 수 있다.[79]

　그러나 모든 농민층이 이러한 노동구성을 가지고 농업경영을 한다고는 볼 수 없으며 소농 이하의 층에서는 수노동 농기구에 의존하는 경향이 컸을 것이다. 耕牛 사용은 중농 이상층에서 이루어졌을 것으로

---

[79] 『經國大典』권2, 戶典 籍田條에서도 3夫 1組가 된 노동구성임을 볼 수 있다. "籍田以附近居民耕穫　民田十結出一夫　三夫治籍田一結　夫蠲貢賦外雜徭役".

추정된다. 반정호·족정호의 경우는 기본적으로 우경에 기초한 노동과정을 가졌다고 판단되며, 경영규모에 따라 노동과정에서의 노동구성은 달라질 수밖에 없을 것이다.

1인의 경작 가능면적을 50負 정도로 잡는다면80) 족정에게 필요한 노동력은 기본적으로 16~18인이 필요로 하게 될 것이다. 그러나 이는 수노동을 기초로 하였을 때 필요한 노동력이며, 우경을 기초로 하였을 때는 2牛 3人 1組로 7결 정도를 경작한다고 하면 노동력은 대폭 감소된다고 하겠다. 그러면 지금까지 산정한 소유규모를 기초로 백정호와 정호의 토지소유규모를 표로 만들면 다음 표와 같다.81)

<표 22>는 반정호의 하한을 중등전 8결로 잡고 작성한 것이다. 이렇게 보면 백정호는 상등전 2결 이하, 중등전 6결 이하, 하등전 12결 이하의 토지를 소유하고 있는 농민층으로 나타난다. 따라서 백정호는 상등전(1·2결)~하등전(6~12결) 이하의 토지를 소유하고 있는 계층으로 자립농에서부터 1결도 가지지 못한 빈농에 이르기까지 다양한 계층으로 존재했다고 할 수 있다. 그러나 대부분의 백정농민층이 평균 1결 정도의 토지를 소유하고 있다고 본다면 그들의 경제력은 자립농으로서 한계를 가질 수밖에 없는 열악한 농민층이었을 것으로 추정된다.

---

80) 이규보는 자신의 田園에서 하루종일 일하여 100步²을 돌보았다고 한다(『東文選』 권66, 草堂理小園記). 100步²은 10負 정도가 된다. 이규보가 농사일을 전문으로 하는 사람이 아니라는 점을 감안하면 농부 1인의 治田 면적은 훨씬 넓었으리라고 생각된다.

81) 고려의 족정호·반정호·백정호는 신라 호등제의 맥을 잇는 것으로 생각된다. 그러나 고려는 신라처럼 모든 賦稅체계를 戶等에 입각하여 체계화한 것이 아니라 호의 경제력에 따라 3등호로 구분하되 賦稅는 개별적으로 토지소유액, 인정수, 호의 경제력에 상응하여 三稅를 징수한 것으로 보인다. 그러나 직역체계의 편성에는 이 모든 것이 종합되었다고 생각된다(金琪燮, 앞의 박사학위논문, 1993, Ⅳ장 참고).

<표 22>[82] 白丁戶와 丁戶의 예상 토지소유규모

항목 戶等	상등전 (不易田)	중등전 (一易田)	하등전 (再易田)	手勞動	牛耕
白丁戶	1결내외 2결(30석)	3결내외 6결(33석)	6결내외 12결(28석)	4인내외 6인	1牛
牛丁戶	3결(45석) 4결(60석) 5결(75석) 6결(90석)	8결(44석) 10결(55석) 14결(77석) 16결(88석)	18결(42석) 24결(56석) 33결(77석) 36결(84석)	8인 10인 14인 16인	3牛
足丁戶	6.5결(98석)	17결(94석)	39결(91석)	18인	5牛

지금까지 살펴보았듯이 족정호·반정호·백정호는 농업경영규모에 따라 경제력의 차이를 반영한 호등의 구분임을 알 수 있다. 따라서 족정호와 반정호는 토지소유규모 면에서나 농업경영의 측면에서 부농층에 속한다고 볼 수 있다. 丁戶와 白丁戶는 토지소유의 차이에 기인하는 호등의 차이를 의미하며, 정호층은 다시 足丁戶와 牛丁戶로 나누어져 있음을 알 수 있다. 이로써 고려사회는 농업경영규모의 차이를 반영한 족정호·반정호·백정호라는 3등호제가 새롭게 구현되고 있었다고 할 수 있다.[83]

---

82) 이 표는 수전 경작을 기초로 작성한 것이기 때문에 한전 경작을 상정할 경우 소유액은 더욱 늘어날 것이다(金琪燮, 앞의 박사학위논문, 1993, Ⅱ장 <표 15>」, <표 19> 참고). 이 표는 족정호가 중등전 17결 이상을, 반정호는 그 반인 중등전 8~16결, 백정호는 중등전 8결 이하의 토지를 소유하고 있는 것으로 파악하고 작성한 것이다. 반정호를 기준으로 하여 반정호의 하한을 8결로 잡은 것은 17결의 반 정도가 되는 8결이 반정호의 소유하한이라고 보았기 때문이다. 그러나 이 표는 동일한 전품의 토지를 가지고 있다고 보고 작성한 것인 만큼 절대적 기준은 될 수 없지만, 중등전을 기준으로 하여 생산력이 비슷하도록 인위적으로 만든 것인 만큼 비교의 기준은 되리라 생각한다. 표내 ( )는 경작결수에 따른 생산량을 정수화한 것이다.
83) 송대의 5등호제에서도 3등호가 1頃 전후의 토지소유, 1·2등호는 그 이상의 토지소유, 5등호는 20畝 이하로서 주호 구성의 80~90%가 5등호라고 한다(柳田節子, 앞의 논문, 312 쪽). 일반적으로 말하면 1·2등호는 지주, 3등호는

신라의 9등호제는 개별호의 농업경영규모의 차이를 반영하여 9등급으로 나누고 이를 국가의 촌락지배와 민에 대한 직접적 지배를 실현하는 제도로 활용하였다. 이처럼 고려도 나말여초의 사회변화를 수용하면서 새로운 국가지배체제를 실현하는 방편으로서 새로운 호등제를 수립하고자 하였다. 다만 고려 호등제가 신라의 그것과 차이를 보이는 것은 9등호제가 3등호제로 변화했다는 점이다.

이때 대체로 신라의 하하연은 고려의 白丁戶로 편제되었고 백정호 내에서도 토지소유에 따른 차이가 존재하고 있었다. 신라 통일기 하하연이 경제력이 약한 자연호 3호의 편호였다면 이제 고려는 그러한 자연호를 모두 백정호로 파악하면서 국가의 직접 파악대상으로 삼았다는 사실을 의미한다. 이러한 변화의 내면에는 생산력의 발전과 그에 따른 민의 성장이라는 측면도 있겠지만 국가의 소농민 안정화 정책과 함께 호주 중심의 수세체계로 정리하겠다는 점과도 맥을 같이 한다. 또한 고려초 국가의 사회편제는 신라 통일기 下仲烟 이상층에 해당하는 半丁戶層 이상의 확보를 통한 직역부담층의 유지와 예비 직역층인 백정층의 토지 긴박이라는 방식을 통해 이루어졌다고 여겨진다.[84]

따라서 하하연은 대부분 백정호로 편제되었으며, 하중연 이상 중중연까지는 반정호로, 중상연 이상은 족정호로 편제되었을 것이다. 즉 고

복잡하지만 지주이며 부유농민이고, 4・5등호는 소토지 自耕農이나 대부분 半自耕農과 佃戶農이라고 한다(王曾瑜, 앞의 논문, 60쪽). 근래에 조동원은 송대 5등호제의 田産 소유규모를 다음과 같이 추정하고 있다. 1등호는 전산 100무 정도이거나 그 이하(물론 그 이상도 있을 수 있다), 2등호는 50무를 하한으로, 3등호는 30무를 하한으로, 4등호는 10무 정도, 5등호는 5무를 기준으로 그 이상은 평년에는 자립이 가능하나 흉년에는 어려운 층과 그 이하는 無産으로 佃作으로 삶을 영위하는 5등 하호 빈농이다(趙東元, 「宋代의 戶等制와 土地所有試論」『釜大史學』 11, 1987). 이러한 구성은 고려전기 족정호・반정호・백정호의 구성에도 시사하는 바가 크다.

84) 金琪燮, 앞의 박사학위논문, 1993, Ⅳ장 2절 참고.

려의 호등제는 신라 9등호제의 성격을 계승하면서 고려의 사회구조와 운영에 상응하여 농업경영규모의 차이를 반영한 3등호제로 새롭게 변화하였다고 할 수 있다.

지금까지 살펴본 고려전기 호등제는 당시 농민층의 존재양태를 유추해 볼 수 있는 부분이라고 할 수 있다. 호등제는 호의 경제적 차이를 고려한 등급이기 때문에 이 시기 호의 분화 정도를 가늠할 수 있는 중요한 지표이다. 고려전기의 경우 '丁'은 '戶'의 개념을 내포하고 있고 동시에 호등을 반영한 용어로서 족정(호)·반정(호)·백정(호)로 나누어 볼 수 있다. 이들 용어는 여러가지 복합적 의미를 내포하고 있다. 職役 또는 徭役의 부담층, 토지소유규모의 차이를 반영한 용어, 개별호의 농업노동을 포함한 농업경영규모의 차이를 반영한 용어, 수세의 차이를 반영한 용어 등의 구분을 내포하고 있다.

국가는 양전과 호구조사를 통하여 개별가호의 토지소유규모와 노동력의 규모를 파악함으로써 개별호의 농업경영규모를 가늠하고, 이를 바탕으로 호등을 구분하였다. 고려전기 국가의 민에 대한 통제력이 어느 정도인지는 예측하기 곤란하나 속현에 이르기까지 양전이 행해지고 있었던 사실에서도 호족이 지방사회를 압도하고 있었다고 보는 것은 곤란할 것이다. 나말여초에 호족 중심적 경향이 다소 있었다고 하더라도 국가보다 우위일 수 없으며, 지속적인 양전과 호적 작성을 통하여 개별호에 대한 파악이 이루어지면서 족정호·반정호·백정호의 3등호제로 귀결되었을 것으로 생각된다.

태조대의 군현개편은 단순한 명호개정이 아니라 丁數에 기초한 읍격의 조정이라는 의미를 가지고 있으며, 그 속에서 3등호제가 태동하고 있었다고 생각된다. 3등호제는 일시에 전국적으로 시행되었다기보다는 양전과 호적 작성이 진행되고 '丁'의 다소에 따라 읍격이 구분되어 군현제가 확립되는 현종 무렵에 확립되었을 것으로 추측된다.

족정호의 토지소유규모는 중등전 17결을 하한으로 하고 수노동을 기준으로 할 때 16~18인 정도의 노동력을 소유하고 있는 호라고 할 수 있다. 그러나 이 정도의 농가라고 하면 농우의 소유를 예상할 수 있으며, 2牛 3人 1조의 농업경영으로 본다면 훨씬 적은 노동력으로 농업경영이 가능하리라고 생각된다. 반정호의 경우는 중등전 8결 이상~17결 미만의 토지를 소유하고 있으며 수노동을 기준으로 8인~16인 정도의 노동력으로 농업경영이 이루어질 수 있다.

백정호는 중등전 8결 미만의 토지를 소유한다고 보지만 실질적으로는 1결 내외의 토지를 소유하면서 개별적인 농업경영으로는 자립적 조건을 가지기가 어려운 농민층으로 생각된다. 따라서 이들 농민층은 자신의 토지 외에 소작 등 여타 다른 형태로 자신의 농업경영을 보완하는 방식이 필요했을 것이다.

고려의 호등제가 9등호제였다고 보는 것은 『高麗史』 권84, 형법지1, 戶婚조의 기사를 전적으로 신뢰한 데에 원인이 있다. 그로 인해 신라 9등호제를 계승한 고려 호등제의 실질적 내용을 고려사회의 발전과 유기적으로 연결하여 이해하지 못한 결과, 9등호제를 단순하게 요역의 부과방식으로 설명하게 되었다고 본다.[85] 고려전기 3등호제는 고려사회의 운영원리로서 기능하였다는 점에 그 의의가 있다. 12세기 이후 농업생산력의 발전은 농장의 발달을 가속화시키는 측면도 있지만,[86] 일반농민층의 자립화의 가능성도 제고시키고 있었다. 이러한 과정 속에서 소토지소유자의 토지에 대한 수세의 편리를 도모하기 위해 作丁制와 같은 제도가 나오게 되었다.[87]

---

85) 金琪燮, 「-서평- 고려시기 요역제 연구의 이정표」 『지역과 역사』 8, 2001.
86) 魏恩淑, 「12세기 농업기술의 발전」 『釜大史學』 12, 1988.
87) 李景植, 「高麗時期의 作丁制와 祖業田」 『李元淳敎授停年紀念歷史學論叢』, 1991.

2) 호별편제의 원리와 3등호제의 운영

고려는 국가운영에 필요한 직역과 요역을 부과하기 위해 그 역을 부담할 민을 필요로 하였다. 국가는 호구조사와 양전을 실시함으로써 개별호의 농업경영규모를 파악하였으며, 이를 바탕으로 족정호·반정호·백정호를 구분할 수 있었다. 고려는 각 계층의 경제적 능력을 감안하여 그에 상응하는 직역을 부과하였으며, 이것이 바로 고려의 호별편제방식이라고 할 수 있다.

고려의 호별편제방식은 기본적으로 국가가 필요로 하는 직역 및 요역 부담층을 확보하는데 목적이 있었으나, 한편으로 계층구조의 지역적 편향성을 조정하여 각 지역을 일정 규모로 유지하기 위한 정책의 일환이었다. 이를 위해 정호층을 창출하고 徙民을 시행하였다.

먼저 정호층의 경우, 나말여초 생산력의 발전을 통하여 성장해 온 자생적인 정호층과 국가에 의해 창출된 정호층으로 나눌 수 있다. 전자는 이미 고려의 각 지역사회 내부에서 豪富적 존재로 일정한 역할을 담당하고 있었으며, 이들을 국가체제 속으로 수용하여 군인호·기인호·향리호 등으로 편제하였다. 그러나 정호층으로서 이를 충당할 수 없을 때에는 백정호 가운데에서 田丁을 연립시키고 직역을 부담시키는 방식으로 정호층을 창출하였다.[88]

이처럼 고려 정부는 정호와 백정호를 파악하여 정호에게는 직역을, 백정호에게는 요역을 부담시키고자 하였다. 아래 사료와 같이 백정에게 공전을 지급하여 정호로 삼은 예는 백정호와 정호의 차이를 보여주며 정호층 창출과 관련하여 주목된다.

---

88) 金琪燮, 「高麗前期 農民의 土地所有와 田柴科의 性格」 『韓國史論』 17, 1987, 140~144쪽.

5-24) 敎曰 凡一國之本 莫過於孝 (중략) 其咸富等 竝令旌表門閭 免其
徭役 白丁給公田爲丁戶 車達三人 咸富等四人 免出驛島 隨其所
願 編籍州縣(『高麗史』 권3, 成宗 9년 9월)

성종은 효의 중요성을 강조하면서 孝를 행한 이들에게 상을 주고, 백정에게 공전을 지급하여 정호로 삼았다. 또한 이들의 요역을 면제하고 驛島를 벗어나서 그들의 소원대로 주현의 호적에 편적하였다. 그에 따라 車達과 咸富 등은 요역이 면제되고 공전을 지급받음으로써 정호로 편적되었다. 여기서 백정은 요역을 부담하는 요역호이며, 정호는 토지를 매개로 직역을 담당하는 직역호임을 의미하는 것으로 이해된다.[89]

이와 관련하여 다음 사료는 국가의 정호층 창출과 관련을 가진 사료로서 주목된다.

5-25) 十一年 五月 揭榜云 國家之制 近仕及諸衛 每領設護軍一 中郎
將二 郎將五 別將五 散員五 伍尉二十 隊正四十 正軍訪丁人一千
望軍丁人六百 凡扈駕內外力役 無不爲之 比經禍亂 丁人多闕 丁
人所爲賤役 使祿官六十代之 因此領役艱苦 爭相求避 伍尉隊正等
未能當之苦 有國家力役 乃以秋役軍品從 五部坊里 各戶刷出 以
致搔擾 今國家太平 人物如古 宜令一領 各補一二百名 京中五部
坊里 除各司從公 令史主事記官 有蔭品官子 有役賤口外 其餘兩
班 及內外白丁人子 十五歲以上五十歲以下 選出充補 令選軍別監
依前田丁連立 其領內十將六十有闕除他人並以領內丁人遷轉錄用
中禁都知白甲 別差亦以丁人當差 丁人戶各給津貼 務要完恤 復立
都監 擇公廉官吏掌之 勿令容私如有飾詐求免者 着枷立市 決杖七
十七 下配島 指揮人並令徵銅 其閒諸宮院及兩班等 以丘史賤口拘

---

89) 오일순, 『高麗時代 役制와 身分制 變動』, 혜안, 2000.

交造飾求請者 宮院則所掌員 兩班則勿論職之有無 依例科罪 諸衙
門詐 稱通粮丘史追錄名籍知情規避者 亦皆科罪 (『高麗史』 권81,
兵志1, 五軍, 靖宗 11년)

위의 사료에 의하면 정종 11년 중앙군의 군역이 부족하여 이를 보충
하기 위한 방책으로 "지금 나라가 태평하고 사람들이 옛날과 같으니
마땅히 한 영에 丁人을 각각 1~2백 명씩 보충할 것이다. 그리고 서울
5부 방리에서는 각 司에서 일 보는 令史·主事·記官과 蔭品官의 아
들, 천역에 종사하는 사람을 제외하고, 그 밖의 양반과 중앙 및 지방에
있는 백정의 아들로서 15세로부터 50세까지 뽑아 내어 정인을 보충하
기로 한다. 선군별감은 전과 같이 田丁을 연립시키고 그 영내에 將이
나 六十 가운데 빈 자리가 생기면 타인은 제외하고 모두 다 영내의 丁
人으로 일을 보게 하고 中禁·都知·白甲으로 특별히 보내는 것도 또
한 정인을 보내기로 한다"라고 하였다. 이에 의하면 군역을 부담하는
정인을 보충하기 위해 특정인을 제외하고 개경과 지방에 사는 양반과
백정의 자식으로 15~50세에 해당하는 자를 뽑아 보충하고 선군별감
으로 하여금 예전대로 전정을 연립시키도록 하자고 하였다.

여기서 백정은 분명히 군역을 부담할 수 있는 예비군적 성격을 가진
존재임을 알 수 있다.[90] 또한 여기서 丁人과 백정은 서로 다른 존재이
며, 丁人은 원래 군역을 담당하고 있던 정규군인으로서 오위와 대정
등에 빈 자리가 생겼을 경우뿐 아니라, 중금·도지·백갑 등의 특수
직역도 이들로 하여금 대신하게 하였다.[91] 여기서 丁人은 丁戶를 의미

---

[90] 고려후기에도 그 예를 발견할 수 있다. "(高宗)三十九年 八月 設充實都監點
閱閑人白丁 充補各領軍隊"(『高麗史』 권81, 兵志1, 五軍)라고 하여 각 영의
부족한 군인을 보충하기 위하여 한인·백정 가운데에서 보충하도록 하였다.
[91] 직역의 상호 호환과 관련하여 정호층을 군인이나 기인, 그리고 향리로 차정하
는 방식의 하나라고 여겨진다.

하는 것으로 생각된다.

족정호와 반정호는 鄕吏役, 其人役 및 軍役을 담당하였으며, 이것이 바로 직역의 호별편제방식이었다. 향리역과 관련하여 성종 2년의 향리직 개편과 문종 5년의 향리직 승진 규정은 향리직의 분화 과정과 함께 향리직의 호별편제방식을 이해할 수 있는 규정으로 주목된다.

> 5-26) 成宗二年 改州府郡縣吏職 以兵部爲司兵 倉部爲司倉 ①堂大等爲戶長 大等爲副戶長 郎中爲戶正 員外郎爲副戶正 執事爲史 ②兵部卿爲兵正 筵上爲副兵正 維乃爲兵史 ③倉部卿爲倉正 (『高麗史』 권75, 選擧志3, 銓注 鄕職)

위의 사료에서 보듯이 성종 2년 향리직 개편 당시만 하더라도 향리직은 이전의 관반체계를 계승하면서 당시의 향촌 실정에 맞게 (司)戶·司兵·司倉 계열로 3분하여 구성하였다. 그러나 이 단계에서는 향리직이 아직 세분되지 않고 戶正－副戶正－史의 체계로 이루어졌다. 성종 2년 이후 어느 시기에 향리직은 다양하게 분화하게 되었고, 문종 5년 향리 승진 규정에서 그 구체적 내용을 살필 수 있다.

다음의 문종 5년 향리직 차정을 위한 사료에서 보이는 '家風'의 의미는 문종 31년 기인 차정을 위한 '富强正直者'와 맥이 통하는 내용이다. 이는 각 향촌 사회 내에서 일정한 역할을 하면서 富를 가지고 있는 호를 향리호나 기인호로 차정하고자 한 국가의 의도를 반영한 것이다. 아래에서 문종 31년의 기인선상 규정과 문종 5년 향리승진 규정을 비교해보면 다음과 같다.

> 5-27) 文宗 三十一年 判 凡其人千丁以上州則足丁年四十以下三十以上者許選上 以下州則半足丁勿論兵倉正以下副兵倉正以上富强正

直者選上 其足丁限十五年 半丁限十年 立役半丁至七年 足丁至十年 許同正職役滿加職 (『高麗史』 권75, 選擧志3, 其人條)
5-28) 文宗 五年 十月判 諸州縣吏 初職後壇史 二轉兵倉史 三轉州府郡縣史 四轉副兵倉正 五轉副戶正 六轉戶正 七轉兵倉正 八轉副戶長 九轉戶長 其公須食祿正准副戶正 副正准副兵倉正 客舍藥店司獄正准副戶正 副正准州府郡縣史 以家風不及戶正副兵倉正者差之 若累世有家風子息 初授兵倉史 其次 初授後壇史 (『高麗史』 권75, 選擧志3, 鄕職)

위의 사료 5-27)의 문종 31년 判에 의하면 기인을 선발할 때 족정호가 부족한 것으로 여겨지는 1,000정 이하의 주에서는 족정과 반정을 논하지 않고 '兵倉正以下 副兵倉正以上'의 향리 가운데에서 富强正直者를 뽑아 올리라고 하였다. 이는 1,000정 이하의 주에서는 족정이 부족하기 때문에 반정도 포함하여 부강하고 정직한 자를 기인으로 선발하라고 한 것으로 여겨진다. 그와 아울러 기인역과 향리역이 상호 호환될 수 있는 직역임을 보여주는 사례로 주목해 볼 수 있다. 이와 관련하여 사료 5-28)의 문종 5년 향리직의 차정 방식은 기인선상 규정과 상관성을 가지는 조항으로 '家風'의 의미는 문종 31년 기인 차정을 위한 '富强正直者'와 밀접한 관련을 가지고 있다고 본다.

사료 5-28)의 문종 5년의 향리승진 규정에 의하면 公須正・食祿正・公須副正・食祿副正・客舍正・藥店正・司獄正・客舍副正・藥店副正・司獄副正은 家風이 戶正・副兵倉正에 미치지 못하는 자를 차정한다고 한다. 또한 累世 家風이 있는 子息은 처음에 兵倉史를 제수하고, 그 다음은 後壇史를 제수한다고 한다. 여기서 '家風'이란 무엇을 의미하는 것인지에 대한 검토가 있어야 할 것이다.

이에 관해 家風을 '家格'과 같은 의미로 해당 가문의 신분적 지위를 나타내는 것으로 보는 견해가 있다.[92] 가문의 신분적 지위는 그 가문에 대한 신분·계층적 척도라고 판단되며, 위의 사료에서 보듯이 '家風이 戶正·副兵倉正에 미치지 못하는 자'라는 표현은 향리직의 고하에 따라 그 직을 맡을 수 있는 家格이 있었음을 의미한다. 이는 향리직제에서 신분·계층에 따르는 단층이 형성되어 있었음을 의미하는 것이다.93) 필자는 이 家格을 정호층 내부의 족정호와 반정호의 차이라고 보아야 하지 않을까라고 생각하는 것이다.

문종 5년 향리승진 규정을 표로 만들면 다음과 같다.

<표 23> 향리직의 승진과 복색

문종 5년 승진규정	승진대비	복색	무반직
戶長	·	紫衫	別將
副戶長	·	緋衫	〃
兵倉正	·	〃	校尉
戶正	公須正 食祿正	綠衫	〃
副戶正	客舍正 藥店正 司獄正	〃	隊正
副兵倉正	公須, 食祿(副正)	〃	〃
州府郡縣史	客舍, 藥店, 司獄 (副正)	(副正) 〃 (史) 深靑衫	·
兵倉史	·	天碧衫	·
後壇史	·	〃	·

위의 표에서 보듯이 문종 5년의 승진규정에서 公須正·食祿正·公須副正·食祿副正·客舍正·藥店正·司獄正·客舍副正·藥店副正·司獄副正 등은 원래의 승진 계선상에 두지 않고 戶正, 副戶正, 부병창정, 주부군현사에 대비시키고 있다. 아울러 가풍이 戶正, 부병창정에

---

92) 蔡雄錫, 『高麗時代의 國家와 地方社會』, 서울대 출판부, 2000, 149~152쪽 ; 尹京鎭, 「高麗前期 鄕吏制의 구조와 戶長의 직제」 『韓國文化』 20, 1997.
93) 尹京鎭, 「高麗 郡縣制의 構造와 運營」, 서울대 박사학위논문, 2000, 180~188쪽.

미치지 못하는 자로 한다는 것은 양 계열의 차이를 분명히 반영한 것이라고 볼 수 있다. 그것은 다름 아닌 바로 족정호와 반정호의 차이라고 생각된다. 즉 성종 2년 이후에 분화된 公須正·食祿正·客舍正·藥店正·司獄正 및 각 副正은 반정호에서 담당하였다고 본다.94) 또한 문종 5년의 승진규정에 의하면 "累世 家風이 있는 子息은 처음에 兵倉史를 제수하고, 그 다음은 後壇史를 제수한다"는 규정에서도 '가풍이 있는 집안'과 '그 다음으로 가풍이 있는 집안'의 차이가 있음을 알 수 있다. 이 역시 그 구분의 기준은 족정호와 반정호의 차이로 파악되며, 그것에 의해 향촌사회의 향리직이 계승되었다.

이처럼 성종 2년 향리직 개편시에는 당대등체계에서 戶長체계로 개편되고, 그 이후 公須正·食祿正·客舍正·藥店正·司獄正 등으로 향리직이 분화되면서 家風에 따른 향리직의 구분이 이루어졌다.95) 즉 성종 2년 단계의 향리직제의 1차적 제도화 이후, 향리직제가 분화되면서 기본적으로 존재하던 '家風=家格'의 차이를 향리직 승진규정에 적용하여 이원화시켰던 것이다. 위의 표에서 문종 5년 승진규정은 성종 2년 향리직제를 기본적으로 계승한 것이며, 승진대비 규정은 그 이후 분화된 향리직으로서 반정호가 담당하였다고 할 수 있다.

따라서 정호층 내부의 족정호와 반정호는 경제적 측면에서 농업경

---

94) 복색에서 公須正·食祿正·公須副正·食祿副正·客舍正·藥店正·司獄正·客舍副正·藥店副正·司獄副正 등은 호정·부호정·부병창정과 함께 녹삼의 복색을 하고 있다. 이는 승진계선상의 차이와는 관계없이 족반정을 논하지 않고 향리직의 위상에 따른 구분이기 때문이라고 판단된다(『高麗史』 권 72, 輿服志, 冠服, 顯宗 9년, "定長吏公服 州府郡縣戶長 紫衫 副戶長以下兵倉正以上 緋衫 戶正以下司獄副正以上 綠衫 幷靴笏 州府郡縣史 深靑衫 兵倉史諸壇史 天碧衫 無靴笏").
95) 李純根, 앞의 논문, 218~221쪽. 이에 의하면 성종 2년 향리직 개편에서 司倉 부분이 현종 9년에 公須史, 食祿史, 客舍史, 藥店史, 司獄史 등으로 확대되고, 문종 5년에 가서 諸壇의 正·副正 등이 증설된 것으로 본다.

영규모의 차이를 바탕으로 하면서, 직역의 계승을 통해 '家風=家格'의 차이가 가미되어 향촌사회내에서 호별편제의 운영원리로서 기능하였다.

앞서 기인역과 향리역이 상호 호환됨을 살핀 것처럼, 다음 사료에서 향리역과 군역의 상호 호환성은 이들 직역이 상호 밀접한 상관 관계를 가지고 있음을 의미하는 것으로 주목된다. 직역의 상호 호환 가능성은 문종 23년의 향리직과 군역 사이에서 발견할 수 있다. 다음 사료는 이와 관련하여 주목된다.

5-29) (文宗) 二十三年 三月判 諸州一品別將則以副戶長以上 校尉則以兵倉正戶正食祿正公須正 隊正則以副兵倉正副戶正諸壇正 試選弓科而差充 (『高麗史』 권81, 兵志1, 兵制, 五軍)

위의 사료에서 주현군 소속 일품군 별장은 부호장 이상, 교위는 병정·창정·호정·식록정·공수정으로, 대정은 부병정·부창정·부호정·제단정으로서 궁과를 시험하여 충당하도록 하였다고 한다. 이는 정호층 내부의 계층적 구분으로 여겨지는 족정호와 반정호를 '選其顯達而有賢材 能堪其任者'라거나 '富强正直者'로 파악하고 이들을 향리 내지는 군인으로 차정함과 아울러 이미 선발된 향리층으로 하여금 군역을 담당할 수 있도록 직역의 상호 호환을 규정한 조처로 볼 수 있다.

따라서 이들 군인과 기인, 향리들은 동일한 계층적 입지를 가지고 직역을 담당하는 직역담당층으로서 이들을 배출하는 호는 각각 군인호, 기인호, 향리호라고 할 수 있으며, 이들은 기본적으로 족정호와 반정호에서 差定되었다고 여겨진다. 고려는 국가에 필요한 직역을 호등을 고려한 호별편제의 방식을 통해 차정하였다. 따라서 군인, 기인, 향리 등의 직역호는 각 지역의 상등호 가운데에서 차정하는 방식을 취하고 있었다. 이에 따라 고려는 정호층의 확보에 노력을 기울이면서 백정호 가운데에서 토지의 지급을 통해 정호층을 확보하는 방식을 취하기도 하였다.

정호층의 계층성을 반영한 호별편제원리와 마찬가지로 백정층은 기본적으로 '當差役者'로서 직역을 부담할 수 있는 예비적 존재이다. 일반 군현제 지역의 백정층은 국가에 대한 기본적 조세부담자로서 '요역호'로 편제되었으며, 부곡제 지역의 민들은 특정 身役을 담당하는 특수층으로서 편제되어 있었다.

이와 관련하여 다음의 『三國遺事』 가락국기의 기사는 시사하는 바가 크다.

> 5-30) 淳化二年金海府量田使・中大夫趙文善申省狀稱 首露陵王廟屬田結數多 宜以十五結仍舊貫 其餘分折於府之役丁 所司傳狀奏聞 時廟朝宣旨曰 天所降卵 化爲聖君 居位而延齡 則一百五十八年也 自彼三皇而下 鮮克比肩者歟 崩後自先代俾屬廟之蒸畝 而今減除 良堪疑懼 而不允 使又申省 朝廷然之 半不動於陵廟中 半分給於鄉人之丁也 節使(量田使稚也)受朝旨 乃以半屬於陵園 半以支給於府之徭役戶丁也 (『三國遺事』 권2, 紀異2, 駕洛國記)

위의 사료에서 양전사 조문선은 수로왕릉의 토지결수의 과다함을 지적하면서 김해부의 役丁에게 토지의 반을 지급하도록 요청하자, 조정에서는 鄉人之丁에게 지급하라고 하고, 양전사는 조정의 뜻을 받들어 徭役戶丁에게 지급했다고 표현하고 있다. 이때의 役丁은 鄉人之丁 및 徭役戶丁과 동일한 의미로 사용되고 있다. 즉 役丁=鄉人之丁=徭役戶丁을 의미하며, 이들에게 어떠한 방식으로 토지를 지급했는지는 알 수 없지만, 徭役戶라는 표현은 요역을 담당하는 김해부의 일반적인 민호를 지칭하는 용어로서 이들이 바로 백정호라고 여겨진다.

이들 백정호는 다양한 형태로 존재했던 것으로 보인다. 열악한 백정호의 경우, 대각국사 비문에 보이듯이 의식을 지급받고 수묘인으로 일하기도 하고, 아울러 천복원에 소속된 백정에서 보듯이 사원에 소속되어 사원 소속 토지를 경작하는 농민으로 존재하기도 했다. 또한 봉수대를 지키는 군인을 보좌하는 것으로 보이는 백정의 경우에는 국가로부터 토지를 지급받고 그 역을 지기도 했으며, 양계지방에는 양계의 군인과는 별도로 白丁隊가 있었다. 다음 사료는 이와 관련이 있다.

5-31)
安北府 都領中郎將一 中郎將二 郎將七 別將十四 校尉二十八 隊正五十八 行軍一千五百十五人 抄軍十六隊內 馬四隊 右軍四隊內 馬一隊 左軍二十六隊內 馬弩各二 保昌七隊 白丁二十七隊

龍州 都領中郎將一 中郎將二 郎將八 別將十九 校尉二十三 隊正六十 行軍一千七百七十八人 抄軍三十二隊 左軍三十二隊內 馬四弩二 右軍四隊 保昌六隊 白丁七十四 沙比江 別將一 校尉二隊正四 行軍九十九人.

靜州 都領中郎將一 中郎將二 郎將九 別將十九 校尉三十九 隊正七十九 行軍二千七十五人 抄軍三十六隊內 馬六隊 左軍三十隊內 馬弩各四 右軍四隊 保昌六隊 白丁二十八隊 神騎一百八人.

朔州 中郎將一 郎將五 別將十 校尉二十二 隊正四十五 行軍一千二百九人 精勇十八隊內 馬六隊 左軍十八隊內 馬二隊 弩一隊 右軍四隊內 馬一隊 保昌五隊 神騎四十五人 白丁四十八隊 步班十二隊 (『高麗史』 권83, 兵志3, 州縣軍 北界)

위의 사료는 각 지역마다 白丁隊가 조직되어 있음을 보여주는데, 이들 백정은 양계지방에 살고 있던 일반농민층으로서 양계지방이라는 특수성으로 인하여 일반 주현군과 함께 군제에 편제되어 있었던 것이다. 이들은 평상시에는 일반적인 농경에 종사하다가 비상시에는 함께 전투에 참가했을 것으로 보인다. 이처럼 백정층은 수묘인에서부터 사원 소속의 토지를 차경하는 등 다양한 방식으로 고려사회 내부의 기층민으로 존재했다.96) 그 중에서도 백정은 군역을 부담하는 정호가 부족할 경우에 이를 보완할 수 있는 예비 군역부담층으로 존재했다.

백정호는 요역호이자, 군역을 부담할 수 있는 예비군적 존재로서 그에 상응하는 다양한 호별편제가 이루어졌다. 일반군현의 백정들은 기본적으로 요역호로 존재하며, 부곡제 지역의 백정은 다양한 형태로 존재하였던 것이다. 이와 관련하여 「高麗式目形止案」에는 서북지역의 군액이 기록되어 있는데, 防禦軍, 白丁軍 외에 雜尺, 所丁, 津江丁, 部曲丁, 驛丁 등이 포함되어 있다. 여기서 白丁軍과 雜尺・所丁・津江丁・部曲丁・驛丁 등은 양자를 구분하여 기록하고 있다.97) 이들의 차이는 군현민과 부곡제민의 차이이며, 여기서 문제가 될 수 있는 것은 이들의 계층성에 관한 이해이다.

---

96) 유창규는 백정농민을 국유지 경작자, 그 가운데에서도 朝家田 경작자로 파악하고 있으나, 이는 백정의 존재를 너무 제한적으로 파악한 느낌이 든다(「高麗의 白丁農民」『全南史學』11, 1997).

97) 『文宗實錄』권4, 즉위년 10월 庚辰, "藝文館提學李先齊上書 其一曰 (중략) 今將高麗式目形止案 考其諸城備禦之制 稍合於中朝諸衛之法 姑擧數邑軍制 以獻焉 龜州城, 一千五百間 都領中郎將一 中郎將二 郎將六 別將十四 校尉二十八 隊正五十七 抄軍二十四隊 左軍二十隊 右軍五隊 保昌八隊 合軍一千五百三十七, 白丁軍一百二十五隊 計人三千二百九十四, 龜州卽今定州 (중략) 雜尺所丁一千二百六十八, 津江丁六百二十四, 部曲丁三百八十二, 驛丁一千五百八十五, 白丁軍七萬九千六十人, 計隊二千八百九十五 此前朝盛時 西北軍額之大略也". 여기서 잡척은 所丁・津江丁・部曲丁・驛丁 등과 구분해서 보아야 할 것이다. 이와 관련하여 주 98)을 참고.

이와 관련하여 驛丁의 예는 참고 된다. 아래의 사료에서 보듯이 驛丁은 백정층과는 구분되어 역정호로 기재되어 있어 주목된다.

> 5-32) 分驛丁戶爲六科 (중략) 桃源 隨爲三科 在東西要衝 故定爲五十丁 若有田以丁口不足 以本驛白丁子枝 自願者充立 (『高麗史』권 82, 兵志2, 站驛, 靖宗 11년)

위의 사료를 통해 보듯이 驛에는 역정호와 백정의 두 계층이 존재하였다. 역정호는 驛役을 부담하며 그 대가로서 국가로부터 토지를 지급받고 있는 층이다. 백정은 驛에 거주하는 일반농민층이며 국가가 필요로 할 경우 이들을 역정호로 충립시켰다. 정호와 백정의 기본적 차이는 직역의 유무와 관련이 있다. 이때 부곡제 지역에 존재하는 정호는 그 지역의 특징을 반영하는 국가의 역을 지면서 국가로부터 그에 상응하는 토지를 지급받았다고 여겨진다.

이는 부곡제 지역에서도 직역의 유무에 상응하여 정호층과 백정층의 구분이 존재하고 있음을 반영하는 것이라고 할 수 있다. 이는 부곡제 지역의 '吏民'의 존재에서도 확인할 수 있다. 부곡제 지역에는 '部曲吏' '驛吏' 등 부곡제 지역을 다스리는 吏胥層들이 존재하고 있으며, 그들은 계층적으로는 정호층이면서 부곡제 지역의 특수역을 지고 있다는 점에서 군현민과 구별되며, '雜尺'과도 구분해서 보아야 할 것으로 이해된다. 이와 관련하여 다음 사료는 주목된다.

> 5-33) 郡縣人與津驛部曲人交嫁所生 皆屬津驛部曲 津驛部曲與雜尺人交嫁所産 中分之剩數從母. (『高麗史』권84, 刑法志1, 戶婚)

위의 자료에 의하면 군현인과 津·驛·部曲人 사이에서 태어난 사람은 모두 진역부곡에 소속시키고, 진역부곡인과 잡척인 사이에 태어난 사람은 반으로 나누어, 반은 진역부곡인으로 하고 반은 잡척으로 하여 남는 수는 어머니의 소속을 따르도록 규정하고 있다. 따라서 진역부곡인과 잡척인은 분명히 구분됨을 알 수 있다.[98] 이는 국가의 입장에서 군현인, 부곡제민(향·소·부곡·진·역·장·처 등의 민), 잡척층 등을 구분하여 그 기능에 따른 역의 계승을 지속적으로 유지하기 위한 방편이라고 생각된다.

이상에서 보듯이 군현인으로서의 정호층과 부곡제민으로서의 정호층은 역할과 기능이 다르다. 군현인으로서 정호층은 군역·기인역·향리역을 담당하며, 부곡제민으로서의 정호층은 특수 직역을 담당하는 계층이다. 아울러 군현인으로서 백정층은 기본적으로 삼세를 부담하고 '요역호'로 존재하면서 「高麗式目形止案」에 보이는 백정군으로 선발되었다. 부곡제민으로서 백정호는 해당 특수행정구역인 부곡제 지역에서 삼세를 담당한 농민층으로 정호가 부족할 경우, 이를 보충하면서 부곡제 지역의 특수 직역을 담당하는 존재였다.

잡척층은 揚水尺을 비롯하여 墨尺, 刀尺, 稼尺, 琴尺, 津尺 등을 지칭하며, 이를 부곡제민 전반을 가리키는 것으로 보는 것은 잡척층을 지나치게 확대해서 보는 것이라고 여겨진다. 다만 '~尺'이라고 불린

---

98) 이와 관련하여 「高麗式目形止案」의 '雜尺所丁'은 잡척과 소정으로 보아야 할 것이며, 이는 양자의 성격이 비슷한 관계로 묶어둔 것이라고 여겨진다. 잡척에 津驛部曲人이 포함된 것으로 보는 견해(오일순, 앞의 책, 41~45쪽)는 잡척의 범주를 너무 확대 해석했다고 여겨진다. 高麗式目形止案의 전체 구성은 서북 지역의 군액을 설명하는 가운데 특수역을 담당하는 '잡척소정' 이하의 내용과 전체 백정군의 군액을 제시하고 있다. 잡척의 내용 구성에 '所丁'이하가 들어간 것이라면 잡척 전체의 군액이 따로 기재되는 것이 바람직하다고 여겨진다. 그렇다고 해서 '雜尺所丁'을 '雜尺所의 丁'이라고 보고 기본적으로 '所丁'이라고 보는 견해(金炫榮, 「고려시기의 所에 대한 재검토」, 『韓國史論』 15, 122~123쪽)도 재고를 요한다.

층 가운데 '津尺'과 같은 예로 보아 특수역을 지는 층을 '~尺'으로 불렀을 가능성은 있지만, 향·부곡·장·처의 민들까지 잡척층에 포함되었다고 생각하는 것은 다소 무리일 것이다.99) '津驛雜尺'의 예도 역시 '津驛 등의 잡척'이라는 의미보다는 '津驛人과 雜尺'으로 보는 것이 타당할 것이다.

특정 수공업을 영위하던 '所民'은 그 기능에 따라 다양하게 호별편제가 이루어져 있었다. 고려의 소는 그 생산물에 따라 金所·銀所·銅所·鐵所·絲所·紬所·紙所·瓦所·炭所·鹽所·墨所·藿所·瓷器所·魚梁所·薑所 등 다양하게 존재하였다.100) 여기에 보이는 다양한 소에는 소의 행정을 담당하는 所吏층, 특정 생산물을 생산하는 기술자층, 특정 생산물의 생산에 필요한 요역을 부담하는 일반 소민층 등으로 구성되었을 것이다. 이들 가운데 소의 행정을 담당하던 所吏와 특정 생산물을 생산하던 기술자층은 계층적으로 所 지역의 '丁戶'층일 것이다. 그리고 특정 생산물의 생산에 필요한 요역을 부담하는 일반 소민층은 기본적으로 백정층으로서 정호층이 부족할 경우에 이를 보충할 수 있는 예비 기술자층이었을 것이다. 따라서 호별편제의 방식에서 鐵戶·銀戶라고 불린 것은 모든 소민이 아니라 그 가운데에서도 기술자 집단이었을 것으로 보인다. 이들은 특정 소의 중심적인 생산담당자로서 국가는 이들을 호별로 편제하여 특정 생산물을 항상적으로 확보할 수 있는 체제를 갖추었다. 또한 부곡제민을 군현제민과 구별하여 규정함으로써 所의 체제를 유지하고 특정 수공업 생산이 지속적으로 이루어질 수 있도록 하였다.101) 그러나 모든 '~戶'가 정호층은 아니

---

99) 오일순, 앞의 책, 41~45쪽.
100) 『新增東國輿地勝覽』 권7, 驪州牧 古跡 登神莊, "高麗時 又稱所者 有金所·銀所·銅所·鐵所·絲所·紬所·紙所·瓦所·炭所·鹽所·墨所·藿所·瓷器所·魚梁所·薑所之別 而各供其物".
101) 金琪燮, 「高麗時期 所의 입지와 기능에 관한 試論」 『한국중세사연구』 10,

었다. 다음에서 보듯이 궁원 소속의 莊戶는 기본적으로 백정층으로서 궁원의 요역을 담당한 계층이었다.

> 5-34) 乙亥 敎曰 近聞宮院所屬莊戶 徭役煩重 民不聊生 殿中省檢覈存恤 (『高麗史』 권5, 顯宗 20년)

위의 사료는 현종 20년 궁원에 소속된 莊戶가 요역이 빈번하고 무거워서 삶을 영위하기가 어려우니 전중성에서 조사하여 구휼하도록 한 조치이다. 장호는 궁원에 소속된 민호로서 원래는 궁원 소속의 장원 토지를 경작하던 경작민이었는데, 이들에게 궁원에 필요한 요역을 과중하게 부담시킴으로써 문제가 일어났던 것으로 판단된다. 여기서 이들 장호는 궁원에 소속되어 궁원 소속의 궁원전이나 內莊田, 莊處田 등을 경작하던 계층으로서 국가에는 부역을 지지 않으나, 소속 궁원의 요역은 부담한 것으로 보인다. 따라서 이들은 특정 부서에 소속되어 있는 백정층으로서 해당 부서의 요역을 담당했다. 고려에서는 이처럼 국가에 부역을 지지 않는 곳을 除役所라고 불렀던 것 같다. 다음 사료를 보자.

> 5-35) 忠肅王五年 敎 其人役使甚於奴隷 不堪其苦 逋亡相繼 所隷之司 計日徵直 州郡不勝其弊 多至流亡 以事審官及除役所蔭戶代之 全亡州郡 其除之 (除役所卽宮司及所屬民戶不供賦役者) (『高麗史』 권75, 選擧志3, 其人)

위의 사료에 의하면 고려후기 기인의 役事가 노예보다도 심하여 그 고통을 감내할 수 없어 도망가는 자가 속출하니 소속 관사가 날짜를 계산하여 보상해주게 하였으나, 주군이 그 폐단을 이기지 못하여 유망한 자가 많았다. 이에 사심관과 除役所 陰戶로 하여금 그 일을 대신하도록 하였다고 한다. 제역소는 宮司 및 그에 소속된 민호로서 부역을 부담하지 않는 자라고 하였다. 그렇다면 제역소란 궁사와 같은 기관으로 그에 소속된 민호에게는 부역을 지우지 않고 소속 기관의 역을 담당하도록 하던 곳이었다고 할 수 있다. 음호는 그 구체적 기능이 무엇인지는 정확하게 알 수 없다.102) 그러나 음호도 호별편제의 한 예로 생각된다.

고려의 호별편제 원리는 개별호의 성격과 기능에 따라서 그를 특정호로 편제하여 그에 상응하는 책임과 역할을 부담시키는 방식이었다. 즉 개별호를 계층적으로 정호와 백정호로 나누고 정호는 직역호로, 백정호는 課戶=常戶=徭役戶로 편제하는 방식이다. 여기서 전자는 군인·기인·향리호로 차정하여 직역을 부담시키고, 후자는 국가에 삼세를 부담하는 일반 민호로 편제하여 정호가 부족할 시에 이를 보충할 수 있는 예비 직역호로 삼았다. 이는 부곡제 지역에서도 그대로 실현되어 각 지역의 정호와 백정호를 구분하여 部曲吏·所吏 등과 일반 민호로 구분하였다. 소의 경우 그 기능에 따라 특정 기술을 가지고 있는 호를 '~戶'로 편제하여 특정생산물이 지속적으로 생산될 수 있도록 하였다. 부곡제 지역을 군현제 지역과 법제적으로 구별하여 국가가 필요로 하는 특정역을 부곡제 지역으로부터 획득할 수 있도록 규정하였다. 그 외에도 莊戶의 예에서 보듯이 민호를 특정 기관에 소속시키는 호별편제를 통하여 국가적으로 필요한 역역부담층을 확보하거나, 陰戶와 같이 부모의 음덕으로 부역을 면제시켜 주기 위한 특정 목적으로 호별편

---

102) 『高麗史』 북역본에서는 陰戶를 조상의 음덕으로 부역을 면제받은 호라고 보고 있다. 그러나 정확한 의미를 알 수는 없지만 호별편제의 한 예라고 볼 수 있을 것이다.

제를 시도하였다.

고려에서는 이들 호별편제에 상응한 籍의 작성도 이루어졌다. 기본적으로 양안과 호적 작성을 통하여 개별호의 토지소유규모와 호의 규모를 파악하고 있었다. 호적은 각 지역별로 국가의 징병·調役을 위한 기초 자료로서 작성되었다. 그 외에 군호를 파악하는 軍籍의 작성을 통하여 군액의 확보가 이루어졌으며,[103] 각 지역별로 군현제 지역과 부곡제 지역에 대한 적의 작성이 京籍, 郡司籍 등의 형태로 이루어졌다.[104] 다양한 籍의 작성을 통해 호별편제의 운영원리를 유지하였다.

---

103) 李基白,『高麗兵制史硏究』, 一潮閣, 1968, 105~110쪽.
104)『高麗史』권100, 慶大升傳 ;『三國遺事』권4, 義解5, 寶壤梨木.

Ⅵ. 고려후기 호등제의 변화와 추이

 호등제는 개별호의 경제적 차이를 반영한 호의 구분으로서 한 사회의 발전 정도와 부의 분포를 가늠할 수 있는 주요한 지표이다. 특히 호등 구분의 요소는 이와 밀접한 관련을 가지고 있다. 고려전기 호등제는 당시의 계층구조를 일정하게 반영하면서 당시의 토지소유구조를 기반으로 국가의 직역체계에 직접적으로 이용된 3등호제적 편제였다. 고려전기의 호등제는 전시과의 기초원리인 전정연립에서부터 군현제 및 수취제의 운영 원리로서도 활용되었다.[1] 당시 호등제가 일정하게 자기 기능을 유지할 수 있었던 것은 나말여초의 정치적 변동기에도 불구하고 왕조권력을 바탕으로 통일신라의 호등제적 전통을 당시의 계층구조에 맞게 재편하였기 때문이다.
 그러나 전기의 3등호제는 12세기 이후 나타나기 시작했던 제반 부분에 있어서의 변화 속에서 제 기능을 발휘할 수 없었다. 특히 민의 유망현상, 농장의 확대, 부세수취의 가혹성 등으로 인하여 민의 분화현상이 뚜렷해지고 계층구조의 변화가 심화되면서 그 기본적 틀이 무너지기 시작한다. 그 변화의 기저에는 생산력 발전을 기초로 한 새로운 계층의 등장과 군현제적 편제의 붕괴,[2] 수취제의 변화가 수반되면서 호

---
1) 金琪燮,『高麗前期 田丁制硏究』, 부산대 박사학위논문, 1993.
2) 고려시대 향촌문제와 관련해서는 다음 논문이 참고된다.
　朴宗基,『高麗時代 部曲制硏究』, 서울대 출판부, 1990 ; 蔡雄錫,『高麗時代

등제도 새롭게 변화하지 않을 수 없었다. 이로 인하여 고려전기 '丁'의 의미도 변하였다.

 본 장에서는 다음과 같은 점에 유의하면서 고려후기 호등제의 문제를 검토하고자 한다.

 첫째, 고려후기 호등제의 변화 원인을 기존 연구성과를 토대로 살펴보고, 이와 관련하여 12세기 이후 사회변화를 개관하면서 호등제 변화의 내적 원인을 검토하고 궁극적인 호등제 변화의 방향이 어떠한 것인지를 살펴볼 것이다.

 둘째, 호등제 변화의 의미를 내포하고 있는 '丁'의 의미가 어떻게 변화하고 있는가를 살핌으로써 수취제와의 상관성에 관하여 검토하고자 한다.

 셋째, 고려후기 호등제 변화의 추이를 검토하면서 고려후기의 사회변화가 가지는 의미와 고려후기 호등제의 성격이 무엇인지를 살펴볼 것이다.

1. 호등제의 변화

1) 호등제 변화의 사회경제적 배경

12~13세기의 고려사회는 앞 시기에 비해 여러 가지 변화가 일어나고 있었다. 사회적 생산력의 발전과 그에 따른 계층구조의 변화, 정치세력의 변화, 민의 유망, 농민·천민의 항쟁 등 고려전기 사회의 내부적 모순이 표출되면서 다양한 변화와 갈등이 노출되었다.[3] 호등제 변

　의 國家와 地方社會』, 서울대 출판부, 2000 ; 具山祐, 『高麗前期鄕村支配體制研究』, 혜안, 2003.
3) 계층구조의 변화와 관련하여 다음의 논문이 참고된다.

화의 직접적 원인은 당시 농업생산력의 발전을 계기로 일어난 계층구조의 변화로부터 찾아야 할 것이다. 고려전기 호등제의 기본 골격이 田制와 役制의 결합에 의한 농업경영규모의 차이에 있었다고 한다면, 이 시기 변화의 근간은 생산력 발전에 상응한 농업경영 방식의 변화와 그로 인해 발생한 田制와 役制의 분리에 따른 것이라고 할 수 있다.[4] 다음 사료를 살펴보자.

6-1) 明宗十八年三月下制 各處富强兩班 以貧弱百姓 賒貸未還 劫奪古來丁田 因此失業益貧 勿使富戶兼併侵割其丁田 各還本主 (『高麗史』권79, 食貨志2, 借貸)

위의 사료에 의하면 각 처의 부강 양반들은 빈궁해진 백성들이 빌린 것을 갚지 않자 그들이 물려받은 丁田을 빼앗았고, 이로 인하여 백성은 실업하고 더욱 빈궁해진다고 한다. 丁田은 백성들이 이전부터 소유하고 있었던 토지로서 役의 부과와 밀접한 관련을 가진 토지이다. 이 丁田이 富戶層들에 의해서 강제로 침탈당하고 있다는 사실은 전제와 역제의 결합 원리가 붕괴되고 있음을 뜻한다.[5] 일반민들이 부채로 인하여 그들이 대대로 계승하고 있던 丁田을 상실하고 더욱 가난해진다는 것은 당시 계층 변화가 상당하게 진행되고 있었음을 반영한다. 다음 사료는 이러한 계층구조 변화의 가능성과 관련하여 주목된다.

채웅석, 「12·13세기 향촌사회의 변동과 '민'의 대응」『역사와 현실』3, 1990 ; 「고려중·후기 '무뢰'와 '호협'의 행태와 그 성격」『역사와 현실』8, 1992 ; 김순자, 「원 간섭기 민의 동향」『역사와 현실』7, 1992 ; 洪榮義, 「高麗後期 富豪層의 存在形態」『韓國史學論叢』(擇窩許善道先生停年紀念韓國史學論叢), 1992.
4) 閔賢九, 「高麗의 祿科田」『歷史學報』53·54 합집, 1971.
5) 이와 관련하여 주현의 양반·군인의 家田·永業田을 침탈하는 사례도 발견된다(『高麗史』권78, 食貨志1, 田柴科, 명종 18년 3월).

6-2) 明宗十八年三月 制曰京人於鄕邑 盛排農場 作弊者 破取農場 以
法還京 道門僧人諸處農舍冒認貢戶良人以使之 又以麤惡紙布 强
與貧民 以取其利 悉皆禁止 (『高麗史』 권85, 刑法志2, 禁令)

이 사료는 개경 사람들이 향촌에 농장을 즐비하게 세우고 사원의 승려들도 貢戶 양인을 농장 속으로 끌어들여서 그들을 사역하고 있음을 보여준다.6) 당시 가난한 농민이 농장에 투탁하는 현상이 나타나고 있는 것으로 보아,7) 농장 확대의 추세 속에 빈농층의 농장투탁 현상은 충분히 예견된 일이었다.8) 위의 사료에서 추포를 강제로 빈민에게 주어서 그 차액을 이익으로 취하는 사례로 보아, 당시 고려사회에 빈농층이 광범위하게 분포하고 있었음을 알 수 있다. 또한 사원의 폐단도 이미 그 이전부터 나타나고 있었다.

6-3) 仁廟初 (중략) 又敬天崇福兩寺之役 朝野騷然 公極論其弊 以爲
丁男壯士 太半屬浮圖 而膏田廈屋盡爲所有 兵農日減 (林光墓誌)9)

이 사료는 고려 인종대 사료로서 丁男과 壯士들의 태반이 사원에 소속되어 있고 비옥한 토지와 큰 집들을 사원이 소유하고 있어서 兵農이 날로 줄어들고 있다고 전한다. 당시 병농 감소의 원인으로 사원의

---

6) 당시 주부군현의 백성들은 貢役을 지고 있었는데 향리들이 役價를 징수하면서 누적된 貢賦를 징수하고 역도 균등하지 못함으로 인해 공호가 도망하는 사례도 나타나고 있다(『高麗史』 권78, 食貨志1, 貢賦, 明宗 18년 3월).
7) 『高麗史』 권84, 刑法志1, 職制, 忠烈王 24년 忠宣王卽位 下敎, "一民無恒心 因無恒産 憚於賦役 彼此流移 凡有勢力 招集以爲農場 按廉使與所在官 推刷還本 具錄以聞".
8) 魏恩淑, 「고려후기 사적 대토지소유와 경영형태」 『한국중세사연구』 창간호, 1994, 202~228쪽 ; 『高麗後期 農業經濟硏究』, 혜안, 1998.
9) 許興植 編, 『韓國金石全文』, 704쪽.

작폐가 거론되고 있는 것은 인종대 이자겸의 난 이후 고려사회의 여러 모순이 서서히 드러나면서 사원 역시 그 모순을 가중시키는 한 부분이 었음을 알 수 있다. 이와 함께 관리들의 가렴주구도 민을 더욱 곤경 속으로 몰아넣고 있다. 다음의 사례를 살펴보자.

6-4) (전략) 所恨居民産業日零落 縣吏索米長敲門 (후략) (『東文選』권 6, 桃源歌)

이 사료는 神宗代 陳澕의 詩에 나오는 구절의 일부이다. 명종·신종대 많은 농민·천민의 항쟁이 거듭되고 민의 산업은 날로 영락해지는 가운데 향리들이 세금을 거두러 다니는 상황을 묘사하고 있다. 전반적인 사회체제의 이완은 농장의 확대로 인한 무토지 농민의 양산과 수취체제의 붕괴로 인한 수취의 압박 등으로 나타나서 민으로 하여금 대대로 뿌리를 내리며 살고 있던 향촌사회를 떠나게 만들었다. 예종대부터 확산하기 시작하는 농민의 유망 현상은 향촌사회의 공백을 초래하였다.[10] 그 결과는 주변의 민에게 부담을 더욱 가중시키게 되고 그 악순환으로 인하여 유망현상은 가속화되었다. 그 결과 원래 토지 소유주의 도망으로 전호나 친인척 및 인보인에 이르기까지 수세를 강요하

---

10) 예종대 監務 파견의 원인으로서 농민층의 유망현상을 지적할 수 있다. 특히 예종 원년 夏 사월 庚寅의 詔에 의하면 당시의 유망현상은 전국적으로 일어나고 있었다(『高麗史』권12, 世家, 睿宗 元年). 12세기대의 유망현상은 고려 전기 사회의 모순이 심화되는 가운데 전국적으로 일어나고 있었으며 이러한 현상은 이 시기로 끝나는 것이 아니라, 12·13세기를 이어서 계속적으로 일어났다. 그것은 무신집권기에 접어들어서도 전기사회의 모순을 제대로 수습하지 못하고 정권유지 차원의 미봉적 파악에 그쳤으며 이어서 대몽항쟁기·원 간섭기를 거치면서도 전반적 개혁으로까지 이르지 못했기 때문에 근본적으로 치유될 수 없었던 것이다(신안식, 「대몽항쟁기 민의 동향」, 『14세기 고려의 정치와 사회』, 1994 ; 김순자, 앞의 논문, 1992).

는 현상이 생겨났다.[11] 이는 당시의 수취가 군현 단위의 총액제적 수취체제에 기초하고 있기 때문에 나타난 현상으로 생각된다.

이러한 현상에도 불구하고 다음 사료에서 이 시기 농업생산력의 발전과 계층구조의 변화를 상징적으로 보여주는 私奴 平亮의 예를 살필 수 있다.

 6-5) 少監王元之婢塔 私奴平亮滅元之家 (중략) 平亮平章事金永寬家奴也 居見州務農致富 賂遣權要 免賤爲良 得散員同正 其妻乃元之家婢也 (『高麗史』 권20, 明宗 18년 5월 癸丑)

위의 사료에 의하면 平亮은 평장사 김영관의 私奴로서 '務農致富'하여 권세가에게 뇌물을 주어 양인이 되고 散員同正에까지 이르고 있다. 당시 농사를 열심히 하여 부를 축적할 수 있었다는 것은 농업생산력의 발전을 반영하는 것이며, 이에 편승하여 富를 축적한 다음 免賤까지 하였다는 사실은 계층구조의 변화 가능성이 前期에 비해서 매우 높아지고 있었음을 보여준다.[12] 특히 농업을 통해 富를 축적할 수 있었다는 사실은 당시 생산력발전의 수용 여부에 따라 누구에게나 致富할 수 있는 가능성이 열려 있었고, 그렇지 않을 경우는 몰락할 가능성도 높아졌다는 것을 의미한다.[13] 하나의 사례로 원종 무렵에 校尉의

---

11) 『高麗史』 권78, 食貨志1, 租稅, "睿宗三年二月制 諸州縣公私田 川河漂損 樹木叢生 不得耕種 如有官吏 當其佃戶及諸族類隣保人 徵斂稅糧 侵害作弊者 內外所司 察訪禁除".
12) 이 시기 농업생산력의 발전에 관해서는 다음 논문이 참고된다. 魏恩淑, 「12세기 농업기술의 발전」, 『釜大史學』 12, 1988 ; 李宗峯, 「高麗後期 勸農政策과 土地開墾」, 『釜大史學』 15·16 합집, 1992 ; 안병우, 「고려후기 농업생산력 발달과 농장」, 『14세기 고려의 정치와 사회』, 민음사, 1994.
13) 고려후기 納粟補官制의 실시도 이와 관련이 있다. 『高麗史』 권80, 食貨志3, 賑恤 納粟補官制, "忠烈王元年十二月 都兵馬使 以國用不足 令人納銀拜官

직을 가진 이가 가난을 못 이겨 남의 곡식을 훔치는 경우까지 나타나 기도 했다.14) 이는 당시 사회의 변화폭이 매우 심하다는 것을 보여준 다. 농장의 발달도 여러 이유가 있겠지만 기본적으로 농민층의 분화에 기인하고 있다고 생각한다. 고리대적 수탈의 가능성이 점증하는 가운 데, 당시 생산력의 발전을 능동적으로 수용하지 못할 때에 농민층은 국가 공민으로서의 위치를 포기하고 자의든 타의든 농장에 투탁하는 사례가 늘 수밖에 없었다.15)

고려의 전시과제도는 仁宗 이후 원래의 제 기능을 발휘하지 못하고 점점 이완되어 갔다. 그 이유는 여러 가지가 있겠지만 기본적으로 권세가의 토지침탈 현상이 가속화되면서 국가의 토지분급제가 해이해졌기 때문이다. 그 바탕에는 농업생산력의 발전에 따른 계층구조의 변화 속에서 호등제가 제 기능을 상실했다는 점, 그와 함께 전제와 역제의 분리 현상이 심화되면서 전시과의 기능이 점차 상실되어 갔다는 데 있다.

무자격자에 대한 토지분급 현상을 통해 토지의 사사로운 계승에 의해 이미 출사하고 혼인한 자가 한인전을 받는다든가, 군역을 지지 않으면서 軍田을 받는다든가 하는 현상 등에서 토지제도의 문란상과 역제의 해이성을 살필 수 있다.16) 전시과는 기본적으로 직역과 밀접한

白身望初仕者 白銀三斤 未經初仕望權務者 五斤". 여기서 '白身'의 존재는 일반민을 의미한다고 생각된다. 이들이 백은 3근을 내면 初仕職을 얻을 수 있다는 사실은 일반민 가운데에서 부를 축적한 층이 존재함을 의미한다. 忠烈王 무렵 銀幣 1근이 米 50여 石에 이르고 있는 점을 고려하면 백은 3근은 상당한 액수임을 알 수 있다(『高麗史』 권79, 食貨志2, 市估 忠烈王 3년 2월).
14) 『高麗史』 권101, 列傳14, 金義元, "元宗時有允成者居甲串里 隣有校尉 夜穴壁 偸穀一石 穴小未能出 允成自內推出之 校尉乃走 允成追及之曰 汝迫饑餓 以至此 亦何傷 家人無知者 可取去 校尉遂負而去".
15) 姜晋哲, 「高麗의 權力型 農場에 대하여」 『韓國中世土地所有研究』, 一潮閣, 1989 ; 魏恩淑, 앞의 논문, 1994.

상관관계를 가지고 있으나, 전제와 역제가 결합된 방식의 전정운영체계가 붕괴되면서 전시과의 운영원리는 제 기능을 할 수 없게 되었다.17) 또한 생산력이 발전하면서 호의 분화가 일어나고 그로 인하여 軍役・其人役의 담당호였던 足丁戶・半丁戶의 분해가 가속화되었다. 백정호도 토지를 상실하면서 더욱 열악해졌다. 다음 사료는 이와 관련하여 살펴볼 만하다.

> 6-6-) 庶子崔沆亦 (중략) 田民家財乙郎 奪取自持爲齋 內外兩班軍閑人等矣 父祖傳持田丁乙 侵奪爲旀 色掌員別定爲 責役各別爲在 外民乙用良 耕作令時置 自利爲旀 先齋 荒年及遠年 陳年田畓出乙 豊年例同亦 高重捧上爲沙餘良 (「尙書都官貼」)18)

위의 사료는 원종대 柳璥 등의 정변에 의해 최씨 정권이 무너진 후, 유경에게 내린 공신녹권의 일부이다.19) 최항은 양반・군인・한인이 부모로부터 계승한 토지를 침탈하여 사유화하고 外民으로 하여금 경작시키는 전호제적 경영을 행하고 있다. 이때 田丁을 양반・군인・한인의 수조지로 본다면 원래의 소유주인 경작자의 변동은 없어도 될 텐데, 위에서 보다시피 '外民乙用良 耕作令時置'라 하여 본래 경작자가 아닌 다른 사람, 즉 전호로 하여금 경작시키고 있다는 사실은 전정이 수조지가 아님을 반증하는 것이다. 여기서 외민은 다양한 농민층을 상정할 수 있지만 그 중에는 몰락한 농민층이 포함되어 있었을 것으로 충분히 예상된다. 이 사료는 양반・군인・한인의 田丁이 권세가의 침탈의 대상이 되면서 전정이 본래의 기능을 상실해가고 있음과 戶의 분

---

16)『高麗史』권78, 食貨志1, 祿科田 趙浚 1차 상서.
17) 閔賢九,「高麗의 祿科田」『歷史學報』53・54합집, 1971, 83~90쪽.
18) 許興植,『韓國의 古文書』, 民音社, 1988, 276쪽.
19) 許興植, 위의 책, 97~103쪽.

화가 심화되면서 전호제적 경영이 더욱 발전해가고 있음을 보여준다.

　고려후기 전호제적 경영의 발전 추이 속에서 기존의 사회체제로부터 일탈된 계층으로 無賴輩 또는 惡小라고 불리는 무리들이 나타나게 된다.[20] 이들은 민의 분화과정 속에서 경제적으로 몰락한 계층으로 생존을 위해 불법적 행위를 저지르거나, 어떤 경우는 권세와 재력의 배경을 가진 자들이 이를 믿고 불법적 행위를 하는 경우도 있었다. 또한 호세가의 무리들이 은병 등으로 일반민의 세포·능라·위석을 강제로 구입하는 행위라든가, 화식지도의 무리들이 공물대납을 통하여 부를 축적하는 행위 등이 나타나는 것은 사회적 변화에 편승한 일종의 위법 행위라고 할 수 있다.[21]

　이러한 현상은 고리대적 수탈과 더불어 농민층을 더욱 몰락시키고, 마침내 수탈에 항거하는 집단 행동을 초래하기에 이른다.[22] 金州의 잡족인들은 무리를 지어 그 지역의 탐학한 호족층에 대해 반발하기도 하였다.[23] 여기서 주모자는 '강폭하고 탐오한 자를 제거하고 우리의 읍을 깨끗이 하고자 함'을 주장하며 호족층에 반발하였다. 이는 당시 지방사회에서 지방의 유력자인 호족층과 다른 피지배층과의 긴장·알력 관계가 심상치 않았음을 보여준다. 이러한 현상은 고려전기 이래 거의 나타나지 않던 현상으로 계층구조의 변화와 더불어 호족층과 잡족인 간의 경제적 격차가 상당히 커졌음을 의미한다.

---

20) 채웅석은 이러한 존재들을 '無賴'와 '豪俠'이라고 보고 이들의 존재형태를 분석하고 있다(채웅석, 앞의 논문, 1992).
21) 채웅석, 앞의 논문, 1992, 238~258쪽.
22) 朴宗基,「武人執權期 農民抗爭 硏究論」『韓國學論叢』12, 國民大 국사학과, 1990.
23) 『高麗史』권21, 世家 神宗 3년 8월, "金州雜族人 群聚謀亂 殺豪族人 豪族奔避城外 及以兵圍副使 裔副使 李迪儒 登屋射首謀者 應絃而倒 其黨四散 已而還告曰 我等欲除强暴貪汚者 以淸我邑 何故射我".

직역부담층의 職役 기피현상도 심화되었다. 鄕吏層들은 그들의 役을 피하기 위해 권세가들에게 토지를 바치기도 하였다.24) 이에 국가는 오랫동안 타인에게 붙어 살면서 피역한 사람이라도 본역으로 돌리라고 지시하고 있다. 충렬왕 11년 3월 辛卯의 下旨에서 당시 피역자가 많아서 還本시킬 경우 농업을 잃을까 염려하여 일정한 연한을 정하여 환본시킨 사람 외에는 그대로 그 자리에서 安業하라고 하였다.25) 이와 관련하여 향리들이 권세가에 의탁하여 명예 散員이 되거나 入仕하여 피역하는 경우도 있었다.26)

고려후기 사회의 계층분화 현상과 관련하여 주목되는 것은 당시 상업의 발전으로 인한 새로운 상인층의 등장이다. 물론 이전에도 상인층은 있었겠지만 부곡제의 쇠퇴로 인한 새로운 상인층, 즉 공물대납업자의 등장은 새로운 현상이라고 해야 할 것이다.27) 특히 민간수공업과 상업의 발전은 불가분의 관계를 가지고 진행된 만큼 이러한 과정 속에서 새로운 계층의 출현은 필연적이다.

고려사회에서 상업을 통하여 부를 축적한 부상층의 존재를 확인할 수 있는데 이들 부상층이 고려후기에 출현했던 것은 아니다. 이미 그 이전에도 부상층의 존재는 발견되고 있으며,28) 이들은 다양한 방식으

---

24) 『高麗史』 권85, 刑法志2, 禁令, "(忠烈王)十一年三月 下旨 外方人吏等 以所耕田 賂諸權勢家 于請別常 謀避其役者有之 今後 窮推還定 又公私處 久遠接居人 人吏之避役者 勿論久遠 皆還本役".
25) 『高麗史』 권30, 世家, 忠烈王 11년 3월 辛卯 下旨.
26) 『高麗史』 권84, 刑法志1, 職制, 忠烈王 24년 正月 忠宣王 下敎, "一 州府郡縣鄕吏百姓 依投權勢 多授軍不令散員 或入仕上典 侵漁百姓 陵冒官員 宜令按廉使 乃所在官 收職牒 充本役".
27) 金東哲, 「고려말 流通構造와 상인」, 『釜大史學』 9, 1985, 207~212쪽 ; 李貞信, 「고려시대의 상업」, 『國史館論叢』 59, 1994.
28) 『高麗史』 권17, 仁宗 원년 11월 丁亥, "刑部奏 監察御使李玄夫 以雲興倉米十七石 與其義子及富商 請徵還本倉 罷職禁身". 여기서 발견되는 부상의 존재로 보아 한정된 유통구조 속에서도 유통의 실리를 얻어 부를 축적해간 상

로 부를 축적해간 것 같다.29) 당시 상인층의 富의 정도를 정확하게 알 수는 없지만, 다음 사료를 통해 부상층의 존재를 확인할 수 있다.

> 6-7) 十五年 二月 遼東饑 元遣張守智等 令本國措辦軍粮十萬石 轉于 遼東王命群臣 出米有差 諸王承旨以上七石 致仕宰樞三品以上五 石 散官宰樞三石 散官三品二石 致仕三品顯任四品四石 散官四品 一石 五品三石 散官五品八斗 侍衛將軍六品二石 七八品衆上副使 僧錄職事一石 九品衆外副使八斗 權務隊正別賜散職七斗 軍官百 姓公私奴婢以五斗三斗爲差 富商大戶三石 中戶二石 小戶一石 各 道輸米有差 唯除東界平壤二道 (『高麗史』 권79, 食貨志2, 科斂, 忠 烈王 15년 2월)

위의 자료는 충렬왕 15년 요동지방에 기근이 들었을 때 군신들에게 차등을 두어 쌀을 거두는 것을 보여주는 내용이다. 여기서 상인의 존재는 富商大戶, 富商中戶, 富商小戶 등으로 구분되어 나타나고 있다. 부상대호는 산관재추와 같은 액수인 3석을 내고, 중호는 시위장군 6품과 같은 2석, 소호는 당시 5~8품의 관료들과 동등하게 쌀을 내는 것으로 보아, 이들 부상층들의 위상을 확인할 수 있다.30) 부상층은 경제적 부를 바탕으로 관료로 진출하기도 하였다.31) 이러한 현상은 고려후기 사회가 전기에 비해서 사회계층의 이동성과 변동의 폭이 그만큼 컸음을 의미하는 것이라고 할 수 있다.

고려후기 사회는 다양한 변화의 폭과 깊이를 가지고 진행되었다. 그

인층의 존재를 살필 수 있다.
29) 李貞信, 앞의 논문, 113~123쪽. 여기서 필자는 당시 상인의 존재로서 미곡상, 포목상, 무역상 등을 상정하고 있다.
30) 金東哲, 앞의 논문, 233~235쪽.
31) 이들 가운데는 정3품 밀직부사에까지 진출한 예도 있다(『高麗史』 권35, 忠肅 王 15년 8월 갑인 ; 권124, 嬖幸2, 李仁吉傳).

러한 가운데 이 변화를 수용할 수 있는 제도적 징후는 이미 예견되고 있었다. 이는 당시 민의 변화를 일정하게 수용하면서 국가재정을 견실하게 하려는 방향으로 진행되지 않으면 안되었다. 그 방향은 기존의 수취체제를 전면적으로 개편하거나, 수취의 효율성을 제고할 수 있는 방향으로 이루어져야 할 것이다. 다음 절에서 이와 관련한 수취제의 변화 모습을 살펴보겠다.

2) 수취제의 변화와 '丁'='단위토지'로서의 의미

고려전기 '丁'의 의미는 당시의 계층구조를 반영한 戶의 개념으로서 戶主 중심의 농업경영단위였다. 또한 田制와 役制의 결합은 戶를 단위로 하여 田과 口의 결합 형태로 나타나면서 足丁戶·半丁戶는 職役戶로, 白丁戶는 요역호로 편제되었다. 따라서 '丁'은 단순히 단위 면적의 토지라든가, 인정이라는 의미만으로 파악될 수 없는 복합적 구조를 가지고 있었다.32) 그러나 고려후기에 이르러 양자의 결합관계는 붕괴되고 '丁'은 役과 분리되어 '단위 土地'의 의미로 변화하였다.33)

이러한 변화는 여러 가지 원인이 있지만, 가장 깊은 관련을 가지는 것은 수취제의 변화이다. 고려후기 수취제의 변화에서 주목되는 것은

---

32) 金琪燮, 「高麗前期 戶等制와 농업경영규모」, 『釜大史學』, 1994, 385~390쪽.
33) 이와 같은 인식 속에 논리를 전개한 최근의 논문은 다음과 같다. 金琪燮, 앞의 박사학위논문, 1993 ; 이혜옥, 「고려후기 수취체제의 변화」, 『14세기 고려의 정치와 사회』, 민음사, 1994. 특히 이혜옥은 고려후기 수취제의 변화를 다루면서 고려후기 三稅와 함께 나타나는 부가세로서의 常徭·雜貢의 등장은 삼세의 토지세로의 변화와 더불어 토지를 매개로 한 수취의 강화 방향이라는 논지를 제시하여 주목된다(213쪽). 아울러 김기섭은 田丁制의 변화와 관련하여 수취제의 변화를 설명하면서, 고려후기 수취제의 변화는 '丁'의 단위토지화와 밀접한 관련을 가지고 있으며, 이는 전제와 역제의 분리라는 민현구의 선구적 견해를 수용하여 논지를 전개한 바 있다(175~185쪽).

전기에는 존재하지 않던 常徭·雜貢 등 새로운 세제가 등장한 점이다.34) 새로운 세제의 등장은 12세기 이래 부곡제의 해체로 인한 일반민에 대한 수취부담의 증가와 13세기 후반 대외관계로 인한 현물세의 수요증대 및 국가의 재정수요를 충당하기 위한 방편 등이 원인이 되었다고 할 수 있다.35)

상요·잡공은 대체로 고종대 무렵부터 나타나고 있는데, 새로운 세제의 등장은 예종 이후 지속적으로 나타나고 있었던 민의 유망현상에 의한 재정의 압박이 매우 중요한 이유가 되었을 것으로 생각된다. 기존의 삼세 부담자의 축소로 인한 三稅收取의 한계는 새로운 稅源을 필요로 하였을 것이다. 이와 관련하여 다음의 사료는 기존의 본관제적 수취를 현실에 맞게 변화시키려는 시도로 주목된다.36)

6-8) 下旨 一流移鄕吏 不拘年限 已曾還本 今百姓之流移者 亦宜刷還 然流移已久 安心土着 若皆還本則彼此遷徙 必失農業 依前庚午年 以上例 以訖還本人外 幷皆不動 使之安業(『高麗史』 권30, 忠烈王 11년 3월 辛卯)

위 사료에서 예종이래의 유망현상에 대한 대응으로 향리와는 달리

---

34) 상요·잡공의 성격을 이해하는 방식은 크게 두 부류로 나뉘어져 있다. 하나는 고려의 전 시기에 걸쳐 貢賦를 구성한 현물세라고 보는 입장과 고려후기에 三稅 외 첨가된 부가세로 보는 입장이다. 전자의 입장에 선 대표적인 견해는 다음과 같다. 姜晋哲,『高麗土地制度史硏究』, 고려대 출판부, 1980 ; 李貞熙,「高麗後期 徭役收取의 實態와 變化」『釜大史學』9, 1985 ; 金載名,「高麗時代의 常徭와 雜貢」『청계사학』8, 1991. 후자의 입장에 선 연구는 다음과 같다. 李惠玉,『高麗時代 稅制硏究』, 이화여대 박사학위논문, 1985 ; 朴鍾進,『고려시기 재정운영과 조세제도』, 서울대 출판부, 2000.
35) 박종진, 앞의 책, 2000, 159~176쪽 ; 이혜옥, 앞의 논문, 1994, 200~219쪽.
36) 채웅석, 앞의 논문, 1990, 66~69쪽.

일반민의 경우는 본관으로 돌려보내는 환본정책을 지양하고 이주한 현거주지에 안착하도록 하는 정책을 취하고 있다. 이는 예종이래의 유망현상이 매우 광범위하게 이루어졌기 때문에 환본정책이 실효를 얻기 어려웠다는 점에 기본 원인이 있으며, 현거주지 중심의 정책을 취함으로써 새로운 세원을 확보하자는 의도가 있었다고 할 수 있다. 이러한 시도는 庚午年(1270, 원종 11) 이전의 예에 의거하여 시행하라는 위의 교지에서 알 수 있듯이, 이 시기에 갑자기 나온 것이 아니다. 연대기 자료상에서 확인하기는 어렵지만 원종 11년 당시에도 그 이전의 유망현상을 현실적으로 수용하려는 정책이 실시되었음을 짐작케 한다. 이는 원종 10년(1269)에 실시된 '전민변정사업' 및 '戶口計點을 통한 貢賦更定'[37]사업과 밀접한 관련을 가지고 시행되었을 것이다.[38] 아울러 12·13세기 무신집권기·대몽항쟁기를 거치면서 진행되었던 사회변화를 개경환도와 더불어 적극적으로 수용하고자 했던 의도로 이해할 수 있다.

아울러 貢戶의 차정을 통해서도 확실한 세원을 확보하고자 하였다.[39] 공호는 사료상 명종 18년에 처음 나타나고 있으나 공호가 이때 처음 만들어졌다고 볼 수는 없다.[40] 아마 삼세 수취가 한계에 봉착하

---

37) 『高麗史』 권79, 食貨志2, 戶口, "(忠烈王)十八年十月 敎曰 諸道之民 自兵興以來 流亡失業 在元王己巳年 計點民戶 更定貢賦 厥後賦斂不均 民受其病 可更遣使 量戶口之瀛縮 土田之墾荒 計定民賦 以遂民生".
38) 채웅석, 앞의 논문, 1990, 68~69쪽.
39) 北村秀人, 「高麗時代の貢戶について」『人文論叢』, 大阪市立大, 1981, 668~674쪽.
40) 北村秀人, 위의 논문, 1981, 672쪽에서 貢戶가 늦어도 명종 초년에는 등장한 것으로 본다. 그러나 필자는 北村의 견해대로 공호가 고려후기에 등장한 중요한 특징 중의 하나라는 점을 인정하면서 공호의 등장은 상요·잡공이라는 부가세의 등장과 함께 민의 유망이 심화되고, 지방에 감무가 파견되는 예종에서 명종 사이의 어느 시점이라고 본다.

고 부가세로서의 상요와 잡공이 설정되면서 현거주지 중심의 공호 차정이 이루어졌다고 보는 것이 순리적일 것이다.

그러면 이러한 새로운 세제의 등장과 공호 차정의 필요성이 제기되는 가운데 기존의 삼세 수취는 어떠한 방식으로 변화하였을까. 다음 사료는 이와 관련하여 시사적이다.

> 6-9) (忠烈王) 二十四年正月 忠宣王卽位下敎 一先王制定內外田丁 各隨職役 平均分給 以資民生 又支國用 邇來 豪猾之徒 托稱遠陳 標以山川 冒受賜牌 爲己之有 不納公租 田野雖闢 國貢歲減 又其甚者 托以房庫宗室之田 其於租稅 一分納公 二分歸己 或有全不納者 玆弊莫大 宜令諸道按廉及守令 窮詰還主 如無主者 其給內外軍閑人 立戶充役(『高麗史』 권78, 食貨志1, 經理)

위의 내용은 충선왕이 즉위하면서 내린 下敎의 일부분이다. 이에 의하면 "선왕이 제정한 내외의 田丁은 직역에 따라 공평하게 분급하여 민생을 돕고 또한 국용을 지탱하였다. 그 이래로 호활한 무리들은 오래되고 묵은 땅이라 칭하고 산천을 경계로 삼아 함부로 사패를 받아 자기 소유로 하여 公租도 내지 않고, 토지가 비록 개간되었다 하더라도 國貢이 날로 감소하고 심한 자는 房庫·宗室의 토지라고 칭탁하여 그 조세 중 1/3은 나라에 내고 2/3는 자기가 가지며 혹은 전혀 내지 않은 자도 있으니 그 폐가 막대하다."고 하여 전정제의 붕괴를 언급하고 있다. 충선왕은 고려후기 사회의 모순을 해결하려는 방법으로 여러 도의 안렴과 수령들로 하여금 끝까지 잘못을 캐어 주인에게 돌려주고 주인이 없는 것은 내외의 군인·한인에게 지급하여 호를 세워 역에 충당하도록 하라고 하여, 전기의 전정제를 회복·재현하려고 시도하였다. 여기서 충선왕은 전정제를 붕괴시킨 원인으로 사패를 빙자한 대토지소유의 확대 속에서 公租의 감소로 인한 재정 붕괴에서 찾고 있다.

여기서 '先王制定內外田丁'이라는 의미를 재해석해 볼 필요가 있다. 先王이 누구를 지칭하는지는 알 수 없으나 田丁의 용례가 고려전기부터 나타나는 것으로 보아[41] 전시과 제정과 관련된 고려전기의 왕을 가리키는 것으로 볼 수 있을 것이다. 先王이 內外 田丁을 제정했다는 것은 경기지역과 외방에 田丁을 제정하여 그것을 직역에 따라 나누어 주었다는 의미라고 해석된다. 국가가 전정을 만들었다는 것은 직역자에게 지급할 토지를 지정했다는 의미라고 생각되며, 그것은 몇 가지 방법으로 나눌 수 있다. 첫째 자신의 토지에 전정이 布置되는 경우, 둘째 국유지를 전정으로 설정하는 경우, 셋째 일반 농민의 토지를 전정으로 설정하는 경우로 나누어 볼 수 있다. 둘째의 경우를 제외하면 모두 사유지임에도 불구하고 국가가 지급의 주체로 되어있는 것은 토지와 민에 대해서 국가의 입장이 일정하게 관철되고 있음을 반영한다. 그러나 어느 경우든 전정이 일정 면적의 단위토지를 의미한다거나 수세 단위로 기능하고 있다는 점을 발견하기 어렵다.

高麗前期의 田丁은 公租를 납부함으로써 국용을 지탱한 토지로 보고 있다는 사실에서 전기의 田丁은 토지 일반을 뜻하기도 하였다. 전정제는 각 호등에 상응하여 직역호·요역호를 차정함으로써 직역층의 확보와 농민층의 토지긴박 및 수취원의 확보라는 기능을 가지고 있다. 또한 '如無主者 其給內外軍閑人 立戶充役'이라는 표현에서 주인이 없는 토지는 군인·한인에게 지급하여 전기와 같은 호별편제를 시도하려 했다. 그러나 이 시도는 충선왕의 정치적 후퇴로 인하여 제대로 실현되지 못하였으며, 그의 즉위 교서에서도 나타나고 있다.

---

41) 『高麗史』 권93, 列傳5, 崔承老, 成宗 元年.

6-10) 忠烈王二十四年 正月 忠宣王卽位下敎曰 功臣之田 子孫微劣 孫外人占取者 勿論年限 依孫還給 同宗中若一戶合執者 辨其足丁 半丁均給 (『高麗史』 권78, 食貨志1, 功蔭田柴)

위의 충선왕 즉위 교서에서 공신전의 경우 자손이 미약하여 자손 이외의 사람이 점취한 것은 연한을 논하지 말고 자손에게 환급하고, 한 가문에서 한 호가 합집하고 있으면 족정·반정을 판별하여 골고루 나누어 주도록 하라고 하였다. 이처럼 前期 족·반정의 존재가 후기에도 그 명맥이 유지되는 것처럼 보이지만, 이는 田丁制가 이미 붕괴되어 그 제도가 제대로 실현되지 못하고 있었음을 반증하는 것이다. 공신전의 경우에도 자손이 현달하지 못하여 타인이 점취하는 경우가 일반화되고 있고 宗中의 1호가 합집하고 있는 경우가 많았음을 지적하고 있다. 이는 전기 전정제의 의미가 퇴색하고 있음을 반영하는 것이다. 이러한 추세 속에서 '丁'의 본래 의미는 변화하게 된다. 다음 사료를 살펴보자.

6-11) 恭愍王五年六月下敎曰 (중략) ― ① 國家以十七結爲一足丁 給軍一丁 古者田賦之遺法也 凡軍戶素所連立爲人所奪者 許陳告還給 又奸詐之徒 雖無兒息 忘稱閑人 連立土田 無有限極 仰選軍別監 根究推刷 以募戍卒 ② 其逆賊之田 計結爲丁 亦給募卒 (『高麗史』 권81, 兵志1, 五軍)

위의 사료는 足丁 문제와 관련하여 잘 알려진 사료이다. 지금까지 ①부분의 사료는 전시과의 군인에 대한 토지분급의 기준으로 이용되어 왔다. 그러나 그것이 고려전기의 사실을 말하고 있다는 증거는 사실상 어디에도 없다. 다만 이어진 구절에서 '古者田賦之遺法'이라는 부분의 해석을 그렇게 해왔을 뿐이다.[42] 이 사료를 어떻게 이해할 것인가 하는 것과 관련하여 足丁戶의 소유토지를 足丁으로 보고 그러한 軍人戶에서 軍人 1丁을 내는 방식이 토지로부터 군인을 내는 '田賦'라고 보고자 한다.43) 이렇게 볼 경우 이 원칙이 무너진 이 시기에 와서는 그것에 대체될 수 있는 다른 방식이 요구된다. 그 방식은 위에서 제기하듯이 舊制의 복원 형태인 軍戶의 복구, 閑人의 복구이다. 그와 아울러 ②의 구절처럼 역적의 토지를 '丁'으로 만들어 군인에게 지급하는 방식이다. 이때 ②의 방식은 사실상 새로운 방식으로서 고려전기에는 보이지 않는 형태이다. 前期의 군인호 차정의 호별편제와 같은 원리가 무너진 상황에서 당시의 현실적 대응방식으로 나올 수 있는 것은 단위 토지로서의 '丁'을 만들어 가는 것이다.44) 이러한 '作丁制'의 출현은 元宗 10년 己巳年의 貢賦 更定 이후 일련의 수취제 변화와 밀접한 관련을 가질 것으로 생각된다.45)

6-12) (忠烈王)十八年十月 敎曰 諸道之民 自兵興以來 流亡失業 在元

---

42) 이 사료는 田丁의 의미가 收稅·量田 단위로 기능했다고 주장하는 논자들이 足丁이 收稅 단위로 기능했음을 증명하는데 적극적으로 이용되어 온 경향이 있다.
43) 賦의 용례 가운데 '兵'의 의미를 지닌 것이 있다. '賦兵也 古者以田賦出兵 故謂兵爲賦'(淮南子 要略)라고 하여 田賦로서 兵을 낸다는 의미에서 '兵'을 '賦'로 보고 있다고 한다(『中文大辭典』, 中華學術院 印刊).
44) '作丁'이 수조지 분급을 위한 것이라 하더라도 이미 원래의 '丁'의 의미가 변화된 가운데 소유자와 수조자가 상이하다는 것은 고려전기의 면조권적 지급 방식과 달리 '作丁制'에 의한 수조지 분급제로 변화했음을 의미하는 것으로 여겨진다.
45) 김재명은 전정의 문제에 관하여 필자와 다소 견해의 차이가 있기는 해도 원종 10년 '計點民戶 貢賦更定'을 단순히 호구조사만이 아니라 호구와 전결이 전부 참작된 것으로 본다(『高麗 稅役制度史硏究』, 정신문화연구원 박사학위 논문, 1994, 216~217쪽). 반면에 박종진은 원종 10년의 세제 개편은 기본적으로 호구수를 기준으로 군현의 공물을 증액한 것으로 이해하고 있다(앞의 책, 2000, 204~210쪽).

王己巳年 計點民戶 更定貢賦 厥後賦斂不均 民受其病 可更遣使 量戶口之瀛縮 土田之墾荒 計定民賦 以遂民生 (『高麗史』 권79, 食貨志2, 戶口)

위의 사료에서 원종 이전 여러 도의 민들이 전쟁으로 인해 생업을 잃어버림으로써 원종 기사년에 다시 공부를 정한 점을 지적하고 있다. 여기서 '在元王己巳年 計點民戶 更定貢賦' 즉 원종 10년(1269)의 貢賦 更定은 그 해 2월 田民辨正都監의 설치와도 관련하여 당시의 이완된 수취제도를 개선하고자 하는 의도로 이루어진 것이다. 기사년의 공부 경정은 민호를 계점함으로써 공부를 정하는 방식을 취하고 있다. 그러나 이러한 방식은 고려전기 전정제가 제 기능을 유지하던 시기, 각 호에 대한 파악이 철저하게 이루어지는 단계에서 民戶의 計點을 통해 각 호의 富의 정도를 가늠함으로써 공부를 정할 수 있었다.[46] 그러나 호의 분화가 심화되면서 유이민이 속출하던 이 시기에는 賦斂의 不均 현상이 생길 수밖에 없었고 그 고통을 민이 고스란히 받을 수밖에 없었다. 따라서 위의 교서에서는 기사년의 공부 경정을 보완하기 위해서 호구수와 토지를 새롭게 조사하여 民賦를 정하자고 하였다. 원종 10년의 공부 경정은 이어지는 祿科田의 설치와 함께 새로운 변화를 시도하는 가운데 나타난 개혁의 과정이라고 볼 수 있다. 이러한 일련의 과정에서 作丁制가 태동하지 않았나 생각된다.[47]

---

46) 朴鍾進, 앞의 책, 2000, 207~208쪽. 박종진은 고려전기에 국가가 '丁'수를 기준으로 하여 군현단위로 공물·요역을 부과한 것으로 본다.

47) 金容燮은 원종 12년 녹과전의 실시와 관련하여 경기지역에 양전제의 변동을 예견하고 있다(「高麗時期의 量田制」 『東方學志』 16, 1975, 84~86쪽). 이혜옥은 고려후기에 나타나는 三稅之田은 삼세를 점차 곡물로 수취하게 되면서 고려전기에 戶를 매개로 수취하던 세포와 역이 모두 전결을 매개로 수취되었음을 의미하는 것이라는 추정을 하고 있다(앞의 논문, 1994, 212~213쪽). 필자는 바로 이것이 전정제의 변화와 밀접하게 관련되어 있으며 '丁'의 의미가

그러나 그 이후 忠肅王 원년 소위 '甲寅柱案'[48]의 작성에 이르기까지 고려후기 조세수취의 불균형에 대해서는 끊임없이 문제가 제기되고 있었다.[49] 이와 관련하여 충숙왕 원년의 교시는 주목된다.

> 6-13) 忠肅王元年 正月 忠宣王諭田民計定使曰 先王置州縣 定貢賦斂民以時以充國用 兵興以來 戶寡田荒 貢賦之入不古 若自己巳量宜定額之後 提察守令固執其額 徵斂不止 病民實多 宜以見在田口更定貢賦 民流野荒者 限年蠲免 其餘雜貢 亦宜詳定 有減無加 凡諸民弊隨宜革正 (『高麗史』 권78, 食貨志1, 田制, 貢賦)

위의 충숙왕 원년(1314) 전민계정사에게 내린 유시에 의하면 "원이 동정군을 일으킨 이래 호가 부족해지고 토지가 황폐하여 공부의 수입이 예전과 같지 않다. 만약 기사년(원종 10년, 1269)의 호구조사로부터 공부의 액수가 정해진 이래 제찰과 수령이 그 액수를 고집하여 징렴이 그치지 않아 병든 백성이 실로 많아졌다. 마땅히 현재의 토지와 인구 수로써 다시 공부를 정하고, 민이 유망하고 들이 황폐한 곳은 그 해에 한하여 면제해주라"고 하여 이 시기에 와서 새롭게 조세제도가 개편되었음을 전하고 있다. 이러한 사정에서 유추해 볼 때 원종 10년(1269) 기사년 이래 '計點民戶 更定貢賦'의 원칙은 큰 변동없이 유지되었을 가능성이 크다고 본다.[50] 그렇다면 이 시기까지 作丁制가 제도적으로

단위토지·수세단위화하는 작정제의 시행을 의미하는 것이라고 생각한다.
48) 甲寅柱案과 관련하여서는 다음의 논문이 참고된다.
   朴京安, 「甲寅柱案考」『東方學志』 66, 1990 ; 「14世紀 甲寅柱案의 運營에 대하여」『李載龒博士還曆紀念韓國史論叢』, 한울, 1990.
49) 金琪燮, 앞의 논문, 1993, 175~185쪽. 이혜옥은 고려후기 수취제의 운영방식은 원종 10년부터 충숙왕 원년까지와 충숙왕 이후부터 고려말까지의 두 단계로 구분할 수 있다는 견해를 제시하였다(앞의 논문, 1994, 222쪽).
50) 朴鍾進, 앞의 책, 2000, 206~214쪽.

완성되지 못하였을 가능성이 크다. 그러나 충숙왕 원년(1314)의 '宜以 見在田口 更定貢賦'는 이전과는 달리 토지가 공부를 정하는데 주요한 요소로 등장했음을 반영하고 있다. 이어서 그 해 2월에는 5도순방계정 사를 파견하여 토지를 헤아려서 조세액을 정하도록 하기에 이른다. 다음 사료는 그 사실을 전하고 있다.

6-14) 二月 以知密直事蔡洪哲爲五道巡訪計定使 內府令韓仲熙爲副使 民部議郞崔得枰爲判官 量田制賦 凡便民事 宜將式目都監 所啓條 畫 酌定損益 其諸道提察使及守令 有罪者無論輕重 直行科斷(『高麗史』 권78, 食貨志1, 田制, 貢賦, 忠肅王 元年)

이 사료에 의하면 충숙왕 원년 2월에 채홍철을 5도순방계정사로 삼고 '토지를 헤아려 공부를 제정(量田制賦)'하였음을 전하고 있다. 충숙왕대의 개혁은 고려후기 충선왕 이래 추구된 개혁의 연장선상에 있으며, 그것은 조세제도 전반에 걸친 개혁이었다고 할 수 있다. 이때 채홍철 등은 '田籍'을 만들었으며,[51] 전적은 다소 조악하기는 했지만 고려후기 세제 개혁의 단초를 열었다고 할 수 있다.[52] 다음 충숙왕 5년(1318)의 하교는 이와 관련하여 주목된다.

6-15) 忠肅王五年 五月 下敎 一太尉王軫念 州縣稅額日減 民生日殘 遣使巡訪 均定貢賦 今於荒田 徵銀及布 以充貢額 不惟貢賦無實 士民怨咨 自今勿收荒田租 一巡訪使所定田稅 每歲州郡 據額收租

---

51) 朴京安은 이 전적을 충숙왕 원년의 甲寅柱案이라고 보고 있으며(『高麗後期 土地制度硏究』, 혜안, 1996, 196쪽), 타당한 견해라 여겨진다.
52) 『高麗史』 권108, 蔡洪哲傳, "忠肅元年 始正經界 量田制賦 洪哲爲五道巡訪 計定使 明年陞議評理 轉三司使 尋遷贊成事 巡訪一年 五道田籍粗畢 然 新舊貢賦 多不均 民不聊生".

權勢之家 拒而不納 鄕吏百姓 稱貸充數 無有紀極 失業流亡 其不
納稅者 勿避權貴 糾察以聞 (『高麗史』 권78, 食貨志1, 田制, 租稅,
忠肅王 5年)

이 사료에 의하면 충숙왕 5년에 다시 교서를 내려 "첫째 太尉王(충
선왕)께서 주, 현들의 세액이 날로 줄고 백성들의 생활이 날로 쪼들리
게 되는 것을 걱정하여, 사신들을 파견하여 貢賦를 고르게 정하도록
하였는데, 지금 황폐한 땅에서 銀과 布를 징수하여 공물의 수량을 채
우고 있으니, 다만 공부가 본래의 의의를 잃었을 뿐만 아니라 양반과
백성들이 원망하니 지금부터는 황폐한 땅의 租는 징수하지 말 것이다.
다음으로 순방사가 결정한 田稅는 해마다 주, 군들에서 그 정액대로
거두게 되는데, 권세 있는 집에서는 바치기를 거절하므로 향리와 백성
들이 빌려서 그 숫자를 채우게 되는 것이 한정 없이 많아 자기 생업을
잃고 떠나가게 되었으니, 세를 바치지 않는 자는 권세와 지위가 있는
자라 할지라도 그냥 두지 말고 살펴서 나에게 보고하도록 하라"고 하
였다. 이를 통해 볼 때 충숙왕 원년 '量田制賦'한 것은 5도순방계정사
가 충숙왕 원년 각 지역에 파견되어 양전과 함께 토지에 대한 수세액
을 정했음을 의미하는 것이며, 충숙왕 5년 단계에 다소의 폐단이 나타
나서 荒田으로부터 수세하여 貢額을 충당하고자 한 시도나 권귀들이
토지에 대한 수세를 거부하는 행위에 대해 충숙왕은 일정한 조처를 취
하고자 교서를 내린 것이다.

이러한 일련의 과정에서 볼 때 충숙왕은 충선왕대이래 진행시켜 온
전민변정사업의 의의를 계승하여 양전을 실시하였다. 이때 양전의 책
임자는 채홍철이었고, 채홍철은 5도순방계정사로서 5도를 순방하면서
'경계를 바르게 하고 양전을 하여 공부를 정하였다'고 하였다.[53] 이 과

---

53) 『高麗史』 권108, 蔡洪哲傳, "忠肅元年 始正經界 量田制賦 洪哲爲五道巡訪

정에서 만들어진 것이 '田籍'이었는데, 이 전적을 바탕으로 하여 수세의 원칙을 정하였다고 여겨진다. 아마도 이 田籍에는 토지면적을 비롯하여 비척도 등 양전대장에 기록되는 기본적 요소가 들어갔을 것이다. 이는 위의 사료 '巡訪使所定田稅 每歲州郡 據額收租'에서도 알 수 있듯이 순방사가 양전한 田籍에 기초하여 각 주군은 매년 정해진 수조액을 납부하였다고 한 사실을 말하는 것으로 생각되며, 이를 위해 각 주군별로 '作丁'을 통한 수조액이 정해진 것이 아닐까. 따라서 충숙왕 원년의 '量田制賦'는 고려후기 수취제의 변화를 제도적으로 확정하는 과정이라고 볼 수 있을 것이다. 당시 양전의 필요성은 이미 다음의 내용을 통해서도 확인해 볼 수 있다.

  6-16) 忠宣王二年 十一月 宰樞議遣採訪使于諸道 更定稅法 或曰 今郡縣田野盡闢 宜量田增賦 以贍國用 宰樞恐其所占田園入官事 遂寢 (『高麗史』 권78, 食貨志1, 田制, 租稅)

위의 사료에 의하면 충선왕 2년(1310) 11월 재추는 채방사를 제도에 파견하여 세법을 다시 정하고자 의논하였는데, 혹 이르기를 "지금 군현의 전야가 거의 개간되었으니 마땅히 양전을 하여 세금을 더 거두어 국용을 풍부히 하도록 하소서"라고 하였으나, 재추는 그들이 점유한 전원이 관에 몰입되는 것을 두려워하여 그 논의는 마침내 중지되었다고 한다. 이 사료에 의하면 충선왕 당시 각 군현의 토지 개간이 상당히 진행되었으며, 이를 토대로 '量田增賦'의 논의가 상당히 밀도있게 이루어졌음을 알 수 있다. 이를 통해 볼 때 충숙왕 원년의 '量田制賦'는 바로 충선왕 2년 '量田增賦'의 연장선상에서 이루어진 것임을 짐작할

  計定使 明年陞僉議評理 轉三司使 尋遷贊成事 巡訪一年 五道田籍粗畢 然新舊貢賦 多不均 民不聊生".

수 있다.

이와 밀접한 관련을 가지고 있는 문서가 甲寅柱案이며, 갑인주안이 란 갑인년에 만들어진 장부란 점에서 충숙왕 원년(1314년, 甲寅年)의 '量田制賦'를 위한 장부였던 '田籍'을 의미하는 것으로 여겨진다. 甲寅柱案에 관해서는 최근의 연구에서 양안으로 보고 있으나,[54] 收租를 위한 일종의 收租案으로 보는 견해도 있다.[55] 필자는 갑인주안이 고려후기 수취제의 변화와 관련하여 수취체제 정비를 위한 양안이라고 생각한다. 그렇다면 갑인주안 작성을 위한 일련의 양전사업은 '作丁制'의 체계화와 밀접한 관련을 가지고 있지 않았을까. 이 시기 양전제 변화의 가능성은 이미 제기된 바 있다.[56] 실제로 結의 축소를 통한 양전제의 변화가 시도되었다면 충숙왕 원년 '量田制賦'는 이와 관련이 있을 가능성이 있다.[57]

다음의 사료를 통해 갑인주안의 기능을 살펴보자.

> 6-17) 恭愍元年 縗服中上書曰 (중략) 乞以甲寅柱案爲主 參以公文朱筆 爭奪者因而正之 新墾者從而量之 稅新墾之地 減濫賜之田 則國入增 正爭奪之田 安耕種之民 則人心悅 (후략)(『高麗史』권115, 列傳28, 李穡)

위의 사료에서 이색은 토지에 관한 분쟁에서 갑인주안을 토대로 공문의 주필을 참조하여 분쟁을 조정할 것을 상소하고 있다. 갑인주안은

---

54) 浜中昇,「高麗後期の量田と土地臺帳」『朝鮮古代の經濟と社會』, 法政大學 出版局, 1986 ; 朴京安,「甲寅柱案考」『東方學志』66, 1990.
55) 李景植,「高麗時期의 作丁制와 祖業田」『李元淳敎授停年紀念歷史學論叢』, 1991.
56) 金容燮,「高麗時期의 量田制」『東方學志』16, 1975, 81~86쪽.
57) 『高麗史』권108, 列傳21, 蔡洪哲, "忠肅元年 始定境界 量田制賦".

토지의 쟁탈에 관한 시정, 새 개간지에 대한 양전과 수세, 과도한 賜田의 축소 등에 이용되는 量案임을 알 수 있다. 특히 주목되는 것은 甲寅柱案과 公文(朱筆)은 서로 다른 문서라고 판단된다. 갑인주안은 양안이고 공문은 수조인의 변화를 기록한 문서일 가능성을 생각해 볼 수 있다. 여기서 토지의 쟁탈은 수조지의 쟁탈로 보인다. 수조지 쟁탈의 분쟁을 해결하는 기본 문서는 양안이며, 그에 부수적으로 공문 주필이 참고된다고 하는 것은 양안의 기재양식이 과전법 단계와 다르기 때문에 나타나는 현상이라고 생각된다.

다음 사료를 통하여 공문주필의 성격을 검토해보자.

6-18) 恭愍元年 穡服中 上書曰 (중략) 境界不正 豪强兼倂 鵲之巢而鳩之居者 皆是也 有司雖以公文朱筆先後 定其賓主 甲若有力 乙便無理 而況公文朱筆 又多漁目混珍者乎 然此受田之家 皆王之臣 陳力之餘 所以代耕 彼雖失之 此乃得之 是猶楚人失弓 楚人得弓 猶之可也 至於民之所天者 唯在於田 數畝之田 終歲勤動 父母妻子之養 猶且未瞻 而收租者已至 若其田之主一則幸矣 或有三四家者 或有七八家者 苟力焉而相牟 勢焉而相敵 孰肯讓哉 以是供其租 而不足則又稱貸 而益之 於何而養其父母 於何而育其妻子 民之窮困 職此之由(후략)(『高麗史』 권115, 列傳28, 李穡)

위의 사료에서 이색은 服中에 있으면서 글을 올려 이르기를, "(중략) 경계가 부정하여 호강한 무리들이 겸병하고 있으니 까치의 집에 비둘기가 살고 있는 것이 바로 이것입니다. 유사가 비록 공문주필의 선후로써 손님과 주인을 정하고 있으나 갑이 만약 힘이 있으면 을은 어찌할 수 없으니 하물며 고기 눈알이 진주와 뒤섞여 있음에 있었으랴. 그러나 토지를 받은 집이 모두 왕의 신하이며 노력한 끝에 소출을 얻는 것이다. 그이가 비록 잃더라도 이이가 얻는 것이니 이는 초나라 사람이 잃어버린 활을 초나라 사람이 얻는 것과 같다. 그러나 민들이 하늘로 여기는 것은 오직 토지뿐인데 얼마간의 토지를 한 해 내내 열심히 경작하여도 부모·처자를 부양하는 데 오히려 부족합니다. 그러나 수조자는 오는데 수조자가 하나이면 다행이나 혹은 3~4家, 혹은 7~8家나 되기도 합니다. 그들의 권력과 세가 비슷하니 누가 양보하겠습니까. 이로써 조를 내고 부족하면 남에게 빌려서 내야 하니 어찌 부모를 봉양하며 처자를 양육하겠습니까?"라고 하여 토지의 쟁탈이 일어날 때 공문주필의 선후를 따져서 田主를 가린다고 지적한다.

위에서 공문은 收租者의 선후를 가리는 문서의 기능을 가지고 있었음을 알 수 있다. 또한 "此受田之家 皆王之臣 陳力之餘 所以代耕 彼雖失之 此乃得之 是猶楚人失弓 楚人得弓 猶之可也"라는 표현에서 과전을 분급받은 受田之家의 변화는 경작자 즉 토지 소유주와 무관하게 과전주의 변화에 불과하다는 인식이 담겨 있다. 수조자가 3~4家, 7~8家에 이르러 농민층이 생활의 곤란을 겪는다고 하는 것으로 보아 이 시기 수조지를 둘러싼 사회문제가 상당히 심각하였음을 살필 수 있다. 앞의 사료와 연결시켜 살펴보면 갑인주안은 수세를 위한 양안이며 공문은 수조자의 변화를 적고 있는 문서라고 볼 수 있다.

그러면 양안인 갑인주안의 기재양식을 유추해보자.

6-19) 辛禑元年 二月 宥旨 甲寅年量田以後 三稅之田 屢因誅流員將 沒入倉庫 不入三稅 拘該官司 一據元案徵納 州郡病之 仰都評議使司 移牒各道按廉使 其有稅之田 先許納稅 方收其餘 以革前弊 (『高麗史』 권78, 食貨志1, 租稅)

위의 사료에서 "갑인년 양전 이후에 삼세를 내는 토지가 누차 사형과 유형을 당한 관리·장수들로 인하여 창고에 몰입되어 삼세를 내지 않았는데, 해당 관사는 한결같이 원안대로 거두니 주군이 병이 들었다. 바라건대 도평의사사는 각도 안렴사에 이첩하여 세를 내어야 할 토지는 먼저 내도록 하고 나머지는 기두어 들어 이전의 폐단을 고치도록 하라"고 하여 갑인년 양전으로 삼세를 내는 토지에 대한 파악이 어느 정도 되었으며, 그 토지가 員將들에게 분급되었음을 암시하고 있다. 원래 삼세를 내던 토지에 수조권이 부여됨으로써 그 토지는 員將 즉 관료와 장수들의 과전으로 지급되었는데 그들이 誅流됨으로써 그 토지가 창고에 몰입되어 삼세를 내지 않았다는 것으로 보인다.58) 그런데 해당 관사는 元案대로 징수함으로써 주군을 병들게 하고 있다는 것이다.

 갑인년 양전으로 만들어졌을 갑인주안은 토지 소유주를 기재하고 있었을 것이며, 그와 아울러 수조자의 이름도 기재하였을 가능성을 엿볼 수 있다. 원래 삼세를 내는 토지가 員將의 誅流로 인하여 창고에 몰입되었다는 사실은 삼세를 내는 토지에 수조권자인 員將을 기재하고 있었으나 그들의 誅流에 의해 수조권자가 없어짐으로써 그 토지가 창고에 귀속되게 되었다는 것을 말하고 있다고 보인다. 그러나 관사는 수조자가 없어짐으로써 토지가 창고에 몰입되었음에도 불구하고, 원안 즉 갑인주안에 의거하여 총액제에 입각한 조세 징수를 함으로써 주군을 병들게 하였다고 생각된다.

 이상에서 몇 가지의 중요한 사실을 발견할 수 있다. 하나는 고려후기 사회의 여러 가지 변화 가운데에서 수취제의 변화와 관련하여 상요·잡공이라는 새로운 세목이 등장하고 있다는 사실과 삼세를 내는 '三稅之田'의 존재 사실이다. 또 하나는 원종 10년의 '貢賦更定'과 충렬왕 18년의 '計定民賦', 충숙왕 원년의 '甲寅量田' 등 일련의 과정과 作

---

58) 삼세를 내지 않았다는 것은 국가에 대해서 삼세를 내지 않았다는 것이며, 경작자는 창고 소속이 되어 그 쪽으로 세금을 내었다는 의미로 해석된다.

丁制의 성립 가능성이다. 이러한 몇 가지 사실을 통해 다음과 같은 유추가 가능하다.

　전기의 호등제 아래에서 각각의 수취기준을 가지고 있었던 조용조의 세법이 토지를 기준으로 일원화되는 과정 속에서 '三稅之田'이 등장하고 삼세로 일원화된 토지에 대해서 전제와 역제가 분리된 족정·반정이라는 단위토지이자 수세단위가 등장하면서 작정제가 실시되었으리라는 점이다. 상요·잡공의 등장은 삼세로 일원화된 토지세에 현물세로서 부가세가 첨가되었음을 의미한다. 즉 종래의 조용조가 삼세로 일원화되면서 토지에 부과되었지만 그것만으로는 당시의 재정적 한계를 극복할 수 없었기 때문에 또 다시 상요와 잡공을 부가함으로써 종래의 조용조세법에 유사한 조세체계를 가지게 되었다고 할 수 있다.59) 이는 결과적으로 부세의 증가를 의미하며 그로 인해 가호의 수세부담이 증대되었음을 의미한다. 그러면 이러한 三稅는 어떠한 방식으로 수세되었을까. 그것은 다름 아니라 고려전기 이래로 계승되어 온 足丁戶·半丁戶의 소유토지였던 족정·반정이 그대로 하나의 토지단위로 기능하면서 '三稅之田'을 족정·반정 단위로 만들었을 것으로 생각된다. 足丁이 단위 토지로서 기능하는 것은 다음 사료를 통해서 알 수 있다.

　　6-20) (忠宣王卽位年十一月) 又下旨于典農司 (중략) 一 豪勢之家 始以賜給 占籍土田 因稱祖業者 及其足丁剩於本數者 令各道務農司 盡行打量 納租本司 (『高麗史』 권33, 世家)

---

59) 이혜옥은 고려의 수취제도가 고려후기에 오면 송대와 비슷하게 조용조 삼세가 모두 토지를 매개로 수취되는 한편 호에 대해서 상요·잡공이 병과된 것이라는 추정을 하고 있다(앞의 논문, 1994, 213~214쪽). 이러한 지적은 상당히 설득력이 있다고 생각된다.

위의 사료에서 권세가들이 사급전이라 칭하면서 토지를 점유하여 조업전화한 것과 족정이 본래의 액수보다 많은 것은 각 도의 무농사로 하여금 다시 양전하여 전농사에 조세를 납부하도록 조처하고 있다. 이처럼 권세가들이 일반 민전을 차지하여 조업전이라고 칭하는 것과 규정의 족정을 초과한 것은 務農司로 하여금 모두 양전하여 收租하라는 것이다. 여기서 '其足丁剩於本數者'라는 구절에서 '其足丁'의 '其'는 사급전을 가리키는 것이 분명하다. 사급전의 경우에도 족정 단위로 사급했음을 알 수 있으며 이는 족정이 규정된 단위 토지임을 보여준다. 원래 족정의 토지는 그 액수에 해당하는 만큼 사급전의 수조인이 수조를 했겠지만, 이 시기에 와서 족정이 원래의 규정액을 넘는 경우가 생겼음에도 불구하고 초과분의 세금을 내지 않는데 대해서 전농사에 납입할 것을 지시하는 것이다. 하나의 戶가 족정만큼의 토지를 소유할 수도 있으며, 여러 호 토지가 족정만큼의 인위적인 수세 단위로 묶어져 있을 수도 있다. 어느 경우든 '足丁'은 규정액으로 묶여진 하나의 '토지분급단위'이자 '수세단위'였을 것이며, 이 경우 초과분에 대해서는 수조의 대상에 넣으라고 지시한 것이다. 이 사료에 보이는 '足丁'은 사급전의 분급단위이다. 이는 고려전기 족·반정의 개념과는 이미 차이를 보이는 부분으로 충숙왕 원년(1314)의 '量田制賦' 이전인 충선왕 즉위년(1308)에 나타난다는 것은 족반정의 토지분급단위 내지 수세단위화가 갑인양전 이전에 시작되었다는 것을 의미한다.

족반정의 수세단위화와 관련하여 다음 사료는 주목된다.

6-21) (恭愍王)十一年 密直提學 白文寶上箚子 國田之制 取法於漢之限田 十分稅一 而慶尙之田則稅與他道雖一 而漕輓之費亦倍其稅 故田夫之所食 十八其一 元定足丁則七結 半丁則三結加給 以充稅價(『高麗史』 권78, 食貨志1, 租稅)

이 사료에서 경상도의 토지는 세가 다른 도와 비록 같다고는 하나 운반의 경비가 그 배이다. 그러므로 농민이 먹는 것은 10분의 1이나 8분의 1밖에 되지 않는다. (따라서) 원래 정한 족정은 7결, 반정은 3결을 가급하여 稅價에 충당하도록 요청하고 있다. 이는 경상도의 토지가 漕運의 경비가 많음으로 그 경비만큼 보상을 해주자는 논의이다. 그런데 그 방법은 족정과 반정의 토지에 대해서 7결과 3결을 가급해서 세금에 보충하자는 案이다. 여기 보이는 '元定 足丁'이라는 표현은 족정이 정해진 액수가 있었음을 뜻하는 것이며, 그것은 앞의 사료 '其足丁剩於本數者'와 상통하는 것으로 족정이 일정액의 단위 토지임을 말하는 것이다.

加給한다는 것은 실제로 토지를 지급하는 것이 아니라 그 만큼의 세금을 면제해주자는 의미로 생각된다. 17결의 족정은 7결을 감해서 10결, 8결의 반정은 3결을 감해서 5결만큼의 토지에 대해 세금을 부과하자는 의미이다. 따라서 고려후기의 '丁'은 전기와는 달리 단위토지이자 수세단위로서 기능했음을 알 수 있다. 이는 수취제의 변화와 관련하여 볼 때 원종 10년의 貢賦更定에서부터 충숙왕 원년의 갑인양전에 이르는 기간 동안에 '丁'의 수세단위화가 이루어졌으며, '三稅之田'의 경우 '丁'을 수세단위화하여 족정·반정으로 묶어 수세가 되었음을 말한다.

'丁'의 의미는 다음과 같이 전제개혁 과정에서 보다 쉽게 5결 단위의 토지로 재조정되면서 그 의미가 보다 더 확실해진다.

6-22) (辛禑十四年) 七月 大司憲趙浚 上書曰 (중략) 一凡作丁 公私之田 一切革去 或二十結 或十五結 或十結 每邑丁號 標以千字文 不係人姓名 以斷後來 冒稱祖業之弊 量田旣定然後 分受之以法 公私收租 每一結二十斗 以厚民生 (『高麗史』 권78, 食貨志1, 祿科田)

위의 사료에 의하면 조준은 "丁을 만들 때에는 공·사전을 모두 혁파하고 혹은 20결, 혹은 15결, 혹은 10결로써 하되, 각 고을의 丁은 천자문으로 표시하고 사람의 이름을 달지 않음으로써 뒤에 함부로 조업이라 칭하는 폐단을 막으라"고 상서하고 있다. 위의 1차 상서에서 조업전의 폐단을 불식시키는 방법으로써 작정제를 제기하고, 作丁의 원칙으로 公田·私田의 혁파를 전제로 20·15·10결 단위의 作丁과 함께 字丁制의 시행을 주장하였다. 그런데 종래에는 丁에 천자문을 붙인 것이 아니라 인명을 기재함으로써 조업의 폐단을 낳았다고 보고 이제는 양전 후에 법에 따라 作丁된 토지를 나누어 주고 결당 20두를 거두자고 주장한다.

이러한 사실은 이전에는 5결 단위로 작정이 되었다기보다는 족정·반정 소유자의 소유 필지를 하나의 丁으로 하거나 몇 개의 丁을 묶어서 족정제를 운영하였을 가능성을 보여준다. 또한 양안 작성 시에 토지 소유주인 경작자는 물론이고 수조자의 이름까지 기재한 방식으로 양안이 작성되었을 가능성을 말해주는 것이라고 생각된다.[60] 특히 조업전의 폐단은 녹과전 실시를 전후한 시기와 그 이후에 나타나는 현상으로 이는 소유한 '丁'에 수조권이 분급되던 전기와는 다른 수조권 분

---

60) 李景植은 이 조목을 양안 작성과는 무관한 것으로 보고 있다(「高麗時期의 作丁制와 祖業田」『李元淳教授停年紀念 歷史學論叢』, 1991, 172~173쪽). 이경식은 지금까지 양안으로 본 田丁帳籍 등의 문서를 양안이 아닌 모두 수조지 분급과 관련된 문서로 보고 있는데, 이는 기본적으로 전시과와 과전법을 같은 방식의 수조권 분급방식으로 보는데서 기인하는 것으로 판단된다. 사실 양안과 공문이 별개로 작성된다고 하여도 공문이 양안의 역할을 대신할 수는 없다. 공문을 빙자해서 조업전을 주장하는 권세가가 있다기보다는 고려 양안의 특징이 기본적으로 토지 소유주를 명시하면서 그와 함께 수조자의 이름도 같이 기재하는 방식이었고, 지속적인 양전과 양안 작성이 이루어지지 않은 상황 때문에 수조자가 소유자로 둔갑하는 가운데 조업전의 폐단이 생겼다고 판단된다.

급방식이 보편화되면서 나타난 것으로 보인다. 고려시기의 토지 관련 문서는 量案과 공문으로 표기되는 收租 증빙문서,61) 租簿라고 하는 收租案 등 여러 가지가 있는데 기본이 되는 것은 양안이며 수조권 귀속의 쟁탈이 있을 때에는 양안과 공문을 통해 그 귀속의 여부를 판별해 내었다.

공양왕대에 과전법을 제정할 때는 앞에서 조준이 제기한 作丁制가 실행의 단계로 들어서게 된다.

> 6-23) (恭讓王) 三年五月 都評議使司上書 請定給科田法 從之 (중략) 其京畿六道之田 一皆畓驗打量 京畿實田 (중략) 計數作丁 丁各有字號 載之于籍 (『高麗史』권78, 食貨志1, 祿科田)

위의 사례에서 보듯이 경기와 6도의 토지는 모두 답험 타량하여 (중략) 수를 헤아려서 丁을 만들고 정에는 각각 字號를 붙여 대장에 기재한다고 하여 경기와 6도의 토지를 양전하여 조준이 제기한 방식대로 作丁과 함께 字丁制를 실행하려고 했다. 作丁과 함께 字丁制를 실행함으로써 종래의 족정제에 의한 양전방식은 사라지고 10결·15결·20결 단위의 보다 정형화된 단위토지로 바뀌게 되었다.

---

61) 이 문서는 과전의 분급을 담당하던 給田都監에서 수조자의 변동을 기재하기 위해 만들어 보관하고 있는 것이 아닐까 생각된다. 양안은 戶部에서 관장하되 최초의 분급자를 명시함으로써 이후에 문제가 제기되었을 때 추적이 가능하도록 만들었을 것이다. 이러한 가능성은 전기의 田丁連立制가 자신의 토지에 수조권이 주어지는 경우가 주류였기 때문이기도 하지만 자신의 토지든 아니든 世傳되는 관계로 특별한 경우가 아니면 경작자와는 무관하게 자손으로 이어지는 특성을 가지고 있으므로 양안상에 최초의 수조자를 기재했을 것이다. 따라서 이러한 계승관계에 의해 경작자가 토지 소유자일 경우라도 世傳되는 가운데 경작자의 소유권은 약화되면서 토지 겸병의 가능성이 더욱 높아지게 되었다.

이상에서 살펴본 대로 '丁'의 의미는 고려전기에서 후기로 오면서 사회적 생산력의 발전과 계층의 분화가 심화되면서 변화를 겪게 되었다. 그 변화는 고려전기 계층구조를 토대로 하여 만들어진 田丁制의 기초원리에 의해서 일정하게 억제되었지만 전정제 내부에서 진행되고 있던 계층구조의 변화는 전정제의 호별편제 원리를 변질시키게 되었다. 그것이 곧 전제와 역제의 분리과정이며 조용조의 삼세화 과정이자 '丁'의 의미가 족정·반정이라는 단위토지·수세단위·수조지 분급단위화로 변화하는 과정이었다. 이는 곧 호등제의 변화를 동시에 수반하고 있었다고 할 수 있다. 종래의 호등제는 전정제하에서 토지와 인정의 결합이라고 하는 농업경영단위의 차별화에 의한 것이었는데, 그 결합관계가 깨어져버림으로써 호등제의 변화는 당연히 다른 변화와 함께 진행되었던 것이다.

2. 호등제 변화의 추이

 12·13세기의 사회변화 속에서 전기의 호등제가 그 기능을 상실함에 따라 국가는 새로운 호등제의 등장을 필요로 하였다. 전기 호등제의 기본적 운영원리였던 토지와 인정의 결합관계가 깨어지면서 토지를 기준으로 하거나, 가옥의 크기를 기준으로 하는 호등제로 변화해갔다. 그러나 그 변화는 완전하게 토지를 매개로 한 役制의 운영방식이 아니라, 전제와 역제의 결합관계를 바탕으로 한 전기의 전정제가 변질됨으로써 양자의 연결고리가 끊겨 버리고 역제는 전제와 무관하게 여러 가지 방식으로 운영되었음을 의미한다. 그러나 호등제 변화의 구체적인 내용을 유추하기에는 사료의 한계가 많다. 다음은 충렬왕 9년 (1283) 군량을 염출하기 위하여 내린 명령으로 호등제의 변화와 관련하

여 주목되는 사료이다.

> 6-24) (忠烈王)九年三月 令諸王百官 及工商奴隷僧徒 出軍糧有差 (중략) 正雜權務隊正三石 東西散職業中僧一石 白丁抄奴所由丁吏 諸司下典獨女官寺奴婢十斗 賈人大戶七石 中戶五石 小戶三石 唯年七十以上男女勿斂 (『高麗史』 권82, 兵志2, 屯田)

위의 사료에서 군량을 염출하기 위해 제왕·백관 및 工·商·奴隷·僧徒는 군량을 차등있게 내도록 하고, 正職·雜職의 權務와 隊正은 3石, 東班·西班의 散職과 業中僧은 1石, 白丁·抄奴·所由·丁吏와 諸司의 下典·獨女官·寺奴婢는 10斗, 賈人 大戶는 7石, 中戶는 5石, 小戶는 3石으로 하되, 다만 나이 70 이상의 남녀는 거두지 말라고 하여 다른 계층과는 달리 상인층은 대호·중호·소호로 나누어 군량을 염출하고 있다. 이로 보아 상인의 경우에는 대호·중호·소호로 호등을 구분하였음을 엿볼 수 있다. 일반민들의 경우는 白丁만이 나타나고 있지만, 백정층 이상이 여기에서 제외되었다고 보기는 어려울 것이다. 백정층 이상의 호등에 속하는 계층은 권무·대정이나 산직에 상응하는 군량을 내었을 것으로 생각된다. 그러나 이 사료만으로는 정확한 추정이 불가능하며, 고려전기의 호등제가 제 기능을 하지 못하는 가운데 고려후기 일반민에 대한 호등제도 기능적 측면에서 한계가 있었을 것이다.

다음 사료는 요동에 기근이 들어 군신들에게 米를 거두는 사례이다.

> 6-25) (忠烈王) 十五年二月 遼東饑 元遣張守智等 今本國措辦軍粮十萬石 轉于遼東 王命群臣 出米有差 (중략) 權務隊正別賜散職七斗 軍官百姓公私奴婢 以五斗三斗爲差 富商大戶三石 中戶二石 小戶一石 各道輸米有差 唯除東界平壤二道 (『高麗史』 권79, 食貨志2,

科斂)

여기서도 권무·대정·별사산직은 7두, 군관·백성 및 공사노비는 각각 5두·3두를 차등있게 내도록 하고, 부상 대호는 3석, 중호는 2석, 소호는 1석을 내도록 하여, 상인층은 대·중·소호의 구분이 존재하고 있으나 일반민들은 호등의 구분 없이 백성으로 통칭하고 있다. 앞의 충렬왕 9년의 사례에서도 보았듯이 백정층이 잡류층·하급관리·노비 등과 동액의 군량을 내는 것처럼 여기서도 백성층은 군관·노비층과 동액의 미를 내고 있다. 여기서 백성층은 앞의 백정층에 상응하는 존재로 판단되고 상인층과는 달리 일반민들은 호등의 구분이 명확하게 존재하지 않았던 것은 아닐까하는 생각을 갖게 한다.

다음 사료는 충선왕이 세자로 있을 때 백성들이 변방수비와 군량의 운반으로 농사를 짓지 못하여 굶주리게 되었으므로 세자의 주청에 의하여 중국에서 보내온 강남미를 나누어주었음을 전하는 것이다.

6-26) (忠烈王) 十七年六月 (중략) 世子嘗奏 此年 國人征戍轉餉 失其農業 以致饑饉 故有是賜 於是頒米于七品以下 七品七石 八品六石 九品五石 權務隊正四石 坊里大戶三石 中戶二石 小戶一石 帝意本在貧乏 今不先貧民 富者所得居多 (『高麗史』권80, 食貨志3, 賑恤 水旱疫疫賑貸之制)

여기서 강남미를 분배하면서, 7품 이하에게 나누어 주었는데 7품은 7석, 8품은 6석, 9품은 5석, 권무·대정은 4석, 坊里 대호는 3석, 중호는 2석, 소호는 1석을 주었다고 하였다. 방리의 경우는 대중소의 호등에 따라 차별을 두어 米를 지급하였다. 여기서 호등의 기준이 무엇인지 알 수 없으나 그 기준이 인정의 다과라고 보는 견해가 있다.[62] 그러나 위의 사료에서 황제의 본뜻은 빈핍한 자를 구제하는 데에 있는데 지금 빈민을 우선하지 않고 부자들이 얻는 바가 많았음을 비판하고 있다. 이는 대·중·소호의 구분이 단순하게 인정의 다과에 의한 구분이라고만 볼 수 없음을 의미한다.63) 만일 대호가 인정의 수가 많은 호라 하더라도 인정의 수가 많은 호가 가난한 호라는 사실을 의미하지는 않는다. 위의 사료에서 변방수비와 군량의 운반으로 인하여 失農하였다고 하는 점에서 보아, 일반 민호의 경우 富戶든 貧戶든 실농으로 인한 피해를 보는 것은 마찬가지이며, 빈한한 호일수록 더욱 치명적인 피해를 입었을 것임을 예견할 수 있다. 따라서 일반적으로 대호는 부호, 소호는 빈호라고 보는 것이 순리적이다.64) 그러나 충렬왕 17년 당시 호

---

62) 姜晋哲, 『高麗土地制度史研究』, 高麗大 出版部, 1980 ; 金載名, 앞의 논문, 1994, 220~222쪽. 여기서 김재명은 호의 대소와 진휼미의 다과가 비례하고 있다는 점에 주목하면서 진휼미인 만큼 人丁이 많은 民戶에게 보다 많이 지급한 것은 당연하다고 지적하고 있다.

63) 이 사료에서도 황제의 본 뜻과는 달리 부자들이 얻은 바가 많았다고 하는 것은 진휼미 지급의 단순한 폐단을 의미하는 것이 아니라 호등의 구분에 따른 지급방식에 기인하고 있다고 생각된다.

64) 이와 관련하여 최근에 소개된 다음 사료는 매우 시사적이라고 여겨진다. 『북녘의 문화유산-평양에서 온 국보들-』, 국립박물관, 2006, "甲申四月日 知牛峯郡事 造上鑄大火爐二座 入重二百四十斤□ 都色戶長中戶李希迪 徂論 前副戶長李松令 記官前副戶長李益淳 匠□論任光 監造上副使崔判官女 (靑銅大火爐)". 이 자료는 대략 13세기 후반 갑신년(1284년, 충렬왕 10)에 만들어진 청동대화로의 명문으로 보고 있다. 이 명문에 의하면 知牛峯郡事가 大火爐 二座를 만들어 바쳤는데, 청동 240斤이 들어갔다. 전체 총괄 책임은 戶長 中戶 李希迪, 徂論은 前副戶長 李松令, 記官은 前副戶長 李益淳이 맡았다. 만든 이는 □論과 任光이며 副使 崔判官의 딸이 감독하였다고 한다. 여기서 주목하는 것은 '都色戶長中戶李希迪'의 부분으로 戶長 李希迪의 호등을 '中戶'로 기재하고 있다는 점이다. 호장의 호등을 '中戶'라고 표기하고 있는 점은 지금까지 이와 관련된 자료에서 호등을 표기한 예가 거의 발견되지 않기 때문에 이를 호등의 구분이라고 볼 수 있을지 의문이 들기도 한다. 우봉군은 원래 현종 9년 평주의 속현이었다가 문종 16년에 개성부에 내속하고, 예종

구의 부족으로 여러 차례의 계점사 파견, 그것을 바탕으로 한 부세 책정 등을 고려할 때, 충렬왕 17년 당시 개경의 호등 구분 기준이 인정의 다과에 따른 구분일 가능성도 생각해 볼 수 있을 것이다.[65] 한편으로 다음 사료는 호등제의 또 다른 일면을 보여준다는 점에서 시사적이다.

6-27) 恭愍(三)十一年九月 調度不給 增斂於民 大戶米斗各一石 中戶米豆各十斗 小戶米豆各五斗 名之曰無端米 民甚苦之 (『高麗史』 권79, 食貨志2, 科斂)

공민왕 11년 '調度不給'을 이유로 백성들에게 과렴을 추가로 징수하였는데 그 기준은 호등에 따른 차등징수 방법이었다.[66] 여기서 대호는 쌀과 콩 각 1석, 중호는 각 10두, 소호는 각 5두씩을 내고 있다. 대·중·소의 호등에 따라 징수의 차이를 둔다는 것은 분명히 호의 경제적 차이를 반영한 구분임을 알 수 있다. 따라서 앞의 충렬왕 17년 6월조의 사료에서 보이는 호등도 이와 무관하지 않다고 생각된다.[67] 따라서 호

원년에 감무가 두어진 이후 언젠가 지방관이 파견된 것으로 보인다. 따라서 청동대화로를 바친 주체는 지방관인 知牛峯郡事이며, 그 일의 총괄 책임은 戶長 李希迪이 맡은 것으로 되어 있다. '中戶'가 호등이 맞다면 이 지역 호장층의 호등이 중호 정도에 해당한다고 볼 수 있을 것이다. 그러나 이는 향직의 하나인 '中尹'일 가능성도 배제할 수 없다.

65) 다음 사료는 충렬왕 5년 호구수를 파악하기 위해 계점사를 파견하고 이를 바탕으로 부세를 책정하고자 하는 충렬왕의 의도를 엿볼 수 있다. 『高麗史』 권79, 食貨志2, 戶口, "忠烈王五年 九月 分遣計點使於諸道 初都評議使司言 太祖奠五道州郡 經野賦民 皆有恒制 近來兵饉相仍 倉儲懸罄 橫斂重於常貢 逋戶累其遺黎 是宜計戶口更賦稅 以革姑息之弊 由是累發計點使 而未見成効 及東征之役 發民爲兵 故復有是命".

66) 사료상에는 공민왕 31년으로 나와 있으나, 사실상은 공민왕 11년조의 기사이다. 여기서 '三'은 '王'의 오자로 생각된다.

67) 과렴조에 보이는 이 사료는 국용 부족을 이유로 민으로부터 거두어 들이는 부가세로서 호등을 기준으로 차등을 두어 부가한 것이라고 보아야 할 것이

등의 구분이 호의 경제적 차이를 의미한다는 것은 분명한 것 같은데 그 기준이 과연 무엇이었는가에 대해서는 정확하게 말하기 어렵다. 다만 고려전기의 호등제는 인정과 토지의 결합인 戶의 경제적 차이를 바탕으로 직역제와 연결되었다면, 고려후기로 넘어오면서 양자의 결합에 의한 역제와 전제의 결합관계는 깨어졌으나 전기 호등 구분의 기준은 여전히 존재하고 있었음을 의미하는 것은 아닐까. 이와 관련하여 전기의 '三稅'는 각각의 수세 기준에 의하여 분리 수세되었다가, 후기에 이르러 토지를 매개로 하여 단일화되고 상요와 잡공이 부가세로 나타났음과 밀접한 관련을 가지는 것으로 생각된다.

수취제와 '丁'의 의미가 변화하는 가운데 족정·반정이 전기의 의미와는 달리 단위토지·수세단위화하여 감에 따라 호등의 기준도 토지를 중심으로 재편되어 가고 있었다고 생각된다. 다만 개경의 五部 坊里의 경우에 집 칸수를 기준으로 호등을 구분하기도 하였지만,68) 이는 일시적인 것으로 생각되고 궁극적으로는 토지소유액에 따른 호등의 구분으로 귀결되었다. 다음 사료는 이와 관련하여 주목된다.

6-28) (辛禑) 十四年八月 大司憲趙浚上疏曰 (중략) 願今當量田 審其

다. 그런데 충렬왕 17년조의 호등은 인정에 따른 구분이며, 공민왕 11년조의 기사는 경제력에 따른 구분이라고 보는 것은 재고할 필요가 있다고 본다. 이를 호등 구분 기준의 변화라는 관점에서 볼 수도 있겠지만, 이 시기 연속적으로 나타나는 호등과 관련한 사료에서 충렬왕대부터 공민왕대 사이에 어떤 변화의 조짐을 찾기는 어렵다는 점에서 동일하게 경제력의 차이를 반영한 호등제라고 여겨진다.

68) 『高麗史』 권84, 刑法志1, 戶婚, "辛禑元年二月 教曰使民之道 務從優典 今後 外方各處民戶 一依京中見行之法 分揀大中小三等 其中戶以二爲一 小戶以三爲一 凡所差發 同力相助 毋致失所"; 『高麗史』 권81, 兵志1, 兵制, "(辛禑元年) 八月 改定都城五部戶數 凡屋間架二十以上爲一戶 出軍一丁 間架小 則或倂五家 或倂三四家爲一戶".

耕作之田 以所耕多寡 定其戶上中下三等 良賤生口分揀成籍 (『高麗史』권79, 食貨志2, 戶口)

위의 사료는 고려말의 사료이기는 해도 전반적으로 당시의 사정을 살펴볼 수 있다. 조준은 戶를 耕作地의 多寡에 의해 상·중·하로 구분하자고 상소하고 있다. 이는 고려전기 직역 차정을 위해 호의 토지와 인정의 결합에 기초한 경제력의 차이를 반영하여 족정호·반정호·백정호로 구분하는 것과는 달리 경작토지만으로 호를 차등화하자는 논의라고 할 수 있다. 또한 직역과 일정한 연관을 가졌다기보다는 收稅의 편의와 밀접한 관련을 가지고 있기 때문에 역제와 전제의 결합관계는 찾아보기 어렵다.

위의 호등제가 신우 14년 단계에 새롭게 시작하는 것이라고 생각할 수 있을까. 지금까지 설명해왔듯이 이의 단초는 이미 원종대의 貢賦更定, 충숙왕대의 갑인양전에서부터 이미 진행되어 온 것이라고 생각한다. 그러나 고려후기 일련의 개혁과정이 이미 문란해진 고려전기의 체제를 근본적으로 개혁하지 못한 채 미봉적 개혁에 그침으로써, 호등제 역시 所耕田의 다과에 의한 호등 구분을 지향하면서도 호등제의 기능 마비로 인하여 제 기능을 할 수 없었다고 볼 수 있다.[69]

---

69) 김재명은 소유토지를 기준으로 한 3등호제의 실시 가능성을 회의적으로 보고 있다(앞의 논문, 1994, 224~225쪽). 그러나 필자는 이미 소유토지를 기초로 하면서 여타 요소를 감안한 호등제의 존재는 신라촌락문서 단계에서부터 나타나고 있었고 고려전기에도 토지와 인정이 결합된 농업경영단위의 크기에 따른 호등제가 실시되었다고 보기 때문에 고려후기 호등제는 소유토지의 다과가 호등 구분의 기준이 되었다고 보는 것이 옳을 것으로 생각된다. 그러나 고려전기 이래로 인정이 호등 구분의 중요한 한 요소였고 요역부과의 중요한 기준으로 기능해왔기 때문에 인정의 중요성을 선험적으로 받아들이고 있으나, 사료상으로 인정 기준의 호등 구분을 명백하게 증명하는 것은 없다. 따라서 세제의 변화와 관련하여 상요와 잡공이 현물세적 성격을 갖는다고 한다면

고려전기 호등제가 견지해왔던 호의 경제적 차이를 기초로 한 호별 편제의 원리가 무너진 상태에서 호등제를 기초로 시행되었던 군역, 향리역, 기인역이 제대로 차정되지 못하고, 부곡제의 해체 속에서 호등제를 기초로 했던 특수역의 편제 원리가 붕괴되어감으로써 호등제 운영의 한 축이 무너지게 되었다. 이러한 과정에서 호등제는 변화될 수밖에 없었던 것이다.

3. 호등제의 양상과 성격

고려후기 호등제의 내용을 잘 보여주는 사료는 다음 공민왕 11년 9월조의 기사이다.

> 6-29) 恭愍王十一年九月 調度不給 增斂於民 大戶米斗各一石 中戶米豆各十斗 小戶米豆各五斗 名之曰無端米 民甚苦之 (『高麗史』 권 79, 食貨志2, 科斂)

이 자료는 고려후기 호등제의 존재와 그 운영의 일단을 상징적으로 보여주는 사료로서 일반 민호를 3등호로 나누어 과렴을 수취하는 사실을 보여주고 있다. 대체로 과렴은 부가세적 성격을 띠는 수취방식으로서 주로 對元 관계에서 발생하는 비용을 충당하기 위해 만들어진 제도이다. 따라서 국용이 부족하게 된(調度不給) 이유는 정확하게 나타나지 않지만 이를 타개하기 위한 방편으로 일반 민호로부터 호등에 기초해서 수취하고자 한 사실은 주목되는 부분이라 하겠다. 그런데 여기서

종래의 경우와는 달리 인정 기준의 상요 부과, 호별 잡공의 부과보다는 여전히 가호의 경제적 차이를 반영하여 토지가 중심적 기준이 된 징수 원칙을 가졌다고 보아야 할 것이다.

일반 민호를 대중소로 나누어 수취하는 방식은 다른 예에서 찾아볼 수 없는 용례로서 호의 크기에 따라서 수취액을 차등화했다는 것은 그것이 단순하게 인정을 기준으로 구분한 호등제가 아님을 시사하는 것이라고 생각된다.

고려전기 호등제의 운영원리였던 3등호제에 기초한 호별편제의 원리는 이미 제 기능을 상실하면서 족정·반정은 양전 및 수세 단위화되었다. 다음 사료는 이와 관련하여 앞의 호등제와 대비해 볼 수 있을 것이다.

> 6-30) 密直提學 白文寶 上箚子 國田之制 取法於漢之限田 十分稅一耳 慶尙之田 則稅與他道雖一 而漕輓之費 亦倍其稅 故田夫之所食 十八其一 元定足丁則七結 半丁則三結 加給 以充稅價 (『高麗史』권78, 食貨志1, 租稅, 恭愍王 11년)

위의 사료에서 '元定足丁'의 足丁은 이미 규정된 액수로서 '일정 면적의 토지'를 가리키며, 이는 전기 호등제적 기능을 가졌던 '족정호'의 의미가 퇴색되었음을 의미한다. 그것은 곧 족정호=17결의 토지를 가진 호에 대해 군인호로 차정했던 '古者田賦之遺法'이 제 기능을 상실함으로써 '計結爲丁'의 방식으로 '足丁'을 만들어 군인에게 지급하는 방식으로 변하였다.[70] 이는 종래의 3등호제는 본래의 기능과 모습을 이미 상실하여 다른 방식의 호등제로 대체되었음을 의미한다. 앞의 공민왕 11년의 기사는 바로 그것을 반영하고 있다고 판단된다. 이 기사를 통해서 알 수 있듯이 일반 민호들도 경제력의 규모에 상응한 호등

---

70) 『高麗史』권81, 兵志1, 五軍, "恭愍王五年六月下敎曰 (중략) 一 國家以十七結爲一足丁 給軍一丁 古者田賦之遺法也 凡軍戶素所連立爲人所奪者 許陳告還給 又奸詐之徒 雖無兒息 忘稱閑人 連立土田 無有限極 仰選軍別監 根究推刷 以募戍卒 其逆賊之田 計結爲丁 亦給募卒".

의 구분이 대중소의 방식으로 나뉘어져 있으나, 그 구분 기준이 과연 무엇인지는 정확하게 알 수 없다. 그러나 충숙왕 원년 '量田制賦'이래 각 호의 경제력의 중심은 토지로 옮겨져 왔으며, 공민왕 11년의 3등호제의 기초는 '갑인양전'에 의해 수립된 것으로 여겨진다. 그러나 충렬왕대에 나타나는 3등호제는 충숙왕대 이후에 나타나는 3등호제와는 다소 차이를 보이는 것으로 생각된다. 다음 사료를 살펴보자.

> 6-31) (忠烈王) 十七年六月 (중략) 世子嘗奏 此年 國人征戍轉餉 失其農業 以致饑饉 故有是賜 於是頒米于七品以下 七品七石 八品六石 九品五石 權務隊正四石 坊里大戶三石 中戶二石 小戶一石 帝意本在貧乏 今不先貧民 富者所得居多 (『高麗史』 권80, 食貨志3, 賑恤 水旱疫疫賑貸之制)

위의 사료에서 충렬왕 17년(1271)은 당시 세자였던 충선왕의 건의에 따라 동정군에게 군량미를 제공함으로써 실농하여 궁핍해진 민들에게 구휼미를 제공하도록 하였다. 개경 방리의 민에게는 3등호의 구분에 따라 차등을 두어 구휼미를 지급하였다. 대호에게는 3석, 중호에게는 2석, 소호에게는 1석을 지급하였는데, 과연 그 구분 기준이 무엇일까. 이때 5부 방리의 경우 3등호의 구분 기준이 기본적으로 경제력의 차이를 반영한다고 하더라도 구휼의 성격상 호구수를 전혀 반영하지 않았다고 볼 수 있을까. 그렇다면 5부 방리의 호등은 인정의 다과를 기초로 한 호등제였을 가능성이 크다고 본다. 고려전기의 호등제는 무너졌지만, 원종대 이후 전민변정사업을 통해 私占된 田民을 복구하여 국가의 재정적 기반을 삼으려는 시도로서 근본적 개혁이라고 볼 수는 없지만, 당시의 상황을 타개하려는 시도의 하나라고 할 수 있을 것이다.

원종대 이후 전민변정사업은 기본적으로 公私 田民의 還本 및 括戶

를 통한 전민의 추쇄에 목표를 두고 있었으며, 그와 함께 탈점된 수조
지를 본래의 주인에게 돌려줌으로써 이완된 수조권 분급체계를 회복
하고자 하였다.71) 그러나 이러한 시도는 그렇게 뚜렷한 성과를 내지는
못하였던 것 같다. 다음 사료를 검토해보자.

   6-32) 忠烈王五年 九月 分遣計點使於諸道 初都評議使司言 太祖奠五
       道州郡 經野賦民 皆有恒制 近來兵饉相仍 倉儲懸罄 橫歛重於常
       貢 逋戶累其遺黎 是宜計戶口更賦稅 以革姑息之弊 由是累發計點
       使 而未見成効 及東征之役 發民爲兵 故復有是命 (『高麗史』 권79,
       食貨志2, 戶口)

  위의 사료에 의하면 충렬왕 5년 여러 도에 계점사를 보내게 되는데,
그 이유는 근래 전쟁과 기근이 계속 일어나 창고가 비게 되어 횡렴이
상공보다도 무겁고 달아난 호는 남은 백성에게 누가 되니 호구를 헤아
려 다시 부과하여 고식적인 폐단을 제거하자는 논의에 따른 것이다.
그러나 여러 차례 계점사의 파견에도 불구하고 실효를 거두지 못하여
다시 계점사를 파견한다고 하였다. 여기서 주목되는 것은 '計戶口更賦
稅'라 하여 '호구를 헤아려 부세를 다시 정한다'라고 하는 구절이다.
이는 고려전기 이래의 호등제가 제 기능을 하지 못하고, 몽고와의 전
쟁 등으로 인한 유망민의 양산 등으로 호구조사가 절실하였으며, 아울
러 그를 바탕으로 한 부세 책정이 요구되었다. 당시의 사정으로 보아
호구의 확보가 가장 절실한 과제였으며, 특히 5부 방리의 경우 호구수
에 기초한 호등제의 실시 가능성을 제기해 볼 수도 있다. 그러나 다음
사료는 충렬왕 5년 사료와 다소 차이를 보인다.

---

71) 박경안, 앞의 책, 231~236쪽.

6-33) (忠烈王)十八年十月 敎曰 諸道之民 自兵興以來 流亡失業 在元
王己巳年 計點民戶 更定貢賦 厥後賦斂不均 民受其病 可更遣使
量戶口之瀛縮 土田之墾荒 計定民賦 以遂民生(『高麗史』권79, 食
貨志2, 戶口)

위의 사료에서 충렬왕 18년 당시 "각 지역의 민들이 일본 동정 이래 유망함에 따라 원종 10년(1269) 민호를 헤아려서 공부를 다시 정했는데, 그 후 부세가 균등하지 못하여 민들이 병이 드니 관리를 파견하여 호구의 늘어남과 줄어듦, 토지의 개간과 황폐함의 정도를 헤아리고 민부를 정하여 민생을 유지하도록 하라"고 하였다. 원종 10년 이래 민호의 계점을 통해서 공부를 정했다는 사실은 당시의 절박한 사정 속에서 양전을 할 수 있는 여건이 아니었다는 점과 한계는 있었겠지만 민호를 계점함으로써 공부를 정할 수밖에 없었던 어려움이 있었다고 여겨진다. 이에 대한 타개책으로 충렬왕 18년에는 '量戶口之瀛縮 土田之墾荒 計定民賦'라 하여 호구와 토지를 동시에 고려하면서 부세를 책정하려고 시도하였다.

이러한 과정에서 본다면 앞의 충렬왕 17년 5부 방리의 3등호제는 원종 10년 '計點民戶'를 바탕으로 충렬왕 5년 '計戶口更賦稅'를 거치면서 나타난 호등제가 아닐까 하는 생각이 든다. 그렇다면 당시 호등제의 기준은 각 개별호의 인구수를 바탕으로 만들어진 임시적인 호등제일 가능성이 있다. 이처럼 충렬왕 17년의 호등제를 인정의 다과에 기초한 임시적인 호등제라고 본다면 당시 필요에 따라 행해진 호등의 구분은 대체로 임시변통적인 호등제일 가능성이 크다. 이와 같은 맥락에서 우왕 원년에는 개경은 물론 외방에도 3등호의 구분이 있었음을 짐작할 수 있다.

Ⅵ. 고려후기 호등제의 변화와 추이 317

6-34) 辛禑元年二月 敎曰使民之道 務從優典 今後外方各處民戶 一依
京中見行之法 分揀大中小三等 其中戶以二爲一 小戶以三爲一 凡
所差發 同力相助 毋致失所 (『高麗史』 권84, 刑法志1, 戶婚)

위의 사료에서 백성에게 일을 시키는 도리와 관련하여 "금후로는 각 지방의 민호는 개경에서 지금 시행하는 법과 똑같이 하여 호를 대, 중, 소 세 등급으로 나누고 중등에 해당하는 민호는 두 집을 하나로, 하등에 해당하는 민호는 세 집을 하나로 하되 일체 징발에서 힘을 합하여 서로 돕게 함으로써 생업을 잃지 않도록 하라"고 하였다. 개경에는 이미 시행 법령이 존재하고 있음을 짐작할 수 있고, 이 법령을 지방에까지 확대하여 시행하면서 대·중·소 각 호의 규모를 3 : 2 : 1의 비율로 파악하고 있다. 그러나 이 사료에서는 그 호등의 구분 기준이 무엇인지는 분명하지 않다. 이 시기를 전후로 하여 호등을 구분하려는 시도는 여러 차례 보인다. 이러한 시도들은 대체로 수취와 관련되거나, 진휼을 위해 호의 구분이 필요한 경우가 대부분이었다.[72) 그런 가운데 가장 주목되는 것은 다음 기사이다.

6-35) 十四年 八月 大司憲趙浚上疏曰 近來戶籍法壞 守令不知 其州
之戶口 按廉不知 一道之戶口 當徵發之際 鄕吏欺蔽 招納賄賂 富
壯免而貧弱行 貧弱之戶 不堪其苦而逃 則富壯之戶 代受其苦 亦
貧弱而逃矣 其任徵發者 憤鄕吏之欺蔽 痛加酷刑 割耳劓鼻 無所

---

72) 『高麗史』 권84, 兵志2, 戶婚, "(辛禑)二年 九月 都評議使以各道軍資無數日 之費令各道在外品官又烟戶各里差等抽斂以補軍須 宰樞議曰 近因軍征 軍糧乏少 宜令京外品官大小 各戶出軍糧有差 兩府以下通憲以上造米四石 三四品三石 五六品二石 七八品一石 權務十斗 散職鄕吏十斗 百姓公私奴 則量其戶之大小徵之"; 권80, 食貨志3, 常平義倉, "辛禑四年 八月 憲司上言 諸道連年旱荒 軍食不給民轉溝壑 誠可痛 宜令守令審今歲豐凶之狀 量戶大小 出穀有差 藏之州廩 以救來歲之荒 且備不虞之用".

不至 鄕吏亦不堪其苦 而逃矣 鄕吏百姓 流亡四散 州郡空虛者 戶
口不籍之流禍也 願今當量田 審其耕作之田 以所耕多寡 定其戶上
中下三等 良賤生口 分揀成籍 守令貢于按廉 按廉貢于版圖朝廷
凡徵兵調役 有所憑依 及時發遣 而守令按廉 如有違法者 輒繩以
理 (『高麗史』권79, 食貨志2, 戶口)

　　신우 14년 조준은 장문의 상소문을 통해 당시의 폐단을 논하고, 그 중에서도 호적법의 해이를 지적하면서 향리는 향리대로, 부유한 자는 부유한 자대로, 빈약한 자는 빈약한 자대로 모두 고통을 당하니 그것은 호구가 기재되지 않은 과오 때문이라고 하였다. 이에 지금 양전을 할 때를 맞아 경작지를 심사하여 그것의 많고 적음에 따라 상중하로 구분하고 양천을 구분하여 호적을 만들도록 글을 올렸다. 이처럼 호적법이 해이해짐으로써 호구조사와 호적 작성이 원활하지 못했으며, 이로 인해 징발이 무원칙적으로 행해졌다고 파악하고 있다. 여기서 '徵發'은 어떤 목적을 위한 역역징발일 가능성이 크다고 생각되는데, 그에 대한 대책으로 양전을 통한 3등호제의 실시와 양천의 구분에 기초한 호적 작성을 제안하고, 이를 징병과 조역의 자료로 활용하도록 요청하였다. 그렇다면 이러한 그의 처방이 과연 완전히 새로운 대책이라고 볼 수 있을 것인가. 조준의 해결 방식은 이미 제기되었던 토지를 기준으로 한 3등호제의 실시를 보다 구체화한 것이라고 본다.
　　이미 앞서 보았듯이 충렬왕 18년 8월 "量戶口之瀛縮 土田之墾荒 計定民賦 以遂民生"의 대책에서도 제시되었듯이 호구와 토지를 헤아려 민부를 정하자는 논의에서 시작하여 충숙왕 원년 '量田制賦'에 이르는 과정에서 토지를 매개로 수세하고자 하는 정책은 이 시기 기본적으로 관통하고 있던 정책 기조라고 여겨진다. 그렇다면 충숙왕대의 갑인양전은 토지의 많고 적음에 기초한 호등제 편성의 주요한 계기를 이룬 것이라고 판단된다. 공민왕대 과렴 징수를 위한 3등호제는 바로 이러한 사실을 반영하는 중요한 사료이며, 그럼에도 불구하고 우왕대에 이르러 이를 의심케 하는 자료가 나타나는 것은 원칙적으로 갑인양전의 한계와 불완전성, 그리고 임시변통적인 미봉적 대책이 필요에 따라 제기됨으로 인해 생긴 결과이다. 다음의 사료들은 그러한 사정을 대변해주고 있다.

6-36) (辛禑 元年) 八月 改定都城五部戶數 凡屋閒架二十以上爲一戶 出軍一丁 閒架小則或倂五家或倂三四家爲一戶 (『高麗史』 권81, 兵志1, 兵制)

6-37) (辛禑 三年) 四月 點五部街里戶數以屋三十閒出丁三人 二十閒 出丁二人 十三閒出丁一人 九閒以下令出從軍者軍具 (『高麗史』 권81, 兵志1, 兵制)

위의 사료에 의하면 우왕대에 들어와 왜구의 침략 등에 대비하기 위한 방편으로 軍丁을 차출하는데, 개경의 5부 방리는 집의 크기를 중심으로 군정을 내고 있다. 사료 6-36) 우왕 원년에는 집 칸수 20칸 이상을 1호로 삼고 군정 1정을 내고, 집 칸수가 적을 경우 5집 또는 3~4집을 합쳐 1호로 삼고 있다. 이후 불과 얼마 지나지 않아 사료 6-37) 우왕 3년에는 30칸은 3인, 20칸은 2인, 13칸은 1인, 그 이하는 종군자의 장비를 맡도록 하는 사실에서 보아 당시 호등의 구분은 재산의 규모를 보여주는 집 칸수를 기준으로 삼기도 했지만 시기에 따라 상황에 따라 그 기준이 달라지는 현상을 볼 수 있다. 이는 당시의 호등제가 필요에 따라 임기응변적으로 시행되었음을 반영하는 것이라고 볼 수 있다. 그럼에도 불구하고 당시 호등의 구분이 단순한 인정수가 아니라 집의 칸수라는 재산을 기준으로 나타나고 있다는 사실은 호등의 구분이 개별호의 경제력에 따라 구분되고 있음을 보여주는 것이다.

이상에서 고려후기 호등제 변화의 양상을 종합적으로 검토해 볼 때 몇 가지 특징을 발견할 수 있다. 첫째, 대몽항쟁으로 인해 고려는 전 사회적으로 피폐해진 가운데 불가피하게 제도적 변화를 시도하지 않으면 안되었다. 이 시기 가장 중요한 과제는 일반 민호의 노동력을 제대로 확보하고 해당 지역에 안착시키는 문제였다. 원종 10년(己巳年, 1269) '전민변정사업' 및 '戶口計點을 통한 貢賦更定'은 이 시기의 과제를 해결하려는 국가적 노력이었다. 양전을 통한 근본적 개혁을 하기에는 국내외적으로 많은 문제를 안고 있었던 시기였던 만큼, 호구 파악을 통해 제한적이나마 수취문제 등을 해결하고자 하였다. 이러한 상황에서 충렬왕 당시의 사료상에 보이는 호등제는 임시변통적인 호등제로서 인정수의 다과에 따른 호등제가 불가피하게 시행되었다고 여겨진다.

둘째, 고려후기 호등제의 변화는 충숙왕대 갑인양전이 주요한 계기로 작용했을 것으로 여겨진다. 고려후기 호등제는 전기의 호등제적 전통을 계승하면서도 무신집권기 이래 사회경제적 변화를 일정하게 수용하고 있다고 할 수 있다. 그것은 농업생산력의 발전에 따라 진전의 개간 및 신전 개발 등 새로운 환경이 조성되고 토지생산성의 향상과 더불어 토지의 중요성이 어느 때보다도 높아져갔다. 그와 함께 전시과 제도가 그 기능을 상실해가면서 녹과전이라는 제도가 시행되었지만, 과전의 조업전화는 보다 더 심화되었다. 그에 따라 양전의 필요성은 점차 증대되었고, 충숙왕 원년 충선왕대 개혁정책의 연장선상에서 갑인양전이 시행되었다. 갑인양전을 계기로 수취방식도 토지를 기준으로 하는 '量田制賦'의 방식으로 변화되었다. 공민왕 11년의 호등제는 이러한 변화 속에서 등장한 것으로서 토지의 다과에 기초한 3등호제를 반영하는 것이라고 생각된다.

셋째, 토지의 다과에 의한 일반 민호의 3등호제가 시행되었음에도 불구하고 우왕대에 보이는 일련의 호등제 관련 기사에서는 집 칸수라는 재산을 기준으로 하는 호의 구분을 통해서 군인을 내는 방식이 나타나기도 한다. 갑인양전 이후 토지를 기준으로 경제력의 차이를 반영하는 호등제가 존재했음에도 불구하고 여전히 불완전성을 가지고 있었고 그로 인해 필요에 따라 임시방편적인 호등제를 활용하였음을 보여주는 것이라고 할 수 있다.

지금까지 본 장에서 언급한 내용을 정리해보면 다음과 같다.

고려후기 호등제의 변화는 고려후기 사회의 제반 변화와 더불어 진행되었다. 고려후기 호등제 변화의 기본적인 계기는 사회적 생산력의 발전으로부터 시작되어 사회계층의 다양한 분화와 수취제의 변동, 군현제의 변동 특히 부곡제의 변화 등을 수반하면서 고려전기 전정제의 변화에 의해 이루어졌다.

사회계층의 다양한 분화는 농업생산력의 발전을 적극적으로 수용한 계층의 사회적 성장과 그렇지 못한 계층의 사회적 몰락으로 이어지고, 그것은 이어서 민의 유망, 수취제의 변화와 더불어 새로운 상인층이 등장함으로써 부상층의 등장을 가능하게 하였다. 이러한 변화 가운데서 전제와 역제의 자연적 결합에 의한 종래의 전정제는 변화할 수밖에 없었다. 고려전기 전정제는 인정과 토지의 결합에 의거한 호등제를 바탕으로 직역제와 연계되면서 전제와 역제가 유기적인 결합관계를 가지고 고려전기 사회를 유지해가는 기반이 되었다. 그러나 이러한 고려전기의 전정제가 무너져갔다는 것은 호등제를 기초로 한 직역제가 그 기능을 상실했음을 의미하는 것으로서 그에 따른 새로운 호등제를 필요로 하게 되었고 그것은 수취제의 변화와 동시에 진행되었다고 할 수 있다.

고려후기 수취제는 각각의 기준을 가지고 있던, 조·용·조로 대표되는 전기의 조·포·역의 징수방식이 토지를 기준으로 하는 三稅로 일원화되는 가운데 새로운 부가세로서의 상요와 잡공이 등장하면서 하나의 체계를 가지게 되었다. 이러한 가운데 어떤 의미에서는 종래의 조용조세법이 삼세·상요·잡공이라는 방식으로 재구성되면서 호등제에 기초한 징수방식을 가지게 되었다고 생각된다. 특히 조용조가 삼세로 일원화되는 과정은 고려후기 몇 차례의 양전과 수취제의 개정을 통해서 이루어지는 것으로 생각되며 그 과정에서 '丁'의 단위토지·수세단위화가 이루어졌다고 판단된다. '丁'의 수세단위화라고 하더라도 고려말처럼 10결·15결·20결 단위의 作丁制가 아니라 전기의 전정제를 일정하게 계승한 足丁·半丁 단위의 단위토지화를 이루었다고 하겠다. 즉 전기의 전제와 역제의 결합으로 존재했던 족정호·반정호에서 직역제는 분리되어 경제적 차이를 반영한 호등제만이 남게 되고 그 결과 족정·반정을 단위로 한 '作丁制'가 실시되었던 것이다.

현재의 자료상으로 고려후기 호등제의 구분 기준이 무엇이었는지를 말하는 것은 상당히 어려운 일이다. 그러나 개별가호의 소유토지를 기준으로 삼세가 징수된다는 점에서 고려후기 호등제는 개별가호의 소유토지에 기초한 호등제를 원칙으로 하고 있다고 생각된다. 그러나 수취제의 변화가 단순한 것이 아니기 때문에 단순하게 소유토지를 기초로 호등제가 이루어졌다고 말할 수 없는 어려움이 있다. 특히 상요와 잡공이라는 새로운 부가세가 단순히 토지를 매개로 수취되었다고 볼 수 없는 측면에서 볼 때, 고려후기는 12세기 이후의 사회변화를 기초로 삼세·상요·잡공이라는 재구성된 조용조세법에 상응하여 전제와 역제의 결합이 붕괴된 가운데 소유토지를 기본으로 하면서 富의 정도를 토대로 한 호등제를 만들어낸 것이 아닐까 생각된다.

Ⅶ. 결 론

　　지금까지 한국 고대·중세 호등제의 전개와 그 변화에 관하여 살펴보았다. 그 과정에서 호등제는 기본적으로 호의 경제적 차이를 반영하여 개별가호에 대한 수취를 목적으로 등급화한 것이었음을 알 수 있었다. 그러나 그것은 단순한 등급화라기보다는 시대적 특질을 반영하면서 시기마다 그 내용과 의미를 달리하는 것이었다. 이제 그 구체적 내용을 정리하면서 그 변화의 의미를 살펴보자.

　　먼저 삼국시기의 호등제와 관련하여 고구려·백제·신라의 호등제에 관하여 구체적으로 밝혀주는 자료는 찾기 어렵다. 다행스럽게도 『隋書』高麗傳 속에 보이는 수세를 위한 기사에 의하면 고구려의 호등제를 유추할 수 있는 단서를 찾을 수 있다. 그러나 이마저도 논자들의 입장에 따라 차이가 나며, 다소간의 이견으로 확실한 내용을 알 수 없지만 어느 정도의 유추는 가능하다고 여겨진다.

　　① 人稅布五匹 穀五石 ② 遊人則三年一稅 十人共細布一匹 租戶一石 次七斗 下五斗 이 규정을 좀 더 구분하여 살펴보면, ①, ② 두 부분으로 나누어 볼 수 있다. ①은 人을 대상으로 ②는 遊人을 대상으로 하고 있으며, 人의 稅布 5필과 穀 5석은 유인의 세포와 戶租에 대응한다고 볼 수 있다. 즉 당시의 부세는 人이든 유인이든 布와 穀을 부담하는 것으로 규정되어 있었음을 제시하는 것이라고 생각된다. 그런데

인에 대한 부세는 유인에 비해서 특별한 규정이 되어 있지 않은 것으로 보아 매년 丁男을 중심으로 부과되는 것으로 판단된다. 이에 반해 유인은 3년에 한번 세를 내되 10인이 함께 細布 1필을 내도록 하고, 人의 穀에 해당하는 租는 호등에 따라 차등을 두어 1석, 7두, 5두를 내도록 하였다.

각 호등간 租의 차이는 극히 적다. 이는 토지소유규모의 차이를 반영한 결부제에 입각한 收稅가 아니라, 호등의 차이를 반영한 상징적 戶租라고 여겨진다. 이는 일반민으로 여겨지는 人과는 달리, 유인은 인과는 다른 특수한 여건을 반영한 조처라고 여겨진다. 따라서 인의 경우는 개별 인신에 대한 부과 방식을 가지고 있음에 비해서, 유인에 대해서는 공동 책임을 지우며, 租는 호별로 호등에 따라 부과하는 방식을 택하고 있었다고 볼 수 있다.

『周書』에 보이는 고구려의 수세 규정에서 '量貧富差等輸之'는 『隋書』와는 달리 구체적인 세액보다는 빈부의 차이에 따라 수세한다는 원칙을 제시하여 어떤 면에서 호등의 차이를 감안한 수세의 가능성을 간취할 수 있다. 그러나 『주서』의 전체적인 의미는 '생산물을 생산하는 노동력의 소유 규모에 따라 빈부를 헤아려서 차이를 두어 거둔다'고 이해된다. 이는 노동력의 소유 정도에 따라서 개별 가호의 경제력의 규모가 정해짐을 의미한다.

이러한 점에서 『隋書』와 『周書』의 내용은 상호 관련성을 가지고 있으며 『隋書』의 내용은 신라통일기 이후의 수취기준과는 달리 수취의 기준이 인정이었음을 반영하는 것이라고 보는 것이 타당할 것이다. 또한 『周書』가 표현하고 있는 '量貧富差等輸之'의 의미에는 賦稅를 운반해서 납부하는 의미까지를 내포하고 있다고 생각된다. 그렇다면 조세의 운반을 위해서는 일정한 노동력이 필요하며 부유한 호일수록 생산물을 생산해서 조세를 납부하기까지에 많은 노동력을 확보해야 한다는 점에서도 인정수의 다과는 호의 빈부를 가늠하는 잣대가 될 수 있다.

　다만 고구려의 수세 규정에서 구체적으로 일반민의 호등 구분이 있었는지는 정확하게 알 수 없다. 만약 『隋書』의 호등 구분을 유인의 경우로 한정한다면 고구려에서는 일반민의 호등 구분을 구체적으로 명시하지 않고 인정의 다과에 따라 수세를 함으로써 호등구분의 효과를 거둘 수 있었을 것이다.

　신라의 호등제와 관련하여 그 내용을 보여주는 자료는 현존하지 않는다. 그러나 부족한 고대사 자료에서 작은 실마리라도 그 의미는 적지 않다고 여겨진다. 이와 관련하여 근래에 발견된 '울진봉평신라비'는 주목해 볼만하다. 봉평비의 성격을 어떻게 보더라도 이 비는 신라 율령의 존재를 확인시켜 주고, 신라의 국가팽창과정 속에서 새로운 촌락의 편입은 신라 수취체제 속으로의 편입과정과 맥을 같이 한다는 사실을 보여주고 있다. 그것을 상징적으로 보여주는 것이 奴人村으로의 편제와 그에 대한 수취라고 생각된다. 즉 봉평비에 보이는 '共値'는 새롭게 편입된 촌락이 부담해야 할 공납적 부담이라고 볼 수 있다.

　大奴村에 부과된 '共値 五'는 거벌모라촌에서 일어난 사건으로 인하여 그 지역에 대해 부과된 부담이라고 볼 수 있다. 따라서 이 지역 전체의 공동책임으로서 지역민이 공동으로 부담해야 할 내용일 것이며, 그 부담 방식은 당시 촌락의 규모와 부담 능력을 반영하여 부과되었을 것으로 여겨진다. 이와 관련하여 신라촌락문서에 보이는 計烟이 각 촌락에 부과된 조세수취와 밀접한 관련이 있다는 점은 이미 지적된 바 있다. 그렇다면 노인촌에 부과된 '共値 五'와 신라촌락문서 상에 나타나는 '計烟……'은 상호 밀접한 상관관계를 가지고 있으며, 그 기저에는 신라의 호등제가 기능하고 있음을 유추해 볼 수 있다.

　계연은 村勢를 반영하는 것이며, 상위호등의 수가 많을수록 계연의 크기는 커질 것이다. 이는 당시 사회가 사유재산에 기초한 호의 분화 상태가 뚜렷함을 보여주는 것이며, 바로 그 사회의 발전 정도를 반영하는 것이다. '共値 五'의 의미도 촌세를 반영한 수취의 기준수로 볼 수 있다면, 이는 신라촌락문서에서 가장 부유한 촌락인 A촌을 능가하는 촌세를 가진 촌락일 것이라는 가정이 성립한다. 그러나 8세기 단계의 신라촌락문서를 6세기 초반의 봉평비와 동일한 선상에서 비교하기는 어려울 것이다. 아울러 대노촌에 부과된 '共値 五'의 수취는 형벌적 의미도 내포하고 있기 때문에 해당 촌락의 부담능력을 초과했을 수도 있다. 한편 수취의 기준이 달랐을 가능성도 있다.

고구려의 수취규정에서 보듯이 6세기대의 수취기준은 인두세적 수취의 경향이 매우 강했다. 따라서 당시는 노동력의 소유 정도가 빈부의 차이를 나타냈으며, 이는 신라도 예외는 아니라고 본다. 따라서 6세기 신라사회에서 村勢를 반영하는 중요한 요소는 노동력의 소유 차이에서 구할 수 있다. 따라서 '共値 五'의 의미는 계연과 관련하여 볼 때 촌세를 반영한 각 촌락의 수세액을 의미하는 것이며, 그것은 인정수의 차이에 기초하고 있다고 보아야 할 것이다.

신라 중고기, 신라사회에서는 많은 역역 동원이 있었다. 영천청제비 등에서 보이는 수리시설의 축조를 위한 역역 동원, 남산신성비 등에서 보이는 성의 수축과 보수를 위한 역역 동원의 사례는 역역 수취와 관련된 노동력의 보유가 매우 중요한 부분임을 의미하고 있다. 이와 관련하여 신라 중고기 빈부의 차이는 노동력의 차이에서 구해진다는 사실과 연결시켜 볼 때, '共値 1'의 의미는 6丁을 분모로 하여 6丁의 노동력을 力役으로 제공할 수 있는 자연호를 상정해 볼 수 있으며, 6丁의 역역노동력에는 경작노동력은 포함되지 않는다고 생각된다. 여기서 共値의 경우, 6丁을 분모로 한다는 점에서 신라촌락문서의 계연과 공통점을 가진다. 그러나 토지보다는 노동력이 중심이 되는 신라 중고기의 특성상 분자에 토지가 아니라 노동력이 놓여진다는 점에서 계연의 기본수와 차이를 보인다.

따라서 통일신라의 중상연에 해당하는 중고기의 호는 실질적으로 경작노동력 외에 역역부담 노동력 6丁을 가지고 있는 富戶가 되는 셈이다. 여기에 '共値 1'이 가지고 있는 본래의 의미가 있다고 할 수 있다. '共値 五'는 5×6丁=30丁의 노동력을 부담해야함을 의미하는 것이며, 인두세적 의미를 가지고 있는 고구려의 수세규정에 준하여 계산해 보면 거벌모라촌에 부과된 '共値 五'의 수세액은 稅布 150필, 穀 150석에 해당한다.

대노촌에 대하여 '共値 五'의 부담을 지운 것은 국가의 일방적인 명령이라기보다는 각 촌락의 부담능력에 대한 이해에 바탕을 둔 것이라고 보아야 할 것이다. 그러나 '共値 五'가 형벌적 의미를 가짐으로써 대노촌의 부담능력을 넘어선다고 하더라도 각 촌락에 대한 이해가 없이는 불가능한 만큼, 남산신성비·적성비 등의 사례에 비추어 보아 대노촌에 대한 '共値 五'의 부담은 신라의 각 촌락에 대한 조사가 토대가 되었음을 의미한다고 볼 수 있다.

중고기 신라는 지방의 촌락사회를 일정하게 파악하고 있음을 알 수 있고, 그것은 토지와 인정을 기초로 하되 인정이 중심이 된 수취의 기준이 마련되었음을 의미하는 것이라고 생각할 수 있다. 6세기 초반 신라가 국가적 팽창을 지속적으로 추진하고 있었던 상황에서 국가의 지방에 대한 파악은 이전부터 성장해왔던 城·村을 중심으로 지방관을 파견하여 국가의 직접적 관리지역으로 설정하였다. 새롭게 복속된 곳은 '奴人村'이라는 특별관리지역으로 묶어두었을 것이며, 이들 지역은 '奴人法'에 의거하여 관리되었다고 볼 수 있다. 특히 이들 지역에 대한 수취는 '共値'라는 명목의 공납제적 지배가 이루어졌다고 생각된다. 그러나 田舍法의 규정을 받는 촌락도 있었다는 사실에서 복속의 유형에 따라 율령에 따른 다양한 지배방식의 차이가 있었으리라 생각한다.

여기서 신라 중고기의 호등제를 상정해본다면 고구려의 유인에서 보이는 3등호의 구분이 있었을 가능성을 생각해 볼 수 있다. 즉 上戶는 뒤에 仲上烟・仲仲烟으로 분화되는 호로서, 14~19인의 가족 구성을 가진 자연호이며 5~6丁의 역역부담의무를 지고 있는 호일 것이다. 中戶는 8~13인의 가족 구성을 가지고 3~4丁의 역역부담의무를 지고 있는 자연호로서 뒤에 仲下烟, 下上烟으로 분화되는 호일 것이다. 下戶는 2~7인의 가족 구성을 가지고 1~2丁의 역역부담의무를 지고 있는 자연호로서 뒤에 下仲烟・下下烟으로 분화되는 호라고 생각된다. 이들 개별호의 호등 구분은 각 호의 가족 구성과 역역부담능력에 따른 것이라고 생각되는데, 이는 人丁이 戶等의 구분에서 중요한 기준임을 의미하는 것이다.

4~6세기 농업생산력의 발달 과정에서 토지의 사유화가 상당한 정도로 진전되어 갔다. 그 과정에서 농민적 토지소유권도 연수유전답의 방식으로 인정되어 갔지만, 이들 토지를 기초로 관료전을 지급하는 것은 곤란했을 것이다. 따라서 관료전의 지급은 각 촌락의 노동조직을 이용하여 만들어진 국공유지에 대한 수조권을 지급하는 방식으로 전개되었고, 국가적 토지분급제의 발달과정에서 초기의 한계성을 보여주는 부분이기도 하다. 그러나 이러한 방식으로 국가적 토지분급제를 실시할 수 있었던 것은 신라의 사회경제적 발전과 아울러 중앙집권적 관료체제의 확립에 기초하고 있다는 점에서 토지분급제의 발달상에 일정한 의의를 가진다고 할 수 있다.

통일이후 농업생산력의 발전과 더불어 토지의 중요성이 높아지고 토지에 대한 수취의 필요성이 증대되면서 결부제가 시행되었다. 통일이후의 수취는 결부제에 기초하여 이루어졌으며, 그것은 사적 토지소유권이 발달하면서 토지에 대한 항상적 관리가 이루어지고 그에 따라 양전이 이루어졌음을 의미한다. 이처럼 결부제의 전개는 이전 시기와는 달리 수세의 중심이 토지로 이행해가는 것을 의미하며, 그 변화의 의미는 단순한 것이 아니었다. 사회적 변화에 따른 국가정책의 변화가 아무런 저항 없이 이루어질 수는 없었다. 녹읍의 부활은 수세제도의 변화와 관료전제의 시행으로 정치적·경제적 손실을 입은 골품귀족의 반발에 의한 것이라고 보아야 할 것이다.

 녹읍이 폐지되었다가 경덕왕 16년에 다시 부활되지만 녹읍에서의 수취방식은 전기녹읍과는 다른 방식이었을 것이다. 그러나 후기녹읍은 전기녹읍과 전혀 별개의 것이 아니기 때문에 전기녹읍의 성격을 일정하게 계승하면서 사회적 변화를 동시에 반영하고 있다고 할 것이다. 그것은 신라의 촌락파악방식의 변화와 결부되어 있었을 것으로 여겨진다. 특히 收稅와 관련하여 인두세적 수취방식인 '共値'로부터 토지의 중요성이 반영된 '計烟'에 기초한 수취로의 변화는 바로 녹읍수취방식의 변화를 의미한다고 생각된다. 그러나 녹읍주가 과연 계연에 상응하는 모든 것을 다 수취하였는지, 아니면 피급자의 녹봉에 상응하는 수조권이 결부제에 기초하여 주어졌는지는 가늠하기 곤란하다.

 그 내용을 잘 보여주는 것이 신라촌락문서이다. 신라촌락문서에서 각 촌락은 호등제에 기초하여 파악되었고, 당시의 호등제는 인정과 토지의 결합에 의한 농업경영규모에 상응하여 호등이 매겨졌다. 계연 산정에서 중요한 것은 토지이며, 촌락에 대한 수취는 계연에 기초하여 이루어졌다. 그렇다면 후기녹읍의 수취도 신라촌락문서처럼 計烟 산정이 이루어지고, 그에 따른 토지에 대한 수조권이 주어졌다고 보아야 할 것이다. 이는 후기녹읍의 수취 내용이 계연에 상응한 수조권을 갖는 것을 의미한다. 따라서 田租 수취가 결부제에 의거해서 이루어지고, 호등에 대한 파악이 인정과 토지의 결합에 의한 농업경영규모에 기초하고 있었다는 사실은 그 이전 사회와는 다른 새로운 변화라고 할 것이다.

　신라촌락문서에서 각 촌락의 공연은 등급연과 등급이 부여되지 않은 수좌내연을 포함하여 공연의 수를 기록하고 있다. 따라서 수좌내연은 기본적으로 공연이며, B촌의 예는 그것을 잘 보여준다. 여기서 B촌의 수좌내연은 '助子一 老公一 丁女二'로 구성된 불완전한 가족 구성을 보여주고 있다. 또한 수좌내연의 가족수와 '列加人'을 합쳐서 B촌의 '加收內合人'의 수를 기록하고 있다. 따라서 '加收內'는 수좌내연과 열가인의 합으로 이루어졌음을 알 수 있다. 이와 관련하여 살펴볼 사례는 C촌의 수좌내연과 '列收內'의 관계이다. '新收內合人'에 '列收內'와 수좌내연의 가족수를 합쳐서 기록하고 있다. '加收內'와 '新收內'의 차이를 정확하게 말하기는 곤란하지만 '加收內'에는 '列加人'이 들어가고, '新收內'에는 '列收內'가 포함되는 것이다. 그것은 다시 수좌내연을 기록할 때, B촌 '三年間中收坐內烟一'과 C촌 '三年間中新收坐內烟一'이라고 표시하여 기록상 달리 표현하고 있다. 그 차이가 무엇일까. 이는 수좌내연이 만들어진 시점이나 그 내용의 차이와 관련이 있지 않을까 여겨진다.

　등급연은 기본적으로 공연이며, 수좌내연도 공연에 포함되어 있다. 따라서 공연은 그 구성에 따라 수좌내연에서부터 9등호의 등급호에 이르기까지 사실상 10단계로 나누어져 있음을 알 수 있다. 수좌내연이라도 그것이 어떤 방식으로 구성되었는가에 따라서 그 표현은 다소 차이를 보이고 있으며, 그것이 등급연으로 편제될 때 그 내부 구성은 변화할 수 있었을 것이다. 또한 수좌내연이 등급연으로 편제될 때 수좌내연 가족 구성의 불안정성으로 인하여 대체로 하하연으로 편제되었으며, 하하연은 몇 개의 수좌내연으로 구성되었을 것으로 예상된다.

　촌락내 공연 소유의 토지 경작은 기본적으로 각 호등별 孔烟 단위의 노동력을 활용하였겠지만, 그 외의 토지를 경작하기 위해서는 거기에 필요한 일정한 노동력이 존재해야 할 것이며, 그 노동력은 하하연으로부터 공급받을 수 있었을 것이다. 불안정한 가족 구성과 빈약한 경제력을 가진 수좌내연이 등급연으로 편제될 때 하하연으로 편제되었을 것인 만큼, 하나의 자연호가 그대로 하하연이 되는 것이 아니라 몇 개의 수좌내연이 하나의 하하연을 구성했을 가능성이 크다. 이는 특히 C·D촌의 압도적인 하하연의 구성에 비해서 실제 인구수가 많은 것은 하하연의 편호적 구성을 고려하지 않고는 생각하기 어렵다. 하하연이 하중연 이상처럼 하나의 자연호로서 하나의 등급연을 구성하지 못하는 것은 그들의 경제적 상태가 열악하였기 때문이라고 생각된다. 따라서 C·D촌의 토지 구성과 압도적인 하하연의 구성으로 볼 때 하하연이 그만큼의 토지를 소유했다고 보기는 어려울 것이며, 남의 토지를 경작하는 경작자로서의 역할을 했을 가능성이 있다.

공연은 그들의 소유 토지를 경작할 수 있는 노동력을 가지고 있는 자연호로 파악된다. 공연의 등급인 호등은 호의 경제력을 반영한 호의 구분이며, 이는 토지와 인정이 결합된 농업경영단위의 차이를 반영한 것이다. 이러한 사실은 8~9세기 신라사회가 농업경제력을 바탕으로 호의 분화가 상당하게 진행되면서 호별경제력의 차이가 심화되고 있었음을 반영한다. 하하연은 호의 분화결과 농촌 내부에 광범하게 존재하게 된 열악한 농민층으로서 자신의 소유토지로서는 자립적 재생산이 곤란한 농민층으로 생각되며, 일정하게 남의 토지를 경작함으로써 그 부족분을 보완하였을 것으로 판단된다. 따라서 하하연의 경우는 열악한 경제력으로 인하여 하나의 공연으로 인정되지 못하고 3개 정도의 자연호가 하나의 공연으로 편호된 것으로 여겨진다.

신라의 호등제는 개별 자연호 가운데 토지 24~27결을 소유하고, 口數가 17~19인 정도이며, 그 가운데 예상 정·정녀수가 5명·7명으로 구성된 호를 計烟의 기본수 1인 중상연으로 파악하였다. 그 이하는 소유토지와 구수로 결합된 각각의 농업경영규모에 따라 호등을 결정하였다. 중상연의 경우는 기본적으로 대가족 구성을 하고 있겠지만, 내부적으로는 호주를 중심으로 하여 자연호 3~4家의 의제적 결합으로 이루어졌을 가능성이 크다. 또한 여기에는 노비가 일정하게 포함되어 있었을 것으로 여겨진다.

그러나 촌락의 입지조건에 따라 전답의 소유 비율이 각각 다르고, 전품이 다르기 때문에 실질적인 경작 면적이 동일한 것은 아니다. 하하연의 경우는 예상 소유토지가 9~12결이라고 하더라도 畓에 비해 田의 소유 비율이 높고, 전품도 대체로 낮은 것으로 여겨지며, 3개 정도의 자연호가 결합된 편호 형태이므로 예상 구수에 비해서 예상 소유토지가 적기 때문에 경제력이 열악한 戶였을 것이다.

나말여초의 사회변화는 신라하대 토지소유구조와 계층구조의 변화를 기저적 동인으로 하면서 향촌사회 내부의 구조를 변화시켰다. 고려전기 사회는 나말여초의 사회변화를 체제적으로 수용하고 안정화시켜가는 방향에서 조직화되었다. 따라서 고려전기는 앞 시기와 질적인 차이를 보인 시기였다기보다는 앞 시기의 변화를 발전적으로 계승한 시기였다고 생각된다. 특히 고려전기 호등제는 통일신라기의 호등제를 계승하면서 변화된 계층구조를 능동적으로 재편한 것이다.

신라사회의 계층분화는 기본적으로 토지소유의 심각한 불균형에 기인하는 것으로 생각되며, 그것은 田莊의 발달이라는 현상으로 나타난다. 전장은 신라통일기에 나타난 대토지소유의 한 형태로서 전국에 걸쳐 산재한 것으로 보인다. 이 시기에 들어와서 농민층 내부의 분화가 보다 가속화되면서 몰락으로 인해 토지로부터 떨어져 나온 농민층이 양산되었다. 이에 따라 기근 때문에 자식을 팔아 생존을 도모하는 경우도 있었을 뿐 아니라, 수확기에 해당하는 8월에도 기근이 발생하고 이로 인해 도적이 일어나는 사례를 살펴볼 수 있다. 따라서 신라 하대에 이르러 9등호제에 바탕을 둔 국가의 부세징수체계는 제 기능을 하기 어려웠을 것이다. 따라서 대토지소유의 확대와 농민층의 몰락이 가속화됨에 따라 개별호의 부의 편차는 더욱 심화되었고 그 결과 호등제에 기초한 수취의 차별화도 매우 어렵게 될 수밖에 없었다.

고려 건국 후에 지방사회에 대한 파악은 앞 시기의 내용을 바탕으로 새롭게 재편되지 않으면 안되었다. 이에 따라 새로운 호적의 작성 및 양전의 시행, 그리고 그에 기초한 호등제가 만들어졌다. 호등제는 호의 경제적 차이를 반영하여 호의 등급을 매기는 제도이므로 호의 규모를 가늠할 수 있는 人丁과 토지소유규모의 파악이 선행되어야 한다. 이를 위해 호구조사와 양전은 호등제를 시행하기 위한 기본 전제라고 할 수 있다.

호구와 토지에 대한 조사는 지방에 파견하였던 지방관에 의하여 이루어졌지만, 이를 보다 효과적으로 이루기 위해서는 지방사회의 유력자들로 구성된 조직의 도움을 필요로 하였다. 이는 지방관이 파견되기 전부터 지방사회에서 지배조직의 하나로서 기능하였다. 이와 관련하여 주목되는 조직이 금석문 등에 나타나는 州官이나 官班이다. 境淸禪院 慈寂禪師碑의 陰記는 이와 관련하여 많은 시사를 준다. 이 음기에는 都評省의 첩문이 새겨져 있는데, 이에 의하면 지방관이 파견되기 전 중앙과 지방의 상호관계를 살필 수 있다. 당시의 명령체계는 도평성→주·현→촌으로 이어지는 체계였다. 州나 縣에는 중앙에서 파견된 지방관이 없기 때문에 관반을 구성하는 관반조직을 통해서 중앙의 명령을 처리하는 체계로 이루어져 있었다.

일부 지역에서는 大等, 堂大等의 지위가 나타나는데, 이는 주관의 발달과정에서 지역적 차이를 반영하며, 대등은 溟州·原州·忠州·淸州 등 주요 巨邑의 州官에서 보이고 있다. 대등과 당대등은 州 단위의 통치기구인 주관의 형성과정에서 등장한 것으로 본다. 이러한 연장선상에서 태조가 후삼국을 통일한 후, 경주에도 당대등을 두게 되었다. 이들 지역에서는 신라의 執事省에 보이는 執事郎中, 侍郎, 員外 등의 관직을 두어 중앙에 상응하는 통치체제를 갖추고 있었다. 이들 기구와 관직은 지방사회를 통치하는 데 필요한 기구로서 지역의 여건에 따라 그 이름이 달리 나타나기도 했다.

낭중-원외-집사로 이어지는 '戶'를 관할하는 직제가 향촌사회 직제의 중심에 서 있다. 이와 관련된 관부가 '戶部'였는지 알 길은 없다. 그러나 병부·창부와 구별되는 그 명칭으로 보아 '戶'를 관할하는 부서의 중요성을 집작할 수 있다. 낭중 계열의 주요 업무는 그에 속해 있던 해당 촌락의 戶에 관한 전반적 내용을 촌주를 통해 총괄적으로 파악하는 임무를 맡고 있었으리라 여겨진다. 각 촌락 사회의 戶數, 호의 규모, 호의 등급, 인구수 및 토지소유규모 등을 파악하고, 이를 토대로 병부에서는 병무와 관련된 일을, 창부에서는 수취와 관련된 업무를 나누어 관장했을 것으로 여겨진다. 따라서 낭중 계열의 직제는 향촌사회의 핵심 직제로서 戶에 관한 포괄적 조사를 통해 호적 작성 등을 직접 관장한 기구로 판단된다. 호적의 작성은 성종대에 이르러 전반적으로 시행될 수 있는 조건을 갖추었다고 여겨지며, 양전도 고려가 건국된 이후 광종 연간에 이미 지방에서 시행되고 있었으나, 기본적인 내용은 신라통일기의 것을 바탕으로 태조대부터 이루어졌다고 보아야 할 것이다.

태조대에는 태조 23년에 이르기까지 여러 차례의 군현개편이 이루어지는데, 단순하게 군현의 명칭만 고치는 경우와 주변의 군소군현을 병합하여 사실상 새로운 군현을 창설하는 경우가 있다. 어느 경우든 토지와 인구에 대한 일정한 파악을 토대로 邑格이 정해졌을 것이며, 그러한 내용을 토대로 광종 즉위년에는 주현의 세공액을 책정할 수 있었을 것이다.

태조 26년에 보이는 淸道郡界里審使 順英의 지위는 시사하는 바가 크다. '淸道郡界里審使'라는 직책은 '청도군의 경계를 심사하는 사신'이라는 의미로서 청도군의 설치와 밀접한 관련을 가지고 있는 직임임을 알 수 있다. 청도군의 설치 시기가 태조대라는 점과『高麗史』지리지와『慶尙道地理志』의 기록을 관련시켜 이해해본다면, 태조대에 청도군을 설치함에 있어서 淸道郡界里審使 順英은 바로 청도군 설치의 실무적 역할을 담당한 것으로 이해할 수 있다. 즉 '郡'으로서의 읍격을 유지하기 위해 인근의 일정한 지역을 합쳐야 할 필요가 있으며, 그 임무를 수행한 것이 順英이었을 것이다. 여기서 순영은 본래 신라의 大城郡(率伊山城・茄山城・吳刀山城)과 밀성군의 영현이었던 吳丘山縣・荊山縣・蘇山縣 등을 합쳐서 청도군을 창설하는 역할을 담당했을 것이다. 이들 각 지역은 이미 신라의 군현제 속에서 군-영현 체제로 이루어져 있던 군현으로서 그들의 읍격에 따른 토지-인정 규모를 유지하고 있었으며, 이들의 읍격에 상응하는 토지-인정에 관한 조사는 '田丁柱貼'의 형태로 남아 있었다고 여겨진다. 순영은 이러한 자료를 바탕으로 군현의 통합을 위한 영역의 경계를 심사하는 역할을 맡았을 것이다.

청도군은 6개 지역이 합쳐져서 만들어졌으며, 이러한 군현 개편을 위한 기초 자료로서 토지대장인 都田帳이 활용되었을 것이다. 군현의 통합을 위해 영역의 경계를 정확히 해야 할 책임을 맡은 淸道郡界里審使 順英은 군현개편의 기초 자료인 都田帳을 바탕으로 영역의 경계를 심사하여 그 소속 관계를 분명히 한 다음, 柱貼公文에 그러한 사실을 기재했을 것이다. 즉 청도군의 전체 토지대장인 都田帳에는 순영 등이 작성한 주첩공문의 내용이 기재되었고, 거기에 운문산선원의 경계까지도 기록이 되어 있었음을 알 수 있다. 따라서 순영 등은 청도군의 경계를 획정하기 위하여 그 속에 포함된 각종 토지의 경계를 조사하고 기록했을 것으로 생각된다.

고려초기 영역의 획정, 토지에 대한 양전, 공사전에 대한 법적 조치 등은 고려 국가의 지방에 대한 통제와 아울러 국가의 재정구조를 확고히 하려는 시도로 파악되는 바, 양전을 통하여 토지소유구조를 재조정하고 호등제를 확립하고자 하였던 것으로 이해된다.

고려말 양반 호적의 작성에 관한 방법을 보면 호적 내에는 호주·동거 자식·형제·조카·사위 외 노비에 이르기까지 同居人을 모두 기록하도록 되어 있었다. 일반 민호의 경우에도 위의 예와 크게 다르지 않았을 것이며 원칙적으로 일반 민호의 동거인도 모두 기록하였을 것이다. 국가는 호적법에 따라서 호주 중심의 호구 파악을 통하여 향촌사회를 국가체제 속으로 수용하면서 그들을 통제하였다. 고려전기 군현제에서 특징적으로 나타나는 '丁'수에 의한 군현의 파악은 이와 밀접한 관련을 가지고 있었을 것이다.

고려의 量田과 戶口調査는 다른 체계 속에서 이루어지고 있었다. 양전은 量田使가 算士와 下典 등을 대동하여 직접 양전을 실시하며, 호구조사는 해마다 주군에서 조사하여 戶部에 보고하는 체계를 가지고 있었다. 양전과 호구조사는 호부가 관장하고 있었으며 호부는 전정과 호구를 일괄적으로 파악하고 있다

고려의 호적이 토지와 인정이 함께 기재되는 방식이었다면 고려의 호등제도 토지와 인정의 결합에 기초한 농업경영규모의 차이와 무관하지 않을 것이다. 호적의 작성은 성종대에 이르러 전반적으로 시행될 수 있는 조건을 갖추었다고 여겨지며, 양전도 고려가 건국된 이후 광종 연간에 이미 지방에서 시행되고 있었으나, 기본적인 내용은 통일신라기의 것을 바탕으로 태조대부터 이루어졌다고 보아야 할 것이다. 이처럼 호구조사와 양전을 통해 고려는 통일신라의 호등제를 계승하여 고려의 실정에 맞는 호등제를 구현할 수 있었다.

Ⅶ. 결 론

　　고려전기의 '丁'이 국가에 의해서 파악된 전정과 호구에 따라 결정된다고 한다면 양전과 호구조사는 '丁'을 결정하는 중요한 과정이 되는 셈이다. 신라의 호등제는 孔烟의 등급을 정한 것이며 호등에 상응하는 기본수의 합을 計烟으로 정하여 수취의 기준으로 삼았다. 공연이 기본적으로 토지와 인정의 결합으로 나타나는 농업경영규모를 반영하는 것이라고 한다면, '丁'이라는 것도 공연의 성격과 대단히 유사하리라는 유추가 가능하다.

　　조선초 태종 3년 12월에 司憲府가 토지의 廣狹과 인구의 多少를 참작하여 州府郡縣의 등급과 名號의 개정을 건의한 바 있으며, 군현의 名號는 인구의 다소에 따라 정한다고 하는 원칙의 확인은 시사하는 바가 크다. 여기서 주목되는 점은 군현의 승강은 기본적으로 토지와 인구의 다소에 따른다는 원칙의 확인이며, 이러한 원칙은 조선초에 '戶'로 표기되어 있었다. 그러나 고려전기에는 군현의 크기가 '丁'으로 표기되었다. 이러한 사실은 조선전기 사료에서 군현의 크기를 '戶'로 표시하고 있는 것과 맥을 같이 한다고 생각된다.

　　이와 관련하여 "舊時千丁縣 今朝十室邑"이라는 표현은 시사하는 바가 크다. '千丁縣'과 '十室邑'이 대비적으로 쓰이고 있다. 여기서 '丁'이 '室'의 의미를 내포하고 있으니 '丁'은 단순한 壯丁을 의미하는 것이 아니라 '戶'의 의미를 가지고 있었다고 생각된다. 千丁縣이 관리들의 가렴주구로 인하여 호구가 감소함에 따라 현의 규모가 퇴락했음을 상징적으로 보여주고 있다. 이와 같이 본다면 '丁'은 토지를 소유하고 있는 일반호라는 단순한 가정이 성립할 수 있다. 戶는 토지와 인정의 자연적 구성으로 이루어진 결합체로서, 고려전기 직역체계와 밀접한 관련을 가지고 있다.

　　고려 정부는 직역부담층인 정호층의 확보와 當差役者이자 예비 직역층으로서의 백정층을 유지·확보하기 위해서 호구조사와 양전을 계속적으로 실시하면서 이를 통해 각 지역의 '丁'수를 일정하게 유지하려는 정책을 취하였다. 이 과정에서 개별 자연호의 호등이 정해졌을 것이다.

고려의 '丁'은 토지와 인정이 결합된 '戶'의 의미를 가지고 있으며, 그 호는 호주를 중심으로 동거인과 노비 등을 포함하고 있었다. '丁=戶'라는 등식 속에 내포되어 있는 의미는 호를 구성하고 있는 인정과 토지의 결합으로서의 농업경영규모를 파악하는 것이 국가의 수세원을 파악하는 기초이자, 국가가 필요로 하는 국역담당자층을 확보하는 토대라는 점이다. 이는 전제와 역제의 결합으로서의 고려사회 운영원리가 호등제를 매개로 전정제라는 틀로 이루어져 있음을 의미하고 있다.

고려전기의 군현개편 과정도 '丁'수에 기초하여 이루어졌을 것으로 보인다. 태조대 군현개편은 단순하게 군현을 통합했다기보다는 어떤 기준에 입각하여 통합이 이루어졌을 것이다. 이와 관련하여『慶州戶長先生案』에서 태조가 삼한을 통일한 후, 경주를 1,000丁의 州로 묶어 邑格을 정하고, 그 읍격에 상응하여 호장을 두었다는 사실은 이와 밀접한 관계를 가지고 있음을 보여준다. 이는 천안부의 예에서 태조가 천안을 '三千戶邑'으로 만들고자 한 의도와도 밀접히 관련이 된다.

경주의 설치와 관련하여 "大城郡 (중략) 約章縣 本惡支縣 景德王改名 今合屬慶州 東畿停 本毛只停 景德王改名 今合屬慶州"의 사료에서 '今合屬慶州'의 '今'의 시기는『三國史記』가 편찬되던 시기를 가리키는 것으로 볼 수 있지만, 사실상 '合屬'의 시기는 고려초 군현제 개편과 관련하여 태조 18년일 가능성이 크다. '合屬'의 의미는 태조대 군현제 개편 과정 속에서 '丁'수에 기초한 읍격의 조정과 밀접한 관련을 가지는 것이라고 생각된다.

태조대 영주의 창설은 신라 이래 현으로 유지되어 오던 골화현 등 4개의 현을 합쳐서 영주로 만들었다는 사실을 말하며, '州'의 읍격에 상응한 조치로서 4개의 현을 합친 것을 의미한다. 이는 이 시기 '州'의 창설 정책에 따라 각 현의 토지와 인정에 대한 파악을 기초로 하여 영주를 창설한 것이라고 할 수 있다.

태조 23년의 군현제 개편은 단순한 명호개정이 아니라, 성종을 거쳐 현종대 완성된 정수에 기초한 읍격의 조정이라는 고려 지방제도의 기본틀이 마련되었음을 의미한다. 이는 바로 '丁'을 바탕으로 한 지방제도 정비의 1단계 작업이며, '丁'으로 이루어진 전제와 역제의 결합방식이 태조대에도 존재했음을 알 수 있다. 이를 통해 태조대에 신라의 제도를 계승하여 전제와 역제의 결합방식을 가진 '田丁'의 제도를 바탕으로 한 지방 편제가 시행되었음을 짐작할 수 있다.

그러나 전제와 역제의 결합 방식이 태조대에 보편적인 고려의 호등제로 제도화된 것 같지는 않다. 성종대에 이르러 '丁數'를 기준으로 한 지방 편제 및 각종 제도가 만들어지게 된다. 성종 2년 丁數를 기준으로 한 읍격의 구분이 이루어지면서 정수에 의한 지방제도의 편제방식은 고려전기 지방제도 운영상의 큰 특징이 되었다.

성종 9년 단계에는 정호와 백정호의 구분이 분명하게 드러나 있었고, 『慶州戶長先生案』에 보이는 성종 5년 '內外戶口施行'의 제도와 밀접한 관련을 가지고 있었을 것이다. 성종 5년 '內外戶口施行'은 단순한 호구조사에 그친 것이 아니라 호적제도가 체계화되었음을 의미하며, 이를 통해 개별호에 대한 호등의 파악이 이루어졌을 것이다. 성종 5년 '內外戶口施行'은 성종 2년 외관이 파견되고, 성종 2년 주부군현의 吏職 개편을 통한 堂大等 체제의 戶長 체제로의 전환이 이루어지는 과정 속에서 가능하게 되었다고 할 수 있다.

현종 9년에는 향리직제의 개편에서 각 지역의 읍격에 따라 일반 군현과 양계지역으로 나누어 향리직제와 그 인원수를 구체적으로 규정하였다. 이는 현종 9년 2월 지방제도의 개혁으로 4都護・8牧・56知州

軍使・28鎭將・20縣令이 설치됨과 아울러 지방통치조직이 체계화되는 것을 의미한다. 이외에도 현종 9년 정월 지방 수령에 따르는 지방 관속의 수를 정하거나, 현종 9년 향리의 서열에 따른 공복을 제정하였다. 이러한 과정에서 현종대는 전반적인 지방통치체제를 마무리하였다. 현종대 지방제도의 정비와 함께 丁數에 기초한 군현의 읍격과 그에 따른 향리직 체계가 갖추어짐으로써 호등제적 편제의 가능성은 훨씬 커졌다고 할 수 있다.

문종대에 처음으로 '足丁'과 '半丁'의 자료가 나타난다. 족정과 반정의 의미에 관해서는 다양한 견해들이 있지만, 자료를 있는 그대로 이해하면서 그 의미를 생각해 볼 필요가 있다. 문종 31년의 기인선상 규정은 其人을 뽑기 위한 조치로서 기인의 선정 방식을 규정한 것이다. 기인의 대상으로 '足丁'과 '半丁'을 들고 있다는 사실은 이들이 기본적으로 人丁 가운데에서 일정한 자격을 갖춘 자임을 의미한다. 그것은 바로 '丁'이 가지고 있는 본래적 의미로부터 파생하는 것이라고 생각된다. 고려의 '丁'은 '戶'의 의미를 내포하고 있으므로 足丁은 곧 足丁戶와 같은 의미로 이해할 수 있다. 즉 足丁戶는 족정만큼의 토지를 가지고 그에 상응하는 노동력을 가진 호로서 반정호, 백정호 위의 상위 호등이라고 생각된다

기인선상 규정에서 보듯이 문종대에는 족정호・반정호・백정호라는 3등호의 구분이 분명하게 드러나면서 기인선상을 위해 3등호제가 실질적으로 활용되고 있었다. 그러나 3등호제는 이 시기에 비로소 나타난 것이 아니라 태조대부터 활용되고 있었던 '丁'수에 의한 읍격의 조정에서 태동의 가능성을 내포하고 있었다. 이 규정이 문종 31년의 '判'에 의한 것임을 볼 때, 그 이전부터 기인선상과 관련하여 활용되고 있었다고 보는 것이 타당할 것이다. 3등호제는 일시에 전국적으로 시행된 것이 아니라, 태조대 이래 양전과 호구조사가 점차적으로 확대 실

시되면서 군현제가 확립되는 현종 무렵에 일단락되었을 것으로 생각된다.

고려전기 足丁=17결의 토지는 분산된 개별가호의 토지가 인위적으로 결합된 것이 아니라 개별자연가호의 소유토지로서 개별가호의 경작노동력과 결합하여 하나의 농업경영단위를 이루고 있었다. 그러나 족정호만을 확보할 수 없었던 국가로서는 반정호를 확보함으로써 원활한 국가의 직역체계를 유지하고자 하였다. 반정호는 족정호의 半 정도의 토지와 그에 상응하는 노동력을 소유하고 있는 농민층이라고 생각되지만, 토지소유규모와 토지이용방식 등이 다양하기 때문에 일률적으로 규정할 수는 없다. 사실상의 호등 구분에서는 이를 고려한 족정호·반정호의 농업경영규모가 규정되었을 것이다.

백정층은 자립이 가능한 백정층과 그렇지 못한 백정층의 두 부류로 크게 나누어 볼 수 있다. 불역상등전 1결을 소유하는 백정층이 얼마 정도인지는 알 수 없지만, 불역전이 별로 없었다는 이제현의 사찬으로 보아 불역상등전 1결을 가지고 있는 백정층은 그렇게 많지 않았을 것이다. 또한 휴한전을 가지고 있었다고 하더라도 백정층은 자신의 소유토지만으로 자립농으로서 존재하기 어려웠을 것이다. 따라서 백정층은 남의 토지를 차경하거나 陳田 개간에 적극 참여함으로써 농업경영상의 한계를 극복하였을 것으로 여겨진다.

족정호·반정호·백정호는 농업경영규모에 따라 경제력의 차이를 반영한 호등의 구분이었다. 따라서 족정호와 반정호는 토지소유규모 면에서나 농업경영의 측면에서 부농층에 속한다. 丁戶와 白丁戶는 토지소유의 차이에 기인하는 호등의 차이를 의미하며, 정호층은 다시 足丁戶와 半丁戶로 나누어져 있었다. 이로써 고려사회는 농업경영규모의 차이를 반영한 족정호·반정호·백정호라는 3등호제가 새롭게 구현되고 있었다고 할 수 있다.

족정호의 토지소유규모는 중등전 17결을 하한으로 하고 수노동을 기준으로 할 때 16~18인 정도의 노동력을 소유하고 있는 호라고 할 수 있다. 그러나 이 정도의 농가라고 하면 농우의 소유를 예상할 수 있으며, 2牛 3人 1조의 농업경영으로 본다면 훨씬 적은 노동력으로 농업경영이 가능하리라고 생각된다. 반정호의 경우는 중등전 8결 이상~17결 미만의 토지를 소유하고 있으며 수노동을 기준으로 8인~16인 정도의 노동력으로 농업경영이 이루어질 수 있다.

백정호는 중등전 8결 미만의 토지를 소유한다고 보지만 실질적으로는 1결 내외의 토지를 소유하면서 개별적인 농업경영으로는 자립적 조건을 가지기가 어려운 농민층으로 생각된다. 따라서 이들 농민층은 자신의 토지 외에 소작 등 다른 형태로 자신의 농업경영을 보완하는 방식이 필요했을 것이다.

고려전기 3등호제는 고려사회의 운영원리로서 그에 기초한 호별편제 원리는 개별호의 성격과 기능에 따라서 그를 특정호로 편제하여 그에 상응하는 책임과 역할을 부담시키는 방식이었다. 즉 개별호를 계층적으로 정호와 백정호로 나누고 정호는 직역호로, 백정호는 課戶=常戶=徭役戶로 편제하는 방식이다. 전자는 군인·기인·향리호로 차정하여 직역을 부담시키고, 후자는 국가에 삼세를 부담하는 일반 민호로 편제하여 정호가 부족할 시에 이를 보충할 수 있는 예비 직역호로 삼았다. 이는 부곡제 지역에서도 그대로 실현되어 각 지역의 정호와 백정호를 구분하여 部曲吏·所吏 등과 일반 민호로 구분하고, 소의 경우 그 기능에 따라 특정 기술을 가지고 있는 호를 '~戶'로 편제하여 특정 생산물이 지속적으로 생산될 수 있도록 하였다. 부곡제 지역을 군현제 지역과 법제적으로 구별하여 국가가 필요로 하는 특정역을 부곡제 지역으로부터 획득할 수 있도록 규정하였다. 그 외에도 莊戶의 예에서 보듯이 민호를 특정 기관에 소속시키는 호별편제를 통하여 국가적으로 필요한 역역부담층을 확보하거나, 陰戶와 같이 부모의 음덕으로 부역을 면제시켜 주기 위한 특정 목적으로 호별편제를 시도하기도 했다.

고려에서는 이들 호별편제에 상응한 籍의 작성도 이루어졌다. 기본적으로 양안과 호적 작성을 통하여 개별호의 토지소유규모와 호의 규모를 파악하고 있었다. 호적은 각 지역별로 국가의 징병 조역을 위한 기초 자료로 작성되었다. 그 외에 군호를 파악하는 軍籍의 작성을 통하여 군액의 확보가 이루어졌으며, 각 지역별로 군현제 지역과 부곡제 지역에 대한 적의 작성이 京籍, 郡司籍 등의 형태로 이루어졌다. 다양한 籍의 작성을 통해 호별편제의 운영원리를 유지하였다.

고려전기 3등호제는 12세기 이후 나타나기 시작했던 사회 전반의 변화 속에서 제 기능을 발휘할 수 없었다. 특히 민의 유망현상, 농장의 확대, 부세수취의 가혹성 등으로 인하여 민의 분화현상이 뚜렷해지고 계층구조의 변화가 심화되면서 그 기본적 틀이 무너지기 시작하였다. 그 변화의 기저에는 생산력 발전을 기초로 한 새로운 계층의 등장과 군현제적 편제의 붕괴, 수취제의 변화가 수반되면서 호등제도 새롭게 변화하지 않을 수 없었다.

호등제 변화의 직접적 원인은 당시 농업생산력 발전을 계기로 일어난 계층구조의 변화로부터 찾아야 할 것이다. 고려전기 호등제의 기본 골격이 田制와 役制의 결합에 의한 농업경영규모의 차이에 있었다면, 이 시기 변화의 근간은 생산력 발전에 상응한 농업경영방식의 변화와 그로 인해 발생한 田制와 役制의 분리에 따른 것이라고 할 수 있다. 이러한 과정에서 고려전기 '丁'의 의미는 바뀌어져 갔다.

고려후기 수취제의 변화에서 주목되는 것은 전기에는 존재하지 않던 常徭·雜貢 등 새로운 세제가 등장한 점이다. 새로운 세제의 등장은 12세기 이래 부곡제의 해체로 인한 일반민에 대한 수취부담의 증가와 13세기 후반 대외관계로 인한 현물세의 수요증대 및 국가의 재정수요를 충당하기 위한 방편 등이 원인이 되었다. 貢戶의 차정을 통해서도 확실한 세원을 확보하고자 하였다. 공호는 사료상 명종 18년에 처음 나타나고 있으나 공호가 이때 처음 만들어졌다고 볼 수는 없다. 아마 삼세 수취가 한계에 봉착하고 부가세로서의 상요와 잡공이 설정되면서 현거주지 중심의 공호 차정이 이루어졌을 것이다.

　원종 10년(1269)의 貢賦 更定은 그 해 2월 田民辨正都監의 설치와도 관련하여 당시의 이완된 수취제도를 개선하고자 하는 의도로 이루어졌다. 기사년의 공부 경정은 민호를 계점함으로써 공부를 정하는 방식을 취하였다. 그러나 이러한 방식은 고려전기 전정제의 기능이 유지되던 시기, 각 호에 대한 파악이 철저하게 이루어지는 단계에서 民戶의 計點을 통해 각 호의 富의 정도를 가늠함으로써 공부를 정할 수 있었다. 그러나 호의 분화가 심화되면서 유이민이 속출하던 이 시기에는 賦斂의 不均현상이 생길 수밖에 없었고, 그 고통을 민이 고스란히 받을 수밖에 없었다. 따라서 기사년의 공부 경정을 보완하기 위해서 호구수와 토지를 새롭게 조사하여 民賦를 정하자고 하였다. 원종 10년의 공부 경정은 이어지는 祿科田의 설치와 함께 새로운 변화를 시도하는 가운데 나타난 개혁의 과정이라고 볼 수 있다. 이 과정에서 作丁制가 태동하였을 것으로 생각된다 그러나 이 시기까지 作丁制가 제도적으로 완성되지 못하였을 가능성이 크다.

　충숙왕 원년 2월 채홍철을 5도순방계정사로 삼고 '토지를 헤아려 공부를 제정(量田制賦)'하였다. 이는 5도순방계정사가 충숙왕 원년 각 지역에 파견되어 양전과 함께 토지에 대한 수세액을 정했음을 의미한다. 이 과정에서 만들어진 것이 '田籍'이었는데, 이 전적을 바탕으로 하여 수세의 원칙을 정하였다고 여겨진다. 아마도 이 田籍에는 토지면적을 비롯하여 비척도 등 양전대장에 기록되는 기본적 요소가 들어갔을 것이다. 당시 '巡訪使所定田稅 每歲州郡 據額收租'의 사료는 순방사가 양전한 田籍에 기초하여 각 주군이 매년 정해진 수조액을 납부하였다는 사실을 말하는 것으로 생각되며, 이를 위해 각 주군별로 '作丁'을 통한 수조액이 정해진 것이며, 충숙왕 원년의 '量田制賦'는 고려후기 수취제의 변화를 제도적으로 확정하는 과정이라고 볼 수 있을 것이다.

 충숙왕 원년 '量田制賦'는 바로 충선왕 2년 '量田增賦'의 연장선상에서 이루어진 것임을 짐작할 수 있다. 이와 밀접한 관련을 가지고 있는 문서가 甲寅柱案이며, 갑인주안이란 갑인년에 만들어진 장부란 점에서 충숙왕 원년(1314년, 甲寅年)의 '量田制賦'를 위한 장부였던 '田籍'을 의미하는 것으로 여겨진다. 갑인주안은 고려후기 수취제의 변화와 관련하여 수취체제 정비를 위한 양안이라고 생각한다. 그렇다면 갑인주안 작성을 위한 일련의 양전사업은 '作丁制'의 체계화와 밀접한 관련을 가지고 있지 않았을까. 이 시기 양전제 변화의 가능성은 이미 제기된 바 있다. 실제로 結의 축소를 통한 양전제의 변화가 시도되었다면 충숙왕 원년 '量田制賦'는 이와 관련이 있을 가능성이 있다.

 이렇게 본다면 전기의 호등제 아래에서 각각의 수취기준을 가지고 있었던 租庸調의 세법이 토지를 기준으로 일원화되는 과정 속에서 '三稅之田'이 등장하였고, 삼세로 일원화된 토지에 대해서 전제와 역제가 분리된 족정・반정이라는 단위토지이자 수세단위가 등장하면서 작정제가 실시되었을 것이다. 상요・잡공의 등장은 삼세로 일원화된 토지세에 현물세로서의 부가세가 첨가되었음을 의미한다. 즉 종래의 조용조가 삼세로 일원화되면서 토지에 부과되었지만 그것만으로는 당시의 재정적 한계를 극복할 수 없었기 때문에 또 다시 상요와 잡공을 부가함으로써 종래의 조용조 세법에 유사한 조세체계를 가지게 되었다고 할 수 있다. 이는 결과적으로 부세의 증가를 의미하며 그로 인해 가호의 수세 부담이 증대되었음을 의미한다.

공민왕대에 보이는 '元定 足丁'이라는 표현에서 족정은 정해진 액수가 있었으며, 그것은 '其足丁剩於本數者'와 상통하는 것으로 족정이 일정액의 단위 토지임을 말하는 것이다. 따라서 고려후기의 '丁'은 전기와는 달리 단위토지이자 수세단위로서 기능했음을 알 수 있다. 이는 수취제의 변화와 관련하여 볼 때 원종 10년의 貢賦 更定에서부터 충숙왕 원년의 갑인양전에 이르는 기간 동안에 '丁'의 수세단위화가 이루어졌으며, '三稅之田'의 경우 '丁'을 수세단위화하여 족정·반정으로 묶어 수세가 되었음을 말한다. '丁'의 의미는 전제개혁 과정에서 보다 쉽게 5결 단위의 토지로 재조정되면서 그 의미가 보다 더 확실해진다.

공양왕대 과전법을 제정하면서 조준이 제기한 作丁制는 실행의 단계로 들어서게 된다. '경기와 6도의 토지는 모두 답험 타량하여 (중략) 수를 헤아려서 丁을 만들고 정에는 각각 字號를 붙여 대장에 기재한다'고 하여 경기와 6도의 토지를 양전하여 조준이 제기한 방식대로 作丁과 함께 字丁制를 실행하려고 했다. 作丁과 함께 字丁制를 실행함으로써 종래의 족정제에 의한 양전방식은 사라지고 10결·15결·20결 단위의 보다 정형화된 단위토지로 바뀌게 되었다.

고려전기 호등제가 견지해왔던 호의 경제적 차이를 기초로 한 호별 편제의 원리가 무너진 상태에서 호등제를 기초로 시행되었던 군역, 향리역, 기인역은 제대로 차정되지 못하였다. 또한 부곡제의 해체 속에서 호등제를 기초로 했던 특수역의 편제 원리가 붕괴되어감으로써 기존의 호등제는 변화될 수밖에 없었다. 이 시기 가장 중요한 과제는 일반 민호의 노동력을 제대로 확보하고 해당 지역에 안착시키는 문제였다. 원종 10년(己巳年, 1269) '전민변정사업' 및 '戶口計點을 통한 貢賦 更定'은 이 시기의 과제를 해결하려는 국가적 노력이었다. 양전을 통한 근본적 개혁을 하기에는 국내외적으로 많은 문제를 안고 있던 시기인 만큼, 호구 파악을 통해 제한적이나마 수취문제 등을 해결하고자 하였다. 이러한 상황에서 충렬왕 당시의 사료상에 보이는 호등제는 임시변통적인 호등제로서 인정수의 다과에 따른 호등제가 불가피하게 시행되었다고 여겨진다.

고려후기 호등제의 변화는 충숙왕대 갑인양전이 주요한 계기로 작용했을 것으로 여겨진다. 이를 계기로 수취방식도 토지를 기준으로 하는 '量田制賦'의 방식으로 변화되었다. 공민왕 11년 국용이 부족하게 된(調度不給) 이유는 정확하게 나타나지 않지만 이를 타개하기 위한 방편으로 일반 민호로부터 호등에 기초해서 수취하고자 한 사실은 주목되는 부분이다. 그런데 여기서 일반 민호를 대중소로 나누어 호의 크기에 따라서 수취액을 차등화했다는 것은 그것이 단순하게 인정을 기준으로 구분한 호등제가 아니라, 소유토지의 다과에 기초한 3등호제를 반영하는 것이라고 생각된다. 그럼에도 불구하고 우왕대에 보이는 일련의 호등제 관련 기사에서 재산을 기준으로 하는 호의 구분이 나타나는 것은 여전히 그 불완전성으로 인하여 필요에 따라 임시방편적인 호등제가 활용되었음을 보여주는 것이라고 할 수 있다.

참고문헌

1. 자료

『三國史記』
『三國遺事』
『三峰集』
『宣和奉使高麗圖經』
『高麗史節要』
『高麗史』
『經國大典』
『慶尙道地理志』
『世宗實錄地理志』
『經世遺表』
『東文選』
『東史綱目』
『太宗實錄』『文宗實錄』『世宗實錄』
『新增東國輿地勝覽』
『周書』,『北史』,『隋書』,『舊唐書』
『日本書紀』
『中文大辭典』, 中華學術院 印刊.
『慶州先生案』, 亞細亞文化社, 1982.
『북녘의 문화유산-평양에서 온 국보들-』, 국립박물관, 2006.
국사편찬위원회 편,『국역 中國正史朝鮮傳』, 1986.
權悳永,『韓國古代金石文綜合索引』, 學研文化社, 2002.
權寧國 외,『譯註 高麗史 食貨志』, 한국정신문화연구원, 1996.
김용선 역주,『역주고려묘지명집성』(상, 하), 한림대 아시아문화연구소, 2001.

金龍善 編,『高麗墓誌銘集成』, 한림대 아시아문화연구소, 1993.
盧明鎬 외,『韓國古代中世古文書研究』, 서울대 출판부, 2000.
大同文化研究院編,『高麗名賢集』, 성균관대학교, 1973~1980.
민족문화추진회 편,『국역 삼봉집』1·2, 솔, 1997.
민족문화추진회 편,『국역 양촌집』1~5, 솔, 1997.
李基白 編,『韓國上代古文書資料集成』, 일지사, 1987.
張東翼 編,『宋代麗史資料集錄』, 서울대 출판부, 2000.
張東翼 編,『元代麗史資料集錄』, 서울대 출판부, 1997.
朝鮮總督府 編,『朝鮮金石總覽』(上·下), 아세아문화사, 1976.
韓國古代社會研究所 편,『譯註 韓國古代金石文』2권, 1992.
韓國古代社會研究所 편,『譯註 韓國古代金石文』3권, 1992.
許興植,『韓國의 古文書』, 民音社, 1988.
許興植 編,『韓國金石全文』, 아세아문화사, 1984.
許興植 編,『韓國中世社會史資料集』, 아세아문화사, 1976.

2. 단행본 및 박사학위논문

1) 국내서

姜鳳龍,『新羅地方統治體制研究』, 서울대 박사학위논문, 1994.
姜恩景,『高麗時代 戶長層研究』, 혜안, 2002.
姜晋哲,『高麗土地制度史研究』, 高麗大出版部, 1980.
具山祐,『高麗前期鄕村支配體制研究』, 혜안, 2003.
權斗奎,『高麗時代의 家族 形態와 戶의 構造』, 경북대 박사학위논문, 1995.
金甲童,『羅末麗初의 豪族과 社會變動研究』, 고려대 민족문화연구소, 1990.
金光哲,『高麗後期世族層研究』, 동아대 출판부, 1991.
金琪燮『高麗前期 田丁制研究』, 부산대 박사학위논문, 1993.
金基興,『三國 및 統一新羅 稅制의 研究』, 역사비평사, 1991.
金蘭玉,『高麗時代 賤事·賤役良人 研究』, 신서원, 2000.
金塘澤,『高麗武人政權研究』, 새문사, 1987.
金塘澤,『高麗의 武人政權』, 국학자료원, 1999.
김아네스,『高麗初期 地方統治體制研究』, 서강대 박사학위논문, 1996
金容燮,『韓國中世農業史研究』, 지식산업사, 2000.
金仁昊,『高麗後期 士大夫의 經世論研究』, 혜안, 1999.

金日宇, 『고려초기 국가의 地方支配體制硏究』, 일지사, 1998.
金載名, 『高麗 稅役制度史硏究』, 한국정신문화연구원 박사학위논문, 1994.
金泰永, 『朝鮮前期土地制度史硏究』, 지식산업사, 1983.
金皓東, 『高麗 武臣政權時代 文人知識層의 현실대응』, 경인문화사, 2002.
羅恪淳, 『고려 향리의 신분변화에 대한 연구』, 성균관 박사학위논문, 1988.
南仁國, 『高麗中期 政治勢力硏究』, 신서원, 1999.
南豊鉉, 『吏讀硏究』, 태학사, 2000.
盧重國, 『百濟政治史硏究』, 一潮閣, 1988.
노태돈, 『고구려사연구』, 사계절, 1999.
都賢喆, 『高麗末 士大夫의 政治思想硏究』, 일조각, 1999.
朴京安, 『高麗後期 土地制度硏究』, 혜안, 1996.
朴敬子, 『고려시대 향리연구』, 국학자료원, 2001.
朴龍雲, 『高麗時代 蔭敍制와 科擧制硏究』, 일지사, 1990.
朴龍雲, 『고려시대 開京 연구』, 일지사, 1996.
朴恩卿, 『高麗時代 鄕村社會硏究』, 一潮閣, 1996.
朴宗基, 『高麗時代 部曲制硏究』, 서울대출판부, 1990.
朴宗基, 『지배와 자율의 공간, 고려의 지방사회』, 푸른역사, 2002.
朴鍾進, 『고려시기 재정운영과 조세제도』, 서울대 출판부, 2000.
朴興秀, 『度量衡과 國樂論叢』, 1980.
裵象絃, 『高麗後期寺院田硏究』, 국학자료원, 1998.
白南雲, 『朝鮮社會經濟史』, 1933.
邊太燮, 『高麗政治制度史硏究』, 一潮閣, 1971.
사회과학원 역사연구소편 『조선전사』 3, 1979.
徐聖鎬, 『高麗前期 手工業硏究』, 서울대 박사학위논문, 1997.
손영종, 『고구려사』, 과학백과사전 종합출판사, 1997.
申安湜, 『高麗 武人政權과 地方社會』, 경인문화사, 2002.
安秉佑, 『高麗前期의 財政構造』, 서울대 출판부, 2002.
오일순, 『高麗時代 役制와 身分制 變動』, 혜안, 2000.
魏恩淑, 『高麗後期 農業經濟硏究』, 혜안, 1998.
劉承源, 『朝鮮初期身分制硏究』, 을유문화사, 1987.
尹京鎭, 『高麗 郡縣制의 構造와 運營』, 서울대 박사학위논문, 2000.
尹善泰, 『新羅統一期 王室의 村落支配』, 서울대 박사학위논문, 2000.
尹龍爀, 『高麗對蒙抗爭硏究』, 일지사, 1991.

尹漢澤,『高麗前期 私田研究』, 고려대 민족문화연구소, 1995.
李景植,『朝鮮前期土地制度史研究』, 一潮閣, 1986.
李景植,『韓國 古代·中世初期 土地制度史』, 서울대출판부, 2005.
李基白,『高麗兵制史研究』, 一潮閣, 1968.
李炳熙,『高麗後期 寺院經濟의 硏究』, 서울대 박사학위논문, 1992.
李成茂,『朝鮮初期兩班硏究』, 一潮閣, 1980.
李銖勳,『新羅中古期 村落支配硏究』, 부산대 박사학위논문, 1994.
李純根,『新羅末 地方勢力의 構成에 관한 연구』, 서울대 박사학위논문, 1992.
李榮薰,『朝鮮後期社會經濟史』, 한길사, 1988.
李佑成,『韓國中世社會研究』, 一潮閣, 1991.
李仁在,『新羅統一期 土地制度硏究』, 연세대 박사학위논문, 1995.
李仁哲,『新羅村落社會史硏究』, 일지사, 1996.
李貞信,『高麗 武人政權期 農民賤民抗爭 研究』, 고려대 민족문화연구소, 1991.
李貞熙,『고려시대 세제의 연구』, 국학자료원, 2000.
李宗峯,『韓國中世度量衡制研究』, 혜안, 2001.
이지린·강인숙,『고구려사연구』, 사회과학출판사, 1976.
李泰鎭,『韓國社會史研究』, 지식산업사, 1986.
李賢惠,『韓國 古代의 생산과 교역』, 一潮閣, 1998.
李惠玉,『高麗時代 稅制硏究』, 이화여대 박사학위논문, 1985.
李喜寬,『統一新羅土地制度硏究』, 一潮閣, 1999.
全基雄,『羅末麗初의 政治社會와 文人知識層』, 혜안, 1996.
全德在,『新羅六部體制研究』, 一潮閣, 1996.
全德在,『한국고대사회경제사』, 태학사, 2006.
全永爕,『北朝時期 下層身分秩序研究』, 부산대 박사학위논문, 1998.
鄭容淑,『高麗王室族內婚研究』, 새문사, 1988.
鄭淸柱,『新羅末高麗初 豪族研究』, 一潮閣, 1996.
주보돈,『신라지방통치체제의 정비과정과 촌락』, 신서원, 1998.
주보돈,『금석문과 신라사』, 지식산업사, 2002.
蔡尙植,『高麗後期佛敎史研究』, 一潮閣, 1991.
蔡雄錫,『高麗時代의 國家와 地方社會』, 서울대출판부, 2000.
崔光植,『고대 한국의 국가와 제사』, 한길사, 1995.
崔貞煥,『고려 정치제도와 녹봉제연구』, 신서원, 2002.

河泰奎,『高麗時代 百姓과 그 身分變動硏究』, 전북대 박사학위논문, 1995.
河炫綱,『韓國中世史硏究』, 一潮閣, 1988.
한국역사연구회편,『14세기 고려의 정치와 사회』, 민음사, 1994.
韓基汶,『高麗寺院의 構造와 機能』, 민족사, 1998.
韓容根,『高麗律』, 書景文化社, 1999.
許興植,『高麗社會史硏究』, 亞細亞文化社, 1981.
洪承基,『高麗貴族社會와 奴婢』, 一潮閣, 1983.
洪承基,『高麗社會經濟史硏究』, 一潮閣, 2001.
洪榮義,『高麗末 政治史 硏究』, 혜안, 2005.
洪元基,『高麗前期軍制硏究』, 혜안, 2001.

2) 국외서

旗田巍,『朝鮮中世社會史の硏究』, 法政大學出版局, 1972.
北川博邦閱・佐野光一 編,『金石異體字典』, 雄山閣出版刊.
浜中昇,『朝鮮古代の經濟と社會』, 法政大出版局, 1986.

3. 논문

1) 국내 논문

姜鳳龍,「三國時期의 律令과 '民'의 存在形態」『韓國史硏究』78, 1992.
姜恩景,「高麗初 州官의 形成과 그 構造」『한국중세사연구』6, 1999.
姜恩景,「高麗 戶長制의 成立과 戶長層의 形成」『韓國史의 構造와 展開』 2000.
姜恩景,「高麗初 戶長層의 形成과 本貫制」『한국중세사연구』12, 2002.
姜晋哲,「高麗의 權力型 農場에 대하여」『韓國中世土地所有硏究』, 一潮閣, 1989.
兼若逸之,「新羅 '均田成冊'의 硏究」『韓國史硏究』23, 1979.
兼若逸之,「『高麗史』方 33步 및『高麗圖經』每一百五十步의 面積에 대하여」『孫寶基博士停年紀念 韓國史學論叢』, 1988.
具山祐,「高麗前期 鄕村支配體制의 成立」『韓國史論』20, 1988.
具山祐,「高麗 成宗代의 鄕村支配體制의 강화와 그 정치・사회적 갈등」『韓國文化硏究』6, 1993.
具山祐,「高麗 顯宗代 鄕村支配體制 개편의 배경과 성격」『한국중세사연구』

창간호, 1994.
具山祐,「高麗 太祖代의 地方制度 개편양상」『釜大史學』22, 1998.
權斗奎,「高麗時代의 別籍異財禁止法과 家族規模」『慶北史學』13, 1990.
權斗奎,「高麗時代 戶主의 機能과 地位」『大邱史學』43, 1992.
金壽泰,「高麗初期의 本貫制度」『한국중세사연구』8, 2000.
金壽泰,「신라 村落帳籍 연구의 쟁점」『韓國古代史硏究』21, 2001.
金順子,「원 간섭기 민의 동향」『역사와 현실』7, 1992.
金甲童,「'高麗初' 州에 대한 考察」『高麗史의 諸問題』, 1986.
金甲童,「高麗太祖代 郡縣의 來屬關係形成」『韓國學報』52, 1988.
金甲童,「高麗 顯宗代의 地方制度改革」『韓國學報』80, 1995.
金甲童,「고려시대의 戶長」『韓國史學報』5, 1998.
金甲童,「나말여초 天安府의 성립과 그 동향」『韓國史硏究』117, 2002.
金光洙,「羅末麗初의 豪族과 官班」『韓國史硏究』23, 1976.
金琪燮,「高麗前期 農民의 土地所有와 田柴科의 性格」『韓國史論』17, 1987.
金琪燮,「高麗末 私田捄弊論者의 田柴科 인식과 그 한계」『歷史學報』127, 1990.
金琪燮,「新羅 統一期 田莊의 經營과 農業技術」『新羅文化祭學術發表會論文集－新羅産業經濟의 新硏究－』13, 1992.
金琪燮,「新羅 統一期의 戶等制와 孔烟」『釜大史學』17, 1993.
金琪燮,「高麗前期 戶等制와 농업경영규모」『釜大史學』18, 1994.
金琪燮,「고려후기 호등제 변화의 배경과 그 추이」『釜大史學』19, 1995.
金琪燮,「蔚珍鳳坪新羅碑에 보이는 '共値五'의 의미와 計烟의 기원」『韓國史硏究』103, 1998.
金琪燮,「高麗時期 所의 입지와 기능에 관한 試論」『한국중세사연구』7, 1999.
金琪燮,「統一新羅 土地分級制의 전개와 中世의 起點」『釜大史學』23, 1999.
金琪燮,「羅末麗初 戶等制의 변화와 鄕役」『한국중세사연구』10, 2001.
金琪燮,「－서평－고려시기 요역제 연구의 이정표」『지역과 역사』8, 2001.
金琪燮,「신라촌락문서에 보이는 '村'의 立地와 개간」『역사와 경계』42, 2002.
金琪燮,「통일신라 孔烟과 戶等制 연구에 관한 비판적 검토」『역사와 경계』46, 2003.
金琪燮,「高麗 太祖代 군현개편의 과정과 그 의미」『한국중세사연구』21,

2006.
金基興,「6·7세기 高句麗의 租稅制度」『韓國史論』17, 1987.
金基興,「新羅村落文書에 대한 新考察」『韓國史研究』64, 1989.
金基興,「三國時代 稅制의 성격」『國史館論叢』35, 1992.
金蘭玉,「高麗時代 驛人의 사회신분에 관한 硏究」『韓國學報』70, 1993.
金蘭玉,「고려시대 良人·賤人의 용례와 良賤制」『韓國史學報』2, 1997.
金東哲,「고려말 流通構造와 상인」『釜大史學』9, 1985.
김아네스,「高麗 太祖代 地方支配體制」『高麗太祖의 國家經營』, 1996.
김아네스,「高麗初期 地方支配와 使」『국사관논총』87, 1999.
김영두,「高麗 太祖代의 祿邑制」『韓國史研究』94, 1996.
金瑛河,「삼국과 남북국시대의 동해안지방」『한국고대사회와 울진지방』울진 봉평신라비 발견 10주년 기념 학술대회 발표요지, 1998.
金英夏·許興植,「韓國 中世의 戶籍에 미친 唐·宋 戶籍制度의 影響」『韓國 史研究』19, 1978.
金容燮,「高麗時期의 量田制」『東方學志』16, 1975.
金容燮,「土地制度의 史的 推移」『韓國中世農業史研究』, 지식산업사, 2000.
金容燮,「結負制의 展開過程」『韓國中世農業史研究』, 지식산업사, 2000.
金潤坤,「羅代의 雲門寺寺 密陽·淸道 地方」『三國遺事研究』上, 1983.
金潤坤,「羅代의 寺院莊舍」『考古歷史學志』7, 1991.
金日宇,「高麗初期 郡縣의 主屬關係 形成과 地方統治」『민족문화』12, 1989.
金日宇,「高麗 太祖代 地方支配秩序의 形成과 國家支配」『史學研究』52, 1996.
金載名,「高麗時代 役의 收取와 戶等制」『淸溪史學』12, 1996.
金載名,「高麗時代의 常徭와 雜貢」『淸溪史學』8, 1991.
金周成,「新羅下代의 地方官司와 村主」『韓國史研究』41, 1983.
金昌錫,「統一新羅期 田莊에 관한 연구」『韓國史論』25, 1992.
金昌鎬,「新羅中古期 金石文의 人名表記(Ⅱ)」『歷史教育論集』4, 1983.
金泰植,「'三國史記' 地理志 新羅條의 史料的 檢討」『三國史記의 原典 檢 討』, 1995.
김현라,「高麗後期 악소의 존재형태와 경제활동」『역사와 경계』44, 2002.
金炫榮,「'고려판정백성'의 실체와 성격」『史學研究』38, 1984.
金炫榮,「고려시기의 所에 대한 재검토」『韓國史論』15, 1986.
金炯秀,「高麗前期 寺院田經營과 隨院僧徒」『한국중세사연구』2, 1995.

羅恪淳,「高麗鄕吏의 身分變化」『國史館論叢』13, 1989.
南在祐,「羅末麗初 豪族의 經濟的 基盤」『慶南史學』4, 1987.
南在祐,「7·8세기 신라토지제도의 이해」『창원사학』1, 1993.
南豊鉉,「高麗初期의 帖文과 그 吏讀에 대하여」『古文書硏究』5, 1994.
盧明鎬,「高麗時代 鄕村社會의 親族關係網과 家族」『韓國史論』19, 1988.
盧明鎬,「田柴科體制下 白丁農民層의 土地所有」『韓國史論』23, 1990.
盧明鎬,「羅末麗初 豪族勢力의 경제적 기반과 田柴科體制의 성립」『震檀學報』74, 1992.
盧明鎬,「高麗時代 戶籍記載樣式의 성립과 그 사회적 의미」『震檀學報』79, 1995.
盧鏞弼,「昌寧 眞興王巡狩碑 建立의 政治的 背景과 그 目的」『韓國史硏究』70, 1990.
盧重國,「高句麗 律令에 關한 一試論」『東方學志』21, 1979.
盧泰敦,「蔚珍鳳坪新羅碑와 新羅의 官等制」『韓國古代史硏究』2, 1989.
馬宗樂,「高麗時代 土地所有關係 硏究序說」『震檀學報』59, 1985.
閔賢九,「高麗의 祿科田」『歷史學報』53·54 합집, 1971.
朴京安,「14世紀 甲寅柱案의 運營에 대하여」『李載龒博士還曆紀念韓國史論叢』, 한울, 1990.
朴京安,「甲寅柱案考」『東方學志』66, 1990.
朴京安,「高麗時期 田丁連立의 構造와 存在形態」『韓國史硏究』76, 1991.
朴敬子,「高麗鄕吏制度의 成立」『歷史學報』63, 1974.
朴敬子,「高麗 鄕吏의 經濟的 基盤」『國史館論叢』39, 1992.
朴龍雲,「고려시대 開京의 部坊里制鄕」『韓國史學報』1, 1993.
朴恩卿,「高麗時代 鄕村支配와 郡縣名號」『한국학연구』10, 인하대, 1999.
朴宗基,「高麗史 地理志의 '高麗初' 年紀實證-太祖代 郡縣改編의 傾向-」『斗溪 李丙燾博士 九旬紀念 韓國史學論叢』, 지식산업사, 1987.
朴宗基,「高麗 太祖 23년 郡縣改編에 관한 硏究」『韓國史論』19, 1988.
朴宗基,「武人執權期 農民抗爭 硏究論」『韓國學論叢』12, 1990.
朴宗基,「고려전기 향촌지배구조의 성립과 그 성격」『역사와 현실』3, 1990.
朴宗基,「高麗時代 界首官의 범위와 성격」『韓國學論叢』21, 국민대, 1998.
朴鍾進,「高麗前期 賦稅의 收取構造」『蔚山史學』1, 1987.
朴鍾進,「高麗時期 稅目의 用例檢討」『國史館論叢』21, 1991.
朴鍾進,「고려시기 경제운영의 단위와 지방제도」『韓國學硏究』7, 숙명여대,

1997.
朴鍾進,「강화천도 시기 고려국가의 지방지배」『한국중세사연구』13, 2002.
朴興秀,「한국 고대의 量田法과 量田尺에 관한 연구」『한불연구』, 1974.
朴興秀,「新羅 및 高麗 때의 量制度와 量尺에 대하여」『科學技術研究』5, 1977.
裵象鉉,「高麗時代의 사원 속촌」『한국중세사연구』3, 1996.
裵象鉉,「高麗時期 寺院田과 國家, 村落 그리고 農民」『韓國中世社會의 諸問題』(金潤坤敎授定年紀念論叢), 2001.
배종도,「新羅下代 지방제도 개편에 관한 고찰」『學林』11, 1989.
배종도,「고려사 지리지의 일고찰」『역사와 현실』6, 1991.
邊太燮,「高麗初期의 地方制度」『韓國史研究』57, 1987.
邊太燮,「高麗時代 地方制度의 構造」『國史館論叢』1, 1989.
徐聖鎬,「고려시기 개경의 시장과 주거」『역사와 현실』38, 2000.
徐毅植,「9세기 말 신라의 '得難'과 그 成立過程」『韓國古代史研究』8, 1995.
徐毅植,「新羅 骨品制의 構造와 그 變化」『金容燮敎授停年紀念論叢-韓國古代·中世 支配體制와 農民-』지식산업사, 1997.
申安湜,「대몽항쟁기 민의 동향」『14세기 고려의 정치와 사회』, 민음사, 1994.
申安湜,「고려전기의 축성과 개경의 황성」『역사와 현실』38, 2000.
安秉佑,「高麗의 屯田에 관한 一考察」『韓國史論』10, 서울대, 1984.
安秉佑,「高麗前期 地方官衙 公廨田의 설치와 운영」『李載龒博士還曆紀念 韓國史學論叢』, 1990.
安秉佑,「6~7세기 토지제도」『한국고대사논총』4, 1992.
安秉佑,「고려후기 농업생산력발달과 농장」『14세기 고려의 정치와 사회』민음사, 1994.
梁起錫,「『三國史記』都彌列傳小考」『이원순교수화갑기념논총』, 1987.
梁起錫,「百濟의 稅制」『百濟研究』18, 1987.
呂恩暎,「高麗時代의 量田制」『嶠南史學』2, 1986.
呂恩暎,「高麗時代의 量制-結負制 이해의 기초로서」『慶尙史學』3, 1987.
吳星,「永川 菁堤碑 丙辰名에 대한 再檢討」『歷史學報』79, 1978.
오일순,「高麗時代의 役制構造와 雜色役」『國史館論叢』46, 1993.
오일순,「高麗前期 足丁의 성격과 그 변화」『韓國 古代·中世 支配體制와 農民』, 지식산업사, 1997.
오장환,「신라장적으로부터 본 9세기 전후의 우리나라 사회경제적 상황에 관

　　　　　한 몇 가지 문제」『력사과학』 1958-5, 1958.
魏恩淑, 「12세기 농업기술의 발전」『釜大史學』 12, 1988.
魏恩淑, 「고려후기 사적대토지소유와 경영형태」『한국중세사연구』 창간호, 1994.
魏恩淑, 「나말여초의 농업생산력 발전과 그 주도세력」『釜大史學』 9, 1995.
유창규, 「高麗의 白丁農民」『全南史學』 11, 1997.
尹京鎭, 「고려 태조대 군현제 개편의 성격-신라 군현제와의 상관성을 중심으로-」『역사와 현실』 22, 1996.
尹京鎭, 「高麗前期 鄕吏制의 구조와 戶長의 직제」『韓國文化』 20, 1997.
尹京鎭, 「高麗史 地理志 정리의 기준 시점」『韓國史研究』 110, 2000.
尹京鎭, 「고려 성종 14년의 郡縣制 改編에 대한 연구」『韓國文化』 27, 서울대, 2001.
尹京鎭, 「『慶州戶長先生案』舊案(慶州司首戶長行案)의 분석-1281년~1445년 부분을 중심으로-」『新羅文化』 19, 2001.
尹京鎭, 「高麗初期 在地官班의 정치적 위상과 지방사회 운영」『한국사연구』 116, 2001.
尹京鎭, 「고려 성종 11년의 읍호개정에 대한 연구」『역사와 현실』 45, 2002.
尹善泰, 「新羅下代의 量制에 관한 一試論」『新羅文化』 17·18, 2000.
尹漢宅, 「高麗前期 慶源 李氏家의 科田支配」『역사연구』 창간호, 1992.
尹漢宅, 「고려전기 전시과체제하에서의 농민신분」『泰東古典研究』 5, 1989.
李景植, 「古代·中世의 食邑制의 構造와 展開」『孫寶基博士停年紀念韓國史學論叢』, 知識産業社, 1988.
李景植, 「古代·中世初 經濟制度研究의 動向과 '國史'敎科書의 서술」『歷史敎育』 45, 1989.
李景植, 「高麗時期의 作丁制와 祖業田」『李元淳敎授停年紀念歷史學論叢』, 1991.
李基白, 「新羅私兵考」『歷史學報』 9, 1957.
李文基, 「蔚珍新羅鳳坪碑와 中古期의 六部問題」『韓國古代史研究』 2, 1989.
李炳熙, 「高麗前期 寺院田의 分給과 經營」『韓國史論』 18, 1988.
李純根, 「高麗時代 事審官의 機能과 性格」『高麗史의 諸問題』, 1986.
李純根, 「高麗初 鄕吏制의 成立과 實施」『金哲埈博士華甲紀念史學論叢』, 1983.
李榮薰, 「朝鮮時代의 社會經濟史 研究에 있어서 몇 가지 기초적 難題들-小

經營의 歷史的 發展過程과 관련해서」『國史館論叢』37, 1992.
李榮薰,「韓國經濟史 時代區分試論-戶의 歷史的 發展過程의 觀點에서-」
　　　『韓國史의 時代區分에 관한 硏究』, 精神文化硏究院(硏究叢書 95-16), 1995.
李宇泰,「永川 菁堤碑를 통해 본 菁堤의 築造와 修治」『邊太燮博士華甲紀念 史學論叢』, 1985.
李宇泰,「蔚珍鳳坪新羅碑를 통해본 新羅의 地方統治體制」『韓國古代史硏究』2, 1989.
李宇泰,「新羅時代의 結負制」『泰東古典硏究』5, 1989.
李宇泰,「丹陽 新羅 赤城碑 建立의 背景」『泰東古典硏究』8, 1992.
李宇泰,「新羅의 量田制」『國史館論叢』37, 1992.
李宇泰,「韓國 古代의 量制」『泰東古典硏究』10, 1993.
李益柱,「高麗 忠烈王代의 政治狀況과 政治勢力의 성격」『韓國史論』18, 서울대, 1988.
李仁哲,「新羅 統一期의 村落支配와 計烟」『韓國史硏究』54, 1986.
李仁在,「신라통일 전후기 조세제도의 변동」『역사와 현실』4, 1990.
李仁在,「通度寺志 '寺之四方裨補篇'의 분석」『역사와 현실』8, 1992.
李仁哲,「新羅村帳籍의 記載方式과 作成年度」『新羅村落社會史硏究』, 一志社, 1996.
李貞信,「고려시대의 상업」『國史館論叢』59, 1994.
李貞熙,「高麗後期 徭役收取의 實態와 變化」『釜大史學』9, 1985.
李貞熙,「고려후기 수취체제의 변화에 대한 일고찰」『釜山史學』22, 1992.
李貞熙,「高麗前期 요역의 賦課方式-戶等制의 變遷을 중심으로-」『韓國文化硏究』6, 부산대, 1993.
李宗峯,「高麗後期 勸農政策과 土地開墾」『釜大史學』15·16 합집, 1992.
李泰鎭,「畦田考」『韓國學報』10, 1978.
李泰鎭,「新羅統一期의 村落支配와 孔烟-정창원 소장의 촌락문서 재검토」『韓國史硏究』25, 1979.
李泰鎭,「新羅 統一期의 村落의 支配와 孔烟」『韓國社會史硏究』, 지식산업사, 1986.
李泰鎭,「新羅村落文書의 牛馬」『民族史의 展開와 그 文化』上(碧史李佑成 敎授定年紀念論叢), 1990.
李賢惠,「한국 농업기술 발전의 諸時期」『韓國史時代區分論』, 翰林科學院,

1995.
李惠玉, 「고려후기 수취체제의 변화」 『14세기 고려의 정치와 사회』, 민음사, 1994.
李弘斗, 「高麗 部曲과 收取體制」 『龜泉元裕漢敎授定年紀念論叢』, 2000.
李喜寬, 「新羅의 祿邑」 『韓國上古史學報』 3, 1990.
李喜寬, 「統一新羅時代 官僚田의 支給과 經營」 『新羅文化祭學術發表會論文集』 13, 1992.
李喜寬, 「統一新羅時代의 孔烟의 構造에 대한 새로운 理解」 『韓國史研究』 89, 1995.
李喜寬, 「統一新羅時代의 烟受有田·畓과 그 耕營農民」 『史學研究』 50, 1995.
李喜寬, 「新羅村落帳籍 田畓項目의 記載方式과 性格」 『統一新羅土地制度研究』, 一潮閣, 1999.
李義權, 「高麗 郡縣制度와 地方統治政策」 『高麗史의 諸問題』 52, 1988.
任世權, 「蔚珍鳳坪新羅碑의 金石學的 考察」 『韓國古代史研究』 2, 1989.
全基雄, 「羅末麗初의 地方社會와 知州諸軍事」 『慶南史學』 4, 1987.
全基雄, 「羅末麗初 地方出身 文士層과 그 역할」 『釜山史學』 18, 1990.
全德在, 「4~6세기 농업생산력의 발달과 사회변동」 『역사와 현실』 4, 1990.
全德在, 「新羅 祿邑制의 性格과 그 變動에 관한 연구」 『역사연구』 창간호, 1992.
全德在, 「통일신라기 호등 산정 기준」 『역사와 현실』 23, 1997. 3.
全德在, 「統一新羅時期 戶等制의 性格과 機能에 관한 研究」 『震檀學報』 84, 1997. 12.
全德在, 「신라 中古期 結負制의 시행과 그 기능」 『韓國古代史研究』 21, 2001. 3.
鄭殷禎, 「高麗前期 開京의 都市機能과 그 變化」 『한국중세사연구』 11, 2001.
鄭殷禎, 「高麗前期 京畿의 形成과 大京畿制」 『한국중세사연구』 17. 2004.
鄭清柱, 「新羅末·高麗初 豪族의 形成과 變化에 대한 一考察」 『歷史學報』 118, 1988.
趙東元, 「宋代의 戶等制와 土地所有試論」 『釜大史學』 11, 1987.
趙由典, 「蔚珍鳳坪新羅碑의 位置確認 發掘調査」 『韓國古代史研究』 2, 1989.
朱甫暾, 「丹陽新羅赤城碑의 再檢討」 『慶北史學』 8, 1984.
朱甫暾, 「新羅 中古期의 郡司와 村司」 『韓國古代史研究』 1, 1988.

朱甫暾, 「蔚珍鳳坪新羅碑와 法興王代 律令」, 『韓國古代史研究』 2, 1989.
朱甫暾, 「南山新城의 構造와 南山新城碑」, 『新羅文化』 11·12합집, 1994.
朱甫暾, 「郡司·[城]村司의 運營과 地方民의 身分構造」, 『新羅地方統治體制의 整備過程과 村落』, 신서원, 1998.
蔡尙植, 「淨土寺址 法鏡大師碑 陰記의 分析-고려초 지방사회와 禪門의 구조와 관련하여-」, 『한국사연구』 36, 1982.
蔡雄錫, 「12·13세기 향촌사회의 변동과 '민'의 대응」, 『역사와 현실』 3, 1990.
蔡雄錫, 「고려중·후기 '무뢰'와 '호협'의 행태와 그 성격」, 『역사와 현실』 8, 1992.
蔡雄錫, 「고려 '중간계층'의 존재양태」, 『高麗·朝鮮前期 中人硏究』, 신서원, 2001.
崔光植, 「蔚珍鳳坪新羅碑의 釋文과 內容」, 『韓國古代史硏究』 2, 1989.
崔貞煥, 「高麗前期 地方制度의 整備와 道制」, 『慶北史學』 19, 1996.
崔貞煥, 「高麗時代 5道 兩界의 成立」, 『慶北史學』 21, 1997.
崔貞煥, 「高麗時代 5道 兩界의 變遷」, 『한국중세사연구』 5, 1998.
河日植, 「6세기 말 신라의 역역동원체제」, 『역사와 현실』 10, 1993.
河日植, 「고려초기 지방사회의 州官과 관반」, 『역사와 현실』 34, 1999.
河炫綱, 「高麗初期의 地方統治」, 『高麗地方制度의 硏究』, 1977.
韓基汶, 「高麗中期 李奎報의 南遊詩에 나타난 尙州牧」, 『歷史敎育論集』 23·24, 1999.
韓榮國, 「朝鮮 初期 戶口統計에서의 戶와 口」, 『東洋學』 19, 1989.
한정훈, 「고려전기 驛道의 형성과 기능」, 『한국중세사연구』 12, 2002.
洪潽植, 「古墳文化를 통해 본 6~7세기대의 사회변화」, 『한국고대사논총』 7, 1995.
洪承基, 「1~3세기 民의 存在形態에 관한 一考察」, 『歷史學報』 63, 1974.
洪承基, 「高麗初期 祿邑과 勳田-功蔭田柴科制度의 背景-」, 『史叢』 21·22 합집, 1977.
洪榮義, 「高麗後期 富豪層의 存在形態」, 『韓國史學論叢』(擇窩許善道先生停年紀念韓國史學論叢), 1992.
黃善榮, 「新羅 下代의 府」, 『한국중세사연구』 창간호, 1994.
黃善榮, 「高麗初期의 地方統治의 再檢討」, 『한국중세사연구』 7, 1999.

2) 국외 논문

旗田巍, 「新羅の村落-正倉院における新羅村落文書について-」『朝鮮中世社會史の研究』, 法政大出版局, 1972.

明石一紀, 「統一新羅の村制について」『日本歷史』322, 1975.

武田幸男, 「淨兜寺五層石塔造成形止記の研究(1)」『朝鮮學報』25, 1962.

武田幸男, 「新羅の村落支配-正倉院所藏文書の追記をめぐつて」『朝鮮學報』81, 1977.

北村秀人, 「高麗時代の貢戶について」『人文論叢』, 大阪市立大, 1981.

北村秀人, 「高麗初期の在地支配機構管見」『人文研究』36-9, 1984.

浜中昇, 「新羅村落文書にみえる計烟について」『古代文化』35-2, 1983.

浜中昇, 「高麗後期の量田と土地臺帳」『朝鮮古代の經濟と社會』, 法政大學出版局, 1986.

石上英一, 「古代における日本の稅制と新羅の稅制」『朝鮮史研究會論文集』13, 1974.

楊際平, 「唐代戶等與田産」『歷史研究』1985.3(k22 魏晉南北朝隋唐史).

王曾瑜, 「從北朝的九等戶到宋朝五等戶」『中國史研究』1980-2.

柳田節子, 「鄕村制の展開」『世界歷史』9, 岩波書店, 1970.

李成市, 「蔚珍鳳坪碑の基礎的研究」『古代東アジアの民族と國家』, 岩波書店, 1998.

田中俊明, 「'三國史記' 撰進と'舊三國史'」『朝鮮學報』83, 1977.

Abstract

The Household Class System in Ancient and Medieval Korea

I have had a basic point of view while examining the household class system in Ancient and Medieval Korea. It is that a household, in principle, consists of not artificial, but natural organization based on kinship. This natural household is closely related to military service and tax systems for maintaining the state on the basis of the agricultural production of the society. The state framed a policy so as not to obstruct the creation of free peasantry through the intermediary of a household class system based on *yangjeon*(量田) and census register systems(戶籍制). The state controlled the peasants by means of a household class system and assigned them to a household class system which was suitable to agricultural management scale. Therefore, the state and peasantry formed interactional relationships.

This book is composed of seven chapters, including the introduction and conclusion. First of all, the introduction criticizes the existing research trends concerning the household class system. Chapter 2 focuses on the ancient household class system through the Goguryeo and Silla periods, and chapter 3 on the concrete aspects of the household class system of Unified Silla. Chapter 4 deals with the processes used for improving household class system through the division of the peasantry into classes, and the organizational changes of country villages and services of *hyangni*(鄕吏) at the end of the Silla period and the beginning of the Goryeo period. Chapter 5 examines the meaning of *jeong* (丁) and the process of reorganization of *gun and hyeon*(郡縣) based on the number of *jeong*. I think that the three-class household system(3等戶制), according to the difference of agricultural management scale, was created by Hyeonjong(顯宗)'s reign. I investigate how the household class system of the Goryeo period was applied to the arrangement of *jikyeokho*(職役戶) and *yoyeokho*(徭役戶) on the grounds of the principle of organization according to household. Chapter 6 examines how the household class system based on the amount of lands was established, with *gapin-yangjeon*(甲寅量田) under Chungsuk(忠肅王) as a momentum for the socioeconomic changes in the late Goryeo, but the makeshift household class system according to *injeong*(人丁) and the amount of property was established if necessary. I inquire into the change of household class system, and its features in late Goryeo society.

   I think that the basic policy of the state concerning the peasantry changed from *injeong* to lands in transition from antiquity to the Middle Ages. Therefore, three-class household system centering around *injeong* took effect before Unified Silla and this changed to system centering around lands since then. As a result, a nine-class household system was established stressing the household as a union of both *jeong* and lands. It was extended to the system of three-class households, *jokjeongho*(足丁戶), *banjeongho*(半丁戶), *baekjeongho*(白丁戶) as a union of *jeong* and lands. Based on this, the systems of *jikyeok* and taxation were established in Goryeo. However, this peculiar three-class household system of the Goryeo period was forced into a transformation where the *jeong* and lands were separated from each other and the agricultural estate(*nongjang*, 農場) system was extended. This occurred following the socioeconomic changes in the twelfth and thirteenth centuries.

The three-class household system in the early Goryeo period was nominal in the precarious political situation of the late Goryeo period, and the household class system based on the amount of landholding seemed to be established. However, it is difficult to say what the standard of division was. In terms of collecting three taxes on the basis of landholding, the household class system based on the amount of landholding was established in principle, but the system based on property was used temporarily if necessary. As lands were central to taxation, the household class system based on lands took root.

찾아보기

【ㄱ】

家格　259, 260
가락국기　263
茄山城　201
加收內　42, 43, 140, 141
家風　258, 259, 260, 261
감산사　171
甲午年　131, 132, 142
甲寅量田　299, 314, 318, 320
甲寅柱案　292, 296, 297, 298
강진철　60, 61
개선사석등기　56
客舍副正　260
客舍正　260, 261
거벌모라　90, 91, 106, 107
거벌모라촌　89, 93
결부제　46, 116, 118, 119, 120, 126, 197
兼若逸之　30
耕官　249
頃畝法　46, 115
경산부　229, 230
『經世遺表』　116
京籍　271
更定貢賦　292, 293
경주　225, 226
『慶州戶長先生案』　223, 224, 225, 234
경청선원　186

境淸禪院慈寂禪師碑　185
計結爲丁　313
計口籍民　195
計烟　26, 32, 36, 49, 94, 103, 107, 130
計帳　48
計點民戶　292, 316
계점사　309, 315
計定民賦　299
計戶口更賦稅　315, 316
「高麗式目形止案」　265, 267
고리대　174, 279
苦也火郡　227
古者田賦之遺法　244, 289
골품제　166
骨火縣　227
공문주필　297
공물대납　281
공물대납업자　282
貢賦　176
貢賦更定　286, 290, 291, 299, 302, 320
公須副正　260
公須柴地　215
公須田　214
公須正　260, 261
공신녹권　280
공신전　289
孔烟　26, 31, 34, 38, 40, 42, 134, 135, 138, 142, 143, 148

공연자연호설　38, 51, 52, 54, 144, 147
공연편호설　32, 38, 40, 44, 50, 138, 145, 147
공전　256
公租　288
共値　98, 99, 103, 107, 114, 125, 130
共値五　84, 86, 90, 93, 95, 97, 108
公廨田　215, 233
公嶮鎭防禦使　239
貢戶　276, 286, 287
과렴　309, 319
과전법　304
課戶　270
官僚田　119, 121, 122
官僚田制　120, 167
官謨田畓　28
官班　184, 185, 189
교위　262
교하현　216
9등호　35, 65, 145
9등호제　29, 31, 36, 53, 60, 61, 62, 67, 69, 99, 144, 146, 147, 168, 177, 253, 254
9등호제론　59
丘壟地　57
국가적 토지분급제　120, 122, 129
軍其人戶丁　213
郡司　177, 178
郡司籍　271
군인　239
군인호　248, 255
軍籍　271
軍田　279
군현개편　199
軍戶　244, 290
掘加利何木杖谷地　58

宮莊　207
권두규　68
權務　306
竅興寺鍾　179
균전제　30
金入宅　173
琴尺　267
給田都監　304
其人　236, 237, 239, 244, 269
其人選上規定　236
기인역　259, 262
기인호　248, 255
旗田巍　26, 31, 131
吉州防禦使　239
金琪燮　74, 76
김기흥　22, 36
김부　226
김수태　26
金永寬　278
김용섭　66
김재명　65, 66
김지전　171
김해부　207, 263

【ㄴ】

邏頭　103
남미지　91
남미지촌　90
남산신성비　101
郎中　192, 193, 194
內視令畓　120, 121, 123
內外戶口施行　234
內莊田　269
奴人法　86, 104, 110
奴人村　91, 104, 113

노태돈　87, 91
祿科田　291
녹봉　128
녹읍　119, 124, 126, 128, 129
녹읍제　124, 126, 168
농장　276, 277

【ㄷ】

丹陽 赤城碑　108
단위 土地　284
답험 타량　304
堂大等　189, 192, 234
堂祭　192
當差役者　263
대각국사　247
大奴村　89, 90, 93, 99, 104, 105, 112
대도독부　224, 226
大等　189, 192
대로역　233
大木　200
大城郡　201, 203, 226
隊正　257, 262, 306
大戶　306, 309
道同縣　226, 227
都令　193
道使　92, 103
都田帳　202, 203, 204
都田丁　213
都知　257
刀尺　267
都評省　185, 186, 187, 189
導行　206
獨女官　306
東京留守官　216, 224
東畿停　226

東西 兜率　200
동정군　314
두품제　167
등급연　34, 50, 140, 143, 156

【ㅁ】

免租　181
면조권　70
明石一紀　27, 29, 31
名號 개정　198
務農司　301
務農致富　278
無賴輩　281
武田幸男　40, 142, 143
墨尺　267
置白縣(민백현)　227
民田　208
密城郡　201, 203

【ㅂ】

박종진　64, 65
반정　236, 243, 289, 300
牛丁戶　68, 74, 237, 239, 246, 248, 251,
　　　　252, 254, 260, 261, 280, 311
坊里 대호　307
防禦軍　265
白甲　257
백남운　21, 60
白丁　73, 222, 242, 247, 256, 257, 266,
　　　　306
白丁軍　265
白丁隊　264
白丁代田　247
백정층　263

백정호　68, 74, 238, 241, 248, 251, 252,
　　　　254, 264, 270, 311
법경대사비　191, 192
벽진군　231
別敎令　91
別籍異財禁止　68, 69
兵部　192
兵部卿　190, 192
丙申年　131
輔州官班　187
福安　170
福州防禦使　239
복합가족　139
본읍장군　222
本彼縣　230
本彼宅　173
봉평비　84, 102, 107, 108, 109, 110
烽獲式　246
富强正直者　258, 259
部曲吏　266
部曲丁　265
富商大戶　283, 307
富商小戶　283
富商中戶　283
불역상등전　248
浜中昇　28, 29, 31

【ㅅ】

史　190
沙干　189
사급전　301
寺奴婢　306
蛇山(사산)　200
沙喰　189
事審官　215, 225, 226, 233, 270

司獄副正　260
司獄正　260, 261
史丁火縣　227
4조호구식　197
四標　203
算士　206
散員　282
3등호제　37, 38, 62, 65, 74, 75, 76, 99,
　　　　238, 239, 240, 251, 253, 254, 313,
　　　　314, 316, 318, 320
3등호제론　59
三稅　285, 300, 310
三稅之田　299, 300, 302
三千戶邑　200, 201, 223
상경농법　116
上烟　52, 53
常徭　245, 285, 287, 299, 300, 310
上村主　179, 181
常戶　270
선군별감　257
先王制定內外田丁　288
性比　153, 155, 157
星山　230
成造使　189
世逵寺　172
세역전　117
世中子　106, 107
小路驛　233
所民　268
「所夫里郡田丁柱貼」　57, 118
蘇山縣　201
所由　306
所丁　265
小戶　306, 309
俗官　191
屬郡　208

屬縣　208
孫順埋兒　170
率伊山城　201
率丁　220
率戶　48, 49
松山村大寺鐘銘　180
壽同　230
수로왕릉　207
수묘인　247, 264
『隋書』　37, 77, 80, 81, 82
수세단위　301
수조권　121, 123, 129, 130
收租案　296, 304
수조지　298
收坐內烟　42, 44, 52, 54, 134, 139, 140, 143, 144, 148
稤尺(수척)　267
순방사　294
順英　202, 203, 204
숭복사　171
崇福寺碑　56
侍郞　190
食祿副正　260
食祿正　260, 261
新寧縣　227
신라촌락문서　36, 131
신성대왕　186
신성비　102
新收內　42, 43, 44, 140
신안현　230
신역　70
실지도사　92
審詳　48
十室邑　217

【ㅇ】

惡小　281
安嶺軍英州防禦使　239
藥店副正　260
藥店正　260, 261
揚水尺　267
量田　196, 197, 206, 209
量田使　206
量田制賦　293, 294, 295, 296, 301, 318, 320
量田增賦　295
양척동일제　117
業中僧　306
役口之分田　70
驛吏　266
驛役　266
驛長　233
驛田　214
役丁(徭役戶丁)　207, 263
驛丁　265
역정호　266
烟當예상구수　149
연령등급제　55
筵上　192
연수유답　121, 181
烟受有田畓　27, 30, 46, 123
連畢　181
列加人　42, 140
列收內　42, 43, 140, 141
列廻去　39
列廻去人　51, 138
영주　226, 228
영천 청제비　96
寧海軍雄州防禦使　239
倪方　200
예산현　228
隷戶　52

吳丘山縣　201
吳刀山城　201
5도순방계정사　293, 294
五部坊里　310, 314, 315, 316, 319
오위　257
오일순　70, 71
外位　177, 179
外位制　166
요동지방　283
요역제　63, 64
요역징발　62
徭役戶　256, 263, 265, 267, 270
徭役戶丁　263
龍頭寺鐵幢記　190
傭作農　54, 170
傭作制　121
雲門山禪院　202, 205
울주　229
員外　190, 193
원외랑　192
元定足丁　246
원평도호부　216, 217
月俸　124
柳璥　280
維乃　192
유망　277, 285
襦山　230
遊人　38, 77, 79
6두품　167
윤선태　48, 50, 52, 53, 54, 55, 56
尹彦頤　196
狱山(은산)　230
銀戶　268
乙未年　131, 132, 142
陰戶　270
邑格　199, 215, 217, 223, 224, 229, 233, 236, 238
移居　168
이문기　90, 106
이색　296, 297
이성무　66
이영훈　24, 50
이인재　42, 44
이인철　34, 35, 36, 37
이정희　61, 62, 65
이총언　231
이태진　32, 37
이희관　38, 40, 51, 53, 139
人頭稅　124, 125
人丁　123, 212
人丁說　26
1科公田　213
일품군　262
臨皐郡　226, 227
임천현　226

【ㅈ】

자연호　33, 34
자적선사　186
字丁制　303, 304
作丁　295, 303, 304
作丁制　66, 254, 290, 291, 292, 296, 300, 303, 304
雜貢　245, 285, 287, 299, 300, 310
雜尺　265, 266, 268
잡척인　266
莊舍　172
長田　214
莊處田　269
莊戶　269
적성비　109

赤牙縣 187
「寂忍禪師照輪淸淨塔碑」 58
전기녹읍 124, 126, 129
전농사 301
전덕재 23, 45, 47
전민계정사 292
田民辨正都監 291
전민변정사업 286, 294, 314, 320
田賦 244, 290
田夫 245
田舍農民 110
田舍法 109, 110, 114
田稅 245
前守倉卿 藝言 206
田莊 169, 170, 171, 173, 174
田莊制 161
田籍 293, 295, 296
田丁 65, 178, 280
전정연립제 69
田丁制 68, 71, 74, 287, 289
田丁柱貼 68, 203, 204
전호제 121, 281
丁 212, 213, 215, 217, 220, 284
「淨兜寺五層石塔造成形止記」 205
丁吏 306
政法司 171
丁數 232, 233, 236
丁人 257
丁田 30, 119, 122, 197, 275
丁田制 123, 168
淨土寺法鏡大師碑 190
丁戶 73, 222, 241, 242, 268, 270
제1촌주 181
제2촌주 179, 181
제3촌주 179
除役所 269, 270

調度不給 309, 312
조문선 207, 263
租簿 304
調信 172
조업전 301, 303
調役 195
조준 311, 318
曹晉若 246
足半之丁田 70
足丁 236, 243, 289, 300, 302
족정제 303
足丁戶 68, 74, 237, 239, 246, 248, 251,
        252, 254, 259, 260, 261, 280, 311
從屬家族 39, 51, 139
主家 52
主家族 39, 51, 139
州官 185, 189
주보돈 91
州司 180
『周書』 80, 81, 82, 83
柱貼公文 202, 203, 204
중간계층 72
中禁 257
중로역 233
中原府 191
中戶 306, 309
知莊 172
職歲僧 172
직역 70
직역호 239, 256, 270
직영지 171
津江丁 265
진골 167
鎭東軍咸州大都督府 239
진역부곡인 266
津驛雜尺 268

津尺　267
眞村主　181
陳澕　277
執事　192, 193
執事郎中　190
執事省　190

【ㅊ】

차경지　171
車達　256
次村主　181
昌寧 眞興王巡狩碑　113
倉部　192
倉部卿　190
채방사　295
채웅석　72, 73
채홍철　293, 294
천안부　200, 201
千丁縣　217
鐵戶　268
청도군　200, 201
淸道郡界里審使　202, 203, 204, 205
청도군사적　205
抄奴　306
초적　174
村格　112
村官模畓　121
촌락별 牛馬數　161
村司　177, 178, 179
村勢　93, 94, 95, 150, 151, 183
촌주　179, 180, 181, 182, 183, 188, 189
촌주위답　32, 181
총언　222
최광식　86, 90, 106
최항　280

追記　39, 132, 133, 134, 135, 142

【ㅌ】

湯井　200
太尉王　294
토지분급단위　301
토지분급제　126

【ㅍ】

편적호　67
編戶　33, 34, 35, 59, 65, 66, 111, 148, 156, 164
編戶均田　248
編戶小民　111
平亮　278
平田　246
표천현　175

【ㅎ】

下典　206, 306
下仲烟　252
하하연　148, 149, 151, 156, 163, 164
하하연의 丁・丁女數　155
학생녹읍　127
閑人　290
한인전　279
한전법　245
咸富　256
合屬　226, 227
向得　169
향리　236, 239
향리역　259, 262
향리호　248, 255

鄕司　180
鄕人之丁　263
縣官班　187
縣司　184
荊山縣　201
戶口計點　286
戶口調査　196, 209
戶等　29, 32, 111, 157, 309
호등별 예상 田畓소유규모　158
호등별 丁·丁女의 수　152
戶等制　34, 44, 68, 123, 126, 130, 147,
　　　159, 162, 164, 184, 196, 240, 253,
　　　275, 305, 311
호별편제　65, 66, 71, 248, 255, 262, 265,
　　　268, 270
호별편제원리　263
戶部　193, 194, 195
戶首　220

戶長　192, 234
戶籍　194, 195, 197, 198, 256
호적법　318
戶丁　187
戶租　37, 78
화엄경론　135
환본정책　286
황보능장　227
후기녹읍　129
後壇史　261
휴한농법　117
휴한법　116
興禮府　229
홍왕사　247
A촌　132, 133, 135, 137, 150, 158
B촌　140, 141, 150, 159
C촌　140, 150, 160
D촌　141, 151, 162

민족문화 학술총서를 내면서

　21세기의 새로운 미래를 향해 나아가는 현 시점에서 한국학 연구는 새로운 전기를 맞이하고 있다. 한국은 물론이고, 아시아·구미 지역에서도 한국학에 대한 관심은 고조되고 있으며 여러 분야에서 다각도로 심층적인 분석이 이루어지고 있다. 이러한 추세에 발맞추어 우리나라의 한국학 연구자들도 지금까지의 연구를 기반으로 하여 방법론뿐 아니라, 연구 영역에서도 보다 심도 있는 연구가 요청되고 있는 형편이다. 따라서 우리는 동아시아 속의 한국, 더 나아가 세계 속의 한국이라는 관점에서 민족문화의 주체적 발전과 세계 문화와의 상호 관련성을 중시하는 방향에서 연구를 진행해야 할 것이다.

　본 한국민족문화연구소는 한국문화연구소와 민족문화연구소를 하나로 합치면서 새롭게 도약의 발판을 마련한 이래 지금까지 민족문화의 산실로서 중요한 역할을 수행해 왔다. 그런 중에 기초 자료의 보존과 보급을 위한 자료총서, 기층 문화에 대한 보고서, 민족문화총서 및 정기학술지 등을 간행함으로써 연구소의 본래 기능을 확충시켜 왔다. 이제 이러한 성과를 바탕으로 한국학 연구자의 연구 성과를 보다 집약적으로 발전시켜 나아가기 위해서 민족문화 학술총서를 간행하고자 한다.

　민족문화 학술총서는 한국 민족문화 전반에 관한 각각의 연구를 체계적으로 정리함으로써 본 연구소의 연구 기능을 극대화하는 역할을 할 것으로 기대한다. 또한 본 학술총서의 간행을 계기로 부산대학교 한국학 연구자들의 연구 분위기를 활성화하고 학술 활동의 새로운 장이 되기를 바란다.

　아울러 본 학술총서는 한국학 연구의 외연적 범위를 확대하는 의미에서 한국학 관련 학문과의 상호 교류의 장이자, 학제간 연구의 중심 기능을 수행함으로써 명실상부한 한국학 학술총서로서 자리잡을 수 있도록 해야 할 것이다.

1997년 11월 20일

부산대학교 한국민족문화연구소

金琪燮

부산대학교 사학과 졸업
서울대학교 대학원 문학석사
부산대학교 대학원 문학박사
현재 부산대학교 사학과 교수

주요논저

『譯註 高麗史 食貨志』(공역, 韓國精神文化硏究院, 1996),『일본 고중세 문헌 속의 한일관계사료집성』(공저, 혜안, 2005),「高麗時期 所의 입지와 기능에 관한 試論-梁山 於谷所와 관련하여-」(1999),「羅末麗初 戶等制의 변화와 鄕役」(2001),「신라촌락문서에 보이는 '村'의 立地와 개간」(2002),「통일신라 孔烟과 호등제 연구에 관한 비판적 검토」(2003),「高麗 太祖代 군현개편의 과정과 그 의미」(2006) 외 다수.

민족문화학술총서 31
韓國 古代·中世 戶等制 硏究
金琪燮

2007년 11월 30일 초판 1쇄 발행

펴낸이·오일주
펴낸곳·도서출판 혜안
등록번호·제22-471호
등록일자·1993년 7월 30일

㉾ 121-836 서울시 마포구 서교동 326-26번지 102호
전화·3141-3711~2 / 팩시밀리·3141-3710
E-Mail hyeanpub@hanmail.net

ISBN 978-89-8494-325-4 93910

값 27,000원